Viktor Žmegač

TRADITION UND INNOVATION

LITERATUR IN DER GESCHICHTE

GESCHICHTE IN DER LITERATUR

In Verbindung mit Claudio Magris herausgegeben von
Klaus Amann und Friedbert Aspetsberger

Band 26

Viktor Žmegač

TRADITION UND INNOVATION

Studien zur deutschsprachigen Literatur seit der Jahrhundertwende

BÖHLAU VERLAG WIEN · KÖLN · WEIMAR

Gedruckt mit Unterstützung durch
das Bundesministerium für Wissenschaft und Forschung
und die Österreichische Forschungsgemeinschaft

Umschlagabbildung: Gustav Klimt, Kopf der Pallas Athene.
Um 1898, Tuschzeichnung.

Die Deutsche Bibliothek – CIP-Einheitsaufnahme
Žmegač, Viktor:
Tradition und Innovation : Studien zur deutschsprachigen
Literatur seit der Jahrhundertwende / Viktor Žmegač. – Wien ;
Köln ; Weimar : Böhlau-Verl., 1993
(Literatur in der Geschichte, Geschichte in der Literatur ; Bd. 26)
ISBN 3-205 98007-7
NE: GT

ISBN 3-205-98007-7

Druck: MANZ, A-1050 Wien

Inhalt

Vorwort

Bücher, die verstreut erschienene wissenschaftliche Aufsätze eines Verfassers enthalten, entsprechen seit langem einer Gepflogenheit akademischer Publizistik. Die Beweggründe dafür, daß Autor und Herausgeber in Personalunion auftreten, können unterschiedlicher Art sein. Unter den sogenannten äußeren Motiven ist der Wunsch, an vielen Orten Verstreutes, zum Teil auch Entlegenes, dem Leser leichter zugänglich zu machen, besonders einleuchtend. Solche Überlegungen ebnen jedoch einem unmittelbar sachbezogenen, gleichsam immanenten Motiv den Weg. Es beruht auf der herkömmlichen Überzeugung oder zumindest auf der Erwartung, das Ganze sei mehr als die Summe seiner Teile.

Um dieses Ganze einigermaßen plausibel zu machen, bedurfte es auch im vorliegenden Fall einer Auswahl. Sieht man von dem Aufsatz über die „Kulissenwelt" in einer Erzählung Thomas Manns ab, so handelt es sich ausschließlich um Arbeiten, die in den letzten fünfzehn Jahren entstanden sind, die meisten davon seit der Mitte der achtziger Jahre. Allein auch aus diesem Zeitraum wurden nur Studien aufgenommen, die dazu angetan sind, Schwerpunkte und Zusammenhänge sichtbar zu machen. Dem Verfasser bereitete die Sichtung der Texte eine gewisse Überraschung: er konnte erkennen, daß sich trotz der Disparatheit mancher Anlässe und Themen innere Beziehungen und Querverbindungen abzeichnen, bedingt vor allem durch gewisse methodologische und stoffliche Neigungen. Einen deutlichen stofflichen Schwerpunkt bildet die Zeit um die Jahrhundertwende; ja das Interesse für diese Epoche ist so ausgeprägt, daß es nicht falsch wäre, von einem Jahrhundertwende-Buch zu sprechen. Da jedoch die Jahrzehnte um 1900 in wesentlichen literaturhistorischen Aspekten nur mit Hilfe von Rückblicken auf die Anfänge der kulturgeschichtlichen Moderne im 18. Jahrhundert angemessen gedeutet werden können, findet man in einigen Beiträgen Längsschnitte, die dort ansetzen. Anderseits erwies sich, wie etwa in der Adorno-Studie oder in den Betrachtungen zum Geschichtsdrama, die Notwendigkeit, die Nachwirkungen von Denkmotiven des 19. Jahrhunderts in unserer Zeit zu erkunden.

Nicht weniger evident dürfte, nahezu in allen Arbeiten, die Auffassung sein, daß die Literatur auch in den letzten Jahrhunderten trotz aller mimetischen Anstrengungen das geblieben ist, was sie schon immer war, nämlich eine höchst künstliche Angelegenheit, freilich in wechselnder Gestalt. Ist die Studie über literarische Epochen als eine Einleitung in die allgemeine Problematik des Bandes zu verstehen, so bilden die drei darauf folgenden insofern eine Einheit, als sie zeigen, daß im Spannungsfeld von Innovation und Tradition stets Bestrebungen wirksam waren, dem Gedanken der eigentümlichen Autonomie und Künstlichkeit der Literatur bleibende Geltung zu verschaffen. Die Beiträge zur Geschichte der Künstlichkeit und der „umgekehrten Mimesis" berücksichtigen namentlich geschichtliche Aspekte, die Betrachtung zur Theorie des Zufalls dagegen logisch-systematische.

Die Augenfälligkeit des – im weitesten Sinne des Wortes – spielerischen Charakters der Literatur kann allerdings nicht darüber hinwegtäuschen, daß es immer wieder Autoren gegeben hat, die das Schreiben als Bekenntnis oder Aufruf verstanden haben. Läßt man sich auf deren Absichten ein, so betritt man die Bereiche der Kunsttheorie, der Geschichtsphilosophie, der Kultur- und Mentalitätsgeschichte. Bezeichnend für diesen Sachverhalt sind zum Beispiel die Arbeiten über Tabus in der Literatur, über utopische Vorstellungen, über das Lebenspathos der Jahrhundertwende.

Und schließlich: zusammengehalten wird die Auslese, so hofft der Verfasser, nicht zuletzt durch die in den meisten Texten erkennbare Bestrebung, literarische Erscheinungen, welcher Art auch immer, grundsätzlich im europäischen Kontext zu betrachten. Sprachgrenzen sind nur selten Anschauungsgrenzen – so könnte die kürzeste Formel dieser methodischen Einstellung lauten.

Mehr als ein Drittel des Umfangs bilden neue, bisher unveröffentlichte Beiträge. Die bereits publizierten Aufsätze erscheinen fast ausnahmslos in ursprünglicher Gestalt. Lediglich einige geringfügige Kürzungen und Änderungen dienen der leichteren Lesbarkeit oder der Vermeidung von Wiederholungen. Dem Böhlau Verlag sei für die freundliche Einladung zur Mitarbeit gedankt, den Verlagen der Sammelbände und Zeitschriften für die Erlaubnis, über die Texte zu verfügen.

Zagreb, im März 1993 Viktor Žmegač

Kategorien der literarischen Epochenbildung

Die Jahrhundertwenden 1800 und 1900

Im Sommer 1893 schrieb Hugo von Hofmannsthal an seinen Freund Arthur Schnitzler: „Ich lese mit lebhaftestem Interesse die ‚Hauptströmungen' von Brandes, unendlich vieles aus der 1ten Hälfte des Säculums besitzt im zweiten ein Gegenbild, manches eine Carricatur; namentlich sehe ich mit halb schauderndem Staunen, wie völlig sich die Producte der jüngsten Strömungen, in denen ich ja auch mit einer Fußspitze stehe, der Romantik als Kugelspiegelbild, halb verschrumpft, halb aufgedunsen, gegenüberstellen."[1]

Der Befund des jungen Loris war nicht gerade schmeichelhaft. Heute, aus dem Abstand einer dritten Jahrhundertwende, ist man geneigt, die Dinge gelassener zu beurteilen. Was freilich nach wie vor legitim erscheint, ist ein Vergleich dieser beiden Epochen, die in der Geschichte der europäischen Literatur von besonderer Bedeutung gewesen sind. Wie verhält es sich mit der Verwandtschaft, von der Hofmannsthal spricht, mit dem Gegenbild, oder gar mit der Karikatur? Daß ein solcher Vergleich sinnvoll ist, wird klar, wenn man bedenkt, wie unangemessen es wäre, beliebige Jahrhundertwenden miteinander zu komparieren, und wie schwer es schon wäre, eine ausreichende Argumentation zu sichern, wenn es darum ginge, die Zeit um 1900 mit der um 1700 zu vergleichen. Fast überflüssig scheint daher der Hinweis zu sein, daß der Begriff „Jahrhundertwende" an sich keine literarhistorische Substanz besitzt, sondern daß erst bestimmte geschichtliche Konstellationen (die keineswegs von kalendarischer Magie bestimmt sind) die hier angestellten Betrachtungen legitimieren.

Deren Gerüst bilden die Kategorien des literarischen Kommunikationssystems: der Autor, das Werk, die Vermittler, das Publikum. In methodischer Hinsicht ist vorauszuschicken, daß die Darlegungen aus heuristischen Gründen ein Nacheinander und damit eine gewisse Isolierung im Umgang mit diesen Kategorien fordern. Vorstellen muß man sich aber ein Netz von Wirkungskräften, eben: ein System, in dem sich alle Kategorien gegenseitig bedingen. Man denke nur daran, daß es unmöglich ist, die fortschreitende Emanzipation des Autors in der zweiten Hälfte des 18. Jahrhunderts und die Entwicklung zur ästhetischen Autonomie hin zu begreifen, ohne alle jene Voraussetzungen zu bedenken, die im Bereich des Verlagswesens und der Leserschaft zu suchen sind.

Noch ein weiterer methodischer Wink erscheint angezeigt. Es handelt sich um ein terminologisches Problem. Seit etwa zwei Jahrzehnten haben wir es gleich zweimal mit dem Begriff der Moderne zu tun, mit einem terminologischen Doppelsinn, der allerdings anderer Natur ist als z. B. bei den Bezeichnungen „Klassik“ oder „Barock“. Die neueste Doppelung beruht nicht auf einem Gebrauch, der einmal historisch, das andere Mal typologisch ist, sondern auf zwei verschiedenen geschichtlichen Sichtweisen: die „Moderne“ meint seit rund hundert Jahren den literarischen Aufbruch am Ausgang des 19. Jahrhunderts, hauptsächlich im Umkreis des Naturalismus und Symbolismus, eine Erscheinung der etwas weiter gefaßten Jahrhundertwende also; doch das Wort wird neuerdings mehr und mehr als ein Klammerbegriff gebraucht, wobei es nun die gesamte Kunstentwicklung, ja die gesamte Kultur seit dem Zeitalter der europäischen Aufklärung benennt. Die Anfänge der Moderne werden in das bürgerlich grundierte 18. Jahrhundert verlegt, namentlich im Hinblick auf manche radikalen Umbruchphänomene in der zweiten Jahrhunderthälfte. Die Ambiguität ist gewiß mißlich, freilich zugleich ein nicht übersehbares Signal: die eigentümliche innere Verwandtschaft zwischen der modernistischen Bewegung um 1900 und gewissen Tendenzen hundert Jahre zuvor geraten ins Blickfeld. Die fundamentale Bedeutung des späteren 18. Jahrhunderts für das gesamte neuere Kulturverständnis wird heute in einem umfassenderen Sinn deutlich – auch wenn es schon früher vereinzelt Versuche gegeben hat, ein Zeitalter moderner Literatur seit dem 18. Jahrhundert zu suggerieren, so etwa in Wolfgang Kaysers Abhandlung über die „Entstehung und Krise des modernen Romans“ aus dem Jahr 1954.

Im doppelten Gebrauch des Begriffs „Moderne“ ist im übrigen eine Wiederholung erkennbar: bereits um 1800 sprach man in Deutschland von „moderner Literatur“ und „modernen Autoren“ im gleichen Sinn wie von „Romantik“ und meinte damit sowohl die neuesten Bestrebungen als auch die gesamte Kunstentwicklung seit dem Mittelalter, im Gegensatz zu den „klassischen“, antiken Zeiten. Noch Hegels „Ästhetik“ hält an diesem Wortgebrauch fest.

Seit den Anfängen des Historismus hat man es also allenthalben mit dem Bewußtsein von Brüchen, Zäsuren, aber auch Kontinuitäten zu tun. Fragt man nun im besonderen nach der Kontinuität, die den hier ins Auge gefaßten Epochen zugrunde liegt, so ergibt sich etwa folgender Befund: Das Verhältnis zwischen den beiden Jahrhundertwenden ist in wichtigen Punkten durch eine Steigerung gekennzeichnet. Was sich vom Sturm und Drang bis zur Romantik in Konturen erkennen läßt, tritt rund hundert Jahre später in konzentrierter, ja in manchen Bereichen auch in extremer Form hervor.

Feststellbar ist das bereits anhand unserer ersten Kategorie. Aus Gründen, die als bekannt vorausgesetzt werden müssen, findet im Zeitalter der Aufklärung und Romantik eine in diesem Maße zuvor kaum vorstellbare Aufwertung des Autors, der kreativen Künstlerpersönlichkeit statt. Der bürgerliche Individualismus zeichnet sich in seinen geistigen Äquivalenten ab, und nirgends so deutlich wie gerade in der Kunstphilosophie. Die sozialgeschichtlichen Zusammenhänge treten übrigens zuweilen schon in den zeitgenössischen Dokumenten sehr klar zutage. So zum Beispiel in der kleinen Schrift, mit der Schiller 1784 seine „Rheinische Thalia" ankündigte und die unter anderem den stolzen Satz enthält: „Ich schreibe als Weltbürger, der keinem Fürsten dient." Genannt wird auch die Voraussetzung für eine solche selbstbewußte, autonome Haltung des Literaten: „Das Publikum ist mir jetzt alles, mein Studium, mein Souverain, mein Vertrauter. Ihm allein gehör ich jetzt an. Vor diesem und keinem andern Tribunal werde ich mich stellen. Dieses nur fürchte ich und verehr ich. Etwas Großes wandelt mich an bei der Vorstellung, keine andere Fessel zu tragen als den Ausspruch der Welt – an keinen andern Thron mehr zu appellieren als an die menschliche Seele."[2]

Es steht freilich auf einem anderen – aber ebenfalls zu diesem Kontext gehörigen – Blatt, daß Schiller das erste Heft der Zeitschrift dem Herzog von Weimar widmete. Von einer ganz auf die bürgerliche Öffentlichkeit gestellten Literatur und Kunst konnte noch keine Rede sein – wie ja überhaupt das ganze 18. Jahrhundert und zum Teil auch noch das 19. eine eigentümliche Verflochtenheit bürgerlicher und adeliger Kulturformen aufweisen.

Das ändert jedoch nichts an der Tatsache, daß das Selbstbewußtsein deutscher Dichter und Philosophen der Goethezeit ein kulturgeschichtliches Symptom ersten Ranges darstellt, Zeichen einer Kunstverehrung und eines Intellektualitätskultes, die sich im wahrsten Sinn als säkular erwiesen. Die geschichtsphilosophische Dimension der Erscheinung tritt bekanntlich in Schillers „Briefen über die ästhetische Erziehung" zutage, stellenweise noch expliziter in den realen Briefen an den Herzog von Augustenburg aus dem Jahr 1793. (Von diesen Texten wird noch kurz die Rede sein.)

Zu den Summen der Zeit gehört fraglos auch Goethes Epigramm (aus den „Zahmen Xenien" IX), in dem Kunst, Wissenschaft und Religion auf eine höchst bezeichnende Weise zueinander in Beziehung gesetzt werden. Hegels Kategorien des absoluten und des objektiven Geistes bilden hier eine Art Hierarchie: Wissenschaft und Kunst verbürgen auch Religion, d. h. Zuversicht und Orientierung; wer sie jedoch nicht besitzt, ist auf Religion, im Sinn von Konfession, angewiesen. Kunst und Wissenschaft (oder Philosophie) gewinnen absolute Geltung, sind dazu angetan, den Menschen, dem sie ja eigentlich angehören, völlig auszufüllen; der Religion im engeren Sinn wird dagegen eine eher praktische, sozial-ethische Rolle zugewiesen. Hegels Systematik des geistigen Bewußtseins erscheint auf eine charakteristische Weise abgewandelt, wobei die von Goethe postulierten Beziehungen auch zu Hegels Diagnosen über die Zukunft der Kunst in einem gewissen Gegensatz stehen.

Der Schritt von der Aufklärung – in deren Tradition Goethe im Grunde beheimatet ist – zur Romantik ist in einer Äußerung Hegels (bzw. Hölderlins und Schellings) erkennbar. In seinem philosophischen „Entwurf" („Das älteste Systemprogramm des deutschen Idealismus") heißt es: „Die Poesie . . . wird am Ende wieder, was sie am Anfang war – Lehrerin der Menschheit; denn es gibt keine Philosophie, keine Geschichte mehr, die Dichtkunst allein wird alle übrigen Wissenschaften und Künste überleben."[3]

Sieht man von der Differenz in der Einschätzung der Musik ab, so darf Hegels mythische Erhöhung des künstlerischen Schaffens als durchaus repräsentativ gelten für die junge Generation um 1800. Die ästhetische Anthropologie der Romantik formulierte am prägnantesten Friedrich Schlegel. „Was die Menschen unter den andern Bildungen der Erde, das sind die Künstler unter den Menschen", so las man es genau im Jahr 1800 in den „Ideen" im dritten Jahrgang der Zeitschrift „Athenäum".[4] In derselben Sammlung findet sich auch die an Goethe erinnernde Maxime: „Man hat nur so viel Moral, als man Philosophie und Poesie hat."[5] Daß Dichtungen und philosophische Systeme in diesem Verständnis gleichsam als Bollwerke der Innerlichkeit galten, geht aus einer korrespondierenden, eigentümlich planen Maxime hervor, wonach die Politik und die Ökonomie die Moral annullierten. In Schlegels skeptischer Sicht tut sich eine Kluft auf zwischen sublimer Geistigkeit und sozialer Pragmatik, mit einer deutlichen Wertsetzung zugunsten ästhetisch-philosophischer Kultur. Das tiefe Mißtrauen gegenüber praktisch materiellen Handlungen, pauschal gesagt: gegenüber der Politik, klingt noch nach in der ebenfalls ästhetisch gefärbten Skepsis der „Betrachtungen eines Unpolitischen" von Thomas Mann.

Friedrich Schlegels Lebenslauf ist zwar nicht gerade geeignet, den angeführten Gedanken zu illustrieren; dessen grundsätzliche Bedeutung steht jedoch außer Frage. Man braucht nur an die Leitvorstellungen im genannten „Systemprogramm" zu denken: Der linke Idealismus des Dichters, um es modern auszudrücken, fordert eine Freiheit, die über den Staat hinausgeht, denn dieser ist für ihn etwas Mechanisches, ein Gebilde, das „freie Menschen als mechanisches Räderwerk behandeln" muß. Der Staat sollte daher „aufhören" und einer Gemeinschaft freier Menschen Platz machen. Das Wesen dieser Gemeinschaft erblickt der Autor aber darin, daß die Idee, die alle vereinigt, eine ästhetische Idee sein müsse. Wahrheit und Güte – hier stimmt er völlig mit Schiller überein – sind „nur in der Schönheit verschwistert".[6]

Die Verdrängung herkömmlicher politischer Ordnungen durch eine ästhetische Republik wird auch von den „Ideen" im „Athenäum" verkündet. „Nicht Hermann und Wodan sind die Nationalgötter der Deutschen, sondern die Kunst und die Wissenschaft", heißt es lapidar.[7] Den Kulturhistoriker wird namentlich ein Satz aus einer benachbarten Aufzeichnung Schlegels interessieren, wonach es nur bei den Deutschen eine Nationaleigenheit sei, die Kunst und die Wissenschaft bloß um ihrer selbst willen „göttlich zu verehren". Hinter der etwas verwegenen nationalpsychologischen Verallgemeinerung verbirgt sich indes eine, wie man weiß, durchaus zutreffende sozialgeschichtliche Beobachtung: die Einsicht nämlich, daß die deutsche Kultur des 18. Jahrhunderts infolge spezifischer politischer Bedingungen weitaus mehr als die Kultur vergleichbarer anderer Länder durch eine Abkoppelung geistiger Tätigkeiten vom staatlichen Leben gekennzeichnet war – und daher auch durch das Aufkommen jener Erscheinung, die Karl Mannheim im Hinblick auf das frühe 20. Jahrhundert die „freischwebende Intelligenz" genannt hat.

Nur in diesem Zusammenhang sind die Töne zu verstehen, die von den deutschen Romantikern so emphatisch angeschlagen wurden und als Ausfluß eines wenn auch zwiespältigen, aber doch ganz neuartigen künstlerischen Selbstbewußtseins eine singuläre Erscheinung in der europäischen Kulturgeschichte jener Epoche darstellten. Gerade unter diesem Gesichtspunkt ist das Erstaunen begreifbar, mit dem Madame de Staël über das Land der „Dichter und Denker" berichtete. Um noch einmal Friedrich Schlegels „Ideen" aus dem „Athenäum" von 1800 zu zitieren: „Es gibt keine große Welt als die der Künstler. Sie leben hohes Leben. Der gute Ton steht noch zu erwarten. Er würde da sein, wo jeder sich frei und fröhlich äußerte und den Wert der andern ganz fühlte und begriffe."

Und noch pointierter: „Selbst in den äußerlichen Gebräuchen sollte sich die Lebensart der Künstler von der Lebensart der übrigen Menschen durchaus unterscheiden. Sie sind Brahminen, eine höhere Kaste, aber nicht durch Geburt, sondern durch freie Selbsteinweihung geadelt."[8]

Bedenkt man die gesellschaftlichen Konnotationen solcher Begriffe wie „große Welt" und „guter Ton" oder „Geburt" versus „freie Selbsteinweihung", so kann an den utopischen Ausmaßen der romantischen Wertsetzungen kein Zweifel bestehen. Es ist eine völlig den Bedingungen des Zeitalters entsprechende Antinomie, daß aus einem im weitesten Sinn republikanischen Denken die Vorstellung eines neuen Adels, einer Aristokratie des Geistes, hervorgeht.

Grundlegend für diese ästhetische und intellektuelle Aristokratie ist ein spezifisches Gruppenbewußtsein, das Selektion bzw. Zugehörigkeit vor allem aufgrund einer an Magie grenzenden künstlerischen Sensibilität vorsieht. Das „Zauberbuch der Kunst" entsiegelt nach Schlegels Worten nur der „verwandte Geist"; nur er befreit den darin verschlossenen „heiligen Geist". Der säkularisierte Wortschatz, der buchstäblich an die Rituale einer sogenannten Kunstreligion denken läßt, weist bereits eine esoterische Tendenz auf, die für unser Thema von besonderer Bedeutung ist.

Rund hundert Jahre nach der Zeit, da Kant, Schiller und die Frühromantiker die Autonomie von Dichter und Dichtung auf den Begriff brachten, zogen französische und deutsche Autoren extreme Konsequenzen. Gemeint sind die Kunstfanatiker im Zeichen einer Lehre, für die sich die vereinfachende Formel „l'art pour l'art" eingebürgert hat. Neben den sogenannten Symbolisten sind auch Autoren wie Flaubert zu den kompromißlosen Vertretern der Kunstautonomie zu zählen, die zeigen, daß sich der exklusive Kunstbegriff durchaus auch mit einer bestimmten Sozialdiagnostik verbinden ließ. Die Theoretiker und Praktiker der sogenannten reinen Kunst am Ausgang des Jahrhunderts sind für diese Zeit keinesfalls alleinig repräsentativ, doch sind sie im Pluralismus der Epoche diejenigen, die am deutlichsten nicht etwa eine bruchlose Tradition, wohl aber einen Fluchtpunkt poetologischer Konsequenzen der deutschen Kunstperiode vor Augen führen.

In Mallarmés Aufsatz mit dem ironisch gemeinten Titel „Hérésies artistiques. L'art pour tous" heißt es, schon der Gedanke, Baudelaires „Fleurs du mal" seien mit den gleichen Schrifttypen gedruckt wie ein

Zeitungsartikel oder die Mache eines Unterhaltungsliteraten, bereite Unbehagen. Für den französischen Dichter ist Kunst ein auratisches, fast sakrales Ereignis, das vor jeder Art von Profanierung zu schützen sei. Das von ihm gebrauchte Vokabular klingt in unserem Zusammenhang bereits vertraut: „Alles Heilige und was heilig bleiben will, hüllt sich in Mysterium. Die Religionen verschanzen sich hinter Geheimnissen, die sich allein dem Auserwählten offenbaren: die Kunst hat die ihren.“ Von einer „unbefleckten Sprache“, von „hieratischen Formeln“ und ähnlichen Vorstellungen ist weiterhin die Rede; ferner werden Vergleiche angestellt zwischen poetischen Texten und alten Meßbüchern oder den Hieroglyphen der Papyrusrollen.[9] Kurz, es werden Metaphern und Vergleiche bemüht, die um die Jahrhundertwende zu den Topoi des Ästhetizismus gehören.

Die Beziehungen zur zeitgenössischen französischen, aber auch zur deutschen Literatur der Goethezeit verdeutlicht das Werk Stefan Georges. In der kleinen Programmschrift „Lobrede auf Mallarmé“ von 1893 ist ebenfalls von den esoterischen Schriften der Byzantiner und Spätlateiner die Rede, mit der Absicht, die Tradition der modernen „klangvollen dunkelheiten“ aufzuzeigen. Der entscheidende Satz, in der eigentümlichen Diktion und Orthographie Georges, läßt keinen Zweifel daran, daß es sich nicht nur um eine Ästhetik der Naturferne, sondern auch um eine Poetik der Öffentlichkeitsferne handelt.

„Jeden wahren künstler hat einmal die sehnsucht befallen in einer sprache sich auszudrücken deren die unheilige menge sich nie bedienen würde oder seine worte so zu stellen daß nur der eingeweihte ihre hehre bestimmung erkenne.“[10]

Neuere Forschungen haben erwiesen, daß die extremen Auffassungen von Kunstautonomie im 19. Jahrhundert, auch die französischen, letztlich auf Kants Ästhetik zurückgehen, in der französischen Romantik durch Vermittlung von Benjamin Constant.[11] Eines ist jedoch die produktive Weitergabe von Ideen, ein anderes die geschichtliche Signatur, die ein bestimmter Gedanke in seinem sozialen Kontext erhält. Ebenso wie die stilistischen Unterschiede zwischen Mallarmé oder George und den Dichtern um 1800 zu beachten sind, gilt es auch, deutlich zu machen, daß Autonomie bei Kant, Schiller und in der Frühzeit der Romantik nicht dasselbe ist wie am Ausgang des 19. Jahrhunderts – mögen die Beziehungen noch so offenkundig sein.

Trotz der esoterischen Anwandlungen der Romantiker ist nicht zu übersehen, daß der dominierende Zug der ersten Jahrhundertwende die große, in der Aufklärung wurzelnde Idee der Erziehung ist: politischer

Fortschritt – Schiller erläuterte das dem Herzog von Augustenburg mit aller Deutlichkeit – ist ohne ästhetische und intellektuelle Kultur nicht möglich, ja diese muß als dessen Vorbedingung angesehen werden. Der autonome, sich seiner Bedeutung bewußte Künstler (Dichter) wird kraft dieses Arguments als geistiger Führer der Nation oder der Menschheit interpretiert. Mit anderen Worten: Es geht hier um die Gesamtheit künstlerischer und gesellschaftlich-politischer Vorstellungen, um die Verankerung der Ästhetik in der Geschichtsphilosophie. Zum Grundmuster gehört zudem, mehr oder minder explizit, die Vorstellung erreichbarer sozialer Harmonie im Zeichen der Vernunft. Von einer neuen, umfassenden „Mythologie der Vernunft" ist bei Hegel, Schelling und Hölderlin ausdrücklich die Rede.

In diesem Punkt wird bereits der Gegensatz zu den erwähnten Tendenzen des Fin de siècle klar. Im Umkreis des symbolistischen Ästhetizismus begreift sich der Künstler als ein spezifischer Außenseiter der Gesellschaft, zumindest der herrschenden Gesellschaft, wobei der Protest verschiedene Formen annehmen kann, von der Boheme bis zu eigentümlichen Spielarten der Askese. „Für mich ist ein Dichter in dieser Gesellschaft, die ihm nicht zu leben erlaubt, ein Mensch, der sich zurückzieht, um sein eigenes Grabmal zu schaffen", erklärte Mallarmé zu Beginn der neunziger Jahre.[12] Im Kontext einer solchen Haltung sind Erziehung oder Entwicklung keine angemessenen Begriffe mehr, jedenfalls keine sozial motivierten. Vollendung ist eine ästhetisch-individuelle Vorstellung, ein Wert, der als schroffer Gegensatz zu der konventionellen Mentalität aufgefaßt wird. Flauberts Verallgemeinerungen, vor allem sein Haß auf die Spießergesellschaft, wie er sie in seinen Romanen und den großartigen Zeugnissen seiner Briefe darstellt, sind von paradigmatischer Bedeutung. Noch Thomas Manns Tonio Kröger ist im Grunde ein Jünger Flauberts, wenn er behauptet, es sei unmöglich, zu leben und zugleich zu schaffen. Die psychologische Problematik des künstlerischen Schaffens indiziert hier das Auseinanderfallen ästhetischer und politischer Moral.

Es wäre zu simpel, die exklusive Haltung der Verfechter des Ästhetizismus als eine beliebige Aktualisierung eines alten Musters anzusehen. Der Vers, mit dem Horaz das dritte Buch seiner Oden einleitet, „Odi profanum vulgus et arceo", drückt das Bewußtsein einer verfeinerten Kultur aus, die sich grundsätzlich im Einverständnis mit den Herrschenden weiß. Das Diktum Georges, Kunst sei nur *gegen* die Gesellschaft möglich, hätte Horaz sicherlich nicht begriffen. Der Verzicht Georges und verwandter Autoren, sich auf die Ziele der gesellschaftlichen Exponenten einzulassen, schließt freilich ebenfalls Politik ex negativo ein. Manche Äußerungen Georges erlauben sogar eine unmißverständliche Konkretisierung der Standpunkte.

Ein Brief des Dichters an Hofmannsthal vom 4. Dezember 1905 (übrigens das letzte persönlich gehaltene Schreiben Georges in der Korrespondenz der beiden Autoren) läßt keinen Zweifel daran, was unter Gesellschaft im einzelnen zu verstehen ist. George weigert sich kategorisch, eine publizistische Maßnahme zu unterstützen, die in Form offener Briefe deutscher und englischer Intellektueller dazu beitragen sollte, durch Einflußnahme auf die Politiker die Kriegsgefahr zu verringern. Seine Begründung ist überaus bemerkenswert: Ein Krieg sei nur die letzte Folge eines jahrelangen sinnlosen Draufloswirtschaftens von beiden Seiten, eine Erscheinung, auf die Zeitschriftenartikel keine Wirkung haben. Im übrigen sollte man den Deutschen gerade in deren eigenem Interesse eine Schlappe wünschen, „damit sie jene völkische bescheidenheit wieder erlangen die sie von neuem zur erzeugung geistiger werte befähigt".[13] Hier klingt jene Kritik nach, die Nietzsche in der ersten seiner „Unzeitgemäßen Betrachtungen" an Bismarcks Deutschem Reich übte. George hält an der Vorstellung von einem geistigen, gleichsam inneren Reich der Deutschen fest, im Gegensatz zum politischen, äußeren Reich, das die Kräfte der Nation in falsche Bahnen lenkt. Hier wird noch einmal der Kulturgedanke der deutschen Kunstperiode beschworen, allerdings unter Verzicht auf die politischen Visionen der Zeit um 1800, die „Mythologie der Vernunft".

Nichts ist in diesem Zusammenhang so bezeichnend wie der Umstand, daß der Dichter nach Georges Verständnis rein privat, aus der Öffentlichkeit ausgeschlossen, sozusagen gestaltlos bleibt, verkörpert nur durch sein Werk. Die verschiedenen Formen öffentlicher Wirksamkeit, die um 1800 in Weimar oder Jena fast selbstverständlich waren, gelten nun als unvereinbar mit dem künstlerischen Ethos. Freilich muß auch an dieser Stelle betont werden, daß zum Bild der Jahrhundertwende auch ganz anders geartete Tendenzen gehören, so die Bestrebung, den Autor wenn nicht als politische, so doch als werbewirksame Persönlichkeit der Öffentlichkeit zu präsentieren. Der freiberufliche Literat, eine Hervorbringung des 18. Jahrhunderts, kommt erst in dieser Epoche voll zur Geltung.

Die Frage, wodurch das bedingt ist, leitet über zur Kategorie des literarischen Textes. Ich beschränke mich hier auf *einen* Aspekt, allerdings einen zentralen; die Wechselbeziehungen aller kommunikativen Elemente treten darin am deutlichsten zutage. Es geht um die Feststellung, daß die Literatur und die Kunst überhaupt seit der Romantik auf mehr oder weniger ausgeprägte Weise vom Innovationsgrundsatz bestimmt werden. Das, was man seither im künstlerischen Schaffen Originalität nennt – das ästhetische Äquivalent des neuzeitlichen Individualismus –, beherrscht weitgehend auch die Maßstäbe literarischer Kritik: Offen oder insgeheim gilt das Prinzip, wonach wertvoll vor allem das Neuartige ist; Innovation wird zum Wertkriterium. Als Folge solcher Urteilsbildung entwickelt sich seit dem 18. Jahrhundert die Dichotomie von sogenannter hoher Literatur und Trivialliteratur – eine Unterscheidung, die heute vielen Kritikern zur zweiten Natur geworden ist, die jedoch eine konkrete geschichtliche Erscheinung darstellt.

Es ist von primärer Bedeutung, daß das „Athenäum"-Fragment (Minor 116), das den Versuch unternimmt, die Romantik zu definieren, zugleich ein Manifest der Originalität poetischer Werke ist. Die moderne, romantische Dichtart ist danach „allein frei", denn sie erkennt nur ein Gesetz an: die Freiheit, die „Willkür" des Dichters. Die traditionelle klassizistische Poetik, durch die Kunstauffassung des Sturm und Drang schon stark angeschlagen, wird damit endgültig verabschiedet.[13a] Zur vollen Entfaltung kommt das Originalitätsprinzip aus komplexen sozialgeschichtlichen Gründen erst im späten 19. Jahrhundert. Der Weg vom deutschen „Antiklassizismus" (wie man den Sturm und Drang eigentlich nennen sollte) zu den Innovationen im Zeichen von Symbolismus und Naturalismus, also der Weg von der ersten Moderne zur zweiten, ist an der Machart der Werke – trotz aller Überhänge der Tradition – deutlich ablesbar. Übrigens hat nicht erst die Generation Baudelaires und Rimbauds den Grundsatz poetischer Neuheit proklamiert. Ich greife aus dem Bereich kritischer Zeugnisse eine weniger bekannte Äußerung aus der ersten Hälfte des Jahrhundert heraus. Wolfgang Menzel, der berüchtigte Gegner der Jungdeutschen, schrieb nach Erscheinen der ersten Fassung von Mörikes „Maler Nolten": „Der Roman hat den großen, in dieser erfindungslosen Zeit nicht genug zu schätzenden Vorzug, daß er originell, daß die Fabel eine neue ist, die Situationen noch nicht dagewesen sind . . ."[14]

Zu einer unabdingbaren ästhetischen Forderung wird die Originalität bei Autoren wie Flaubert. In einem Brief des Jahres 1873 an die Mutter Guy de Maupassants bemerkte der Romancier über den jungen, strebsamen Literaten, dessen erste Arbeiten Originalität noch vermissen ließen: „Mit der Zeit wird er Originalität und eine individuelle Art zu sehen und zu empfinden . . . gewinnen." Flaubert versäumte nicht hinzuzufügen: „Denn darin liegt alles". Ganz ähnlich äußerte sich

Mallarmé, rund zwanzig Jahre später, in einem Interview über die zeitgenössische literarische Entwicklung („Sur l'évolution littéraire"): Man nehme gegenwärtig an einem in der Geschichte der Literatur einmaligen Schauspiel teil: „Jeder Dichter spielt an seinem Platz auf einem nur ihm eigenen Instrument die Lieder, die ihm gefallen; zum ersten Male seit dem Beginn singen die Poeten nicht mehr im Kirchenchor".[15]

Joris-Karl Huysmans, der Autor des Romans „A rebours" (1884), in dem die sogenannte Dekadenz am reinsten zum Ausdruck gelangt, bekennt im Rückblick auf die Entstehung des Werkes, er sei von dem Bedürfnis besessen gewesen, die Grenzen des Romans zu durchbrechen, Kunst, Wissenschaft, Geschichte in ihm zu verschmelzen, kurz, „um jeden Preis etwas Neues zu schaffen".[16]

In Deutschland, wo man die Vorstellung von Modernismus und Innovation gewöhnlich mit den stofflichen Vorstößen im naturalistischen Drama oder den erzählerischen Experimenten bei Holz und Schlaf in Verbindung brachte, zeigen die poetologischen Maximen in Georges Zeitschrift „Blätter für die Kunst", worauf es ankam. Gleich im ersten Jahrgang, 1892, betont einer der Merksprüche, das Schöne und das Neue seien als eine künstlerische Einheit zu begreifen. Noch bestimmter formuliert diesen Leitsatz ein Spruch aus dem zweiten Jahrgang: Kunstwert besitze jene poetische Arbeit, die Menschen oder Dingen irgendeine neue, unbekannte Seite abzugewinnen vermöge.[17]

Die Kunsttheorie der Originalität führte naturgemäß zu Spannungen zwischen Kunstschaffen und Publikum bzw. Öffentlichkeit, Spannungen, wie es sie in den Epochen vor dem 18. Jahrhundert nicht gegeben hatte. (Wir kommen damit zu unserem letzten Problemkreis.) Die Erscheinung, daß Autoren, im künstlerischen Wettstreit miteinander, sich um individuelle Leitsätze kümmern, kaum aber um das Publikum, ja sogar gegen die Publikumserwartungen anschreiben, um die Leser herauszufordern, dieses Phänomen nennt Jean-Paul Sartre in seiner Schrift „Qu'est-ce que la littérature?" (1948) einen fundamentalen Konflikt ohne Beispiel in der älteren Geschichte der Literatur.[18] Sartre betont, daß ein solcher Konflikt bis zum 18. Jahrhundert schon deshalb nicht möglich gewesen sei, weil es mehr oder weniger nur ein Publikum, ein offizielles gleichsam, gegeben habe. Erst das moderne, bürgerliche Zeitalter habe neue, komplexe Verhältnisse geschaffen.

Er geht allerdings nicht auf die Frage ein, wie es dazu gekommen ist, daß Autoren und Kunstwerke einander im Grunde fremd gegenüberstehen, in einem objektiven Konkurrenzverhältnis, nur auf die eigene Wirkung bedacht. Eine plausible, wenn auch etwas einseitige Theorie findet man bei einem Autor der Wiener Moderne um die Jahrhundertwende, bei Hermann Bahr. Ich habe auf seinen völlig in Vergessenheit geratenen Erklärungsversuch in den letzten Jahren mehrmals hingewiesen, im übrigen auch darauf, wie eng sich Bahrs Gedanken im einzelnen mit späteren Auffassungen aus dem Umkreis der Frankfurter Schule berühren, namentlich mit Überlegungen Walter Benjamins.[19] Hier muß ich mich auf die Erläuterung der Grundthese Bahrs beschränken, dargelegt im Essayband „Inventur" (1912). Der Literat und Volkswirtschafter sieht die Kunstentwicklung der modernen Zeit durch die allgemeinen Prinzipien der Tauschwirtschaft bestimmt. Das künstlerische Schaffen, aus dem Gefüge feudaler Repräsentation in die Autonomie des individuellen Künstlers entlassen, findet nun seine notwendige materielle Grundlage in dem nicht kalkulierbaren Kunstbedürfnis eines anonymen Publikums sowie in den Interessen der Vermittler, der Kunsthändler und Verleger. Mit anderen Worten: Die Kunst ist grundsätzlich darauf angewiesen, als Ware behandelt zu werden. Was heute in jeder Einführung in die Literatursoziologie nachgelesen werden kann, hat Bahr damals mit überraschender Schärfe erkannt. Ja noch mehr (und hier führt der Weg zu Benjamin und Adorno): Im notwendigen Konkurrenzverhältnis zwischen den Kunstproduzenten sieht er eben nicht nur eine ökonomische, sondern auch eine ästhetische, stilistische Bewegkraft. In einer Gesellschaft, in der Innovationen vom Publikum zwar oft nur widerwillig aufgenommen werden, in der Originalität aber zu den Spielregeln gehört und letztlich auch eine Art Warenmarke darstellt, muß das Kunstwerk, um konkurrenzfähig zu sein, mit auffallenden, einprägsamen Zügen – mit „Signalen", sagt Bahr – ausgestattet sein. Innovation wird auf diese Weise zum Entwicklungsprinzip moderner Kunst.[20]

Was bei Bahr fehlt, ist eine Erläuterung des komplexen Wechselspiels unterschiedlicher Interessen in der von ihm erkannten Situation. Wie widerspruchsvoll die Dinge sind, ist schon an dem Umstand erkennbar, daß die Neuheitsbestrebungen der antagonistischen Bewegungen oft in krassem Gegensatz zu kommerziellen Erwägungen stehen, im Endergebnis aber dann doch dazu führen, daß infolge der Struktur des Systems künstlerisches Prestige auch ökonomisch beziffert werden kann.

Außer Zweifel steht jedenfalls der zeitgemäße Charakter von Bahrs Diagnosen. Sie beziehen sich auf die Zeit um 1900, als das Neben- und Gegeneinander künstlerischer Richtungen einen Höhepunkt erreichte. Gern spricht man daher von einem Stilpluralismus der Jahrhundertwende. Nicht zu vergessen ist allerdings, daß der Unterschied zwischen den beiden Jahrhundertwenden in dieser Hinsicht nur gradueller, nicht grundsätzlicher Natur ist – denn bereits um 1800 waren die Weichen für diese Entwicklung gestellt: die Zeit hierarchisierender Stilvorstellungen, bei denen sich Mode und Norm deckten, war in der literarischen Praxis vorbei. Um 1900 wurden dann lediglich – und für jedermann leicht erkennbar – die Konsequenzen gezogen. In der Öffentlichkeit wurden die miteinander konkurrierenden Richtungen zum Teil schon mit der Rhetorik der Werbung gegeneinander ausgespielt, wobei der Eindruck entstand, die eine künstlerische Konzeption (etwa der Symbolismus) sei eine Reaktion auf eine andere (etwa den Naturalismus). In Wirklichkeit erzeugte der moderne Kunstbetrieb spätestens seit der Mitte des 19. Jahrhunderts ein mehr oder minder deutlich erkennbares Nebeneinander, ein provoziertes Originalitätsstreben.

Zu den Kronzeugen der Epoche gehört in Frankreich Paul Valéry. Wolfdietrich Rasch hat die germanistische Forschung auf den dokumentarischen Wert der Briefe des jungen Valéry hingewiesen, vor allem auf die sehr anschauliche Darstellung moderner Tendenzen in einem Brief an Pierre Louis aus dem Jahr 1890. Noch expliziter äußert sich der Dichter in einem erst posthum veröffentlichten Aufsatz, bereits 1889 geschrieben („Sur la technique littéraire"): „Die alten Kulturgesellschaften, die Jahrhunderte innerer Analyse und literarischen Schaffens hinter sich haben, brauchen immer neue, immer schärfere Reize! Was uns angeht, wir werden uns niemals darüber beklagen, daß wir in einer Zeit leben, in der man einen Hugo, einen Flaubert, die Goncourt nebeneinander sieht, in der die krankhafte Empfindsamkeit eines Verlaine der ungeheuren Vitalität eines Zola gegenübersteht und man sich dieses seltenen Schauspiels erfreuen kann: die Brutalität der Lebenskonkurrenz, der Merkantilismus, das Auslöschen der Persönlichkeit, gegenübergestellt dem Feminismus, der verwöhnten, hingebenden Lässigkeit der Künstler und der verfeinerten *dilettanti*. Uns gefällt diese sublime Antithese: die barbarische Größe der Industriewelt gegenüber der äußersten Eleganz und der morbiden Suche nach den allerseltensten Lustgefühlen."[21]

Das Innovationsprinzip und damit der ästhetische Wettbewerb haben nicht aufgehört, wirksam zu sein. Für den Kunstliebhaber ist der Zusammenhang mit der letzten Jahrhundertwende evident, für den Historiker darüber hinaus die Verwurzelung unserer Epoche im späten 18. Jahrhundert. Noch die sogenannte Postmoderne unserer Zeit ist – wenn man sich von Oberflächenphänomenen nicht ablenken läßt – eine Fortsetzung der Moderne mit anderen Mitteln. Das Grundprinzip der ästhetischen Überraschung, wenn auch mit Rückgriffen auf längst Vergangenes, ist nach wie vor maßgeblich. Es war kein Scherz, als der amerikanische Maler und Filmemacher Andy Warhol vor wenigen Jahren behauptete, wir gingen einer Zukunft entgegen, in der jeder Künstler etwa fünfzehn Minuten berühmt, d. h. originell sein werde. Einprägsamer läßt sich die Sache, um die es hier geht, gar nicht ausdrücken: nämlich das Moment des Stilverschleißes, wie man die involvierte Erscheinung nennen könnte – eine Erscheinung, die unzähligen Jahrhunderten vor Antritt der Moderne in dieser Art völlig fremd war.

Ein letzter Kreis ist abzuschreiten. Zwei Themen aus dem Bereich möglicher Vergleiche sollten noch erwähnt werden. Einmal liefert die Bezeichnung Neuromantik ein Stichwort, eine der vielen modischen Benennungen aus jener Zeit, wie Dekadenz, Nervenkunst und andere. Sie sind heute im Grunde entbehrlich. Neuromantik meinte vor allem die in betontem Gegensatz zum Naturalismus stehende Vorliebe mancher Autoren für phantastische, märchenhafte literarische Stoffe. Die Beziehungen zwischen den Märchen- und Mythendichtern um 1900 und den deutschen Romantikern sind mehrfach untersucht worden und können hier übergangen werden. Interesse verdient dagegen eine auffallende, von der Forschung meines Wissens jedoch kaum beachtete Parallele zwischen der Frühromantik und bestimmten Bestrebungen des ausgehenden 19. Jahrhunderts.

Gemeint ist bei den Frühromantikern die so ausgeprägte Neigung, den Produktionsformen der Gegenwart die alte, gediegene Handwerkskultur des 16. Jahrhunderts entgegenzustellen.[22] Man hat im Hinblick darauf später von „romantischem Antikapitalismus“ gesprochen. Tiecks Roman „Franz Sternbalds Wanderungen“ verarbeitet dieses romantische Motiv am extensivsten. Dort wie auch in den geschichtsphilosophischen Schriften der Romantik mischen sich auf eigentümliche Weise kritische und restaurative Gedankengänge.

Analoges gilt von einer Bewegung der Jahrhundertwende, die in der Tat neuromantische Züge aufweist: es ging darin um Wiedererweckung oder Bewahrung althergebrachter handwerklicher Wert- und Stilvorstellungen, ebenfalls in Opposition zu der modernen industriellen Massenfertigung von Waren. Der Praxis lag dabei die Idee eines ungebrochenen, von Entfremdung und Anonymität freigehaltenen Verhältnisses des Schaffenden zu seinen Hervorbringungen zugrunde. Wie in der Romantik diente der Künstler als Vorbild für jede Form von Produktion. Auch bei den Malern und Literaten der Zeit um 1900 ist der Rückgriff auf das 16. Jahrhundert ein Signal, auf die Zeit Dürers etwa, an der die geringe Entfernung zwischen Kunst und Handwerk besonders anziehend erschien. Nicht umsonst hieß eine Vereinigung im Wilhelminischen Reich Dürer-Bund (die genannten Ziele gerieten dort allerdings ins Fahrwasser einer penetrant restaurativen Ideologie). Am stärksten war die Kunst-und-Handwerk-Bewegung (englisch: Arts and Crafts) in England und Deutschland ausgeprägt. In Deutschland ist der Eugen-Diederichs-Verlag als Sammelbecken zu nennen, in England die sogenannten Präraffaeliten, besonders aber William Morris mit seiner Kelmscott-Press. Bei den Engländern spielten übrigens die deutsche Renaissance wie auch die deutsche Romantik eine nicht unbeträchtliche Rolle: Dürer zählte zu den besonders geschätzten Künstlern, und zur Lektüre gehörten immer wieder auch deutsche Romantiker, Tiecks Erzählungen etwa oder die Märchen der Brüder Grimm.

Man kann dieser insgesamt rückwärtsgewandten Tendenz eine zweite an die Seite stellen, an der in die Zukunft weisende ästhetische Ideen der Romantik wirksam sind. Es geht diesmal um die Geschichte des Romans und der Romantheorie, und es überrascht nicht, daß auch bei diesem Thema Friedrich Schlegel zu den Vorreitern gehört. Vor allem der Roman, die Mustergattung der Romantik, ist gemeint, wenn Schlegel in seinen Fragmenten mehrmals die Forderung vertritt, die Poesie möge sich der Wissenschaft und der Philosophie nähern. (Diese beiden Begriffe erscheinen in der Romantik noch nicht so scharf voneinander getrennt, ja sind mitunter auch austauschbar.) Zu dieser wissenschaftlich-philosophischen Durchdringung der Literatur zählt vor allem das Postulat der intellektuellen Bewußtheit, der Kontrolle des Dichters über seine Hervorbringung. Die Offenheit des romantischen Romans zum Traktat hin – man denke nur an Schlegels „Lucinde“ und andere Beispiele frühromantischer Prosa – bestätigt diese Forderung in der Praxis.

Man sollte sich hüten, Termini der romantischen Poetik einfach mit Poetologemen des 20. Jahrhunderts gleichzusetzen. Dennoch sind Schlegels Gedanken dazu angetan, unseren Blick für Zusammenhänge zu schärfen. Die in Frankreich und Deutschland seit der letzten Jahrhundertwende ausgeprägte Neigung zur essayistischen Erzählprosa, namentlich zum intellektuellen Roman, und gerade bei den größten Autoren, ist literarhistorisch – auch wenn es ohne Absicht geschah – eine Wiederaufnahme bestimmter Tendenzen des 18. Jahrhunderts. So gesehen nimmt sich das, was sich zwischen den Pfeilern von 1800 und 1900 zutrug, nämlich die Geschichte des sogenannten realistischen Romans, eher wie eine Episode aus, ein Zwischenspiel, das keineswegs dazu legitimiert, erzähltheoretische oder kunstphilosophische Normen daraus abzuleiten.

Auch dieser letzte Hinweis mag als Beitrag zum Thema „Die Nähe der Ferne“ verstanden werden. Man braucht nicht einmal die ökologische Problematik zu bemühen, um zu begreifen, wie aktuell viele Vorstellungen des ausgehenden 18. Jahrhunderts sind und wie fremd dagegen manche Leitsätze des 19. geworden sind. Die beiden Jahrhundertwenden und deren Umfeld rücken auf diese Weise aus heutiger Sicht immer mehr aneinander. Wie lange diese Konstruktion halten wird, hängt lediglich von der Sichtweise künftiger Betrachter ab.

Anmerkungen

1 H. von Hofmannsthal/A. Schnitzler: Briefwechsel, Frankfurt am Main 1964, S. 41.

2 F. Schiller: Sämtliche Werke, Bd. 5. München 1975, S. 855 f. – Zum Problem der Moderne als Makroepoche vgl. nun H. R. Jauß: Studien zum Epochenwandel der ästhetischen Moderne, Frankfurt/Main 1989.

3 Mythologie der Vernunft. Hegels „ältestes Systemprogramm“ des deutschen Idealismus. Hrsg. von Chr. Jamme und H. Schneider. Frankfurt/Main 1984, S. 13.

4 F. Schlegel: Kritische Schriften. Hrsg. von W. Rasch. München 1964, S. 93.

5 A. a. O., S. 96.

6 Mythologie der Vernunft, zit. Anm. 3, S. 12.

7 Schlegel, zit. Anm. 4, S. 105.

8 A. a. O., S. 107.

9 Französische Poetiken. Hrsg. von F.-R. Hausmann, E. Gräfin Mandelsloh und H. Staub. Bd. 2. Stuttgart 1978, S. 199.

10 St. George: Tage und Taten. Düsseldorf, München 1967, S. 53.

11 Vgl. N. Kohl: L'art pour l'art in der Ästhetik des 19. Jahrhunderts. In: Zeitschrift für Literaturwissenschaft und Linguistik 8 (1978), H. 30/31, S. 159–174.

12 Symbole und Signale. Frühe Dokumente der literarischen Avantgarde. Hrsg. von W. Kraus. Bremen 1961, S. 156.

13 Briefwechsel zwischen George und Hofmannsthal. 2. Aufl., München, Düsseldorf 1963, S. 227.

13a Aus dem Jenaer Romantikerkreis kam auch die philosophische Bestätigung aus systematischer Sicht. In Schellings Vorlesungen über die Philosophie der Kunst (1802/03) heißt es: „Erstens . . . ist das Grundgesetz der modernen Poesie *Originalität* (in der alten Kunst war dies keineswegs in dem Sinn der Fall). Jedes wahrhaft schöpferische Individuum hat sich selbst seine Mythologie zu schaffen, und es kann dies, aus welchem Stoff es nur immer will, geschehen, also vornehmlich auch aus dem einer höheren Physik. Allein diese Mythologie wird doch durchaus *erschaffen,* nicht etwa bloß nach Anleitung gewisser Ideen der Philosophie entworfen werden dürfen; denn in diesem Fall möchte es unmöglich sein, ihr ein unabhängiges poetisches Leben zu geben." (F. W. J. Schelling: Texte zur Philosophie der Kunst, ausgewählt und eingeleitet von W. Beierwaltes, Stuttgart 1982, S. 235 f.).

14 E. Mörike: Werke und Briefe. Historisch-kritische Gesamtausgabe, Bd. 5. Stuttgart 1971, S. 256.

15 Symbole und Signale, zit. Anm. 12, S. 149.

16 J.-K. Huysmans: Gegen den Strich. Übertragen von H. Jacob. Potsdam 1921, S. 15.

17 Der George-Kreis. Hrsg. von G. P. Landmann. Köln, Berlin 1965, S. 18.

18 J.-P. Sartre: Was ist Literatur? Reinbek bei Hamburg 1958, S. 73.

19 Vgl. Deutsche Literatur der Jahrhundertwende. Hrsg. von V. Žmegač. Königstein/Ts. 1981, S. XIX ff.

20 H. Bahr: Inventur. Berlin 1912, S. 16 ff.

21 P. Valéry: Zur Theorie der Dichtkunst. Frankfurt/Main 1975, S. 230 f.

22 Vgl. D. Bänsch: Zum Dürerbild der literarischen Romantik. In: Literaturwissenschaft und Sozialwissenschaften 8: Zur Modernität der Romantik. Stuttgart 1977, S. 73 f. Das 1986 erschienene Buch „Der Künstler als Handwerker. Zur Literaturgeschichte einer romantischen Utopie" von B. Schubert konnte ich nicht mehr einsehen.

Zur Geschichte ästhetischer Künstlichkeit

Unter den zahlreichen Betrachtungen über Moral, Psychologie, Erziehung und Kunst in Rousseaus Roman *La Nouvelle Héloïse* finden sich im XI. Brief des Vierten Teils auch Erörterungen über Gartenbau. Es bleibt dem Leser nicht verborgen, daß die Gedanken, die Saint-Preux seinem Adressaten mitteilt, im Zusammenhang der Liebesgeschichte mit philosophischem Anspruch mehr sind als ein bloßer Bildungsschnörkel. Der Gegensatz zwischen der Künstlichkeit abgezirkelter klassizistischer Parkanlagen und der Natürlichkeit der häuslichen Umwelt nach freiem Wuchs ist ein exemplarisches Motiv der Kulturkritik Rousseaus. Es besteht kein Zweifel daran, daß der Romanheld und sein Schöpfer sich für jene Freiheit des Ursprünglichen, Unverbildeten und Naturhaften aussprechen, deren Sinnbild der naturhafte Garten ist, die Aue, das Feld, der freie Spazierweg. In einer Lebenswelt, in der die Normen der Tugend dem Menschen moralische Beschränkungen auferlegen, ist die Sehnsucht nach Natürlichkeit ein entscheidendes Element im ideellen Gefüge des Romans, in dem die Möglichkeit des Ausgleichs von Natur und Zivilisation, von Triebhaftigkeit und Selbstbeherrschung als Sinnentwurf vorgeführt wird.

Bezeichnend für die Anschauungswelt des achtzehnten Jahrhunderts ist dabei die Bestrebung des Autors, das Naturhafte abzuschirmen gegen den Vorwurf der Unvernunft; Natur und Vernunft erscheinen vielmehr einträchtig verbunden, wenn es darum geht, die preziöse Umständlichkeit klassizistischer Richtlinien und Prozeduren anzufechten. Die Hervorbringung modischer (beziehungsweise schon altmodischer) Gartenarchitekten, die mit Zirkeln, Meßbändern und Scheren der Natur zu Leibe rücken, werden als Bekundungen eines sinnwidrigen Geschmackes dargestellt. Wo sich unbeschwert atmende Natur entfalten könnte, dort entstehen – stellt der Briefschreiber fest – manchenorts wie mit dem Lineal gezogene Alleen, geometrisch präzise Kreuzungen und so seltsame Gebilde wie Bäume, denen man die Form eines Sonnenschirms oder eines Fächers gegeben hat. Ganz zu schweigen von den ausgetüftelten Formen der Wäldchen, in denen man sich im Zickzack bewegen muß und wo jeder Schritt eine Pirouette erfordert. Kein Wunder, daß Rousseaus Naturfreunde solche Orte als öde empfinden und sich nach offenen Feldern sehnen. Der Künstlichkeit wird jedenfalls in diesem Roman, sofern von ästhetischer Anschauung die Rede ist, ein schlechtes Zeugnis ausgestellt.

Im Wunschkatalog der Epoche findet man die „Naturnähe" im Hinblick auf literarische Menschengestaltung bei zahlreichen Zeitgenossen Rousseaus. Als Beispiel bieten sich die Betrachtungen an, mit denen Wieland die Vorrede, den „Vorbericht", zu seinem Roman *Geschichte des Agathon* einleitet. Von der Wahrheit des literarischen Werkes ist dort die Rede, wobei dieser Begriff an eine Reihe von Forderungen geknüpft erscheint. In erster Linie bestehe Wahrheit darin, „daß alles mit dem Laufe der Welt übereinstimme; daß die Charakter nicht bloß willkürlich nach der Phantasie oder den Absichten des Verfassers gebildet, sondern aus dem unerschöpflichen Vorrate der Natur selbst hergenommen seien . . ."[1] Die Natur des Menschen, seine Leidenschaften sowie sein Individualcharakter müßten ferner berücksichtigt werden, nicht weniger als die Beschaffenheit des Landes, des Ortes und der Zeit, in der die Handlung der Erzählung spielt. Kurzum, auch bei Wieland besteht keine Unklarheit darüber, daß alle Forderungen der Vernunft und der Tugend in den natürlichen Anlagen des Menschen verankert sein müßten – im Gegensatz zu den Auswüchsen der Maßlosigkeit jeglicher Art, der Askese wie der Ausschweifung, der preziösen Künstlichkeit wie der Schwärmerei. Ein einprägsames Beispiel, wie man sich Natürlichkeit vorzustellen habe, gibt der Erzähler im Achten Kapitel des Neunten Buches, wo in einer exkursartigen Betrachtung über die Liebe bei den alten Griechen (die heterosexuelle) kein Hehl daraus gemacht wird, wie hoch die Unkompliziertheit und Ungezwungenheit der geschlechtlichen Beziehungen zu schätzen sei, namentlich angesichts der verschiedenen Exaltationen und Galanterien, mit denen die Europäer späterer Zeiten ihre Erotik belastet haben.

Zu bedenken ist ferner, mit welchem Eifer Wieland und seine englischen Zeitgenossen unter den Romanschriftstellern den *Don Quijote* lasen, mit viel Sympathie für den umherirrenden Hidalgo, doch zugleich mit einem Wirklichkeitsverständnis, das letztlich viel mehr dem des Sancho Pansa glich. Bei der Konfrontation der als natürlich empfundenen Regungen und Dinge einerseits und der hochartifiziellen Vorstellungen der Phantasiewelt anderseits war das Jahrhundert der Aufklärung zumeist geneigt, sich für die „Natur" zu entscheiden.

Es gibt jedenfalls ausreichende Gründe, dem achtzehnten Jahrhundert in der Geschichte der Idee der Natürlichkeit einen besonderen Platz zuzuweisen. Die englische Kultur der Empfindsamkeit, Rousseau und der deutsche Sturm und Drang sind beredte – und manchmal auch redselige – Zeugen. Lionel Trilling hat in seinem Buch *Sincerity and Authenticity* (1972) den breiten kulturhistorischen Rahmen aufgezeigt, innerhalb dessen die europäische Entdeckung der „Aufrichtigkeit" im

Sinn eines Natürlichkeitsideals zu sehen ist.[2] Man könnte seiner Sicht der Dinge durch Beispiele aus dem Bereich der allgemeinen Ästhetik und Poetik noch mehr Überzeugungskraft verleihen, etwa mit Hinweisen auf die eigentümliche Verbindung von Antiklassizismus, Originalitätsdenken und Populismus bei namhaften Autoren in der zweiten Hälfte des Jahrhunderts. Doch darauf kommt es hier nicht an. Ganz im Gegenteil: es gilt nachzuweisen, daß neben einer Geschichte der Natürlichkeit und Aufrichtigkeit auch eine Geschichte der Künstlichkeit vorstellbar ist – eine Geschichte, die ihre Protagonisten, ihre Begriffe und ihre Neigungen hat. Die folgenden Betrachtungen versuchen, Grundzüge des Phänomens vor Augen zu führen und historische Phasen zu markieren. Die Befragung auch weniger bekannter Texte entspricht dabei durchaus einer methodischen Absicht.

Gleich die erste Schrift, ein für unser Thema paradigmatischer Text, gehört zweifellos zu den am wenigsten bekannten Veröffentlichungen Goethes. Wenige Monate nach seiner Rückkehr aus Italien veröffentlichte der Autor einen Aufsatz, der weder von den Zeitgenossen noch von der Nachwelt so recht beachtet worden ist. Dieser Umstand überrascht freilich einigermaßen, denn der Titel verheißt immerhin Ungewöhnliches: *Frauenrollen auf dem Römischen Theater durch Männer gespielt.* Der Beobachter des Lebens in Rom berichtet darin über die in manchen italienischen Städten noch verwurzelte Tradition, weibliche Rollen auf der Bühne von Männern darstellen zu lassen. Der erste Teil des Aufsatzes hält die Eindrücke fest, die sich dem ungewohnten Auge darbieten: von Anstößigem und unfreiwillig Komischem ist die Rede, so etwa von einer Colombine, die ihren Bart nicht verbergen kann. Der Bericht wäre freilich in der Tat nur von mäßigem Interesse, enthielte er nicht mehr als ein kulturhistorisches Kuriosum. Die Schlußfolgerungen, die Goethe aus seinen Beobachtungen ableitet, lassen jedoch sehr bald erkennen, daß dieser Text einen theoretischen Kern enthält, dessen Bedeutung weit über den einmaligen Anlaß hinausreicht.

Der Autor erläutert, daß die geschlechtsfremd agierenden Schauspieler ein gewichtiges künstlerisches Problem anschaulich machen: nämlich die Frage, wie das Verhältnis zwischen dem mimetischen Vermögen und der ästhetischen Wirkung zu beurteilen sei. „Ich besuchte die Römischen Komödien nicht ohne Vorurteil: allein ich fand mich bald, ohne dran zu denken, versöhnt; ich fühlte ein mir noch unbekanntes Vergnügen und bemerkte, daß es viele andre mit mir teilten. Ich dachte der Ursache nach und glaube sie darin gefunden zu haben: daß bei einer solchen Vorstellung der Begriff der Nachahmung, der Gedanke an Kunst immer lebhaft blieb, und durch das geschickte Spiel nur eine Art von selbstbewußter Illusion hervorgebracht wurde."[3] Mit anderen Worten, das Spiel, das nicht der Täuschung dient, sondern die künstlerische Leistung vor Augen führt, ist in vollem Maße dazu angetan, das Bewußtsein zu schärfen für den untilgbaren Unterschied zwischen den Formen der Kunst und der empirischen Natur beziehungsweise Realität.

Goethe behauptet noch nicht, wie manche Theoretiker des neunzehnten Jahrhunderts, die Kunst sei der Wirklichkeit allemal überlegen, weil sei „wahrer" als die Realität sei, doch er beharrt auf der grundlegenden Differenz zwischen ästhetischer und außerästhetischer Erfahrung. Sein Beispiel zeigt zudem, wie komplex das gegenseitige Wechselspiel der Elemente sein kann: die verfremdende Wirkung etwa, die von der – heute würde man sagen: autoreferentiellen – Kunstleistung der Schauspieler in Frauenkleidung ausgeht und die sowohl an die Lehre Diderots *(Paradoxe sur le comédien)* wie auch an die Verfremdungstheorie Brechts (*Die Straßenszene,* 1938, und *Kurze Beschreibung einer neuen Technik der Schauspielkunst, die einen Verfremdungseffekt hervorbringt,* 1940) denken läßt. Namentlich dort, wo Goethe auf die Problematik der doppelten Brechungen zu sprechen kommt, die dadurch zustande kommen, daß die Männer im doppelten Sinne simulieren müssen.

„Wir Deutschen erinnern uns, durch einen fähigen jungen Mann alte Rollen bis zur größten Täuschung vorgestellt gesehen zu haben, und erinnern uns auch des doppelten Vergnügens, das uns jener Schauspieler gewährte. Ebenso entsteht ein doppelter Reiz daher, daß diese Personen keine Frauenzimmer sind, sondern Frauenzimmer vorstellen. Der Jüngling hat die Eigenheiten des weiblichen Geschlechts in ihrem Wesen und Betragen studiert; er kennt sie und bringt sie als Künstler wieder hervor; er spielt nicht sich selbst, sondern eine dritte und eigentlich fremde Natur. Wir lernen diese dadurch nur desto besser kennen, weil sie jemand beobachtet, jemand überdacht hat, und uns nicht die Sache, sondern das Resultat der Sache vorgestellt wird."[4]

Es darf jedenfalls als erwiesen gelten, daß Goethes Betrachtung ein eigentümliches Manifest der Künstlichkeit und der ästhetischen Naturferne darstellt. Die kleine Schrift ist das Zeugnis einer Zäsur im Schaffen des Dichters und zugleich ein Dokument in der Geschichte der Autonomie der Kunst. Nicht ganze zwei Jahre nach Goethes Aufsatz erschien der damals gewichtigste Beitrag zur Theorie künstlerischer Autonomie, Kants *Kritik der Urteilskraft.*

Der Gedanke, daß Künstliches und Naturgegebenes begrifflich streng voneinander zu trennen ist, war keine bloße Episode. Die Kontinuität in Goethes Anschauungen beweist am deutlichsten der Dialogessay *Über Wahrheit und Wahrscheinlichkeit der Kunstwerke* von 1798, erschienen in den *Propyläen,* der Zeitschrift also, der Goethe unter anderem auch den programmatischen Leitspruch mit auf den Weg gab, die Natur sei von der Kunst durch eine ungeheure Kluft getrennt.[5] Ganz im Geiste der Kantschen Ästhetik heißt es ebenfalls in der Einleitung zum ersten Band der genannten Zeitschrift: „Der echte gesetzgebende Künstler strebt nach Kunstwahrheit, der gesetzlose, der einem blinden Trieb folgt, nach Naturwirklichkeit; durch jenen wird die Kunst zum höchsten Gipfel, durch diesen auf ihre niedrigste Stufe gebracht."[6]

Was es mit dem Begriff der Kunstwahrheit im einzelnen auf sich hat, erfährt man aus dem Dialogessay (der in den Untersuchungen zu Goethes ästhetischen Anschauungen überraschenderweise nur selten angemessen zur Geltung gelangt). Besondere Aufmerksamkeit verdient der Umstand, daß in diesem Aufriß einer antinaturalistischen Ästhetik als Demonstrationsobjekt ausgerechnet die Oper dient, eine Kunstgattung, deren geradezu herausfordernd wirkenden artifiziellen Merkmale im achtzehnten Jahrhundert mehrmals für kunstkritische Querelen gesorgt hatten. Die Gesprächspartner in dieser Schrift, der „Zuschauer" und der „Anwalt", kommen nach einer klärenden Betrachtung der Dinge zum Schluß, daß Kunstwerke, gleichgültig welcher Art, ihren eigenen Gesetzen folgen müssen, nicht aber den Praktiken der Lebenswirklichkeit, denn diese verlieren im Bereich der Kunst ihre Verbindlichkeit. Die Konventionen der Oper, so seltsam sie auch sein mögen, entsprechen der besonderen Logik der Gattung, deren „Gesetzen", wie Goethes Sprecher sich ausdrückt. Diese Gesetze zu erkennen und vollends sie zu akzeptieren, das ist ein ästhetischer und zugleich ein erkenntnismäßiger Vorgang, der mit Hindernissen verbunden sein kann. Der „Anwalt", der um die Klärung von Grundfragen bemüht ist, lenkt die Aufmerksamkeit des „Zuschauers", des Opernfreundes, der sich keine Gedanken über das artifizielle Wesen des Musiktheaters macht, auf die Umständlichkeit der konventionellen Prozeduren auf der Bühne – mit der Absicht, ihn dazu zu bringen, den eigentümlichen Kunstcharakter ganz bewußt zu bejahen.

„Wenn aber die guten Leute da droben", gibt der Kunstanwalt zu bedenken, „singend sich begegnen und bekomplimentieren, Billets absingen, die sie erhalten, ihre Liebe, ihren Haß, alle ihre Leidenschaften singend darlegen, sich singend herumschlagen und singend verscheiden, können Sie sagen, daß die ganze Vorstellung, oder auch nur ein Teil derselben, wahr scheine? ja ich darf sagen auch nur einen Schein des Wahren habe?"[7] Die Schlußfolgerungen, zu denen die Dialogpartner gelangen, beruhen auf der klaren Trennung der Bereiche des künstlerischen Scheins und der Lebenswirklichkeit. Dabei wird die Erkenntnis betont, daß gerade die demonstrative Offenlegung des Kunstcharakters die besondere Wahrheit der Fiktion offenbare. Spätestens an dieser Stelle des Dialogs wird die innere gedankliche Verwandtschaft des Essays mit der zehn Jahre zuvor entstandenen Betrachtung aus Rom deutlich. Man erkennt, daß die Ansichten des „Anwalts" den Standpunkt des Autors vertreten, den Geist der Autonomieästhetik in der eigentümlichen kulturellen Konstellation Weimars um 1800.

Zu beachten ist schließlich die Wendung, die das Gespräch mit folgender – rhetorischer – Frage nimmt: „Sollte nun nicht daraus folgen, daß das Kunstwahre und das Naturnahe völlig verschieden sei, und daß der Künstler keineswegs streben sollte, noch dürfe, daß sein Werk eigentlich als ein Naturwerk erscheine?"[8] Ersetzt man die Naturferne durch Naturtreue, müsse man allenfalls mit peinlichen Mißverständnissen rechnen, fügt Goethes Sprecher hinzu. Man denke an die antike Anekdote mit den Vögeln, die sich von der Naturtreue der gemalten Kirschen auf einem Bild täuschen ließen, bemerkt er, freilich mit dem Zusatz, es habe sich um besonders einfältige Tiere gehandelt. „ZUSCHAUER: Nun beweist das nicht, daß diese Früchte vortrefflich gemalt waren? – ANWALT: Keineswegs, vielmehr beweist mir's, daß diese Liebhaber echte Sperlinge waren."[9] Das im doppelten Sinn Treffende dieser Pointe besteht darin, daß das Streben nach maximaler Naturtreue wie auch das Gefallen daran völlig in Mißkredit gebracht werden durch die Vorstellung praktischer Nutzbarkeit: die Verwechslung oder Vermengung der Bereiche der Kunst und der pragmatisch verwertbaren Wirklichkeit wird jedenfalls kaum als ein Zeichen respektabler Urteilskraft angesehen. Die Anhänger der Oper hatten sicherlich guten Grund, sich über die willkommenen Argumente zu freuen, ebenso wie Leser mit entgegengesetzter Meinung allen Anlaß hatten, ihre Ansichten sorgfältig zu überdenken.

Wie dem auch sei, der Gedanke an die damaligen Leser stellt sich nicht von ungefähr ein. Den älteren unter ihnen, vor allem den poetologisch gebildeten, entging gewiß nicht die in Goethes Schrift enthaltene intertextuelle Anspielung. Bedenkt man die Nachwirkung von Gottscheds Poetik (*Versuch einer Critischen Dichtkunst vor die Deutschen,* 1730) sowie die Auseinandersetzungen um die künstlerische und gesellschaftliche Legitimität des zeitgenössischen Musiktheaters, so dürfte klar sein, daß in Goethes Verteidigung der Oper oder vielmehr deren ästhetischer Gesetzmäßigkeit für die Zeitgenossen ein Stück Polemik gegen eine engherzige Beurteilung der Opernwelt erkennbar war. Der Verteidiger der Autonomie künstlerischer Formen wählte mit Absicht einen besonders empfindlichen Punkt im System der Rhetorik und Poetik, um den Lesern an einem exponierten Beispiel von Naturferne die Konsequenzen des Immanenzprinzips vor Augen zu führen. Zumal ja einige erhebliche Widersprüche in Gottscheds Poetik ausreichenden Anlaß boten.

Der Leipziger Kunstrichter, der nicht gewillt war, an der Gattung der Oper auch nur ein gutes Haar (oder, in diesem Fall, Perückenhaar) zu lassen, argumentierte gegen die – in seinen Augen unsinnige und verlotterte – Gattung im Sinn eines rigorosen ästhetischen Rationalismus. Verwerflich schien ihm die Oper namentlich aus zwei Gründen zu sein: wegen der wilden Häufung abenteuerlicher, „romanhafter“ Handlungselemente, die einen Verstoß gegen das Gebot moralischer Didaxe darstellen, zugleich aber auch wegen des Aberwitzes, der darin liegt, daß die „Nachahmung der Natur“ auf Schritt und Tritt in Tönen erfolgt. Die zumindest kulturgeschichtlich höchst interessante Begründung Gottscheds ist witzig gehalten, doch in ihren Konsequenzen auch selbst aberwitzig. Jedenfalls verdient sie es, zitiert zu werden.

„Einmal ist es gewiß, daß die Handlungen und dazu gehörigen Fabeln, mit den alten Ritterbüchern und schlechten Romanen mehr Aehnlichkeit haben; als mit der Natur, so, wie wir sie vor Augen haben. Wenn wir eine Oper in ihrem Zusammenhange ansehen, so müssen wir uns einbilden, wir wären in einer andern Welt: so gar unnatürlich ist alles. Die Leute denken, reden und handeln ganz anders, als man im gemeinen Leben thut: und man würde für närrisch angesehen werden, wenn man im geringsten Stücke so lebete, als es uns die Opern vorstellen. Sie sehen daher einer Zauberey viel ähnlicher, als der Wahrheit; welche Ordnung und einen zulänglichen Grund in allen Stücken erfordert. Wo sieht man im gemeinen Leben Leute, die einander als Götter anbethen; Liebhaber, die auf den Knieen vor ihren Gebietherinnen liegen, und sich das Leben nehmen wollen; Prinzen, die in Gestalt der Sklaven in weitentlegene Länder ziehen, weil sie sich in den bloßen Ruf von einer Schönheit verliebet haben; Könige, die ihre Kronen, um einer schönen Weibes halber, verlassen, und was dergleichen Phantasien mehr sind? Wo höret man die gewöhnliche Opersprache, von Sternen und Sonnen, von Felsenbrüsten und ätnagleichen Herzen, von verfluchten Geburtstunden, um eines scheelen Blickes wegen, und von grausamen Donnerkeilen des unerbittlichen Verhängnisses, welches eine verliebte Seele nur zu lauter Marter erkohren hat? Alle diese Dinge sind uns so fremde, daß wir sie in keiner Reisebeschreibung von Liliput für erträglich halten würden: und gleichwohl sollen sie in der Oper schön seyn. Ich schweige noch der seltsamen Vereinbarung der Musik, mit allen Worten der Redenden. Sie sprechen nicht mehr, wie es die Natur ihrer Kehle, die Gewohnheit des Landes, die Art der Gemüthsbewegungen und der Sachen, davon gehandelt wird, erfordert: sondern sie dehnen, erheben, und vertiefen ihre Töne nach den Phantasien eines andern. Sie lachen und weinen, husten und schnupfen nach Noten. Sie schelten und klagen nach dem Tacte; und wenn sie sich aus Verzweiflung das Leben nehmen, so verschieben sie ihre heldenmäßige That so lange, bis sie ihre Triller ausgeschlagen haben. Wo ist doch das Vorbild dieser Nachahmungen? Wo ist doch die Natur, mit der diese Fabeln eine Aehnlichkeit haben?"[10]

Goethe erwähnt Gottsched nicht namentlich, und er geht auch taktvoll darüber hinweg, daß Gottsched sich der eigenen theoretischen Ungereimtheiten offenbar nicht bewußt war. Denn ein eklatanter Widerspruch ist doch wohl in der Tatsache zu sehen, daß der poetologische Dogmatiker und bürgerliche Moralist für die Oper, das Lieblingskind höfischer Repräsentation, nur Spott übrig hat, darüber jedoch vergißt, wie fern von jeglicher Naturtreue seine eigenen klassizistischen Verstiraden wirken mochten. Gegen einen solchen Tadel vom Standpunkt der Sachlogik erscheint die Poetik der Weimarer Klassik zuverlässig abgeschirmt. Denn die Leser des *Tasso,* der *Jungfrau von Orleans* oder der *Pandora* werden mit einer Theorie bedacht, die ihnen keineswegs die „Nachahmung der Natur" einreden will, sondern nachdrücklich die Distanz betont, die das artifizielle Gebilde von der empirischen Realität trennt. Man lese daraufhin nur das Vorwort zu Schillers Tragödie *Die Braut von Messina,* das ein Manifest antinaturalistischer Dramatik ist.

Der Weg, der hier einzuschlagen ist, führt nach Frankreich. Gebraucht man schon die Metapher „Weg", so ist es nicht unzulässig, wenn man im Bilde bleibt und feststellt, daß dieser Weg – in einem scheinbar ganz weiten Bogen – über Königsberg führt. Dort schrieb Kant in den späten achtziger Jahren seine *Kritik der Urteilskraft,* ein Werk, das sich im wahrsten Sinn als ein „Grundbuch" der gesamten späteren Ästhetik erwiesen hat. Die französische Doktrin einer radikalen Kunstautonomie um die Mitte des 19. Jahrhunderts, die unter dem Schlagwort l'art pour l'art enthusiastische Zustimmung wie auch mißtrauische Ablehnung fand, hat dort ihre Wurzeln. Zu den Vermittlern gehört u. a. August Wilhelm Schlegel, der auch selbst (in seinen Berliner *Vorlesungen über schöne Literatur und Kunst,* 1801 bis 1804) keinen Zweifel daran ließ, daß die Kunst ein ganz eigenständiger Bereich menschlicher Kreativität sei, der sich pragmatischer Beurteilung grundsätzlich entzieht.

Das Stichwort „Musiktheater" erweist sich auch bei der Betrachtung der französischen Ideenwelt, soweit sie am Gedanken des „Artismus" orientiert ist, als brauchbar. Es ist sicherlich kein Zufall, daß eine der maßgeblichen Persönlichkeiten der Geschichte der Künstlichkeit im neunzehnten Jahrhundert, Charles Baudelaire, in seinem Schaffen ebenfalls Berührungen mit der Sphäre der Oper aufzuweisen hat. Die Begegnung mit der für ihn magischen Welt von Wagners *Tannhäuser* ist zu bekannt, um hier behandelt zu werden. Hinzuweisen ist in dem hier angestrebten Zusammenhang dagegen auf einen Versuch des Autors, der eine mit besonderem Elan vorgetragene Verteidigung der Künstlichkeit enthält. Gemeint ist der Essay *Le peintre de la vie moderne* von 1860, eine Reihe von Betrachtungen zum Werk des Malers Constantin Guys. Der elfte Abschnitt trägt den überaus bezeichnenden Titel *Eloge du maquillage.* Ein Lob der Schminke also. Doch der Text bietet viel mehr als eine Betrachtung über kosmetische Artikel; er ist im Grunde eine anspruchsvolle kulturgeschichtliche Abhandlung, die bei näherem Zusehen zeigt, daß der Verfasser als ein eigentümlicher Anti-Rousseau verstanden werden will. So behauptet er gleich am Anfang, daß die schwärmerische Idee der „Natürlichkeit" im achtzehnten Jahrhundert ein einziger Irrtum gewesen sei.

„Die meisten Mißverständnisse hinsichtlich des Schönen stammen aus der falschen Auffassung der Moral des 18. Jahrhunderts. Die Natur wurde damals als Grundlage, Ursprung und Vorbild aller Möglichkeiten des Guten und Schönen angenommen. Die Verneinung der Erbsünde sprach bei der allgemeinen Verblendung dieser Epoche nicht wenig mit. Wenn wir dennoch übereinkommen, uns einfach an die sichtbaren Tatsachen, an die Erfahrung aller Zeiten und an die Gerichtssaalberichte zu halten, merken wir, daß die Natur nichts oder fast nichts lehrt, d. h. daß sie den Menschen zwingt zu schlafen, zu trinken, zu essen und sich wohl oder übel gegen die Feindseligkeit der Atmosphäre zu schützen. [. . .] Die unfehlbare Natur ist es, der der Elternmord und die Menschenfresserei und tausend andere Greuel entstammen, die Scham und gute Erziehung uns zu nennen verbieten. Die Philosophie hingegen (ich rede von der ‚guten') und die Religion sind es, die uns vorschreiben, arme und kränkliche Eltern zu ernähren. Die Natur, die nichts ist als die Stimme unseres Vorteils, befiehlt uns, sie totzuschlagen. Wer sich lediglich an das Natürliche hält, an die Handlungen und Begierden des Naturmenschen, wird auf nichts als Scheußlichkeiten treffen. Alles Schöne und Ritterliche ist das Ergebnis der Vernunft und des Nachdenkens. Das Verbrechen, zu dem schon im Mutterleib das menschliche Tier die Neigung einsaugt, ist ursprünglich natürlich. Die Tugend hingegen ist künstlich, übernatürlich . . .“[11]

Der Natur, die uns nach unten zieht, steht die Welt der künstlichen Dinge, der moralischen Gesetze sowie der Konventionen und Moden gegenüber, die geistige Welt des Denkens und der Kunst, jener Bereich also, in dem sich der Mensch ethische und ästhetische Werte geschaffen hat. Mit diesen Hervorbringungen triumphieren die Übereinkunft und die spielerische Phantasie über die Instinkte. Der Schmuck und die Schminke, erläutert der Autor, sind nur eine Chiffre für den großen Bereich moralischer und künstlerischer Erscheinungen, ohne die der Mensch ein tierähnliches Wesen geblieben wäre. Selbst im flüchtigen Putz und in einer eitlen Mode offenbart sich die Wahrheit des anderen, des nicht bloß Natürlichen.

Es ist schwer abzuschätzen, inwiefern der Kritiker sich der wunden Punkte seiner Argumentation bewußt war. Im Hinblick auf die im neunzehnten Jahrhundert bei anderen Autoren erkennbare Aufspaltung „künstlicher“ Kategorien in ethische und ästhetische, ist Baudelaires Festhalten an der Einheit des Künstlichen gegenüber dem bloß Naturgegebenen jedenfalls ein bemerkenswerter Zug. Die Gegenüberstellung der beiden Hauptbereiche (Künstlichkeit – Instinkt) gerät darin allzu schematisch. Man fragt sich etwa, wo bei sublimierten Trieben die Grenze zwischen Natur und artifizieller Zurichtung zu ziehen sei. Ganz zu schweigen davon, daß zum Beispiel die Künstlichkeit der Gesetze, der juristischen Normen, von ganz anderer Art ist als die Künstlichkeit spezifisch ästhetischer Schöpfungen. Ein Gesetz müßte im Hinblick auf seine praktische Funktion jenen Dingen zugezählt werden, die vor allem dem Schutz der nackten Existenz dienen, wie der „instinktgelenkte“ Bau eines Regendaches etwa – viel eher jedenfalls als jenen Dingen, unter denen Gedichte und Sonaten oder Opern eine beispielhafte Rolle spielen.

Aus der Sicht unseres Themas ist allerdings namentlich der Umstand wichtig, daß Baudelaire aus seinen Überlegungen die Schlußfolgerung ableitet, daß die Kunst vollends das Recht habe, als eine autonome Erscheinung zu gelten, und daß es völlig verfehlt wäre, von ihr „Naturnachahmung“ zu fordern. Ganz im Gegenteil, Naturferne im Sinn von Künstlichkeit müsse ihr Trumpf sein. „Wer möchte es wagen, der Kunst die leere Aufgabe zuzuerkennen, die Natur nachzuahmen? Die Schminke braucht sich nicht zu verbergen oder zu fürchten, daß man ihr Dasein ahnt, sie soll im Gegenteil sich offen zeigen, wenn nicht mit Ziererei, wenigstens mit einer Art von Freimut.“[12]

Wir sind damit wieder bei der entscheidenden These aus Goethes Betrachtungen über die Eigentümlichkeiten des italienischen Theaters angelangt: denn Baudelaire ist, noch viel mehr als sein deutscher Vorgänger in der Geschichte der Künstlichkeit, davon überzeugt, daß die Kunst es nicht notwendig habe, ihre „unnatürlichen“ Züge zu verbergen, sondern daß es ihr vielmehr anstehe, mit diesen Zügen aufzutrumpfen. Und erst recht ist man im geistigen Umfeld von Goethes Essay, wenn man sich von einer der aphorismenartigen Aufzeichnungen aus der Sammlung *Mon cœur mis à nu* überraschen läßt. In einem Notat über das Theater heißt es, der Autor leugne trotz mancher Vorbehalte nicht den Wert des Dramas. Allein er möchte sich eine Bühnenkunst wünschen, in der die Künstlichkeit der Veranstaltung auf drastische Weise zur Geltung käme. „Nur möchte ich, die Schauspieler wären auf sehr hohe Stelzen montiert, trügen Masken expressiver als das menschliche Gesicht und sprächen durch Sprachrohre; und daß schließlich die weiblichen Rollen von Männern gespielt würden“[13] – „enfin que les rôles de femmes fussent joués par des hommes“.[14] Deutlicher konnte die – sicherlich unbeabsichtigte – Übereinstimmung zwischen Baudelaires und Goethes Ansichten nicht zum Ausdruck kommen.

Die Frage, ob der französische Autor Goethes kleine Schrift gekannt habe, ist nur von untergeordneter Bedeutung angesichts der Einsichten, die diese beiden Texte in die Beschaffenheit zentraler Motive im Rahmen der Geschichte des Artifiziellen gewähren. Zusammengehalten werden diese Texte nicht nur durch die Klammer einer herausfordernd eigenständigen Kunsttheorie, sondern auch vom Ausblick auf eine mögliche – und später, in den Modernismen des zwanzigsten Jahrhunderts auch verwirklichte – Dramaturgie verfremdender, antinaturalistischer Wirkungen. Führt ein Weg von Diderot und Goethe (in dieser Hinsicht) zu Brecht, so führt ein anderer, eng verwandter von Baudelaire zu Artaud.

Bei der Sichtung von Baudelaires Aphorismensammlung fällt im übrigen auf, daß es der Pariser Dandy nicht scheute, das Gebiet künstlerischer Betrachtung zu verlassen und den Gedanken der Künstlichkeit auf den Bereich anthropologischer Typologien auszudehnen. Zu welchen gedanklichen Ausschweifungen, im Doppelsinn des Wortes, seine Sicht – nahezu ein halbes Jahrhundert vor Otto Weininger – führen konnte, zeigt seine Behauptung, daß die Abgrenzung des Künstlichen vom Natürlichen einen Einblick in die Beschaffenheit der Geschlechter erlaube. Die Frau als Geschlechtswesen (vergleichbar mit Weiningers „Weib") ist „natürlich", schreibt Baudelaire, und als solche degoutant. „Auch ist sie immer vulgär, das heißt, das Gegenteil des Dandys."[15] Es ist leicht zu erkennen, daß der Preis, der hier für die schrankenlose Ausdehnung des Betrachtungsfeldes bezahlt wird, logische Inkonsequenz ist. Das Problem wird unter physiologischen Gesichtspunkten gesehen (und die Frau daher zum Inbegriff der „Natur"), dabei wird freilich vergessen, wie wichtig gerade die weibliche Schmuckkultur für die Entfaltung der Künstlichkeit stets gewesen ist.

Geht es darum, die – vor allem kunsttheoretisch ausgerichtete – Hauptlinie in der Entwicklung der Vorstellungen von Künstlichkeit zu verfolgen, so erscheinen die Ansichten eines jüngeren Zeitgenossen Baudelaires von besonderer Bedeutung. Es handelt sich um eine in mancherlei Hinsicht unzeitgemäße These Friedrich Nietzsches aus dem ersten Band von *Menschliches, Allzumenschliches* (1878). Unter dem Stichwort „Die Revolution in der Poesie" beurteilt der Autor die geschichtliche Bedeutung der Umwälzungen in der Literatur seit Sturm und Drang und Romantik, mit anderen Worten, seit dem Beginn der vom Innovations- und Originalitätsdenken geleiteten künstlerischen Moderne. Dieser Bestrebung setzt Nietzsche ein Bekenntnis zur klassizistischen Tradition entgegen, ein Lob der französischen Tragédie classique von Corneille bis Voltaire. So befremdend und abwegig, ja künstlerisch weltfremd es auch erscheinen mochte, nach dem Siegeszug Shakespeares, nach dem Aufkommen der Romantik und den Leistungen der modernen französischen Literatur, etwa im Schaffen Stendhals und Baudelaires (den Nietzsche verehrte), eine Rückkehr zur asketischen Kunstwelt des Klassizismus zu vertreten, entbehrt der Gedanke des Philosophen bei genauerem Hinsehen keineswegs einer originären Logik. Das Grundmotiv findet sich in der Überzeugung, Kunst sei ohne sublimen Zwang und besondere, höchst artifizielle Prozeduren letztlich nicht vorstellbar. Eine Kunst, die nur auf entfesselte Freiheit setzt, gehe ihrer Auflösung entgegen, meint Nietzsche. Unter diesem Aspekt beurteilt er auch die Auseinandersetzungen um den Gegensatz zwischen Shakespeare und der klassizistischen Überlieferung – das große Thema der europäischen Dramaturgie im achtzehnten und neunzehnten Jahrhundert.

Zu einem Zeitpunkt, als Shakespeare überall, auch in Frankreich, unbestrittene Geltung besaß, erinnerte Nietzsche mahnend an Bedeutung einer Tradition, die vom Vergessen bedroht erschien, die Überlieferung der strengen künstlerischen Disziplin nach französischem Muster. „Den Franzosen selber fehlten nach Voltaire auf einmal die großen Talente, welche die Entwicklung der Tragödie aus dem Zwange zu jenem Scheine der Freiheit fortgeführt hätten; sie machten später nach deutschem Vorbilde auch den Sprung in eine Art von Rousseauschem Naturzustand der Kunst und experimentierten. Man lese nur von Zeit zu Zeit Voltaires Mahomet, um sich klar vor die Seele zu stellen, was durch jenen Abbruch der Tradition ein für allemal der europäischen Kultur verlorengegangen ist. Voltaire war der letzte der großen Dramatiker, welcher seine vielgestaltige, auch den größten tragischen Gewitterstürmen gewachsene Seele durch griechisches Maß bändigte . . ."[16]

Obwohl das Wort vom „griechischen Maß" angesichts der Erkenntnisse des Basler Altphilologen über das Griechentum reichlich konventionell klingt, ist die Opposition, die seinem Urteil zugrunde liegt, deutlich erkennbar. Die streng stilisierte Welt der alten Tragödie (auf die sich auch Schiller im erwähnten Vorwort zur *Braut von Messina* beruft) stellt den Inbegriff der – durchaus wünschenswerten – Künstlichkeit der Kunst dar, im Gegensatz zu der als Verfallssymptom empfundenen gegenläufigen Tendenz, die im Naturalismus gipfelt. Die starke Abneigung, mit der Nietzsche dem modernen Naturalismus begegnete, war nämlich nicht nur durch eine Geringschätzung der naturalistischen Stoffwelt bedingt; einen wesentlichen Anteil an seinem Urteil hatte auch der Umstand, daß der Autor in den mimetischen Bestrebungen der Modernisten einen erschreckenden Verfall der Formdisziplin erblickte, einen ruinösen Mangel an Künstlichkeit, wie man hinzufügen darf.

Von hier aus wirft Nietzsche (in derselben Aufzeichnung) einen Blick auf den späten Goethe, in dessen Schaffen vom Standpunkt zeitgemäßer innovativer Kunsttheorie so manches starr und enigmatisch erscheinen mochte. Der junge Goethe gehörte allerdings auch selbst jener Bewegung an, die Nietzsche für die bedenklichen Folgen der „Revolution" in der Dichtung verantwortlich machte: die antiklassizistische Bewegung, die mit ihrem willkürlichen Originalitätsstreben, ihrem ausschweifenden Historismus und Popularismus, ihrer Vorliebe für „alles an verborgenen Stellen Aufgewachsene, Urwüchsige, Wildblühende, Wunderlich-Schöne und Riesenhaft-Unregelmäßige, vom Volksliede an bis zum ‚großen Barbaren' Shakespeare hinauf"[17], eine große Tradition verdrängte.

Die stilistischen Wandlungen des späteren, des gereiften und erneut traditionsbewußten Goethe sieht Nietzsche namentlich in diesem Zusammenhang. Gerade weil Goethe zu den Bahnbrechern der großen literarischen Umwälzungen vor der Romantik gehört habe, wiege sein späteres Verständnis für Überlieferungen – in den klassizistischen Dramen, in einem Teil der Lyrik, in den allegorischen Partien des Spätwerkes – besonders schwer. Aus Nietzsches Sicht gewinnen jedenfalls diese Formen einen eigentümlichen historischen Sinn: nämlich als Bekundungen eines erneuerten Traditionalismus im Geist artifizieller Disziplin. „Nicht Individuen, sondern mehr oder weniger idealische Masken; keine Wirklichkeit, sondern eine allegorische Allgemeinheit; Zeitcharaktere, Lokalfarben zum fast Unsichtbaren abgedämpft und mythisch gemacht; das gegenwärtige Empfinden und die Probleme der gegenwärtigen Gesellschaft auf die einfachsten Formen zusammengedrängt, ihrer reizenden, spannenden, pathologischen Eigenschaften entkleidet, in jedem andern als dem artistischen Sinn *wirkungslos* gemacht; keine neuen Stoffe und Charaktere, sondern die alten, längst gewohnten in immerfort währender Neubeseelung und Umbildung: das ist die Kunst, so wie sie Goethe später *verstand,* so wie sie die Griechen, ja auch die Franzosen *übten.*“[18] Berücksichtigt man Nietzsches Perspektive, so erscheint die, um es mit seinen Worten zu sagen, „artistische“ Notwendigkeit begreiflich, die so unterschiedliche und auch zeitlich entfernte Werke wie *Iphigenie auf Tauris* und *Faust II* miteinander verbindet.

Man könnte im Hinblick auf Nietzsches Forderung nach einer möglichst künstlich wirkenden Stilisierung der Dramensprache auf entsprechende Erscheinungen im zwanzigsten Jahrhundert hinweisen, etwa auf programmatische Maximen expressionistischer Dramatiker. Ein einprägsames Beispiel ist Paul Kornfelds Postulat, man möge auf der Bühne auf „Natürlichkeit“ verzichten zugunsten einer Darstellungsart, die mit der Wirklichkeitsferne der Oper vergleichbar ist. Der sterbende Dramenheld möge sich nicht scheuen, dem Sänger zu folgen, der „sterbend, noch ein hohes C hinausschmettert . . .“[19] Dieses Beispiel zeigt im übrigen, daß sich ein Gang durch die Geschichte der Künstlichkeit immer wieder auf diese oder jene Weise mit den Wegen der Oper kreuzt.

Die vorliegenden Betrachtungen beschränken sich allerdings auf das neunzehnte Jahrhundert, das Zeitalter, das man – nicht ganz zu Recht – das naturwissenschaftliche und realistisch-positivistische genannt hat, das jedoch, namentlich in seiner zweite Hälfte, sehr bemerkenswerte

Bekenntnisse zur Gültigkeit des Artifiziellen hervorgebracht hat. Gleichzeitig mit dem Durchbruch des Naturalismus feiert im Umkreis des antinaturalistisch eingestellten weltanschaulichen Ästhetizismus eine Kunstlehre der Naturferne wahre Triumphe. Werke zweier Autoren, eines französischen und eines englischen, mögen diese Position veranschaulichen.

A rebours (auf Deutsch: *Gegen den Strich*) heißt der 1884 erschienene Roman, mit dem sich Joris-Karl Huysmans einen bleibenden Platz in der Geschichte des europäischen Ästhetizismus erschrieben hat. Über die Bedeutung dieses Werkes im Rahmen der sogenannten Dekadenz gibt es zahlreiche Untersuchungen;[20] es erübrigt sich daher, den Text unter diesem Blickwinkel zu charakterisieren. Worauf es hier ankommt, ist der Umstand, daß Huysmans' seltsamer Roman eine Apologie totaler Künstlichkeit darstellt, ein Loblied des Artifiziellen nicht nur in der Kunst, sondern auch im Leben. Während die meisten Stimmen zugunsten artifizieller Werte früher vor allem ein Votum für die Autonomie der Kunst enthielten, ist die Künstlichkeit bei Huysmans in *A rebours* eben nicht nur eine Verteidigung der artifiziellen Eigenwelt der Dichtung (oder der Kunst im allgemeinen), sondern eine Apologie des exklusiven, alltagsfernen Daseins in höchster Künstlichkeit, und zwar in allen Bereichen des Lebens; das ist das Neue in diesem Werk. Daß dabei auch die Kunst eine wesentliche Rolle spielt, die Kunst als ein Vorbild, oder genauer: Vor-Bild des Lebens, ist nahezu eine Selbstverständlichkeit.

Des Esseintes, der Romanheld, im Grunde der einzige im ganzen Werk, verwandelt sein Haus in ein Refugium eines totalen Ästhetizismus. Abgeschirmt von der Außenwelt, ist sein Domizil gleichsam ein privates Museum einer extrem artifiziellen Lebensform. Der mit Edelsteinen verzierte Schildkrötenpanzer ist deren Emblem. Es ist nur folgerichtig, wenn des Esseintes unter den modernen Schriftstellern gerade Baudelaire grenzenlos bewundert, wie es im 12. Kapitel heißt. Man könnte sagen, daß die „künstlichen Paradiese" des Dichters, die Schilderungen psychedelischer Zustände, vom exzentrischen Romanhelden gewissermaßen in Wirklichkeit umgesetzt werden. Als Maßstab der Gültigkeit in dieser Welt extremer Naturferne wird von des Esseintes wörtlich nur das Artifizielle anerkannt: das Künstliche gilt ihm als das „auszeichnende Merkmal des menschlichen Genies".[21]

Huysmans läßt seinen Romanhelden die entsprechende Schlußfolgerung ziehen, indem dieser behauptet, die Natur sei überwunden, sie sei daran abzudanken. Die Beispiele, die er anführt, lassen erkennen, daß unter „Natur“ die gesamte außerzivilisatorische Erscheinungswelt gemeint ist, und wohl auch die physiologische Konstitution der Lebewesen. Wie Baudelaire ist Huysmans’ Figur der Vertreter einer polemischen Anschauung, die im wesentlichen einen großangelegten Gegenentwurf zu Rousseaus Ansichten darstellt. Die Gedanken der Romangestalt lesen sich an nicht wenigen Stellen wie eine verspätete Antwort auf den ersten Discours des Schweizers, d. h. auf dessen Invektive gegen die von den Wissenschaften repräsentierten zivilisatorischen Prozesse, in denen er vor allem die gesellschaftlich institutionalisierte Doppelmoral als verderblich bezeichnete. Bei des Esseintes verlagert sich die Aufmerksamkeit allerdings (mit Ausnahme des letzten Kapitels) völlig auf die ästhetische Problematik, auf den Gegensatz von Natur (Gewachsenem) und Kunst (Gemachtem), ja darüber hinaus auf die Opposition zwischen Natur und Zivilisation beziehungsweise Technik.

„Es gibt übrigens keine derartige Erfindung“, meint der Romanheld, „mag sie noch so fein oder grandios sein, die das Genie des Menschen nicht zu schaffen vermöchte; kein Wald von Fontainebleau, kein Mondschein, den von elektrischen Lichtwellen überflutete Dekorationen nicht hervorbringen könnten; keine Kaskade, die die Hydraulik nicht zum Täuschen ähnlich nachahmte; kein Felsen, den Pappgebilde nicht erreichten; keine Blume, der blendender Taft und zartgemaltes Papier nicht gleichkämen!“[22]

Über den Mangel an herausfordernden Ansichten konnten die zeitgenössischen Leser wahrlich nicht klagen. Allein einen Höhepunkt erreichen die Schwärmereien des seltsamen Dandys dort, wo die Exaltation angesichts technischer Künstlichkeit geradezu erotische Merkmale aufweist. Im Anschluß an die genannten Überlegungen in Kapitel II werden zwei Lokomotiven auf den Linien der Nordbahn geschildert, modernste Erzeugnisse der Technik, wobei die emphatische Vergegenwärtigung der Maschinen mit Worten erfolgt, in die sich Topoi der Beschreibung weiblicher Schönheit mischen, in der Tradition vom Petrarkismus bis Baudelaire. Von einem funkelnden „Kupferkorsett“ ist etwa die Rede, von „nervösen Katzenbewegungen“ und außerordentlicher „Anmut“, allerdings auch von „Stahlmuskeln“ und einer schwarzen „Rauchmähne“:[23] Die Futuristen mit ihrer Maschinenverherrlichung hätten sich hier ihre ersten Anregungen holen können.

Den äußersten Schritt in der Geschichte der Künstlichkeit tat jedoch Oscar Wilde. Die Grenze, die zwischen dem Autor und der Romanfigur verläuft, ist bei Huysmans deutlich erkennbar; das Lob der Artifizialität gehört zum Inhalt eines fiktionalen Werkes. Bei Wilde dagegen ist der Ästhetizismus wahrhaftig umfassend, eine Idee, die die Grenze zwischen Fiktion und unmittelbarer Empirie einebnet. Der in jedem Sinn des Wortes exponierten Stellung dieses Autors wird man gewahr, wenn man die Bedeutung der Maxime bedenkt, die er an die Spitze seiner kleinen Aphorismensammlung *Phrases and Philosophies for the Use of the Young* (1894) gesetzt hat. Sie lautet: „The first duty in life is to be as artificial as possible. What the second duty is no one has as yet discovered."[24] Daß Wildes provokative Gedanken cum grano salis zu nehmen sind, braucht wohl nicht gesagt zu werden. (Die im vorliegenden Buch enthaltene kleine Studie über die These von der „umgekehrten Mimesis" geht auf die wohl fesselndste essayistische Eingebung Wildes ein, auf die Behauptung, die Natur ahme die Kunst nach.) Man möge also so künstlich sein wie möglich, das ist die Botschaft des Londoner Dandys an die Jugend. Gemeint ist die Lebenswirklichkeit, nicht (nur) die Kunst; die Apologie der Künstlichkeit gewinnt absolute und totale Geltung. Die letzte, zuvor nur bei Nietzsche so ausgeprägte Konsequenz besteht jedoch darin, daß Wilde mit Entschlossenheit die Verbindungen zwischen ethischen und ästhetischen Kategorien auflöst.

Die entscheidenden Formulierungen finden sich im Essay *The Critic as Artist* von 1890. In lakonischem Tonfall heißt es dort: „Aesthetics are higher than ethics. They belong to a more spiritual sphere. To discern the beauty of a thing is the finest point to which we can arrive. Even a colour-sense is more important, in the development of the individual, than a sense of right and wrong."[25] Das klingt mehr als herausfordernd, und es bedarf in der Tat keiner großen Anstrengung der Phantasie, will man die bedrohlichen Folgen dieser Ansicht erkennen – ebenso wie es nicht schwierig ist, die geistige Entfernung von den Auffassungen der Goethezeit zu ermessen.

Doch Überlegungen rein moralischer Art gehören schon einem anderen Themenkreis an. Für unseren Kontext ist vor allem der Umstand wichtig, daß Wilde in seinem scheinbar uneingeschränkten Lob der Künstlichkeit in gewissem Sinne wieder zur Natur zurückkehrt. Denn der Ästhetizismus, der sich im angeführten Gedanken offenbart, beschränkt sich ja nicht auf die Welt der künstlichen Dinge, sondern schließt stillschweigend auch das ein, was in der klassischen Ästhetik, bei Hegel etwa, das Naturschöne genannt wird. Die Behauptung aus dem Essay über den Kritiker als Künstler begreift die Abkoppelung des Ästhetischen vom Ethischen als eine ontogenetische Aufgabe: die Pflege des Schönheitssinns, und damit auch der Empfänglichkeit für die

Qualität von Sinnesdaten, ist in der Erziehung des Einzelmenschen den moralischen Forderungen übergeordnet. Aus der Gesamtheit der Gedankenwelt Wildes geht zudem hervor, daß im Sinne dieser These auch eine phylogenetische Sicht begründet erscheint: die Entwicklung der Menschheit hat ihre eigentliche Legitimität in der Vervollkommnung ästhetischer Lebensformen.

Es bleibt allerdings noch, der auffallenden Tatsache zu gedenken, daß der sonst so folgerichtige Ästhetizismus Wildes einen eigentümlichen Bruch aufweist. Vergleicht man nämlich die Maximen des Essayisten mit seiner dichterischen Praxis, so zeichnet sich ein bemerkenswertes Nebeneinander unterschiedlicher Einstellungen ab. Es ist nicht zu übersehen, daß die Modellierung und Interpretation von Lebenserfahrung in den Erzählungen und Bühnenwerken von anderen Absichten getragen ist als die Herausforderung durch Paradoxien in den essayistischen Schriften. Um es pointiert auszudrücken: Dem Amoralismus der betrachtenden Texte steht ein sehr ausgeprägter, unmißverständlicher Moralismus des Dramatikers und Geschichtenerzählers gegenüber. Es ist gewissermaßen eine Paradoxie in der Art Wildes, wenn man behauptet, das Seltsame daran sei der Umstand, daß die im eigentlichen Sinne künstlichen Hervorbringungen, die poetischen Werke, von einem Mißtrauen gegenüber ästhetizistischen Exzentrizitäten erfüllt sind und eher herkömmlichen moralischen Vorstellungen, auch naturrechtlichen, anhängen. Die Frage, ob der Autor diese Paradoxie mit voller Bewußtheit in sein Spiel mit den Erwartungen des Publikums einbezogen hat, wird wohl unbeantwortet bleiben müssen.

Anmerkungen

1 Ausgabe der endgültigen Fassung von 1794, hrsg. von F. Beißner, München 1983, S. 310 f.
2 Dt. Übersetzung: Ende der Aufrichtigkeit, München 1980.
3 J. W. Goethe: Sämtliche Werke (Gedenkausgabe), Zürich 1949, Bd. 14, S. 11.
4 Ebenda.
5 Bd. 13, S. 141.
6 Ebenda, S. 149.
7 Ebenda, S. 176 f.
8 Ebenda, S. 178.
9 Ebenda, S. 179.
10 J. Chr. Gottsched: Versuch einer Critischen Dichtkunst, 4. Aufl., Leipzig 1751, S. 739 f.

11 Ch. Baudelaire: Kritische und nachgelassene Schriften, hrsg. von F. Blei, München o. J., S. 196 f.
12 Ebenda, S. 200.
13 Ebenda, S. 346 f.
14 Vgl. den Originaltext in: Oeuvres complètes, Paris 1951, S. 1203.
15 Wie Anm. 11, S. 344.
16 F. Nietzsche: Werke in drei Bänden, hrsg. von K. Schlechta, München 1966, Bd. I, S. 578 f.
17 Ebenda, S. 579.
18 Ebenda, S. 581.
19 P. Kornfeld: Die Verführung, Berlin 1916, S. 166.
20 J.-K. Huysmans: Gegen den Strich, Potsdam 1921. Vgl. etwa die Darstellung von R. Hess in: Der französische Roman, hrsg. von K. Heitmann, Bd. II, Düsseldorf 1975. In W. Raschs wichtigem, sehr kenntnisreichem Buch über die europäische Dekadenz (Die literarische Décadence um 1900, München 1986) spielen Huysmans, Nietzsche und Baudelaire naturgemäß eine erhebliche Rolle, doch die Umrisse einer Geschichte der Künstlichkeit in dem hier dargelegten Sinn rücken kaum in den Blick.
21 Huysmans, S. 40.
22 Ebenda.
23 Ebenda, S. 41.
24 The Artist as Critic. Critical Writings of Oscar Wilde, edited by R. Ellmann, New York 1968, S. 433.
25 Ebenda, S. 406.

Die Realität ahmt die Kunst nach

Zu einer Denkfigur der Jahrhundertwende

Steht der Roman des 19. Jahrhunderts zur Debatte, so ist zumeist auch schon von „Wirklichkeitskunst", von Abbildung konkreter Erfahrung, kurz: von „Realismus" die Rede. Ein poetologischer Grundsatz aus der Geschichte des Romans wird oft ohne Bedenken zu einem kritischen Regulativ erhoben. Da die Vorstellung von „Realismus" weitgehend von der überlieferten Spiegel-Metapher geprägt erscheint, d. h. von einem Abbild-Theorem, das die Realität stets als Vorlage, die Literatur dagegen als Simulation begreift, wird nur äußerst selten der umgekehrte Weg bedacht, der von der Literatur ausgeht und die Möglichkeit einräumt, reale Handlungen könnten eine Nachahmung von Fiktionen sein.

Im Hinblick auf die fast uneingeschränkte Geltung der erstgenannten Vorstellung gibt der Umstand zu denken, daß gerade in einem der repräsentativen Romane der Epoche, den *Brüdern Karamasov,* von einem Fall umgekehrter Spiegelung berichtet wird. Gleich zu Beginn des ersten Kapitels kommt der Chronist des Romans auf ungewöhnliche Frauenschicksale zu sprechen, und so auf ein Geschehen, das ihm besonders erzählenswert erscheint.

„Kannte ich doch ein junges Mädchen, allerdings war es eines aus der vorigen ‚romantischen' Generation, das sich nach etlichen Jahren rätselhafter Liebe zu einem Mann, den es zu jeder Zeit ruhig hätte heiraten können, schließlich die unüberwindlichsten Hindernisse ausdachte, die eine Vereinigung unbedingt ausschlossen, und die sich darauf in einer stürmischen Nacht von einem hohen Ufer, das fast einem Felsen glich, in einen ziemlich tiefen und reißenden Strom hinabstürzte und in ihm ertrank – eigentlich doch nur deshalb, um der Shakespearschen Ophelia zu gleichen. Ja, es ist sogar anzunehmen, daß sie, wenn an der Stelle des malerischen Felsens nur ein prosaisches flaches Flußufer gewesen wäre, an die phantastische Idee, aus Liebe in den Tod zu gehen, überhaupt nicht gedacht hätte. Dieser Selbstmord ist aber Tatsache, und ich glaube annehmen zu dürfen, daß sich in unseren beiden letzten Generationen nicht selten Ähnliches zugetragen hat."[1]

Der Chronist versichert, die Authentizität des Geschehens sei verbürgt. Doch das ändert nichts an der Tatsache, daß dieser Fall von umgekehrter Mimesis auch selbst Literatur ist. Die Rede von Authentizität und Wirklichkeitserfahrung bildet den Inhalt einer fiktionalen Aussage, und damit wird der Vorgang der Abbildung von Literatur als neue Erfindung im Medium der Sprache erkennbar, wenn man so will als eine Darstellung von Mimesis über umgekehrte Mimesis.

Es gibt jedoch Zeugnisse, die beweisen, daß die genannte Erscheinung sich auch außerhalb des Bannkreises der Literatur behauptet. Und wiederum bietet sich ein Beispiel aus der russischen Literatur an, dazu aus derselben Epoche. In einem Gespräch mit Tschechow äußerte sich Tolstoj über die Frauengestalten bei Turgenjew:

„Vielleicht hat es solche, wie er sie zu zeichnen pflegte, gar nicht gegeben, aber nachdem er sie gezeichnet hatte, begannen sie in Erscheinung zu treten. So war es ganz bestimmt; ich selbst habe die Turgenjewschen Frauen im Leben beobachtet."[2]

Man hat es hier nun in der Tat mit einer authentischen Aussage zu tun, die Rückschlüsse über die Präsenz der besagten Auffassung im Bewußtsein namhafter Zeitgenossen erlaubt. Einigermaßen überraschend ist bei einem Autor wie Tolstoj, den man gewöhnlich zu den Realisten zählt, die Überlegung, die so überzeugenden Frauengestalten bei einem anderen Vertreter der „realistischen Schule" seien nicht nach der „Natur" gearbeitet, wie man damals zu sagen pflegte, also nicht das Ergebnis literarischer Umsetzung konkreter Erfahrung, sondern idealtypische Entwürfe. Die sprachliche Realität dieser Entwürfe gewinnt im Bewußtsein des Rezipienten Vorlagecharakter, die Wirklichkeit bestätigt gleichsam die dichterische Figur, in dem Sinne, daß nichterkannte, nur virtuell vorhandene Züge der Erfahrungswelt erst durch die literarische Vermittlung eigentliche Realität gewinnen.

Berücksichtigt man die Zusammenhänge, so ist bereits das Stichwort für die Nennung jener Schrift gegeben, die im Bereich unseres Themas den einzigen relativ häufig zitierten Text darstellt. Gemeint ist Oscar Wildes Essay *The Decay of Lying* von 1889, bekannt geworden namentlich durch den Abdruck in den *Intentions* (1891). Wildes Dialogessay, der mit seiner Gesprächsform zu einer um die Jahrhundertwende beliebten Gattung kunst- und kulturkritischer Betrachtung gehört (Hofmannsthal, Bahr, Paul Ernst, Lukács), darf für sich das Verdienst beanspruchen, eine Denkfigur jener Zeit überaus pointiert zur Geltung gebracht zu haben.

Da die Kenntnis des Essays im allgemeinen vorausgesetzt werden kann, sollten hier nur einige für das Thema besonders wichtige Stellen ins Gedächtnis gerufen werden. Vor allem gilt das für einige Erläuterungen Wildes (bzw. seines Sprachrohrs Vivian), die sich, zum Teil auch stofflich, wie eine Paraphrase der oben angeführten Ansichten ausnehmen. Seine These, das Leben folge der Kunst, und nicht umgekehrt, veranschaulicht er zunächst an Beispielen aus der bildenden Kunst („Neither Holbein nor Vandyck found in England what they have given us. They brought their types with them, and Life with her keen imitative faculty set herself to supply the master with models"), darauf aus der Literatur. Paradigmen findet Wilde namentlich bei Shakespeare und bei Autoren der Mitte des 19. Jahrhunderts.

„Schopenhauer has analysed the pessimism that characterizes modern thought, but Hamlet invented it. The world has become sad because a pupet was once melancholy. The Nihilist, that strange martyr who has no faith, who goes to the stake without enthusiasm, and dies for what he does not believe in, is a purely literary product. He was invented by Tourgénieff, and completed by Dostoieffski. Robespierre came out of the pages of Rousseau as surely as the People's Palace rose out of the *débris* of a novel. Literature always anticipates life. It does not copy it, but moulds it to its purpose. The nineteenth century, as we know it, is largely an invention of Balzac."[3]

Um Mißverständnisse zu vermeiden (die Wilde möglicherweise gar nicht verhindern wollte), gilt es festzustellen, daß es hier im Grunde nicht um die Beziehung zwischen Autor und Stoff (bzw. Realität und literarischer Gestaltung) geht, sondern vielmehr um die Vorgänge auf der Rezipientenebene. Dort spielen sich jene mentalen Vorgänge ab, die dazu führen, daß man durch Kunstwerke „sehen lernt", d. h. das Dasein eines Dinges überhaupt erst wahrnimmt, oder daß man behauptet, die Totalität der Epoche und des Milieus trete in bestimmten Romanen am deutlichsten zutage. Obwohl die Terminologie es vorgibt, ist auch bei Wilde nicht von „Abbildungen" oder „Nachahmungen" die Rede, sondern stets von rezeptiven Prozessen im Bewußtsein der Leser oder Zuschauer.

Besonders deutlich ist das dort zu erkennen, wo Wildes Vivian den Gipfel seiner Paradoxien zu erreichen glaubt: nämlich mit der Behauptung, selbst die freie Natur und die Witterung seien eine Erfindung der Menschen, denn die wahren Landschaften könne man nur auf Gemälden sehen, etwa auf den Bildern von Corot und Monet. Bestimmte Realitäten verdanke man der Sichtweise der Impressionisten, so z. B. den Londoner Nebel, den es als physikalisches Faktum freilich auch schon vorher gegeben habe, ohne daß er jedoch geistig bedeutsam gewesen sei. „There may have been fogs for centuries in London. I dare say there were. But no one saw them, and so we do not know anything about them. They did not exist till Art had invented them."[4] Doch das ist noch nicht alles. Die Natur, als „nachahmende“ Erscheinung, wird von Vivian bemitleidenswert genannt. Während der Künstler seinen eigenen Absichten folgt, und darin stets modern sein kann, geschieht es nicht selten, daß die Natur (die eben kein eigenes Stilempfinden besitzt) Bilder vervielfältigt, die längst schon veraltet sind, epigonenhaft wirken. „Nobody of any real culture, for instance, ever talks now-a-days about the beauty of a sunset. Sunsets are quite old-fashioned. They belong to the time when Turner was the last note in art.“[5]

Auf die Gefahr hin, als Pointenkiller dazustehen, gilt es auch an dieser Stelle zu betonen, daß Wilde seine überraschenden Formulierungen eigentlich einer inadäquaten Terminologie verdankt und daß sich der Grundgedanke, rezeptionstheoretisch umformuliert, heute eher akademisch anhört. Man könnte von einer Geburt der Paradoxie aus dem Geist einer konservativen Ausdrucksweise sprechen. Wilde bleibt nämlich mit seinem Begriffsgerüst völlig jener Auffassung verhaftet, der sich seine Argumentation widersetzt. Sein Sprecher Vivian kehrt den Spieß um und läßt die nichtkünstlerische Natur die spiegelnde Seite sein, hält aber dabei prinzipiell an der überlieferten Nachahmungsdoktrin fest. Gerade die geistvollsten Wendungen des Essays sind buchstäblich „Wendungen“, d. h. Umkehrungen der landläufigen, durch eine lange Tradition sanktionierten Mimesis-Interpretation. Die beabsichtigten gedanklichen Schockwirkungen beruhen auf dem vorausgesetzten Einvernehmen im Verständnis der Begriffe Nachahmung oder Spiegelung: Wilde suggeriert durch einen irreführenden Wortgebrauch eine unmittelbare simulative Beziehung zwischen Naturwirklichkeit und Kunstwerk, als gäbe es nur die Relation „Stoff – Artefakt“ und vice versa.

Dabei meint er etwas anderes, nämlich die Rolle, die in diesen Vorgängen dem Bewußtsein des Betrachters zufällt. Entscheidend ist das Wahrnehmungsvermögen; und das ist eine Fähigkeit, die erkennen läßt, daß zwischen den einzelnen Zeitgenossen (bzw. sozialen Schichten) deutliche Trennungslinien verlaufen. Der von den Künstlern entdeckte Nebel vermag ganz unterschiedliche Reaktionen hervorzurufen: ästhetische Reaktionen bei Zeitgenossen, deren gesellschaftlicher Status eine entsprechende Sensibilität verbürgt, physiologische bei stumpfen Menschen. Die letzteren, so witzelt Vivian, holen sich beim Betrachten von Nebel allenfalls eine Erkältung. „Where the cultured catch an effect, the uncultured catch cold.“[6]

Fragt man sich nach dem Stellenwert von Wildes Überlegungen, so sollte eine Paradoxie der Paradoxa nicht übersehen werden. Sie äußert sich darin, daß Wildes Spiel mit der Mimesis-Metaphorik, die ja, wie gesagt, die verblüffenden Pointen erst ermöglicht, die Tatsache verschleiert, daß seine Gedanken zum Problem der ästhetischen Wahrnehmung in Wirklichkeit eine sehr einprägsame Vorwegnahme rezeptionstheoretischer Einsichten darstellen. Darin liegt die wahre Originalität dieses Essays – auch wenn man nach wie vor den Reiz der vom Autor intendierten Herausforderung schätzen sollte.

Die Lektüre des Versuches regt heute vor allem Vergleiche mit gegenwärtigen Theoremen an. Im Rahmen einer Diagnose der Jahrhundertwende hat freilich eine synchrone Sicht der Dinge den Vorrang. Sieht man sich nun in der Epoche um, so fällt auf, wie häufig das Motiv der *ästhetischen Priorität,* wie man die beschriebene Denkfigur der „umgekehrten Mimesis" wohl zutreffender benennen könnte, in der Dichtung und Essayistik jener Zeit auf unterschiedliche Weise erscheint. Da in der Forschung die ganze Breite des Motivkomplexes m. W. noch nicht systematisch untersucht worden ist, dürfte wohl auch unbeachtet geblieben sein, daß Wildes Schrift ihre Vorläufer hat.

Auf eine gedankliche Vorwegnahme bei Goethe hat vor einigen Jahren Theodore Ziolkowski hingewiesen.[7] Aus der Zeit nach Goethe wäre eine sehr eindrucksvolle Stelle aus einem weniger bekannten Werk Heines zu nennen, aus den *Florentinischen Nächten.* Er gehe in die Oper, sagt dort eine Gestalt der Erzählung, um die Gesichter der schönen Italienerinnen zu betrachten.

„Freilich, sie sind schon außerhalb dem Theater schön genug, und ein Geschichtsforscher konnte an der Idealität ihrer Züge sehr leicht den Einfluß der bildenden Künste auf die Leiblichkeit des italienischen Volkes nachweisen. Die Natur hat hier den Künstlern das Kapitel zurückgenommen, das sie ihnen einst geliehen, und siehe! es hat sich aufs entzückendste verzinst. Die Natur, welche einst den Künstlern ihre Modelle lieferte, sie kopiert ihrerseits die Meisterwerke, die dadurch entstanden. Der Sinn für das Schöne hat das ganze Volk durchdrungen, und wie einst das Fleisch auf den Geist, so wirkt jetzt der Geist auf das Fleisch."[8]

Der zentrale Gedanke des Versuchs über den Verfall des Lügens wird hier unmißverständlich antizipiert, allerdings nur ansatzweise. Eine auch nur einigermaßen ausgeführte Behandlung dieses Gedankens findet sich bei Heine nicht.

Um so überraschender ist das Ergebnis einer extensiven Lektüre der Schriften eines Zeitgenossen von Wilde. Max Nordau ist Literarhistorikern namentlich durch sein – heute nur noch berüchtigtes – Buch *Ent-*

artung ein geläufiger Name, allenfalls auch durch das seinerzeit in vielen Auflagen verbreitete sozialkritische Werk *Die konventionellen Lügen der Kulturmenschheit*. Höchst selten ist dagegen die Nennung seines Essaybandes *Paradoxe* von 1885. Während die beiden erstgenannten Werke in mehrere Sprachen übersetzt worden sind, scheinen die *Paradoxe* viel weniger Beachtung gefunden zu haben. Es ist jedenfalls schwer zu sagen, ob Wilde das Buch gekannt hat. Diese Frage kann man übrigens getrost auf sich beruhen lassen, denn es kommt hier nicht auf den Nachweis von Einflüssen oder Abhängigkeiten an, sondern vielmehr auf die Erkenntnis zeittypischer Phänomene.

In Nordaus Buch interessiert namentlich der Essay unter dem nichtssagenden Titel *Inhalt der poetischen Litteratur*. Er beginnt freilich sofort mit einem Paukenschlag: nämlich mit der Frage, wie die Beziehung zwischen Leben und Literatur zu sehen sei, was als Muster und was als Nachahmung zu gelten habe. „Mir ist die Beantwortung dieser Fragen keinen Augenblick lang zweifelhaft. Die Wirkung des belletristischen Schrifttums auf das Leben ist eine unvergleichlich größere als die umgekehrte.“[9] Während nämlich der Schriftsteller mit Erfahrungsdaten grundsätzlich völlig frei umgehen oder die Gesetze der Erfahrungswelt auch mißachten kann, die Berührungsfläche zwischen Leben und Literatur daher „so schmal“ ist „wie ein Messerrücken“, ist die Wirkung der Literatur auf das Leben dagegen eine „ungeheure“. Die Dichtung (worunter Nordau die gesamte fiktionale Literatur begreift) übt „eine gewaltige und unablässige Suggestion aus, die sich die ganze geistige Persönlichkeit, die ganze Denkungs- und Handlungsweise des Lesers unterwirft.“[10]

Nordau und Wilde führen zum Teil dieselben oder ganz ähnliche Beispiele an, so etwa die Wirkung von Goethes Werther auf die Leser, was in Hinsicht auf die Popularität mancher literarischer Gestalten weiter nicht verwundert. Doch auch bei den allgemeiner gehaltenen Beispielen ist die Verwandtschaft der Argumentationsmuster offensichtlich. Die Pariserin, schreibt Nordau, empfindet man heute vollständig als „das Werk“ der französischen Journalisten und Romanciers: sie spricht, denkt, handelt, gebärdet sich und kleidet sich ganz nach der Art der weiblichen Romanfiguren, nach literarisch vorgegebenen Verhaltensweisen also, so daß man den Eindruck hat, eine bestimmte Realität sei nichts anderes als eine verblüffend getreue Nachahmung der Bücherwelt.

Der Eindruck, Nordau ästhetisiere die gesamte Realitätsauffassung, erweist sich freilich bei weiterem Lesen als unzutreffend. Die Orientierung der Wirklichkeit an der Kunst wird vom Verfasser nicht etwa im Sinne des philosophischen Stereotyps als Sieg des Geistes über die Materie gedeutet, sondern vielmehr als ein sozialhistorisch höchst bedenklicher, ja gefährlicher Vorgang. In einer schwungvollen Verallgemeinerung wird die gesamte fiktionale Literatur fast unterschiedslos als ein Raritätenkabinett des Absonderlichen, Verzerrten und Widernatürlichen interpretiert, als eine „ungeheure Sammlung von Krankengeschichten, von denen einige wenigstens gewissenhaft beobachtet, weitaus die meisten aber noch dazu mit grausamer und unwissender Phantasie ausgeheckt sind“. Der Leser der später erschienenen Schriften Nordaus erkennt bereits die Grundzüge der erbitterten Angriffe auf die moderne Kunst, die der Autor pauschal als Dekadenz ablehnt und damit gründlich mißversteht. Besonders kraß ist das Mißverständnis, wenn vom Naturalismus die Rede ist. Im übrigen fällt schon in den *Paradoxen* (S. 231) das zentrale Schlagwort der späteren Polemik, der Begriff „Entartung“, der am deutlichsten die Haltung Nordaus markiert: eine Mischung von politischem Liberalismus und darwinistischer Theorie, mit strammer Blickrichtung auf eine „gesunde Gesellschaft“. Die mentale Herausforderung, die zunächst auch bei Nordau, wie bei Wilde, auffällt, verwandelt sich bei dem streitbaren Vertreter des liberalen Fortschrittsgedankens nach und nach in ein Traktat zugunsten einer philisterhaft anmutenden literarischen Pädagogik. Daher sind Nordaus Ansichten eher als Kontrast bemerkenswert, als Gegenstimme zu jener Sensibilität der Jahrhundertwende, die ihren so eigentümlichen Ausdruck in der Denkfigur der ästhetischen Priorität fand.

Aus der Reihe der – auch sonst mit Wilde vergleichbaren – „Hauptstimmen“ der Jahrhundertwende verdient Hofmannsthals Beitrag zum Thema besondere Beachtung. Die zu einer ästhetischen Wahrnehmungstheorie hinführenden Gedanken des Wiener Autors sind in der Forschung schon mehrmals behandelt worden,[11] allerdings vor allem im Hinblick auf seine künstlerische Individualität, nicht dagegen im vergleichenden Kontext der hier behandelten Denkfigur. Die Neigung, Hofmannsthal in diesem Punkt isolierend zu betrachten, erscheint namentlich dadurch begründet, daß das Problem der ästhetischen Sicht bereits beim jungen Autor, in den Jahren des Loris, unter psychologischen Aspekten zutage tritt. Ein Brief vom September 1892 ist in dieser Hinsicht besonders aufschlußreich. Hofmannsthal schreibt dort von einer Reise durch Südfrankreich an seinen Freund Edgar Karg von Bebenburg:

„Ich fühle mich während einer Reise meist nicht recht wohl: mir fehlt die Unmittelbarkeit des Erlebens; ich sehe mir selbst leben zu und was ich erlebe ist mir wie aus einem Buch gelesen; erst die Vergangenheit verklärt mir die Dinge und gibt ihnen Farbe und Duft. Das hat mich wohl auch zum ‚Dichter' gemacht, dieses Bedürfnis nach dem künstlichen Leben, nach Verzierung und poetischer Interpretation des gemeinen und farblosen. Wenn ich einmal etwas schreibe, worin ich selbst recht lebhaft und deutlich ausgedrückt bin, so werde ich es Dir schicken, statt einer Photographie, die immer tot und dumm sind (sic!)."[12]

Die Frage nach dem Verhältnis von Unmittelbarkeit und künstlerischer Vermittlung wird hier – in einem Gedankengang, der die Poetik von Prousts Romankunst vorwegnimmt – bezeichnenderweise zugunsten des artifiziellen Gebildes beantwortet. Die Verwandtschaft mit Wildes Überlegungen (die Hofmannsthal wohl erst später, 1894, kennengelernt hat) ist offensichtlich, doch man sollte nicht übersehen, daß es sich bei Loris vor allem um das Problem des eigentlichen Wahrheitsgehaltes handelt und daß zugunsten des Kunstwerks entschieden wird, dessen konzentrierte Intensität vom sinnlich erfahrbaren Augenblick niemals erreicht werden kann. Kein Wunder, wenn dann das Bewußtsein des Betrachters die jeweilige Realität in Analogie zu einem künstlerischen Konzentrat setzt und sie diesem unterordnet.

Auf eindringliche Weise hat Hofmannsthal diesen Vorgang einige Jahre später in einem selten zitierten Text mitgeteilt: in dem Gedicht „Brief an Richard Dehmel" von 1895 (übrigens dem zweiten unter diesem Titel). Es erschien in einer Nachlaß-Ausgabe 1934. Geschildert wird eine Erfahrung aus dem Alltag des Autors (der hier aus verschiedenen Gründen als authentisches „Ich" vorausgesetzt werden kann): ein Ritt des zum Militärdienst Eingezogenen durch eine osteuropäische Landschaft. Die Wälder, Steppen, Flüsse bleiben jedoch für sein Empfinden tot und fremd, als seien sie nicht „wirklich". Die Pointe des Briefgedichts liegt nun darin, daß im Gegensatz zur unmittelbaren Materialität der Wirklichkeit, die „unwirklich" erscheint, wahrhaftige Realität in einem Buch, nämlich in einem Gedichtband Dehmels, erkannt wird. Hofmannsthals Text ist zugleich ein Dankschreiben für die Zusendung des Bandes.

Gleichviel, es ist. Und nun schickst du mir her
Ein Buch, so rot wie die Mohnblumen sind,
Die vielen in den vielen grünen Feldern –
Ihr Rot ist mir so nichts, und das Erschauern

Der grünen Felder unterm Abendwind
Ist mir so nichts – was ist darin vom Leben!
Und in dem Buch da ists, da ists, es ist.[13]

Die emphatische Wiederholung „da ists“, d. h. die Versicherung, nur da sei die Wirklichkeit verbürgt, läßt freilich vermuten, ein gewisser Zweifel müsse hier rhetorisch übertönt werden. Nun, wie dem auch sei, die Verse offenbaren mit einer bei Hofmannsthal eher ungewohnten Deutlichkeit den ästhetischen Platonismus des Dichters. Beispiele für seine Neigung, die Natur als eine Spiegelung der Kunst zu sehen, gibt es unzählige. In der Forschung wird gewöhnlich eine Stelle aus dem zweiten Duse-Aufsatz angeführt, wo die Natur gleichsam als ein großes Kunstmuseum erscheint, die Wolken etwa ihre Farben und Formen von Poussin, Rubens und Böcklin haben, Regungen der Seele dagegen von Schumann stammen, manche Gedanken von Hamlet.

In den noch nicht ausgewerteten nachgelassenen Aufzeichnungen, von denen ein Teil erst seit 1980 allgemein zugänglich ist, ist die Zahl der Beispiele besonders groß. Kaum eine Landschaft, die nicht als eine Ausprägung Eichendorffscher Dichtung oder Böcklinscher Malerei empfunden wird. Ich greife eine Stelle von theoretischer Bedeutung heraus. Im November 1893 notiert Hofmannsthal:

„Meine (unsere) ganze Kunstentwicklung von Berger charakterisiert. Empfinden nicht Naturvorgänge, sondern Kunstwerke als erstvorhandene, natürlich gegebene. Kommen durch die Kunst zu uns; füllen Schemata (Sonett, Schicksalstragödie, Pantomime) mit *entsprechendem* Inhalt aus; entsprechen kann der Form im tiefsten Sinn aber nur jenes Organische, dessen Schale eben ein Kunstwerk ist; so erst kommen wir dazu, unser Erlebtes zu gestalten.“[14]

Der Autor formuliert hier zwar in wenigen Zeilen das Wesentliche der bei Wilde dargelegten Ästhetik, doch es ist ihm nicht um die Wirkung neuer kunsttheoretischer Thesen zu tun, sondern eher um eine ästhetische Konfession von persönlicher und zugleich zeittypischer oder generationsmäßiger Geltung. Dabei muß vorausgesetzt werden, daß sich die Mehrzahl „unsere“ nicht nur auf Kreise der Wiener Moderne bezieht; berücksichtigt man andere Aufsätze des Autors aus jener Zeit, so wird der von ihm vermutlich mitgedachte europäische Rahmen leicht erkennbar, mit dem Blick auf Frankreich und Italien (D'Annunzio), besonders aber auf England, dessen zeitgenössischer kultureller Aufschwung im geistigen Haushalt des jungen Loris eine ausgeprägte Rolle spielte. Wer mit dem „wir“ („unsere“) alles gemeint sein konnte, geht aus seinem Swinburne-Aufsatz hervor, der dem eigentümlichen britischen Ästhetizismus jener Zeit gilt. Beschrieben wird nämlich das Lebensgefühl der Generation Swinburnes, Paters und Morris', gekennzeichnet insbesondere dadurch, daß diese Künstler und Kritiker „nicht von der Natur zur Kunst" gehen, „sondern umgekehrt". Sie haben, schreibt Hofmannsthal, „öfter Wachskerzen gesehen, die sich in einem venezianischen Glas spiegeln, als Sterne in einem stillen See". Beim Anblick eines schlanken Mädchens denken sie an die priesterliche Gestalt einer griechischen Amphore und beim Anblick fliegender Störche an japanische Zackornamente. Kurz, das Leben scheint ihnen erst wahrhaftig lebendig zu sein, wenn es seine Form, seine Stilprägung von irgendeiner Kunst empfangen hat.[15]

So Hofmannsthal also bereits 1893. Lehrreich ist ein Vergleich mit dem angeführten Briefgedicht. Die Chronologie zeigt nämlich, daß die Bekenntnisse der Verse an Dehmel, bei denen man versucht ist, improvisatorische Spontaneität vorauszusetzen, schon zwei Jahre zuvor fast wörtlich vorformuliert erscheinen, nicht eigene, sondern fremde Sensibilität betreffend. Man sollte daher die ästhetische Priorität als Theorem nicht zu eng an die Erfahrungen einzelner Autoren binden, sondern stets die von Hofmannsthal angedeutete Mehrzahl bedenken, und damit die überindividuelle und transnationale Geltung dieser Gedanken. Um Nachweise wird man nicht verlegen sein. In Prousts Romanwerk ist die ästhetische Sicht, die in der Realität stets die prägende Macht der Kunst entdeckt, ein durchgehender Zug. Ernst Robert Curtius hat in seinem großen Proust-Essay an diesem Merkmal den eigentümlichen Ästhetizismus des Erzählers erkundet. Renoirs Gemälde haben das Aussehen der Welt verändert, schrieb Proust; seit es diese Bilder gibt, sehen wir die Natur anders.[16] In den Schriften der Mitarbeiter von Georges *Blättern für die Kunst* finden sich entsprechende Gedanken. Karl Wolfskehl, impressionistischen Aperçus abgeneigt, argumentiert in seinen „Betrachtungen über Kunst" von 1899 streng im Sinne eines ästhetischen Idealismus: Die Gesetze, die in den Kunstwerken wirken, seien von denen der Natur nicht grundsätzlich verschieden; doch nur in diesen offenbarten diese Gesetze ihr reines Ziel. „Also dass man eher das Naturgeschehen durch die Werke der Kunst, als diese mittels der sogenannten Wirklichkeit zu begreifen vermöchte."[17]

Nordau, Wilde, Hofmannsthal, Proust, der George-Kreis: verwandte Gedanken aus zum Teil sehr unterschiedlichen Lagern, die das Spektrum im Pluralismus der Jahrhundertwende erkennen lassen. Es ist angesichts der Häufigkeit und Gewichtigkeit des Motivs nun die Frage zu erörtern, unter welchen Aspekten eine historische Interpretation dieser

Erscheinung anzugehen sei. Zwei ineinandergreifende Gesichtspunkte sind auf jeden Fall zu berücksichtigen: ein sozialpsychologischer und ein kunsttheoretischer.

Der Umstand, daß zahllose sensible Zeitgenossen in ihrer Erfahrung von Naturerscheinungen an Kunstwerke erinnert werden, kann als umfassendes historisch-kollektives, wenn auch im Einzelfall oft spontan sich äußerndes Déjà-vu-Erlebnis begriffen werden. Naturwahrnehmung erfolgt im 19. Jahrhundert innerhalb der für unser Thema maßgeblichen Gesellschaftsschichten weitgehend in Form eines *Wiedererkennens*. Die Ausdehnung städtischer Zivilisation vor allem bewirkte, daß unter jungen Menschen aus den Schichten des Bildungsbürgertums nicht selten die durch Bücher und Bilder vermittelte Anschauung primäre Bedeutung gewann, jedenfalls der unmittelbaren sinnlichen Erfahrung von Naturobjekten oft vorausging. Das nicht nur positivistische, sondern im wesentlichen auch historische Jahrhundert, in der Spielart des *Historismus,* brachte es mit sich, daß man der Formenwelt der Natur nicht selten zuerst im Museum begegnete, wo präparierte oder artifizielle Objekte jene prägenden visuellen Erlebnisse auslösten, die gleichsam als primäre Wirklichkeit für künftige vergleichbare Erfahrungen lenkende Geltung gewannen.

Entscheidend sind ferner die Wertakzente, die den Vorgang der Musealisierung der Sensibilität begleiten. Die „zwei Kulturen" des 19. Jahrhunderts, die naturwissenschaftliche und die ästhetische, traten beide mit einem jeweils spezifischen Pathos hervor, mit Haltungen, die jedoch in der Idee des Sieges über die Natur ihren Konvergenzpunkt aufwiesen. Innerhalb der ästhetischen Kultur gewann als Werteträger besondere Bedeutung namentlich die Vorstellung von der Autonomie der Kunst und des Künstlers sowie die These, der zivilisatorisch domestizierte Mensch mit seinen Konventionen und seiner ästhetischen „Unnatur" sei dem sogenannten natürlichen Menschen, etwa im Sinne der anthropologischen Konstruktion Rousseaus, allemal vorzuziehen. Das Repertoire der Begründungen reicht dabei von A. W. Schlegels Berliner *Vorlesungen über schöne Literatur und Kunst* bis zu Baudelaires Essay über Constantin Guys, oder auch bis zu den poetologischen Schriften des Symbolismus.

Im Lichte des Autonomiegedankens erscheint die besagte Reihenfolge im bildungsbürgerlichen Weg der Erfahrung – zuerst die Kunst, dann die Natur – moralisch und geschichtsphilosophisch legitimiert. „Ahmt" die Natur die Kunst nach, so ist dieser Vorgang im Denkhorizont der Tradition als eine Unterordnung des Wertneutralen unter das

Wertpositive zu deuten, in anderer Sicht auch als Hierarchisierung des Verhältnisses zwischen *natura naturata* und *natura naturans*.[18] Bei Wilde und verwandten Autoren ist dazu die Spitze gegen die naturalistische Kunstdoktrin evident. Konnte man die Position angestrengt simulierender Kunst empfindlicher treffen als mit der Behauptung, die Vorlage dieser Kunst, die „Natur", sei ja selbst nicht authentisch, sondern ein mentales Klischee?

Die tiefdringende Relativierung der Realitätskonzepte, die in der Denkfigur der ästhetischen Priorität enthalten ist, signalisiert, gerade in ihrer gleichsam positiven Variante, ein allgemeines Krisenbewußtsein. Auf eine seit der Mitte des 19. Jahrhunderts sich immer turbulenter verändernde Welt antwortet das sensible Subjekt mit der einzigen Metaphysik, die nach der Aufklärung möglich erschien: der ästhetischen. In der „Krise des Ich" ist der Versuch, das Subjekt als künstlerisches oder ästhetisch rezipierendes dauerhafter zu begründen, eines der sublimsten Zeichen der Zeit.

Der Glaube an die Kunst als letzte und – im Doppelsinn des Wortes – vorbildliche Realität garantiert freilich noch immer eine anthropozentrische Sicht. Den letzten relativierenden Schritt in den Spiegelungen von Kunst und Realität hat erst ein Autor unserer Zeit getan. Im Don-Quijote-Essay aus dem Prosaband *Otras inquisiciones* (1952) stellt Borges folgende Frage: Was geschieht, wenn wir erkennen, daß die Gestalten des Romans von Cervantes zugleich Cervantes-Leser sind oder daß Hamlet in Shakespeares Tragödie Zuschauer eines Schauspiels ist, das sein eigenes Schicksal darstellt? Wenn also das Leben im literarischen Werk durch einen erdichteten Text vorgegeben erscheint – und damit einen Fall von umgekehrter Mimesis auf fiktionaler Ebene demonstriert? Dann ist die Schlußfolgerung erlaubt, meint Borges, daß die „wirklichen" Leser, die Bücher über lesende literarische Figuren lesen, auch nur Erfindungen sind.

Das Problem der umgekehrten Spiegelung mündet hier in eine Frage, die sich weiterer kritischer Analysen entzieht: die Frage nach der Metaphysik des Erfinders. Oder kulturhistorisch gewendet: die Denkfigur Wildes und Hofmannsthals tritt hier in ihr „postmodernes" Stadium ein.

Anmerkungen

1 F. M. Dostojewski, *Sämtliche Werke. Erste Abt.*, Bd. 9, München 1914, S. 2 f.

2 Zit. nach: *Der russische Roman,* hrsg. von B. Zelinsky, Düsseldorf 1979, S. 157.

3 *The Artist as Critic. Critical Writings of Oscar Wilde,* ed. R. Ellmann, New York 1969, S. 308.

4 S. 312.

5 S. 313.

6 S. 312. Zur Kunstproblematik bei Wilde vgl. neuerdings M. Pfister, *Oscar Wilde: The Picture of Dorian Gray,* München 1986.

7 T. Ziolkowski, „Die Natur als Nachahmung der Kunst bei Goethe", in: *Wissen aus Erfahrungen. Festschrift für H. Meyer,* hrsg. von A. von Bormann, Tübingen 1976.

8 H. Heine, *Sämtliche Werke,* hrsg. von E. Elster, Leipzig/Wien, o. J., Bd. 4, S. 332.

9 M. Nordau, *Paradoxe,* Leipzig 1885, S. 226.

10 S. 231.

11 Vgl. dazu K. Pestalozzi, *Sprachskepsis und Sprachmagie im Werk des jungen Hofmannsthal,* Zürich 1958, sowie M. Hoppe, *Literatentum, Magie und Mystik im Frühwerk Hugo von Hofmannsthals,* Berlin 1968. Die Aufsätze von E. Weber, „Hofmannsthal und Oscar Wilde", in: *Hofmannsthal-Forschungen I,* Basel 1971, und A. Stillmark, „Hofmannsthal and Oscar Wilde", in: *Hugo von Hofmannsthal. Commemorative Essays,* ed. W. E. Yuill/P. Howe, London 1981, behandeln interessante Aspekte, streifen jedoch nur das Problem ästhetischer Inversion.

12 H. von Hofmannsthal/E. Karg von Bebenburg, *Briefwechsel,* Frankfurt am Main 1966, S. 19.

13 H. von Hofmannsthal, *Gesammelte Werke in zehn Einzelbänden: Gedichte und Dramen I,* Frankfurt am Main 1979, S. 171. – Vgl. dazu H. Fritz, *Literarischer Jugendstil und Expressionismus,* Stuttgart 1969, S. 199 ff.

14 *Gesammelte Werke: Reden und Aufsätze III,* S. 367.

15 *Gesammelte Werke: Reden und Aufsätze I,* S. 65.

16 Curtius behandelt das Problem im Kapitel „Kunst und Leben" der Proust-Essays (im Essayband *Französischer Geist im zwanzigsten Jahrhundert,* Bern 1952, S. 293 ff.).

17 *Der George-Kreis,* hrsg. von G. P. Landmann, Köln 1965, S. 57.

18 Eine gewisse panästhetische Sicht der Natur hat bereits das 16. Jahrhundert gekannt, allerdings nicht säkularisiert, wie in der Epoche Wildes, sondern eingebunden in ein religiöses Weltbild. In Baldesar Castigliones Abhandlung *Il libro del cortegiano* (1528) heißt es in einem Gespräch über die Malerei: „Denn man kann sagen, daß das Kunstwerk der Welt, wie wir sie mit dem weiten, von hellen Sternen glänzenden Himmel erblicken, mit der Erde in der Mitte, von Meeren umgürtet, mit Bergen, Tälern und Flüssen abwechslungsreich gestaltet und mit verschiedenen Bäumen und schönen Blumen und Kräutern geschmückt, eine edle und große, von der Hand der Natur und von Gott komponierte Malerei sei." (B. Castiglione, *Das Buch vom Hofmann,* übersetzt von F. Baumgart, München 1986, S. 89.).

Ritterrüstungen, Kirschkerne und Dachziegel

Zur literarischen Theorie des Zufalls von Schiller bis Schnitzler

Die Szene ist Genua um die Mitte des 16. Jahrhunderts. Die Verschwörung des Fiesco, wie sie Schiller auf die Bühne bringt, nähert sich ihrem Ende. Der „Teatrarch" – so nennt Egon Friedell den deutschen Dramatiker in seiner *Kulturgeschichte der Neuzeit* – weiß, was er dem fünften Akt eines Trauerspiels schuldig ist. Auch in einem „republikanischen Trauerspiel", in dem es vorwiegend um politische Dinge geht, um Staatsordnung und moralische Grundsätze in der Politik, muß die Handlung einer immanenten Logik folgen und der letzte Akt mehr als alle anderen den Gedanken kausaler Notwendigkeit vor Augen führen.

Nun, den Verschwörer Fiesco, der die Intrige gleichsam als eine hohe Kunst der Politik betreibt und der in seinem Ehrgeiz darauf aus ist, die herrschende Macht zu stürzen, um seine eigene zu etablieren, diesen Fiesco hat es wirklich gegeben. Und damit beginnt – im Licht unserer Fragestellung – für Schiller das Problem. Über die Quellen des historischen Stoffes unterrichtet er selbst in der kurzen Vorrede zu seinem Drama. Ihm fiel es freilich nicht ein, mit der Literatur über Verschwörungen an diversen Höfen so umzugehen, wie das heute ein Autor dokumentarischer Stücke grundsätzlich tun würde. Nicht die authentischen Vorgänge waren für ihn bindend, sondern die Gesetze des dramatischen Zusammenhanges; nicht die historische Wahrheit verpflichtete, sondern die künstlerische.

Im Hinblick auf die theoretische Bedeutung der Vorrede überrascht es, daß diesem Text in den Interpretationen des Dramas vergleichsweise wenig Beachtung geschenkt wird – zumal ja, wie noch zu zeigen sein wird, darin mehrere Fragen der allgemeinen Literaturtheorie angeschnitten werden. Schiller selbst war sich der theoretischen Bezüge durchaus bewußt. Der „Hamburgische Dramaturgist" wird erwähnt, in der Hoffnung, er wäre bereit gewesen, die Freiheiten des Verfassers in der Behandlung des geschichtlichen Stoffes zu billigen. Allein die Anspielung auf Lessings *Hamburgische Dramaturgie* läßt zunächst nur *eine* Sicht des Problems erkennen. Wenn Schiller meinte, sich auf Lessing berufen zu können, hatte er zweifellos die Stelle aus dem 24. Stück im Sinn, wo von der prinzipiellen Freiheit des Dichters gegenüber der historischen Überlieferung die Rede ist.

„Kurz: die Tragödie ist keine dialogisierte Geschichte", schreibt

Lessing; „die Geschichte ist für die Tragödie nichts, als ein Repertorium von Namen, mit denen wir gewisse Charaktere zu verbinden gewohnt sind. Findet der Dichter in der Geschichte mehrere Umstände zur Ausschmückung und Individualisierung seines Stoffes bequem: wohl, so brauche er sie. Nur daß man ihm hieraus ebensowenig ein Verdienst, als aus dem Gegenteil ein Verbrechen mache!“[1]

Weder die Bindung an die authentischen Vorgänge noch die Entfernung von ihnen ist an sich ein Verdienst des Dichters, meint Lessing; es komme vielmehr darauf an, was der Dramatiker aus seinem Stoff zu machen versteht. In seinem Versuch, sich grundsätzlicher poetologischer Freiheit zu versichern, hätte sich Schiller übrigens auch auf den Ahnherrn der europäischen Literaturtheorie berufen können, auf Aristoteles. Das neunte Kapitel der *Poetik* behandelt das Verhältnis zwischen Dichtkunst und Geschichtsschreibung und spricht sich unzweideutig für den Vorrang des Dichters gegenüber dem Historiker aus. Der höhere Rang gebühre dem poetischen Werk, denn es sei philosophischer: es zeige das Allgemeine und Überzeitliche. Der Historiker hingegen habe es nur mit der Überlieferung konkreter, einmaliger Begebenheiten zu tun, die an einen bestimmten Ort und an eine bestimmte Zeit gebunden bleiben.

Wir fragen uns nun, welche Freiheiten Schiller für sich in Anspruch genommen hat, um „philosophischer“ im aristotelischen Sinne sein zu können. Die Betrachtung gelangt damit zum springenden Punkt. Eine entscheidende, ja *die* entscheidende Abweichung von den geschichtlichen Tatsachen ist im *Fiesco* anderer Natur als etwa in der Tragödie um die Hinrichtung der schottischen Königin. Die große Begegnung zwischen Maria Stuart und Elisabeth von England gibt es nämlich nur im Drama, in der Wirklichkeit hat sie niemals stattgefunden. Ließe man sie weg, das Drama würde einen seiner Höhepunkte verlieren, doch der innere, auf das Ende ausgerichtete Konnex des Werkes bliebe bestehen. Anders im *Fiesco*. Der politische und moralische Sinn der Handlung wäre zerstört, hätte Schiller sein Drama in Übereinstimmung mit der Realität enden lassen.

Man weiß es von den Historikern: Der authentische Graf von Lavagna, also Fiesco, kam bei der Besichtigung eines Schiffes durch einen Zufall ums Leben. Eine Ungeschicklichkeit erwies sich als irreparabel; er stürzte ins Wasser und ging infolge seiner schweren Rüstung sofort unter. Nicht etwa, daß er keine Feinde gehabt hätte, die ihm nach dem Leben trachteten. Allein der Vorgang kann laut authentischer Überlieferung nicht anders als ein Zufall bezeichnet werden. Und gerade darum geht es in Schillers Vorrede.

„Die wahre Katastrophe des Komplotts, worin der Graf durch einen unglücklichen Zufall am Ziele seiner Wünsche zu Grunde geht, mußte durchaus verändert werden, denn die Natur des Dramas duldet den Finger des Ohngefährs oder der unmittelbaren Vorsehung nicht. Es sollte mich sehr wundern, warum noch kein tragischer Dichter in diesem Stoffe gearbeitet hat, wenn ich nicht Grund genug in eben dieser undramatischen Wendung fände.“ In den darauf folgenden Sätzen verläßt Schiller freilich den Standpunkt des Dramaturgen und stellt Überlegungen über metaphysische Aspekte des Zufalls an. Die Metaphorik, die er dabei verwendet, sollte man sich merken; sie wird im Verlauf unserer Betrachtung noch eine Rolle spielen. „Höhere Geister sehen die zarten Spinneweben einer That durch die ganze Dehnung des Weltsystems laufen und vielleicht an die entlegensten Grenzen der Zukunft und Vergangenheit anhängen – wo der Mensch nichts als das in freien Lüften schwebende Faktum sieht. Aber der Künstler wählt für das kurze Gesicht der Menschheit, die er belehren will, nicht für die scharfsichtige Allmacht, von der er lernt.“[2]

Es ist bekannt, daß Schiller hier von keiner normativen Gattungspoetik ausgeht, sondern zugunsten einer eigenen Auffassung vom Drama argumentiert, allerdings in Einklang mit der spätestens seit Lessing gültigen Theorie dramaturgischer Zweckmäßigkeit. Verankert ist diese Lehre vor allem in der Auffassung, das Wesen des Dramas, des Spiels also von der Dialektik der Freiheit und der Notwendigkeit, schließe sowohl den Zufall (Schillers „Ohngefähr“) als auch die strikte Vorsehung aus. Mit anderen Worten, das Drama dulde weder die metaphysische Determination in Form von Prädestination noch die bloße Kontingenz, die blinde Regellosigkeit oder Zweckfreiheit.

Kehrt man von diesem allgemeinen theoretischen Postulat zu dem Einzelfall des republikanischen Trauerspiels zurück, so besteht aus Schillers Sicht kein Zweifel an der Notwendigkeit der Änderung. Ein Dramenheld, der aus Versehen ins Wasser fällt und ertrinkt, verdient zwar unser Mitleid, doch eine Figur im Sinne tragischer Antinomien ist er nicht. Was ein solcher Tod vor Augen führt, ist viel eher Sinnlosigkeit, Absurdität, das Fehlen erkennbarer Sinnzusammenhänge. Der Tragiker muß den Zufall sorgfältig vermeiden, das ist eine Maxime, die Schiller auch später noch vertritt. Als Rezensent von Goethes *Iphigenie auf Tauris* dehnt er sie auf den ganzen Bereich des ernsten Dramas aus. Als Beispiel dient ihm folgende Handlungssequenz, allerdings nicht aus Goethes Schauspiel, sondern aus der antiken Vorlage, dem Drama des Euripides, das er zum Vergleich heranzieht. Dort bringt ein Schäfer die Nachricht von der Gefangennahme zweier Fremden. Der eine heiße Pylades, den Namen des anderen habe er nicht gehört. Schiller rügt nun diesen „kleinlichen Kunstgriff", der unglücklich gewählt sei, weil er „den Zufall in den Plan mischt, den der tragische Dichter sorgfältig vermeiden muß". Hätte nämlich der Schäfer auch den anderen Namen gehört, den Namen *Orest,* und ihn vor Iphigenie ausgesprochen (was durchaus logisch gewesen wäre), der weitere Verlauf der Handlung wäre überflüssig geworden. Und daher, meint Schiller, empfinden es die Leser und Zuschauer als widrig, daß der Rest der Handlung nur an einem dünnen Haar gehangen habe.[3]

Der Kritiker Schiller hätte hier auf seine eigene Dramenpraxis hinweisen können. Denn wie schließt das genuesische Trauerspiel? Verrina, der moralistische Republikaner, bittet seinen Freund Fiesco im vorletzten Auftritt, zur republikanischen Tugend zurückzukehren und auf absolutistische Herrschaft zu verzichten. Als Fiesco ihn abweist, stößt er diesen vom Laufsteg ins Meer. „Ertrunken", sagt Verrina lakonisch, und zuletzt noch, genauer, „ertränkt".

Der Tod am Ende des Trauerspiels darf somit kein bloßes physisches Faktum sein, er muß vielmehr unter der Regie der Moral erfolgen. Nur dann hat er einen tragischen Sinn. Das ernste Drama postuliert eine Welt, deren Ordnung von Begriffen wie Schuld, Verantwortung und Einheit im Widerspruch beherrscht wird. Der Zufall läuft dieser Ordnung zuwider, er ignoriert sie und hebt sie damit auf. Man könnte sagen: der Zufall ist nicht unmoralisch, er ist amoralisch – und damit noch viel gefährlicher für die Tragödie.

Es ist bezeichnend für die Auffassungen der deutschen Klassiker, daß die Problematik des Zufalls vor allem im Lichte der Gattungspoetik erscheint. Im Briefwechsel zwischen Schiller und Goethe sowie in *Wilhelm Meisters Lehrjahren* zeichnet sich eine Theorie des Unterschieds zwischen Drama und Roman im Hinblick auf Kontingenz ab. Was das Drama gefährde, könne in den Roman maßvoll integriert werden, denn der Roman stelle das Leben nicht vorrangig unter dem Blickwinkel moralischer Entscheidung und charakterlicher Tat dar – so wäre etwa die vorherrschende Ansicht auf dem Boden Weimars zu referieren.

Sieht man die Dinge indes nicht unter den genannten Aspekten, sondern unter dem Gesichtspunkt des literarischen Schaffens im allgemeinen, so gewinnt die Frage nach dem Zufall eine zusätzliche Bedeutung. Man fragt sich nämlich, ob die Begriffe „Literatur" und „Zufall" überhaupt miteinander zu vereinbaren sind. Wenn Schreiben, d. h. die Arbeit an einer Erzählung oder einem Bühnenwerk im Normalfall eo ipso Planung bedeutet, so kann eine als ein Zufall geschilderte Wendung auch nichts anderes sein als das Ergebnis einer Lenkung der sogenannten Figurenschicksale durch den Verfasser. Mit anderen Worten, der Zufall wird mobilisiert, damit der Lebensweg des Helden eine bestimmte Richtung nimmt. Das literarische Werk trägt dem Erfahrungsumstand Rechnung, daß es im Leben den Zufall gibt, doch es kann die Kontingenz – unter den herkömmlichen Bedingungen des Schreibens – in die literarische Machart nicht einbeziehen.

Wie tief in diesem Punkt die Kluft zwischen Realität und Literatur ist, geht aus einer eigentümlichen Formulierung Goethes beziehungsweise Wilhelm Meisters hervor, der als theoretisierender Romanheld (im 7. Kapitel des 5. Buches) dem Roman, im Gegensatz zum Drama, sehr wohl einen Schuß Zufall erlaubt, freilich mit dem Zusatz, das Spiel des Zufalls müsse mit den Gesinnungen der Personen abgestimmt werden, d. h. der Zufall müsse gelenkt werden.[4] Deutlicher kann man den Zufall nicht domestizieren, heute würde man sagen: manipulieren.

Goethe war – das ist seinen Briefen zu entnehmen – der Überzeugung, das kommende Zeitalter werde im Zeichen naturwissenschaftlicher Forschung stehen. Für die Generation der um die Mitte des neunzehnten Jahrhunderts Geborenen war daran erst recht kein Zweifel. Auch die Literatur müsse sich in die Schule des naturwissenschaftlichen Positivismus begeben, das war die Losung. Nachzulesen etwa in Wilhelm Bölsches Buch *Die naturwissenschaftlichen Grundlagen der Poesie* von 1887. Das Kapitel, das unsere Aufmerksamkeit verdient, heißt bezeichnenderweise „Darwin in der Poesie". Der positivistische Grundbegriff lautet bekanntlich Determination. Wo indes von Determination die Rede ist, stellt sich bald auch die Frage nach der Bedeutung des Zufalls ein. Und in der Tat, das genannte Kapitel ist im wesentlichen diesem Problem gewidmet. Den Zufall definiert Bölsche folgendermaßen: Die Welt bietet sich dar als eine unendliche Menge in sich geschlossener Linien (Handlungsabläufe), innerhalb deren alles kausal verknüpft ist. Jede Kreuzung zweier Linien, die jede für sich eine eigene Immanenz beansprucht, erscheint von deren Standpunkt wie das Ergebnis eines Stoßes von außen. „Diesen jedesmaligen Kreuzungsstoß nennen wir Zufall."[5] Bölsche glaubt allerdings an eine übergreifende monistische Gesetzmäßigkeit (die er freilich nicht näher zu erklären vermag), räumt aber ein, daß von einem notwendig beschränkten menschlichen Standpunkt das Phänomen Überraschung (als Zufall) eine einigermaßen irritierende Erscheinung bleibt.

„Wenn ich in einer Weltstadt von zwei Millionen Einwohnern an einem Tage mit meiner individuellen Linie ohne jede bewußte Abneigung zu einer zweiten hin viel Mal auf diese zweite treffe, also einem und demselben Bekannten vier Mal an vier verschiedenen Orten, die wir beide ohne Kenntnis von der Anwesenheit des andern aufsuchten, begegne, so bleibt mir das, aller atomistischen Nothwendigkeit unbeschadet, persönlich ein vierfacher Zufall."[6] Das heißt: die mögliche naturwissenschaftliche Erklärung hebt nicht die praktische Erfahrung der Unvorhersehbarkeit auf. Im Hinblick auf die soziale Pragmatik zieht Bölsche die Konsequenzen daraus: das Leben ist im Grunde ein blindes Glücksspiel.

Es fragt sich nur, was für Konsequenzen sich für die Literatur daraus ergeben. Bölsche reagiert hier auf eine sehr bezeichnende Weise. Für ihn ist, wie für andere Naturalisten, maximale Mimesis das Ziel in der Kunst. Nun muß aber der Schriftsteller geradezu verzweifeln, wenn er die Komplexität von Lebensabläufen bedenkt, die durch Zufälle erzeugt wird. Der Zufall bringt die klaren Linien durcheinander, und alles verliert sich in einem Dickicht. Bölsche zieht nicht die Schlußfolgerung, die Literatur sei etwas anderes und müsse nicht unbedingt der Wirklichkeit nachlaufen. Nein, er bedauert nur den Umstand, daß die Literatur noch nicht dazu gediehen sei, der Realität in allen Punkten gerecht zu werden. Die Einsicht, daß Literatur ohne die Künstlichkeit manipulativer Verfahrensweisen nicht auskommt, bleibt bei Bölsche ungenannt.

Der Gedanke, daß Literatur auf eine wie auch immer geartete Manipulation angewiesen ist, bildet heute einen Grundpfeiler der meisten literaturtheoretischen Orientierungen. Äußerst selten wird jedoch diese Erkenntnis an der Problematik des Zufalls demonstriert. Einen solchen theoretischen Ansatz hat ein Autor skizziert, der als Theoretiker bisher kaum gewürdigt worden ist. Wie bei Schiller haben wir es mit einem Verfasser zu tun, der nicht den Bereich akademischer Literaturbetrachtung repräsentiert, sondern viel eher die schriftstellerische Praxis. Die Rede ist von Arthur Schnitzler. Als der Autor 1927 im Wiener Phaidon Verlag eine Auswahl aus seinen Aphorismen und Kurzessays veröffentlichte *(Buch der Sprüche und Bedenken)*, übrigens seine einzige Publikation dieser Art, war er als Dramatiker und Erzähler längst schon bekannt, ja vorübergehend fast schon wieder vergessen oder verkannt. Die allgemeine Lage war für die Aufnahme dieser Reflexionen nicht sehr günstig, und auch heute noch gehören diese Texte, gemessen an der Rezeption der meisten übrigen Werke, zu den Marginalien in der Sicht der Forschung.

In unserem Kontext verdienen namentlich die Aufzeichnungen der Abteilung „Werk und Widerhall“ Bedeutung. Es handelt sich um Gedanken zu den Themenbereichen der literarischen Gestaltung, der Stoffwahl, der Maßstäbe der Kritik. Daß Schnitzler vieles aus der Sicht des Dramatikers sieht, liegt auf der Hand. Bei manchen Notaten hat man sogar den Eindruck, es handle sich um Bruchstücke einer nicht vollendeten Dramaturgie, die mit ihren rein theoretischen Betrachtungen einen fernen Gruß über die Jahrhundertgrenzen hinweg an den „Hamburgischen Dramaturgisten“, und vielleicht auch an den schwäbischen oder weimarischen, darstellt – eine Wiener Dramaturgie also. Bei Lessing bleibt freilich die Theorie mit der Tätigkeit des Kritikers konkreter Inszenierungen verbunden; Schnitzler dagegen bewegt sich ganz im Bereich abstrakter Erwägungen. Der allgemein als Vertreter einer ausgepichten Sinnlichkeitskunst geltende Wiener erweist sich als ein sehr konsequent denkender, die „graue Theorie“ keineswegs meidender Zeitgenosse der Anfänge formästhetischer Literaturwissenschaft.

Es würde eine lohnende Aufgabe sein, Schnitzlers Aufzeichnungen kunstkritischer Natur einmal vollständig auf ihre Systematik und ihren Erkenntniswert hin zu untersuchen. Laut Auskunft der Bibliographien[7] gehört dieses Thema nach wie vor zu den Desiderata der Forschung. Ich beschränke mich hier auf einige Gesichtspunkte von zentraler Bedeutung. Wenn der Leser vermutet, daß wir nun von den Ritterrüstungen zu den Kirschkernen gelangen, kann diese Vermutung nur bestätigt werden. Es ist allerdings vorweg zu sagen, daß die besagten Kerne keineswegs eine unverbindliche Plauderei über literarische Gegenstände signalisieren. Was so angekündigt erscheint, ist eine sehr anspruchsvolle Betrachtung Schnitzlers über die Grundlagen poetischer Fiktion, wenn man so will: ein Baustein zu einer Fundamentalpoetik (was bei historischen Erscheinungen freilich stets nur eine Theorie bestimmter Traditionen bedeuten kann).

Ausgangspunkt der 5. Betrachtung des Zyklus „Werk und Widerhall“ ist die universal gesehene Beziehung zwischen Kunst und Realgeschichte unter dem Gesichtspunkt des Zufalls. Eine wesentliche Analogie ergibt sich für Schnitzler daraus, daß weder für die Kunst noch für die Historie die Kategorie des Zufalls gilt. „Die beruhigende Wirkung der Kunstwerke erklärt sich vor allem dadurch, daß im Kunstwerk das, was wir Zufall nennen, ausgeschaltet ist.“[8] Mit dieser lapidaren Feststellung stößt der Autor – auch wenn er gleichzeitig rezeptionspsychologisch denkt – zu einer generellen Theorie fiktionalen

Schreibens vor. Er setzt dabei tiefer und konsequenter an als Schiller. Während es in der Vorrede zum *Fiesco* darum ging, die Sinnlogik einer bestimmten Gattung gegen die Kontingenz der empirischen Wirklichkeit abzuschirmen, formuliert Schnitzler die Einsicht, daß die Prozeduren der Kunst den Zufall grundsätzlich ausschließen. Die Kunst ist eine zufallsfreie Zone, so könnte man Schnitzlers Überzeugung umschreiben.

Die soeben erwähnte historische Einschränkung gegenüber einer Fundamentalthese erweist sich indes sofort als aktuell, wenn man bedenkt, daß Schnitzlers Aphorismenband zu einem Zeitpunkt erschien, als in der künstlerischen Praxis schon deutlich geworden war, daß es sehr wohl ästhetische Texte geben kann, in denen der Zufall nicht bloß simuliert erscheint, oder genauer: sprachlich behauptet wird, sondern in denen er selbst konstitutiv an der Hervorbringung von Texten beteiligt ist. Aus geschichtlicher Sicht ist vor allem an die sogenannten aleatorischen Texte aus dem Kreis der Züricher Dadaisten während des Ersten Weltkrieges zu denken, d. h. an die sprachlichen Gebilde, die so entstanden, daß man die Reihenfolge der an sich zusammenhanglosen Sätze oder Wörter einer Art von Auslosung überließ.

Doch dies nur nebenbei. Es ist leicht zu erkennen, daß Schnitzlers Theorie durchaus noch auf traditionellen Vorstellungen von literarischer Arbeit und Textgestalt beruht. Um so schärfer kommt jedoch die Genauigkeit seiner Denkweise zur Geltung. Worauf es ihm ankommt, zeigt sich namentlich am Vergleich mit den Objekten der historischen Darstellungen. Auch die Geschichte, bemerkt Schnitzler, wird von den Historikern zumeist als ein Gebilde der Notwendigkeit verstanden, nicht als ein Spielfeld des Zufalls. Kaum ein Historiker – so kann man den Gedanken ergänzen – wird sich die Gelegenheit entgehen lassen, kausale Konstruktionen aus dem Verlauf der Ereignisse abzuleiten; es fragt sich nur, unter welchen Gesichtspunkten das Material ausgewertet wird und welche ideologischen Muster dabei zum Vorschein kommen. Man könnte auch hinzufügen: Sogar im Privatleben neigen viele Menschen dazu, ihren persönlichen Lebenslauf so zu deuten, daß die Kontingenz in Notwendigkeit uminterpretiert wird. Den Zufall erlebt man als Wirklichkeit – darin hat Schnitzler sicherlich recht – stets nur in der jeweiligen Gegenwart, und man setzt ihn selbstverständlich auch in der Zukunft voraus.

In Schnitzlers Überlegungen ist folgende These enthalten: Alles, was Form im weitesten Sinn ist und geistiger, interpretatorischer Durchdringung entspricht, kann ohne Notwendigkeit und ohne Sinnpotential nicht gedacht werden. Darin unterscheidet sich ein Drama oder eine Erzählung letztlich nicht von einem Werk historischer oder geschichtlicher Deutung. Der Text, der ja von Grund an einer Absicht entspricht, ist ohne ein teleologisches Prinzip nicht vorstellbar. Denn, so wäre weiter zu argumentieren, auch der Eindruck chaotischer Zustände in einem Text kann nicht die Dialektik des Gemachten, im ursprünglichen Sinne Poetischen widerlegen: das gemachte, sozusagen organisierte Chaos ist ein von einer Absicht getragenes Gebilde – und damit eine interpretatorische Kategorie.

Gäbe es eine völlig sachliche, sinn- und geistlose Perspektive, dann wäre zwischen Notwendigkeit und Zufall in der Tat kein Unterschied zu erkennen, meint der Autor. In der Wirklichkeit existieren zahllose Kausalketten, doch wir berücksichtigen stets nur jene Ketten, die für uns einen Sinn ergeben aufgrund bestimmter Wertvorstellungen.

„Ein Beispiel: Ein großer Mann ist an einem Kirschkern erstickt. Das Leben dieses großen Mannes von der Geburt bis zum Tode ist uns offenbar. Der Kirschkern aber war nur wichtig in dem Augenblick, da er sich in den Kehlkopf des großen Mannes verirrte, nicht im Laufe seiner allmählichen Entstehung, und auch seine weitere Geschichte ist uns gleichgültig.“[9]

Es ist ein sehr bemerkenswerter, sicherlich auch symptomatischer Umstand, daß Schnitzler an dieser Stelle plötzlich nicht mehr von Kunstwerken im allgemeinen spricht, sondern die Sicht einengt und mit einer bestimmten literarischen Gattung argumentiert: nämlich mit der Tragödie. Die vermutlich nicht beabsichtigte Verwandtschaft mit den Gedankengängen Schillers wird evident. Rüstungen und Kirschkerne erweisen sich als Demonstrationsmittel aus dem Arsenal der gleichen Theorie. Auch Schnitzler behauptet nämlich, daß Unfälle dieser Art für die Tragödie absolut nicht tauglich seien, denn die Kausalkette des Kirschkerns sei der anderen Kausalkette, mit der sie sich kreuze, nicht ebenbürtig.

„Der Held mag durch seinen Gegenspieler zugrunde gehen, der sich an ihn sozusagen herankausaliert hat oder an der ihm immanenten Kausalität: Erschöpfung, Selbstmord aus Ekel usw. An einem Kirschkern dürfte er nur dann zugrunde gehen, wenn etwa die Grundidee des Dramas wäre, daß auch durch einen Kirschkern die Weltgeschichte aus ihrer Bahn gelenkt werden kann.“[10]

Es kann nicht mehr bezweifelt werden, daß der „Wiener Dramaturgist“, um mit Schiller zu reden, mit seiner Dramentheorie eindeutig auf dem Boden der klassischen Tradition steht – auch wenn er in seiner

Ausdrucksweise (Kausalkette, Kreuzung u. ä.) das bei Bölsche vorkommende Vokabular der Naturalisten gebraucht. Man mag noch so skeptisch gegenüber verschiedenen Lehren vom Sinn des Lebens sein, die Ordnung und Hierarchie der Werte bleibt im Bereich der Dichtung unangetastet. Die Kunst fordert andere Maßstäbe als die Lebenserfahrung, das ist eine der Maximen klassischer Ästhetik, an denen auch Schnitzler festhält. Man denke nur an die Auffassungen in Goethes Essay *Über Wahrheit und Wahrscheinlichkeit der Kunstwerke.* Daher kann sich der Wiener Autor das Drama nur als einen Konflikt von Wertpositionen oder als eine Bekundung menschlichen Willens vorstellen, allenfalls als ein Gebilde, in dem der ominöse Kirschkern die Rolle des Zufalls in der Weltgeschichte demonstriert. Doch in diesem Fall wird das kontingente Geschehen wiederum mit Sinn ausgestattet, der Vorfall dient zur Demonstration einer These, der Kirschkern fungiert als geschichtsphilosophisches Utensil.

Der Rest ist Theologie. Es wäre sinnlos, folgert Schnitzler, angesichts eines Kunstwerks zur Begründung zu greifen, Gott wolle es so. Ließe man die absolute Allmacht gelten, so gäbe es keine Unterschiede mehr, und der Begriff des individuellen Helden hörte auf, sinnvoll zu sein. Im Bereich der Poesie könne es keine Kausalkette geben, deren Wirkung die Bedeutung des Helden einfach zunichte machen würde. Schnitzler hätte es übrigens auch anders sagen können: Im Drama, im Kunstwerk überhaupt, gibt es nur eine einzige allmächtige Instanz, sieht man die Dinge nicht unter schaffenspsychologischen Gesichtspunkten, sondern aus der Sicht der Textlogik. Nämlich den Willen des Autors. Das ist die Theologie der Literatur.

Wer nach dem Lesen der dargestellten Aufzeichnung noch Zweifel hegt, wird sich von den darauf folgenden Notaten sicherlich davon überzeugen lassen, daß die beiden erwähnten Dramatiker des 18. Jahrhunderts, von einer Zeitmaschine in die Epoche Schnitzlers versetzt, von dessen Überlegungen keineswegs befremdet sein würden. Zumal der Wiener Autor seine Kunsttheorie weitgehend als eine Poetik des Dramas begreift.

„Eine unerläßliche Voraussetzung des Dramas", so beginnt das achte Notat, „ist das Vorhandensein einer bestimmten Weltanschauung und die Annahme gewisser feststehender ethischer Werte. Keineswegs geht es an, am Beginn eines Dramas den Mythos zu bejahen und im weiteren Verlaufe ihn anzuzweifeln; es geht nicht an, über die dramatische Handlung einen Himmel von ganz bestimmter Lichtwirkung und Eigentümlichkeit auszuspannen und ihn später herabsinken zu lassen wie eine bewegliche Decke oder gar ihn aufzureißen und plötzlich in die Unendlichkeit ungelöster und unlösbarer Fragen zu weisen. Es geht nicht an, zu Beginn des Dramas seine Wirkungen daraus zu holen, daß ein freier Wille, daß Schuld, Verantwortung und Gewissen als unbedingt vorhanden angenommen werden, also die Welt unter ethische Gesetze zu stellen – und zum Schlusse an freiem Willen, Schuld, Verantwortung zu zweifeln und die Welt unter der ausschließlichen Herrschaft der Kausalität zu sehen.“[11]

Es geht hier nicht darum, den österreichischen Dramatiker (der, nebenbei gesagt, in seinen poetologischen Erwägungen als Erzähler kaum in Erscheinung tritt) einer einseitig konservativen Gesinnung zu zeihen. Es ist mir vielmehr darum zu tun, durch den Hinweis auf vernachlässigte Texte dem erst recht einseitigen Bild vom literarischen Pointillismus des Wieners eine notwendige Korrektur beizugeben. Aber vor allem erscheint es wichtig, den Theoretiker Schnitzler viel stärker als bisher in die Erforschung seines Schaffens wie auch in die Diagnose der Epoche einzubeziehen. Die Bedeutung seiner Einsichten für eine allgemeine Poetik europäischer Traditionen steht außer Zweifel. Einer ihrer entscheidenden Aspekte, der des Zufalls, hat durch Schnitzlers Erwägungen gewiß an Bedeutung gewonnen.

Wir wechseln – zum letzten Mal in dieser Betrachtung – den Autor, bleiben jedoch beim Begriff des Zufalls und damit im Umkreis von Schnitzlers Gedankenwelt. Genauer: wir wechseln die Literatur und kommen von Wien nach Paris. Ein Stichwort wäre eine Äußerung von Balzac (aus der Vorrede zur *Comédie humaine,* 1842), wonach der Zufall der größte Romanautor der Welt sei. Man brauche bloß zuzuschauen, wie und was er alles hervorbringe. Daraus spricht die Auffassung Balzacs, daß der Gegenstand moderner Epik eine Welt ohne vorgegebene und unveränderliche Spielregeln sei. Alles ist in der Gesellschaft möglich, grundsätzlich jeder Aufstieg und jeder Niedergang, und der Generator der Veränderung ist der Zufall. Die bereits erwähnte Formulierung Bölsches hätte auch bei Balzac stehen können: das Leben ist ein Glücksspiel.

Wir verweilen jedoch nicht bei Balzacs Werk, sondern bei einem Text, der viel weniger bekannt ist, dafür aber theoretisch um so ergiebiger. Der Autor ist Guy de Maupassant, rund zehn Jahre älter als Schnitzler, gestorben 1893, in jenem Jahr, in dem das erste Buch des Wieners erschien, der Einakterzyklus *Anatol.* Auch im Schaffen Maupassants interessiert uns die Theorie, und damit abermals ein Bereich, der nur selten erwähnt wird, wenn von der Erzählkunst des Franzosen die Rede ist. Gemeint ist ein Aufsatz, der zeigt, daß der Romancier und Novellist als Theoretiker durchaus ernst zu nehmen ist. Die Parallele zu Schnitzler ist dabei in mancherlei Hinsicht bestechend. Der Aufsatz *Le roman* erschien in der Buchausgabe des Romans *Pierre et Jean* (1888) und fungiert dort gleichsam als Vorwort, obwohl er sich keineswegs nur auf dieses Erzählwerk bezieht. Die Hauptgedanken des Textes sind vielmehr sehr allgemein gehalten, so daß man fast von einer Einführung in die Grundprobleme der Narrativik sprechen könnte. Man erkennt freilich sehr bald, daß die Überlegungen des Autors eine aktuelle Spitze enthalten, die insofern paradox ist, als hier ein zu den Naturalisten zählender Schriftsteller sich anschickt, die Unhaltbarkeit naturalistischer Postulate zu beweisen.

Der theoretische Kern des Vorworts ist in den Abschnitten zu sehen, die die Aporien jeglicher literarischer Umsetzung von Realitätserfahrung vor Augen führen. Zuvor ist jedoch ein Blick auf die einleitenden Ausführungen erforderlich. Maupassants erste Fragen im Hinblick auf die Gattung des Romans sind Fragen eines geschichtlich denkenden Skeptikers – übrigens erstaunlich genug für einen keinesfalls akademischen Geist. Eine auch nur einigermaßen normative Bestimmung des Romans hält er für unmöglich. Er nennt einige Titel (etwa *Manon Lescaut, Don Quijote, Die Leiden des jungen Werther, Die Wahlverwandtschaften, Die drei Musketiere, Rot und Schwarz, Madame Bovary, Candide, Adolphe*) und fragt sich, ob ein Kritiker den Mut haben könne, mit einer Definition aufzuwarten. Wenn der *Graf von Monte Christo* ein Roman ist, kann das dann auch von Zolas extremen Werken behauptet werden? Kann man Goethes *Wahlverwandtschaften* mit den *Drei Musketieren* in einer Schublade unterbringen?

Zu bedenken ist ferner, meint Maupassant, daß der Roman ganz unterschiedliche Erwartungen der Leserschaft befriedigen muß. Es gibt ein Publikum, das von der Lektüre Tröstung erwartet, ein anderes will unterhalten werden, ein drittes fordert Belehrung, ein viertes Träume oder Tränen oder etwas Lustiges. Allen diesen Forderungen hält Maupassant entgegen, daß es wenigstens möglich sein müßte, die künstlerischen Ziele des Romans in der Gegenwart zu umreißen.

Diese Ziele sind mehr denn je von der Absicht bestimmt, dem Roman das altertümlich Romanhafte zu nehmen. Es kommt nicht mehr darauf an, „ein Abenteuer auszutüfteln und ihm einen solchen Ablauf zu geben, daß es bis zum Ende fesselnd bleibt".[12] Man kennt solche Romane, sagt Maupassant: das Schema besteht aus einer Reihe von Verwicklungen, die geschickt gelöst werden müssen. „Die Geschehnisse werden Schritt um Schritt zum Höhepunkt und Endeffekt hin ausgerichtet, der ein gewaltiges und entscheidendes Ereignis ist, das jede zu Beginn erweckte Neugier befriedigt, der Phantasie einen Riegel vorschiebt . . ."[13] Der moderne Romancier dagegen verzichtet darauf, solche Mittel zu gebrauchen. Er bemüht sich um ein Bild des Lebens, und dazu braucht er weder Abenteuer noch Unterhaltung oder Rührung. Er begnügt sich mit ganz alltäglichen Dingen, doch er zwingt den Leser dazu, sich Gedanken zu machen und den verborgenen Sinn der Ereignisse zu begreifen.

Soweit die Thesen des Verfassers im ersten Teil seines Aufsatzes. Man erkennt im übrigen in diesen Ansichten die Übereinstimmung mit den programmatischen Forderungen Zolas, etwa aus dem Essay über Flaubert. Auch in Zolas theoretischen Schriften geht es um eine radikale literarische Eroberung des Alltags, um quasi wissenschaftliche Erkenntnis, um die Verabschiedung des penetrant Romanhaften. Mag sein, daß hier ein deutscher Beitrag zur Poetik des Romans nachklingt: nämlich Schopenhauers Gedanken (aus den *Parerga und Paralipomena*), wonach es nicht darauf ankomme, von großen Dingen zu erzählen, sondern die kleinen, unscheinbaren interessant zu machen.[14]

Nun, so weit, so gut. Maupassant ist jedoch nicht so naiv, das eigentliche Problem einer sogenannten wahrheitsgetreuen Darstellung des Lebens zu übersehen. Mit der Forderung nach Gewöhnlichkeit, Alltäglichkeit, Objektivität beginnen erst die Schwierigkeiten der Theorie und der Praxis, das weiß er. Und so ist der zweite Teil seiner Schrift nicht mehr ein naturalistisches Programm, sondern ein Vorstoß zu einer allgemeinen Theorie fiktionaler Gattungen, vor allem im Hinblick auf die Kalamitäten jeder Umsetzung von Realitätserfahrung in Literatur. Daß Maupassant dabei auch die naturalistische Position nicht schont, zeugt von bemerkenswerter Konsequenz.

Die Besinnung beginnt mit der Feststellung, daß man es in der Wirklichkeit in der Regel mit ungegliederten Vorgängen zu tun hat, mit einer Fülle unzusammenhängender, zufälliger und widersprüchlicher Dinge, die kein überzeugendes Sinnmuster erkennen lassen. In dieser unübersichtlichen Menge von Vorgängen sei das meiste ohne jegliches Interesse, so daß ein Realist, der mit allen Konsequenzen das „Leben" schildern wollte, seine Bücher mit unsäglichen Banalitäten vollstopfen müßte. Aus dieser Sicht ist für Maupassant der wahrhaftig entscheidende Unterschied zwischen Literatur und Realität erkennbar: Literatur ist ohne Sinnmuster nicht vorstellbar, wohingegen die Realität, die eigentliche Lebenspraxis, ein Bereich des Zufälligen ist, in dem es völlig unangemessen wäre, eine logische Ordnung zu suchen. Damit also, mit einer Theorie des Zufalls und der Diffusion, fällt für Maupassant der Anspruch auf eine genaue Verwirklichung des Abbildungspostulats in der Literatur. Kontingenz, wirkliche Kontingenz, und literarische Praxis klaffen in wesentlichen Punkten auseinander.

Das Beispiel, das der Autor wählt, enthält das erwartete Stichwort „Dachziegel". Die Anschaulichkeit wie auch die theoretische Bedeutung des Exempels sind in der Tat dazu angetan, in den Mittelpunkt jeder Überlegung zu diesem Thema zu gelangen. Es ist ohnehin ein Wunder, daß Maupassants „Dachziegel" nicht zum eisernen Bestand literaturtheoretischer Argumentation gehört.

„Die Zahl der Menschen, die in der Welt täglich durch Unfälle sterben, ist beträchtlich. Können wir aber einer Hauptgestalt einen Dachziegel auf den Kopf fallen lassen oder sie, mitten in einer Erzählung, unter die Räder eines Wagens stoßen, nur um dem Unfall den ihm gebührenden Platz einzuräumen?"[15]

Die Frage, ob ein Schriftsteller bereit wäre, eine wichtige Romanfigur vor der Zeit sterben zu lassen, nur um die Macht des Zufalls zu demonstrieren, ist für Maupassant eine rhetorische; sie braucht nicht einmal beantwortet zu werden. Man möge bedenken – so könnten die Ausführungen des Autors ergänzt werden –, daß eine solche Demonstration einen logischen Widersinn voraussetzen würde. Den nötigen Nachdruck bekäme der Unfall mit letalem Ausgang inmitten der Erzählung nämlich nur dann, wenn es sich um eine Hauptgestalt handelte. Allein wie soll die konventionelle Vorstellung von „Hauptgestalt" überhaupt zustande kommen, wenn die Gestalt möglichst früh dem Zufallsprinzip geopfert werden muß? Dem Leser könnte auf diese Weise keineswegs deutlich gemacht werden, daß hier eine Königin geopfert wird und nicht bloß ein Bauer. Da diese Gewißheit nicht geschaffen werden kann, vermag umgekehrt auch der Zufall nicht plausibel gemacht zu werden.

Mit dem Hinweis auf den Teufelskreis, der hier vorliegt, gehört Maupassant zweifellos zu den Begründern einer Logik der Literatur, wenn man darunter eine illusionslose Betrachtung kunsttechnischer Zwänge versteht. Freilich beweisen diese Erwägungen erneut, daß eine überhistorische Logik kaum vorstellbar ist. Wir kehren damit auch zu Schnitzlers Fragestellungen zurück. Wie wäre es, so müßte man im Hinblick auf die Thesen des französischen Autors zu bedenken geben, wenn es um eine Romanform ginge, in der es eben keine Hauptgestalten im überlieferten Sinne mehr gäbe, sondern nur zahllose, jederzeit einführbare und auch abberufbare Figuren? In einem solchen Erzähltext könnte zumindest durch den Aufbau der Anschein von Kontingenz erweckt werden. Wo es eine Vielzahl von parallelen Handlungssegmenten gibt, die gleichsam ein wahlloses Kommen und Gehen der Figuren veranschaulichen, dort ist zumindest Maupassants Argument des logischen Widerspruchs nicht mehr aktuell. Daß es in der Geschichte des Romans (und zwar lediglich im 20. Jahrhundert) nur wenige, dazu selten konsequente Versuche dieser Art gibt, ist ein Faktum. Mit der Frage nach den Ursachen schlägt man allerdings ein neues Kapitel auf.

In die Betrachtung der Zufallsproblematik sollte man indes auch Fragen einbeziehen, die sich im Rahmen der von Maupassant und Schnitzler angestellten Erwägungen zumindest mittelbar stellen. Maupassants Rede von der Willkür des Zufalls und dem Chaos der Realität sollte nicht dazu verführen, einen ebenso wichtigen Aspekt der Erfahrung aus dem Auge zu verlieren. Den Umstand nämlich, daß die Kontingenz nur auf dem Hintergrund von Regelsystemen in Erscheinung tritt. Das, was man gemeinhin Wirklichkeit nennt, ist eine gesellschaftliche beziehungsweise mentale „Konstruktion“[16], zu deren Aufgaben es gehört, sinnvolle Strukturen zu entwerfen, d. h. durch Auswahl und Schematisierung von Erwartungen die Realität überschaubar zu machen und damit die Orientierung in ihr zu ermöglichen. Selektive, schematisierende Orientierung bedeutet dabei optimale Abschirmung von der Kontingenz.

Bedenkt man diese Gesichtspunkte, so wäre Literatur etwa als eine Tätigkeit zu begreifen, in der die selektive Planung, im Gegensatz zum Zufall, infolge der fiktionalen Natur des Textes am reinsten zum Ausdruck gelangt. Zugleich aber ist es – zumindest in den letzten Jahrhunderten – der Ehrgeiz der Literatur, Komplexität darzustellen, das Gegenteil von Schematisierung. Von dem Widerspruch, daß beides notwendig ist: die einschränkende, ordnende Planung wie auch der Hang nach Unbestimmbarkeit durch Mehrdeutigkeit der Sprache im Text, davon lebt die Literatur als Kunst. Man sollte ihr diese Aporie nicht nehmen.

Anmerkungen

1 Hamburgische Dramaturgie, hrsg. von J. Petersen, Berlin o. J., S. 115.
2 DNL, hrsg. von J. Kürschner: Schillers Werke III, S. 223.
3 Ebenda, XII/2, S. 287.
4 Vgl. dazu K.-D. Müller: Der Zufall im Roman. Anmerkungen zur erzähltechnischen Bedeutung der Kontingenz. In: GRM, 1978, Heft 3. Aus romanistischer Sicht beleuchtet die literarische Geschichte des Zufalls E. Köhler: Der literarische Zufall, das Mögliche und die Notwendigkeit, München 1973.
5 W. Bölsche: Die naturwissenschaftlichen Grundlagen der Poesie, hrsg. von J. H. Braakenburg, Tübingen 1976, S. 59.
6 Ebenda.
7 M. L. Perlmann: Arthur Schnitzler (Sammlung Metzler, Bd. 239), Stuttgart 1987.
8 A. Schnitzler: Buch der Sprüche und Bedenken, Wien 1927, S. 178.
9 Ebenda, S. 179.
10 Ebenda.
11 Ebenda, S. 181.
12 Französische Poetiken II, hrsg. von F.-R. Hausmann, E. Gräfin Mandelsloh und H. Staub, Stuttgart 1978, S. 305.
13 Ebenda, S. 304 f.
14 A. Schopenhauer: Werke in zehn Bänden (Zürcher Ausgabe), Zürich 1977, X, S. 484.
15 Französische Poetiken, S. 307.
16 Vgl. dazu P. L. Berger und T. Luckmann: Die gesellschaftliche Konstruktion der Wirklichkeit. Eine Theorie der Wissenssoziologie, Frankfurt am Main 1980.

Kunst und Ideologie in der Gattungspoetik der Jahrhundertwende

In einem der Berichte über Literatur und Theater, die Thomas Mann in den zwanziger Jahren für die in New York erscheinende Zeitschrift „The Dial“ schrieb, findet sich eine Stelle, deren volle Bedeutung den amerikanischen Lesern damals ganz gewiß verschlossen blieb und die offensichtlich mehr ins eigene Land als ins Ausland gesprochen war (wenn auch der Text nur in Englisch publiziert wurde). Der sechste dieser *German Letters,* veröffentlicht im Oktober 1925, ein Jahr nach dem Erscheinen des *Zauberbergs,* geht nämlich in Verbindung mit der Beurteilung des Schaffens von Heinrich Mann auf das Problem des Romans in Deutschland im allgemeinen ein. „Die gesellschaftlichen, moralischen, allgemein geistigen Erschütterungen, denen wir ausgesetzt waren, haben bewirkt, daß heute bei uns ein Romandichter im öffentlichen Interesse eine Stellung einnehmen kann, wie sie bis vor kurzem nur dem Dramatiker vorbehalten war. Als ich vor dem Kriege, im ‚Tod in Venedig‘, solche nationale Größe eines Prosaisten antizipierend beschrieb, bedeutete man mir, das sei unglaubwürdig; nie könne der Romanschreiber, ‚der Halbbruder des Dichters‘, wie Schiller sagt, in Deutschland eines solchen Ehrenstandes teilhaftig werden, wie dieser Gustav von Aschenbach.“[1] Seither, bekräftigt der Autor, gäbe es Jahr für Jahr Beweise dafür, daß der Roman dominiere. Allerdings beziehen sich die von ihm angeführten Argumente und Beispiele ausnahmslos auf die literarische *Praxis* der Zeit, nicht auf theoretische Überlegungen.

In theoretischer Sicht blieben die im Briefbericht berührten Fragen für Thomas Mann offenbar weiterhin ungelöst, eben: ein Problem. Die politische Geschichte brachte es mit sich, daß der Autor fünfzehn Jahre später abermals Gelegenheit hatte, ein Publikum in den Vereinigten Staaten anzusprechen, wobei das nicht zur Ruhe kommende Motiv der Romanpoetik in anderem Zusammenhang erneut eine Rolle spielte. Im April 1940 hielt er – damals schon im amerikanischen Exil – an der Universität Princeton einen Vortrag zum Thema Die *Kunst des Romans.* Die Ausführungen stellen einen Abriß der Entwicklung dar, die der Roman von den ungelenken Prosafassungen mittelalterlicher Versepen bis zur psychologisierenden Kunstform des ausgehenden 19. Jahrhunderts durchmachte. Eine Verinnerlichung der Erzählkunst nennt Thomas Mann diesen Prozeß. Der Anteil französischer, englischer und russischer Autoren wird hervorgehoben, von den deutschen werden Goethe, Keller und Fontane genannt. Den deutschen Beitrag zur Geschichte des Romans schätzt der Vortragsredner als vergleichsweise bescheiden ein, ja er gelangt zu folgender Schlußfolgerung: „Man sagt nicht zuviel, wenn man den Roman europäischer Prägung für eigentlich landfremd in Deutschland erklärt . . .“[1a]

Für heutige Ohren klingt diese Behauptung höchst befremdlich. Weniger überrascht ist allerdings der Leser, der sich in der Essayistik Thomas Manns schon auskennt. Wie so oft, paraphrasiert der Autor hier bereits formulierte eigene Gedanken. Es handelt sich geradezu um einen Topos der essayistischen Schriften. Verfolgt man den vom Autor beschrittenen Weg zurück, so bietet sich vor allem die große kulturkritische Abhandlung aus der Zeit des Ersten Weltkrieges zur Einsicht an, die *Betrachtungen eines Unpolitischen* von 1918, skeptisch-konservative Überlegungen zu literarischen, historischen und tagespolitischen Fragen. Eines der zentralen Kapitel heißt *Einkehr*. Gleich nach wenigen einleitenden Sätzen gelangt Thomas Mann zu seinem – und diesmal auch unserem – Thema. „Die Sache fängt damit an, daß mein Recht auf ‚Patriotismus‘ mit gutem Fug bezweifelt werden könnte, denn ich bin kein sehr richtiger Deutscher [. . .] Ein deutscher Dichter zu sein, wie etwa Gerhart Hauptmann, wie noch Herbert Eulenberg es ist, habe ich mir nie einzureden versucht – wobei ich mich beeile, hinzuzufügen, daß hier keinen Augenblick vom Range, sondern ausschließlich vom Wesen die Rede ist. Diejenige Begabung, die sich aus synthetisch-plastischen und analytisch-kritischen Eigenschaften zusammensetzt und die Kunstform des Romans als die ihr gemäße ergreift, ist überhaupt nicht eigentlich deutsch, der Roman selbst keine recht deutsche Gattung; vorderhand ist es nicht vorstellbar, daß hierzulande – im ‚unliterarischen Lande‘ – ein Schriftsteller, ein Prosaist und Romanschreiber im Bewußtsein der Nation zu repräsentativer Stellung aufsteige, wie der Poet, der reine Synthetiker, der Lyriker oder Dramatiker es vermag. Ich sage: vorderhand, denn der Zivilisationsliterat will, daß es anders werde, und er weiß, warum.“[2]

Ein Knäuel von Anspielungen, die einen stutzig machen, und damit ein Knäuel von Fragen für uns. Das einst Selbstverständliche erscheint fremd, erklärungsbedürftig, Synchronie und Diachronie klaffen auseinander, die Unterschiedlichkeit dieser Kategorien wird erkennbar. Die Begriffe, die Thomas Mann gebraucht, greifen nun ihrerseits nicht mehr, sie erscheinen abstrakt, das Ganze gleicht einem Schattengefecht. Warum – so fragt man sich wohl – behauptet der Autor so hartnäckig, der Roman sei in Deutschland nicht zu Hause? Wo doch die Produktion an Texten dieser Art eine solche Behauptung schon seit gut zweihundert Jahren widerlegt. Schließlich ist von einem Land die Rede, in dem der *Werther* und der *Wilhelm Meister* entstanden sind, Jean Paul und E. T. A. Hoffmann gelebt haben und in dem, ebenfalls seit zwei Jahrhunderten, Romane auch als Konfektion für den Lesealltag hergestellt werden, in allen Spielarten mehr oder minder trivialer Konformliteratur. Sozialgeschichtlich gesehen, oder genauer: produktionstechnisch und rezeptionsästhetisch, ist der Roman in Deutschland nicht mehr und nicht minder heimisch als in England, Frankreich oder Rußland. Denkt man etwa an die Beliebtheit des deutschen historischen Romans (vor allem der sogenannten Professorenromane) beim Lesepublikum oder an die im Salon wie auf der Hintertreppe gleichermaßen geschätzten Erzeugnisse von Schriftstellerinnen vom Schlage der Marlitt (in der zweiten Hälfte des 19. Jahrhunderts, aber auch noch in den ersten Jahrzehnten des 20.), so ist man erst recht geneigt, die Thesen des Autors nicht recht ernst zu nehmen.[3] Deutschland als das „unliterarische Land"? Ist das nicht ein ebenso eilfertiges Klischee wie das Diktum vom Land der Dichter und Denker? Ohne Kenntnis der Zusammenhänge ist man kaum bereit, mehr darin zu sehen als das übliche Literatengejammer, man lebe in einer literaturfremden Nation, Klagen, die hin und wieder aus allen Ländern zu vernehmen sind – auch aus Frankreich, das ja allgemein als *das* Land der Literatur gilt. Man lese daraufhin nur die Briefe Flauberts.

Gewichtiger ist dann schon die Bemerkung Thomas Manns, er könne nicht damit rechnen, unter den Deutschen als echter Dichter eingestuft zu werden – womit auf einen Gegensatz zwischen „Dichter" und „Schriftsteller" angespielt wird, wie er in Frankreich oder England in der Tat nicht so geläufig ist. Fremd mußte damals den ausländischen Lesern des Autors ferner das Theorem sein, im Bereich der literarischen Gattungen gäbe es eine nahezu offizielle Hierarchie, innerhalb derer dem Prosaschriftsteller stets ein niedrigerer Rang zukommt als dem Lyriker oder erst recht dem Dramatiker.

Im Hinblick auf die offenkundigen Besonderheiten deutscher Traditionen in den angeführten Äußerungen besteht durchaus ein Anlaß, den hier berührten Fragen nachzugehen. Doch zunächst ist auf ein weiteres gedankliches Motiv hinzuweisen, das in den *Betrachtungen eines Unpolitischen* eine nicht geringe Rolle spielt. Zum Selbstverständnis Thomas Manns gehört nämlich auch die Behauptung, er sei als deutscher Künstler mehr Musiker als Literat, wobei der Begriff „Musiker" eine Geisteshaltung ausdrückt. Nicht die Literatur sei typisch deutsch, sondern die Musik. Im Kapitel *Politik* heißt es etwas pathetisch: „Seit Luthers religiös-musikalischem Wirken aber ist die Musik [. . .] nicht nur tönender Ausdruck protestantischer Ethik, sondern, mit ihrem gewaltig-vieltönigen Ineinander von Eigenwille und Ordnung, Abbild und künstlerisch-spirituelle Spiegelung des deutschen Lebens selbst gewesen."[4] Die Musik als deutsche Kunst also, im Gegensatz zur Literatur – wir müssen uns auch dieses Stichwort merken.

Weiteren Aufschluß gibt ein anderer Text Thomas Manns, eine seiner frühen essayistischen Arbeiten, der *Versuch über das Theater* von 1908. Mit dieser Abhandlung nähern wir uns auch zeitlich unserem eigentlichen Betrachtungsfeld. Sie ist in doppelter Hinsicht bemerkenswert: als repräsentative Äußerung über das Ansehen des Romans um die Jahrhundertwende, zugleich als Versuch, die Problematik zweier Gattungen – eben des Romans und des Dramas – miteinander zu koppeln.[5] Liest man den *Versuch*, so wird einem klar, gegen wen sich die mehr oder minder versteckte Polemik der späteren Schriften wendet. Dieser Text sagt es unverblümt: die deutsche Tradition in der Gattungspoetik beruht auf einer völlig einseitigen, ungerechten Bevorzugung des Dramas, insbesondere der Tragödie. Zu Recht erblickt Thomas Mann den eigentlichen Verfechter und Bewahrer dieser Auffassung in der akademischen Poetik. Diese gerinnt im Essay zur paradigmatischen Figur des „Oberlehrers", der mit gehobenem Finger über der Ordnung der Gattungen wacht.

Die Argumente des „Oberlehrers" geben sich in der Interpretation Thomas Manns als logisch-strukturale und als historisch-politische zu erkennen. Ein Großteil seines Textes gilt dem Versuch, die dichtungslogischen Argumente zu entkräften, etwa durch die Ansicht, „das Drama" sei ein Begriff, der sehr Unterschiedliches benenne: im Gegensatz zur Erzählung, der älteren, primären Gattung, sei das Drama etwas Abgeleitetes, historisch höchst Wandelbares. Schon eine elementare Definition lasse die Grenzen erkennen. Ist das antike Drama gemeint oder das neuzeitliche? Der Unterschied mache viel aus. Aber auch innerhalb des neuzeitlichen Korpus sei der französische (oder auch der Weimarer) Klassizismus etwas anderes als das realistische Handlungsdrama. Der heutige Begriff des Dramatischen, meint Thomas Mann, kann aus der antiken Überlieferung nicht abgeleitet werden, denn er wird nicht von kultischer Statik, sondern von den Erfordernissen des Abenteuers beherrscht, der Spannung. „Was heute als dramatisch gilt, ist das Abenteuer, ist die ‚packende Handlung', ist, mit einem Worte, der romaneske Einschlag im Drama, und die beliebtesten Schauspiele sind in Wahrheit nur szenisch komprimierte Romane."[6]

Die Frage, wer recht hat (wenn eine solche Fragestellung überhaupt sinnvoll ist), braucht uns hier nicht zu beschäftigen. Thomas Manns Essay interessiert, zumal heute, ohnehin nicht als theoretische Abhandlung. Dazu sind die darin angeführten Überzeugungen für unser heutiges Verständnis viel zu subjektiv. Interessant ist der Text als poetologische Polemik, die der Formel folgt: gegen den Primat des Dramas, für die Gleichberechtigung des Romans. Entscheidend ist für unsere Zwecke die Feststellung, daß eine solche Polemik um die Jahrhundertwende offenbar noch erforderlich war und in den Ohren der Zeitgenossen nicht ganz obsolet klang. Schließlich schreibt der Autor der *Buddenbrooks*, nachdem er die Behauptung konservativer Poetik zurückweist, das Drama sei dem Roman infolge der strafferen Komposition ästhetisch überlegen und es sei zudem als Synthese von Epik und Lyrik der Gipfel der Dichtkunst: „Nein, nein, das alles ist das Begriffsgerät einer Ästhetik, die sich heute noch sperrt, dem Roman überhaupt das Heimatrecht im poetischen Reich zuzuerkennen.“[7] Trotz Goethe, Jacobsen, Flaubert und Turgenjew, wie er hinzufügt.

Bevor wir nun weiter ausholen, um in der Vergangenheit dem Ursprung dieser konservativen Anschauung nachzugehen, werfen wir einen Blick auf die Nachbarschaft Thomas Manns, auf ein Werk seines Bruders Heinrich. Es handelt sich diesmal um einen fiktionalen Text: den Roman *Der Untertan*, 1914 abgeschlossen, doch – in Buchform – aus politischen Gründen erst vier Jahre später veröffentlicht. Ein Abschnitt darin bestätigt auf eigentümliche Weise die Gedanken aus dem Essay des Bruders.

Gegen Ende des fünften Kapitels findet sich eine für unser Thema höchst aufschlußreiche Stelle. Geschildert wird ein Theaterbesuch des wilhelminischen Untertans Diederich Heßling, der als Industrieller in einer Kleinstadt lebt. Er ist stramm kaisertreu, nationalkonservativ, Gegner der Sozialdemokratie. Als Abgeordneter in der Stadtversammlung bricht er sogar in einer Kanalisationsdebatte in Hochrufe auf den Kaiser aus. Auch der Theaterbesuch ist für Heßling eine ideologische Angelegenheit: Wagners *Lohengrin* legt er sich wilhelminisch aus.

„Diederich hielt sich [. . .] an den König unter der Eiche, der sichtlich die prominenteste Persönlichkeit war. Sein Auftreten wirkte nicht besonders schneidig; [. . .] aber was er äußerte, war vom nationalen Standpunkt aus zu begrüßen. ‚Des Reiches Ehr' zu wahren, ob Ost, ob West.‘ Bravo! So oft er das Wort deutsch sang, reckte er die Hand hinauf, und die Musik bekräftigte es ihrerseits. Auch sonst unterstrich sie einem markig, was man hören sollte. Markig, das war das Wort. Diederich wünschte sich, er hätte zu seiner Rede in der Kanalisationsdebatte eine solche Musik gehabt. [. . .] Überhaupt ward Diederich gewahr, daß man sich in dieser Oper sogleich wie zu Hause fühlte. Schilder und Schwerter, viel rasselndes Blech, kaisertreue Gesinnung, Ha und Heil und hochgehaltene Banner, und die deutsche Eiche: man hätte mitspielen mögen.

‚Das ist die Kunst, die wir brauchen!‘ rief Diederich aus. ‚Das ist deutsche Kunst!‘ Denn hier erschienen ihm, in Text und Musik, alle nationalen Forderungen erfüllt. [. . .] Tausend Aufführungen einer solchen Oper, und es gab niemand mehr, der nicht national war! Diederich sprach es aus: ‚Das Theater ist auch eine meiner Waffen.‘ [. . .] Er schlug ein Zustimmungstelegramm an Wagner vor. Guste mußte ihn aufklären, es sei nicht mehr zu machen. Einmal auf so hohem Gedankenflug begriffen, äußerte sich Diederich über die Kunst im allgemeinen. Unter den Künsten gab es eine Rangordnung. ‚Die höchste ist die Musik, daher ist es die deutsche Kunst. Dann kommt das Drama.‘ – ‚Warum?‘ fragte Guste. – ‚Weil man es manchmal in Musik setzen kann, und weil man es nicht zu lesen braucht, und überhaupt.‘ – ‚Und was kommt dann?‘ – ‚Die Porträtmalerei natürlich, wegen der Kaiserbilder. Das übrige ist nicht so wichtig.‘ – ‚Und der Roman?‘ – ‚Der ist keine Kunst. Wenigstens Gott sei Dank keine deutsche, das sagt schon der Name.‘“[8]

Die erwartungsgemäß markige Antwort auf die poetologische Gretchenfrage ist mehr als bezeichnend. Es wird sich erweisen, daß dieses Urteil mehr ist als eine bloße wilhelminische Banauserie. Zunächst: Einiges aus dem gedanklichen Repertoire des Untertans kennen wir bereits aus den Äußerungen Thomas Manns. Die Ähnlichkeit ist frappant, man braucht lediglich einige Wertsetzungen umzupolen. Hier wie dort wird die Musik als die eigentlich deutsche Kunst bezeichnet. Im Bereich sprachlicher Kunst geht Heßling selbstverständlich mit der offiziellen Poetik konform, mit dem „Oberlehrer“ also, d. h. mit der Gegenposition bei Thomas Mann. Das Drama als Gipfel. Man beachte die tölpelhaft klingenden und dennoch sehr beziehungsreichen Gründe des Untertans. Das Drama gewinnt seinen Rang durch die Verbindung mit der Musik, Wagners Musikdramen werden assoziiert. Die zweite Begründung, „weil man es nicht zu lesen braucht“, ist rezeptionstheoretischer Natur und enthält eine Spitze gegen den Roman: das Drama enthebt einen der Anstrengung umfangreicher Lektüre, ohne daß man auf das Ansehen hoher Kunst verzichten müßte. Das Vorurteil gegenüber dem Roman entpuppt sich als die Ideologie des Lesefaulen. Im Zusatz

„und überhaupt“ faßt Heßling offenbar alles zusammen, was er nicht zu artikulieren vermag: das irgendwie Selbstverständliche, die Konvention, die Regel, die man vom Hörensagen kennt, wohl auch die Erinnerungen an die Schule, wo vermutlich die Meinung des „Oberlehrers“ eingepaukt wurde.

Kein Wunder, daß in dieser Sicht der Roman keine Chancen hat. Die hier gebotene Rangliste der Kunstarten ist ein zeitgemäßes System „Von deutscher Art und Kunst“. Man denkt nämlich unwillkürlich an den Titel von Herders berühmtem Sammelband aus dem Jahr 1773. Allerdings reicht der Vergleich kaum über den Titel hinaus; denn Herder oder Goethe kam es nicht in den Sinn, den Roman in toto etwa als „welsche“ Kunst abzutun. Der Ursprung der Ansichten, die der kaisertreue Gesinnungsästhetiker vertritt, ist anderswo zu suchen: diese Ansichten sind jüngeren Datums, obwohl darin als stützendes Element freilich auch viel ältere Poetologeme enthalten sind.

Gewiß, der Roman hatte im 18. Jahrhundert keinen leichten Stand, zumindest was sein Ansehen betrifft. Als nachteilig wirkte sich lange die Autorität der antiken bzw. der klassizistischen Poetik aus, die den Roman nicht sanktioniert hatte. Zugleich war ein Großteil der Romanproduktion nicht gerade dazu angetan, der Gattung einen guten Ruf zu verleihen. Nachzulesen ist darüber bei einem Zeitgenossen Herders und Wielands, bei dem Romanschriftsteller Johann Karl Wezel. In der Vorrede zu seinem „komischen Roman“ *Herrmann und Ulrike* von 1780 heißt es, der Roman sei eine Dichtungsart, die am meisten verachtet und am meisten gelesen werde. Ein Teil dieser ungerechten Einschätzung sei aus dem Vorurteil entstanden, daß Werke, die bei den Griechen und Römern nicht als mustergültig angesehen wurden, nicht zu den edleren Gattungen gezählt werden könnten. Zum Teil gehe aber der schlechte Ruf auch auf die „häufigen Mißgeburten“ zurück, „die in dieser Gattung erschienen und lange den Ton darinne angaben . . .“[9]

So ist es kein Wunder, daß Schiller (sicherlich nicht zufällig gerade in seiner klassizistischen Periode) den „Romanschreiber“ einen „Halbbruder“ des Dichters nennt. Diese so folgenreiche und oft zitierte Formulierung findet sich in der Abhandlung *Über naive und sentimentalische Dichtung* von 1796/97, wo übrigens nicht vom Roman im allgemeinen, sondern von ganz konkreten Werken die Rede ist.[10] Schillers Zweifel gegenüber diesen Werken (Millers *Siegwart* zum Beispiel) kann man gut verstehen. Generalisierend äußert er seinen Vorbehalt in einem Brief an Goethe, aus Anlaß einer erneuten *Wilhelm-Meister*-Lektüre. Was er an diesem Roman, wie am Roman überhaupt, auszusetzen hat, betrifft die „äußere Form", die ganz „im Gebiete des Verstandes" liege und daher nicht poetisch sei.[11] Heute würden wir sagen: die spezifisch ästhetischen Qualitäten treten zugunsten pragmatischer kommunikativer Kriterien zurück oder: die Signale ästhetischer Autonomie sind weniger ausgeprägt. Jedenfalls ist der Roman für Schiller eine zwiespältige Gattung, seine Skepsis gründet sich jedoch auf rein ästhetische Maßstäbe; nationale oder gar politische Konnotationen sind nirgendwo erkennbar. In seinen Bedenken gegen den „prosaischen" Charakter des Goetheschen Romans berührt sich Schiller in gewisser Hinsicht mit der Kritik aus dem Lager der Romantiker. Für Novalis ist der *Wilhelm Meister* Ausdruck einer nüchternen bürgerlichen Verstandeskultur, ein unromantisches, unpoetisches Produkt, was jedoch nicht bedeutet, daß der Roman im allgemeinen als unpoetisch zu gelten habe. Im Gegenteil, gerade die Romantiker erblickten in den Freiheiten des Romans ungeahnte Möglichkeiten einer neuen Poesie in Prosa. Doch diese Auffassung setzte sich nur in beschränktem Maße durch, allgemeine oder gar offizielle Geltung erlangte sie im 19. Jahrhundert nicht.

Da zu unserem Thema das Nebeneinander oder auch Gegeneinander von Roman und Drama gehört, wenden wir uns vorübergehend der Dramentheorie zu. Das Drama hatte im Vergleich zum Roman stets ein leichtes Spiel. Die theoretisch verbriefte Würde begleitete das Drama, und namentlich die Tragödie, seit ältesten Zeiten. Die Autorität der Aristotelischen Poetik blieb bis ins 18. Jahrhundert unangefochten, das Drama und das Epos brauchten um ihre Stellung nicht zu bangen. Allein es wäre verfehlt, die besondere Wertschätzung der dramatischen Literatur in Deutschland lediglich auf eine ungebrochene *poetologische* Tradition zurückzuführen. Schließlich war ja gerade Deutschland im späteren 18. Jahrhundert Schauplatz der heftigsten Angriffe auf den Klassizismus und um 1800 dann das Land der frühesten romantischen Bewegung in Europa.

Entscheidend war indes der Umstand, daß Drama und Theater in Deutschland eine andere gesellschaftliche Bedeutung gewannen als in den meisten europäischen Ländern. Spätestens seit Lessing ist das Theater für das gebildete Bürgertum ein Symbol des kulturellen Bewußtseins – ein Ort der Sammlung im Sinne nationaler Identität, zugleich eine „moralische Anstalt" (wie es im abgeänderten Titel eines wegweisenden dramentheoretischen Vortrags von Schiller heißt, *Die Schaubühne als eine moralische Anstalt betrachtet,* 1784, unter diesem Titel 1802). Die deutsche literarische Kultur des 18. und zum Teil noch des 19. Jahrhunderts steht in ausgedehntem Maße im Zeichen dieser

„theatralischen Sendung“ des Bürgertums. (Auch hier bietet sich die Anspielung auf einen Werktitel an, auf die erste Fassung des *Wilhelm Meister*.) Infolge besonderer historischer Bedingungen gewinnt in Deutschland die klassizistische Idolatrie des Dramas gesellschaftlich-politische Legitimität. Lessings *Hamburgische Dramaturgie* gehört zu den wichtigsten Zeugnissen dieses Vorgangs.

Ich möchte hier auf eine Arbeit hinweisen, die auch in methodischer Hinsicht anregend ist: Eckehard Catholys Aufsatz *Die geschichtlichen Voraussetzungen des Illusionstheaters in Deutschland.*[12] Methodisch interessant und im Ergebnis überzeugend ist der Versuch, literarische oder dramaturgische Spezifika – die letztlich entscheidenden Kategorien in der Betrachtung von Literatur – als gesellschaftlich vermittelte Erscheinungen aufzuzeigen. Ein Beispiel für Formsoziologie also.

Im Gegensatz zur französischen Bühnenkunst, so führt Catholy aus, löst sich das Theater in Deutschland im 18. Jahrhundert viel radikaler von den Konventionen höfischer Kultur: die Bühne hört auf, ein Ort feudaler Repräsentanz oder bloß unterhaltsamer Impromptus zu sein. Die gesellschaftliche Zeremonie tritt zurück zugunsten der sozialen Verbindlichkeit der dramatischen Handlung – das Gewicht verlagert sich vom Ritual der Vorstellung auf die ästhetische Realität des Bühnengeschehens. Die Auseinandersetzung mit der Lebenswirklichkeit, die von Lessing und den Vertretern des Sturm und Drang gefordert wird, verlangt aber die Beseitigung der illusionshemmenden oder illusionszerstörenden Elemente im Bühnenspiel. Mit anderen Worten: zur Bühne der Realität gehört die Realität der Bühne. Illusionsförderung und Identifikation der Zuschauer mit dem Geschehen, Einfühlung also, sind Symptome ein und derselben Bestrebung: das Theater als symbolischen Raum sozialer Handlungen zu begreifen. Der Ernst der Sache durfte dabei nicht relativiert werden. So ist auch eine Bemerkung Goethes im 3. Buch von *Dichtung und Wahrheit* zu verstehen. Die illusionswidrigen Einrichtungen bei einem Gastspiel französischer Schauspieler in Frankfurt empfand schon der halbwüchsige Goethe als höchst störend – „da mir als einem guten deutschen Knaben das Kunstwidrige daran ganz unerträglich war“. Der Memoirenverfasser fügt auch gleich die Begründung hinzu: „Das Theater nämlich ward als das größte Heiligtum betrachtet, und eine vorfallende Störung auf demselben hätte als das größte Verbrechen gegen die Majestät des Publikums sogleich müssen gerügt werden.“[13]

In einem Land, betont Catholy, das dem Bürgertum keinen politischen Spielraum gewährte, gewann das Spiel innerhalb der ästhetischen Fiktion besonderes Gewicht. „Zahllose Zeugnisse einer wahren Theaterbesessenheit der deutschen Bürgerschicht in der zweiten Hälfte des 18. Jahrhunderts sprechen hier eine deutliche Sprache. Eines davon ist Goethes ‚Wilhelm Meister', ein anderes, in dem die tragischen Konsequenzen einer solchen gesellschaftlich bedingten Theatromanie dargestellt werden, der ‚Anton Reiser' von Karl Philipp Moritz."[14] So weit, für unsere Zwecke, Catholy.

Die deutsche Theatergeschichte des 19. Jahrhunderts bestätigt die dargelegten Tendenzen. Immer wieder bilden Bühneninstitutionen oder dramaturgische Reformen Angelegenheiten von öffentlichem Interesse, in denen Ästhetisches und Soziales unentwirrbar miteinander verknüpft sind. Richard Wagners dramentheoretische Schriften und seine Bayreuth-Idee sind in diesem Zusammenhang ebenso bezeichnend wie Nietzsches Interesse für das Drama bzw. seine Reaktion auf Bayreuth.

Das Stichwort Bayreuth leitet uns zurück zu Thomas Manns *Versuch über das Theater*. Es überrascht nicht, daß auch dieser Essay auf den besonderen Nimbus der Bühnenkunst in Deutschland eingeht, allerdings ohne den eigentlichen gesellschaftlichen Grund der Erscheinung zu benennen. „Uns Deutschen ist eine Ehrfurcht vor dem Theater eingeboren, wie keine andere Nation sie kennt. Was dem übrigen Europa eine gesellige Zerstreuung ist, ist uns zum mindesten ein Bildungsfaktor. Noch neulich hat der deutsche Kaiser gegen eine französische Schauspielerin geäußert: Wie die Universität die Fortsetzung des Gymnasiums sei, so ist uns die Fortsetzung der Universität das Theater. Das ist, wie gesagt, das Mindestmaß von Respekt. Nur bei uns konnte eine Schrift wie ‚Die Schaubühne als eine moralische Anstalt betrachtet' ans Licht treten. Nur bei uns konnte ‚Bayreuth' konzipiert und verwirklicht werden. Daß das Theater als Tempel möglich sei, ist ein nicht zu entkräftender deutscher Glaube, und dieses tiefernste theatralische Ideal ist vielleicht schuld daran, daß die deutsche Bühne so arm an heiteren Kunstwerken geblieben ist."[15]

Thomas Mann hätte hinzufügen können, daß vermutlich nur im Bereich deutschsprachiger Kultur ein Gemälde wie Arnold Böcklins allegorisches „Drama" ganz verständlich ist. Unvorstellbar wäre dagegen ein entsprechendes Bild, das „Der Roman" heißt, und zwar nicht nur aus ikonographischen, sondern vor allem aus historisch-ideologischen Gründen.

Es ist leicht begreifbar, daß in diesem gesellschaftlichen Kontext die Poetik des „Oberlehrers" stets recht behalten konnte. Doch auf dem Vorrang des Dramas beharrten Professoren, Dramaturgen, Dichter und

Kulturphilosophen auch dann noch, als Drama und Theater längst keine Lösung kulturellen Fortschritts mehr bedeuteten, zumindest nicht im Bereich der epigonalen Dramaturgie in Nachmärzepoche und Gründerzeit. Ein vormals legitimer Grundsatz geriet zur mechanischen Doktrin, ja zu einer ideologisierten Formel, die dazu herhalten mußte, andere Gattungen – vor allem den Roman – niederzuhalten.

Überblickt man die poetologische Szene des 19. Jahrhunderts, so begegnet man auf Schritt und Tritt dem schon formelhaften Lob des Dramas ebenso wie dem Mißtrauen, das dem Roman gilt.[16] Hier gilt es allerdings, den Bereich, den man Poetik oder Theorie nennt, differenzierend zu sichten. Es bestehen nämlich erhebliche Unterschiede zwischen den einzelnen Kategorien der Meta-Ebene, der theoretischen Reflexion. Namentlich auf dem Gebiet der literarischen Programme und der Werkstattpoetik ist der Roman im Vormärz – wie Steinecke nachgewiesen hat – deutlich im Vormarsch, ja er wird nun von den Jungdeutschen als „demokratische" Gattung gegen die als aristokratisch geltende Versdichtung ausgespielt. Dem Bereich der Programme und der Literaturkritik in den liberalen Zeitschriften steht jedoch der Block der akademischen Poetik und Ästhetik gegenüber, deren Urteile – und das ist entscheidend – in zusätzlich trivialisierter Form durch die zahllosen Auflagen der Lehrbücher für Gymnasien verbreitet wurden. Jeder deutsche Pennäler bekam die Weisheit mit auf den Weg, innerhalb der literarischen Gattungen gäbe es eine Rangordnung, an deren Spitze das Drama stehe. Voraussetzung für eine solche Hierarchisierung war das triadische Schema der Gattungen (der Goetheschen „Naturformen"), das sich im Zeitalter Goethes und Hegels endgültig durchsetzte.

In Hegels Ästhetik hält der dialektische Dreischritt auch die Gattungen der Poesie zusammen: im Drama vollzieht sich die Synthese von Epik und Lyrik. „Das Drama muß, weil es seinem Inhalte wie seiner Form nach sich zur vollendetsten Totalität ausbildet, als die höchste Stufe der Poesie und der Kunst überhaupt angesehen werden."[17] Das ist der poetologische Locus classicus des 19. Jahrhunderts. Die Romantiker unter den Zeitgenossen Hegels hatten trotz ihrer Neigung zum Roman offenbar nichts dagegen einzuwenden. Im Bereich spekulativer Ästhetik nimmt schon Schelling die Hegelsche Systematik vorweg, wenn er das Drama als die „letzte Synthese aller Poesie" bezeichnet.[18] Und bei Friedrich Schlegel, in den *Athenäums-Fragmenten*, lesen wir: „Sollte die Poesie nicht nur unter andern auch deswegen die höchste und würdigste aller Künste sein, weil nur in ihr Dramen möglich sind?"[19]

Es ist ferner bezeichnend, daß auch der Hegel-Antipode Schopenhauer durchaus im Bannkreis dieser Tradition verharrt. Im 3. Buch seines Hauptwerkes, *Die Welt als Wille und Vorstellung*, heißt es: „Als der Gipfel der Dichtkunst sowohl in Hinsicht auf die Größe der Wirkung als auf die Schwierigkeit der Leistung ist das Trauerspiel anzusehen und ist dafür anerkannt.“[20] Der poetologische Grundsatz dient jedoch zugleich der Deutung der Tragödie im Sinne des eigenen Weltbildes. Die „schreckliche Seite des Lebens“ zeigt nach Schopenhauer die Beschaffenheit der Welt und des Daseins. Damit erfolgt nicht nur eine formale Bestätigung des Dramas in Anlehnung an die antike Tradition, sondern auch eine besondere Ideologisierung der Gattung. Der Pessimismus im bürgerlichen Denken der Zeit nach 1848 fand in solchen Gedanken des – schon früher entstandenen – Werkes eine willkommene Stütze.

Man darf freilich nicht vergessen, daß beide Autoren, Hegel wie auch Schopenhauer, dem Roman keineswegs abgeneigt waren. Hegels klassizistisch orientierte Ästhetik bekundet zwar für den Roman, im Vergleich zum Epos und der Tragödie, nur mäßiges Interesse. Doch die beiden Roman-Exkurse der Vorlesungen lassen erkennen, daß der Autor die geschichtliche Bedeutung der „modernen bürgerlichen Epopöe“, wie er den Roman nennt, durchaus begriffen hat. Der Sinn der zeitgemäßen Gattung offenbart sich für ihn in der Darstellung der Lebenstotalität in einem prosaischen (das heißt: von bürgerlichem Zweckdenken beherrschten) Zeitalter. Auf dem Boden der nüchternen Erfahrungswelt erringt der Roman „der Poesie, soweit es bei dieser Voraussetzung möglich ist, ihr verlorenes Recht wieder“.[21] Kennzeichnenderweise erblickt Hegel eine entscheidende Tendenz des „Romanhaften“ auf dem Wege von der mittelalterlichen zur modernen Gesellschaft im Prozeß der Ernüchterung: die Laufbahn des bürgerlichen Romanhelden ist durch „Lehrjahre“ bestimmt, an deren Ende „sich das Subjekt die Hörner abläuft“.[22] Hätte Hegel Balzac lesen können, würde er vermutlich vom Roman der verlorenen Illusionen gesprochen haben.

Allein trotz Hegels verständnisvoller Kritik blieben die Vorurteile gegenüber dem Roman lebendig. Gervinus, der erste namhafte deutsche Literaturhistoriker, ein jüngerer Zeitgenosse des Philosophen, bedauert in seiner Literaturgeschichte, daß es in der Goethezeit nicht gelungen sei, die Zwittergattung des Romans zurückzudrängen, eine Äußerung, die besonders charakteristisch ist für einen Autor aus akademischen Kreisen.[23]

Die zweite Hälfte des 19. Jahrhunderts wird dann von einer mehr und mehr sich ausprägenden Polarisierung beherrscht. Während nämlich in

Literaturkritik und Produktionspoetik (bei Fontane, Spielhagen und den Naturalisten)[24] keine Diskrimination des Romans mehr erkennbar ist und auch die Lehre von der Rangordnung der Gattungen endgültig beseitigt erscheint, verharren die Bewahrer der akademischen Tradition fest auf ihren Positionen. Obwohl in manchen Formulierungen der verschiedenen „Oberlehrer" Hegels Gedanken nachwirken, vermittelt u.a. durch die *Ästhetik* von Friedrich Theodor Vischer, gebärdet sich die Schulpoetik eher geistlos. In den veralteten Kategorien (etwa in der Einteilung, die poetische und prosaische Gegenstände vorsieht) ist vielmehr das zähe Nachleben der alten Rhetorik erkennbar, wie sie in der ersten Hälfte des 19. Jahrhunderts etwa vom Germanisten Wackernagel vertreten wurde.[25] In der Beurteilung des Dramas, insbesondere der Tragödie, sind sich alle Verfasser einig, ob nun Rudolf Gottschall befragt wird oder Ernst Kleinpaul, um nur zwei Autoren auflagenstarker Lehrbücher zu nennen. Greift man zu einem solchen Buch, weiß man im voraus, wie man unterwiesen wird. Man wähle etwa die Poetik von Kleinpaul und Langewiesche, 1892 in der 9. Auflage erschienen. Das Buch kam in folgender Aufmachung heraus: weinrotes Leinen, Verzierung mit Gold-Ornamenten. Dementsprechend sehen auch die Definitionen aus. „Im Drama erreicht die Dichtkunst den Höhepunkt ihrer Ausbildung und Bedeutung. Sie ist die Krone aller Kunst."[26] Der Roman dagegen wird in den Bereich mehr oder minder harmloser Unterhaltung abgeschoben. Die prosaische, dem Alltag oder dem Abenteuer zugewandte Natur des Romans wird allenfalls durch belehrende oder erbauliche Elemente aufgewertet. Wie niedrig jedoch sein Kunstcharakter eingeschätzt wird, geht aus der rein stofflichen Aufgliederung der Romanarten hervor: in Hof-, Kriegs-, Salon-, See-, Reise-, Familien-, Gelehrten-, Künstler-, Beamten-, Bauern-, Arbeiter-, Ritter-, Räuber-, Schmuggler-, Schelmen- und Vagabunden-Romane. Die beiden Verfasser zeigen zwar, daß es durchaus zum akademischen Anstand gehörte, Hegel zu zitieren. Was jedoch hinzukommt, ist von exemplarischer Banalität: „Einen poetischeren Gegenstand, als die Liebe, gibt es nicht."[27] Das Modell, das hier für den Roman insgesamt in Anspruch genommen wird, ist das uralte Liebespaar-Schema, auf modern-bürgerliche Art zubereitet. „Dementsprechend schließt der Roman meist mit demselben Punkte, an dem auch im wirklichen Leben die Romantik der Existenz aufzuhören, wenigstens bedeutend abzunehmen pflegt, nämlich mit der Heirat."[28] Der Roman wird hier auf Lektüre für höhere Töchter reduziert.

Es gehört zu den Widersprüchen der literarischen Situation um die Jahrhundertwende, daß der Aufstieg des deutschen Romans mit Thomas und Heinrich Mann zu einem Zeitpunkt einsetzt, wo der Roman unter gattungstheoretischen und unmittelbar auch ideologischen Gesichtspunkten erneut angefochten wurde. Der Angriff erfolgte diesmal aus dem Lager der sogenannten Neuklassiker, einer Gruppe stilkonservativer Autoren zu Beginn des Jahrhunderts. Die Literaturgeschichten nennen als Vertreter vor allem Paul Ernst, Samuel Lublinski und Wilhelm von Scholz. Als Wortführer und zugleich repräsentativster Autor darf Paul Ernst gelten, schon wegen der demonstrativ zur Schau getragenen Verknüpfung stilkonservativer und sozialkonservativer Anschauungen. Im Gegensatz etwa zu Lublinski (der trotz seiner Neigung zum Bühnenklassizismus auch für andere Konzeptionen Verständnis hatte – er begrüßte Thomas Manns ersten Roman!), vertrat Ernst, in seiner Frühzeit sozialdemokratisch orientiert, nach 1900 einen Geistesaristokratismus, in dem hierarchische Vorstellungen dominieren, künstlerisch und gesellschaftlich. Die moderne Industriewelt ist in seiner Sicht unterschiedslos ein „Mühlwerk ohne Geist, ohne Verstand, ohne Gewissen, ohne Ehre, ohne Scham und ohne Seele".[29]

Bei Ernst erfolgt nun die direkte Konfrontation von Roman und Drama, eine Gegenüberstellung, die nur aus den bisher aufgezeigten Spannungsfeldern verständlich ist. Im Hinblick auf manche provokante Wendungen ist zu vermuten, daß die andeutungsweise geführte Polemik zwischen den Verfechtern und Verächtern des Romans sich zumeist auf Paul Ernsts Urteile bezieht. Als klassische Stelle diente allem Anschein nach eine These aus seinem Aufsatz *Das Drama und die moderne Weltanschauung,* veröffentlicht 1899 und mehrmals nachgedruckt. „Der Roman", versichert Ernst, übrigens mit rhetorischer Rückendeckung durch die Anspielung auf Schiller, „war von jeher nur Halbkunst gewesen und hatte immer noch andern Zwecken nebenbei gedient, außer den künstlerischen. Seine ganze Entstehung, aus der Auflösung des Epos in gebundener Sprache, wies ja schon auf unkünstlerische Tendenzen hin: es sollte lediglich das Wissen vom Inhalt der aufgelösten Epen vermittelt werden. Die Vermittlung von Wissen, immer verschieden nach den betreffenden Zeiten, war dann auch später immer eine Hauptaufgabe des Romans. Weil beim naturalistischen Roman das nicht mehr geschah durch Exkurse oder Gespräche, so glaubte man in ihm diese alte Tendenz zur Halbkunst überwunden zu haben: der Roman war scheinbar ganz Kunst geworden. In Wirklichkeit handelte es sich lediglich um eine Zurückschiebung des Erkenntniszwecks, wie wenn man früher, statt Exkurse des Dichters naiv einzuflechten, sie den Personen in den Mund legte: der Zweck des ganzen Romans war jetzt Erkenntnis, und noch eher konnte man etwa im hochgalanten französischen Roman des siebzehnten Jahrhunderts Kunstwerke finden, als im modernen, wo es zuletzt ein Haupttrumpf war, wenn man irgend eine bisher vernachlässigte soziale Kategorie behandelte, etwa das Dienstmädchen. Es ist kein Wunder, daß die Franzosen, die stets Meister waren in aller Kunst, die eigentlich keine Kunst ist, sich hier auszeichneten. Den Gipfelpunkt erreichten die Goncourts, welche glaubten, daß das Drama auf ewig vernichtet sei, und daß dem Roman die Rolle zufalle, die so lange das Drama gehabt hatte. – Der Roman wird stets Halbkunst bleiben, weil ihm der Zwang zur Form fehlt."[30]

Zwei Behauptungen, die sich beide als Vorurteile erweisen, greifen hier ineinander: einmal das Verdikt, Form sei etwas, was dem Roman a priori nicht gelinge, zum andern die Annahme, die Wege des Romans seien stets durch die „Vermittlung von Wissen", also durch – der Erkenntnis dienende – Mitteilungen, bestimmt worden. In der ersten Behauptung verbirgt sich die Voreingenommenheit der alten Rhetorik oder Poetik gegenüber der „unpoetischen", formal nicht sanktionierten Gattung, die zweite ist eine grobe Verallgemeinerung, die sich vor allem gegen die gesellschaftskritischen Errungenschaften des Romans richtet. Über seiner Polemik gegen den naturalistischen Roman, dessen Milieukunst, psychologisches Interesse und sozialer Egalitarismus die eigentliche Zielscheibe darstellt, vergißt Ernst seltsamerweise gänzlich, ein anderes Argument zu nützen: nämlich dem Roman vorzuwerfen, er habe überaus oft als Vehikel bloßer Unterhaltung gedient.

Ganz besonders aber beklagt Ernst, daß die „heutigen Kunstlehren", d. h. der Naturalismus, vom Roman (wo sie nach der Meinung des Autors wegen der Minderwertigkeit des Objekts ohnehin keinen so große Schaden anrichten konnten) auf das Drama übergriffen. Beim Drama ging es für ihn um eine über jeden Zweifel erhabene Wertposition, die es vor dem Zugriff des mit dem Roman verschwisterten Materialismus zu bewahren galt. „Von jeher galt die dramatische Form als die höchste, und erst der neuesten Zeit war es vorbehalten, ihre qualitativen Unterschiede von einer Sammlung dialogisierter Skizzen nicht zu sehen und dann zu finden, daß der Roman ja doch mehr gebe als das Drama . . ."[31] Als verwerflich beurteilte der ehemalige Sozialdemokrat namentlich die Bestrebung naturalistischer Bühnenautoren, die Dramengestalten unterhalb der von der klassizistischen Tradition gezogenen Standesgrenze zu suchen. Wie eine leicht relativierte Neuauflage der barocken oder der klassizistischen Ständeklausel nimmt sich der Vorwurf aus, die Naturalisten füllten die Bühne, „wo früher die Könige und Fürsten des Geistes und Herzens geherrscht hatten", nun mit dem „elendesten Proletariergesindel der Seele".[32]

Die Voraussetzung eines neuen, nicht mehr bloß modernen, sondern auch „nationalen" Dramas erblickt Ernst in der Überwindung des deterministischen Materialismus. Ein neuer Idealismus, durch ein uneingeschränkt geltendes Moralsystem, ist die Bedingung einer klassischen Wiedergeburt des Dramas, d. h. höchster Kunst. Abzuwerfen ist die „Pöbelmeinung", daß „der Mensch nicht für sich kann, nur ein Resultat der materiellen Verhältnisse sei"; die Zukunft dieser Kunstform liegt in einer wiedergefundenen „sittlichen Weltanschauung", denn „das Drama ist Weltanschauungsdichtung, der Kampf der Menschen mit dem Schicksal ist der größte Vorwurf, den es für einen Künstler überhaupt geben kann",[33] heißt es in dem Aufsatz *Das moderne Drama,* der an den oben genannten gedanklich anknüpft.

Paul Ernst zeigt sich in seinen programmatischen Schriften gut informiert über die philosophischen und künstlerischen Prämissen des Naturalismus – kein Wunder, wenn man bedenkt, daß er in seinen Anfängen nicht Gegner, sondern Bundesgenosse war. Die für seine idealistische und nationalkonservative Entwicklung maßgebliche geistige Überlieferung tritt dagegen weniger deutlich zutage. Zumeist beruft er sich auf Schiller, den er, völlig einseitig, unter formalen Gesichtspunkten für seine Doktrin vereinnahmt. Überzeugender ist dann schon die Berufung auf Hebbel, der ja für die gesamte Neuklassik von besonderer Bedeutung war. Obwohl in Ernsts Essayistik keineswegs im Vordergrund, dürfen jedoch Nietzsche und Wagner in mancherlei Hinsicht als die Mentoren seiner Auffassung vom Drama gelten. Der von Ernst vertretene Geistesaristokratismus hat sein Vorbild in Nietzsches Vision der Weltgeschichte als eine Unterhaltung einsamer Geister über die Menge hinweg. Und noch enger, obwohl möglicherweise ohne entsprechende Kenntnisse zustandegekommen, ist die Beziehung zu einem Gedanken Richard Wagners, der schon wegen der Gegenüberstellung von Roman und Drama bemerkenswert ist. In seiner Abhandlung *Oper und Drama* (1851), die in ihrem mittleren Teil *(Das Schauspiel und das Wesen der dramatischen Dichtkunst)* eine sozialgeschichtlich beeinflußte Ästhetik des Dramas entwirft, gelangt der Musikdramatiker zu einer – in deutscher Tradition fast notgedrungenen – theoretischen Konfrontation von Roman und Drama. „Aus einer einfachen, allverständlichen Umgebung erhebt sich der Dramatiker zur immer reicheren Entwicklung der Individualität; aus einer vielfachen, mühsam verständlichen Umgebung sinkt der Romandichter erschöpft zur Schilderung des Individuums herab, das, an sich ärmlich, nur durch jene Umgebung individuell auszustatten war. Im Drama bereichert eine vollständig aus sich entwickelte kernige Individualität die Umgebung; im Roman ernährt die Umgebung den Heißhunger einer leeren Individualität. So deckt uns das Drama den Organismus der Menschheit auf, indem die Individualität sich als Wesen der Gattung darstellt: der Roman aber stellt den Mechanismus der Geschichte dar, nach welchem die Gattung zum Wesen der Individualität gemacht wird. Und so ist auch das Kunstschaffen im Drama ein *organisches,* im Roman ein *mechanisches;* denn das Drama gibt uns den *Menschen,* der Roman erklärt uns den *Staatsbürger;* jenes zeigt uns die Fülle der menschlichen Natur, dieser entschuldigt ihre Dürftigkeit aus dem Staat: das Drama gestaltet sonach aus innerer Notwendigkeit, der Roman aus äußerlichem Zwange."[34] Es versteht sich, daß von hier aus Wege nicht nur zu Paul Ernst führen, sondern ebenso – wenn auch mit veränderten Vorzeichen – zu Thomas Mann.

Es war aus der Sicht der Neuklassik nur folgerichtig, daß die Auseinandersetzung um die Gattungen auch auf die Sprachform übergriff. Im demonstrativen Gegensatz zum naturalistischen Prosadrama (in dem sie eine unerlaubte Annäherung an den Roman erblickten) wandten sich die Neuklassiker erneut dem durch deutsche klassische Überlieferung auratisch gewordenen Blankvers zu, gleichsam der aristokratischen Stilisierung. Im Zusammenhang der politisch wie auch künstlerisch konservativen Poetik Ernsts ist die Entscheidung für den Vers im Drama besonders beziehungsreich. In der Opposition „Vers – Prosa", die um 1900 zunehmend mit den Konnotationen „ästhetisch verfeinert, autonom, idealistisch" versus „mimetisch, stoffgebunden, materialistisch" besetzt erscheint, klingen die Spannungen nach, die im Vormärz spürbar waren, als das Versepos der jungdeutschen Romanprosa gegenüberstand.[35] Zu bedenken ist ferner, daß im Stilpluralismus der Jahrhundertwende formrestaurative Tendenzen auch sonst stark vertreten waren. Neben das Versdrama tritt der Versuch, die epische Großform in Versen zu erneuern (etwa bei Spitteler). Ebenso bezeichnend ist das Bestreben, der als Formzerfall gedeuteten naturalistischen und impressionistischen Prosa mit der Erneuerung fester, geschlossener Erzählungstypen zu begegnen, so vor allem mit der Wiederbelebung der Novelle von renaissancehaftem Zuschnitt. Paul Ernst (der übrigens trotz allem nicht der Versuchung widerstehen konnte, Romane zu schreiben) widmete einen Großteil seines Schaffens der knapp gestalteten, weitgehend im Berichtstil gehaltenen Novellistik.[36] Wenn schon Prosa, aber dann altertümlich gefärbte – das war das Programm.

Wie bereits erwähnt, stand Paul Ernst nicht allein. Zum selben Zeitpunkt, als Thomas Mann sich über das Theater äußerte (und dabei eine Apologie des Romans vortrug), schrieb Samuel Lublinski in seinem Buch *Der Ausgang der Moderne:* „Das Drama ist im Ästhetischen der vollkommenste Ausdruck für die Kraft, den Willen, die Leidenschaft und Idealität einer Kultur. Darum steht nichts mehr und nichts weniger in Frage als die Ethik und das schöpferische Vermögen eines Zeitalters, wenn sein Drama vom Ruin bedroht oder durch unqualifizierbare Surrogate entwürdigt wird. So ist es nicht nur ein ästhetisches und literarisches Problem, wenn gegen dieses Verderbnis angekämpft wird, sondern es steht weit Größeres auf dem Spiel, nämlich die Zukunft und die Wahrhaftigkeit einer Kultur, für die wir Zeitgenossen vor unseren Nachfahren die Verantwortung zu übernehmen haben. Immer wieder muß mit Schärfe darauf verwiesen werden, daß der Verfall des Dramas die Folge eines Verfalles der Weltanschauung gewesen ist."[37] Das ist, fast achtzig Jahre nach Ausklang des philosophischen Idealismus, hegelischer als Hegel.

Das Problem der Gattungsbewertung wurde im gleichen Zeitraum auch in den Veröffentlichungen des George-Kreises berührt. Wer die ästhetischen und gesellschaftlichen Prämissen des Kreises kennt, weiß im voraus, mit welchem Vorzeichen der Roman versehen wird. In den programmatischen Maximen des Kreises, veröffentlicht in den „Blättern für die Kunst", wird ein Großteil der modernen erzählenden Prosa als eine Art Reportage abgetan, die nichts mit Kunst zu tun habe. Auffallend ist die hämische Bemerkung, nicht einmal der zeitgeschichtliche Wert dieser Hervorbringungen sei sehr groß; da seien Zeitungen, Gerichtsverhandlungen und Statistiken schon wichtiger. Eine Sonderstellung nimmt der George-Kreis insofern ein, als in der Sicht des „Meisters" weder der Roman noch das Drama eigentlich zählt, im Bereich des Dramas vor allem nicht die von öffentlicher Hand verwaltete Bühnenkunst. Unter den Maximen findet sich die polemische Frage: „Warum gerade die bühnen-dichtung die *höchste* sein soll?"[38] Denn die höchste Kunstgattung, das gilt für ausgemacht, ist die Lyrik. Im symbolistischen Gedicht erblickt George beides: subtilste Sprachkunst und esoterische, nur einer geistigen Elite zugängliche Poesie zugleich. Das Drama war für den Kreis schon als Literatur für das Theater, und damit als öffentliche Publikums-Ware, suspekt. Unter den Maximen eines Bandes der Zeitschrift (1896) findet sich das höchst bezeichnende Pauschalurteil: „Unser ganzes schrifttum von gestern ist sittlich (sogar das behördlich verbotene) bürgerlich-pöbelhaft und unterhaltend-belehrend. wir können nur eins fassen das schön vornehm beeindruckend ist.“[39] Die in dieser Aufzeichnung genannten Qualitäten scheint George in der Zeit nach Jean Paul kaum noch gesucht zu haben.[40]

Die esoterischen Rituale des Kreises lassen im übrigen einen Gegensatz besonders scharf hervortreten: den Gegensatz zwischen dem „Dichter“ und „dem Schriftsteller“, der für deutsche Traditionen ebenfalls charakteristischer ist als etwa für westeuropäische. Die Unterscheidung breitete sich unter konservativem Einfluß in der Literaturkritik der Jahrhundertwende aus: den zeitenthobenen Dichter, wie man den Klassiker verstand, stilisierte man vollends zum mythischen Sänger, nationalen Barden und blinden Seher – den gesellschaftskritisch interessierten oder gar politischen Autor, den schreibenden Intellektuellen, stufte man geringschätzig als „bloßen Literaten“ ein.[41] Selbstverständlich wirkte sich eine solche Kategorisierung auch im Bereich der Gattungen aus: wer als Dichter gelten wollte, mußte Gedichte oder Dramen schreiben (oder vielmehr dichten), womöglich klassizistische oder neuromantische Bühnenwerke mit mythischem Weltbild. Wer Romane verfaßte, setzte sich der Gefahr aus, immer noch als der bewußte „Halbbruder“ angesehen zu werden. Gerhart Hauptmann galt mit seinen frühen naturalistischen Texten als Skandalerreger, nicht als Dichter; nach seinem großen Erfolg beim bürgerlichen Publikum mit der *Versunkenen Glocke* änderte sich das: die neuromantischen Verse sowie die hausgemachten Mythen dieses „deutschen Märchendramas“ verhalfen dem Autor dazu, auch im konservativen Feuilleton als Dichter zu figurieren.[42]

Man begreift in diesem Zusammenhang die Reaktionen der Brüder Mann, zumal beide sich schon bald nach 1900 als Repräsentanten neuer erzählender Prosa fühlen konnten. Beide Autoren nahmen den Kampf gegen wilhelminische Ideologeme in der Literatur auf, beide traten – in eigener Sache – als Verfechter des Romans in Deutschland auf, beide forderten eine Revision der überlieferten Gattungspoetik. Freilich, auch hier gilt es zu unterscheiden. In der Auffassung, der große Roman des 19. Jahrhunderts sei das literarische Gesamtkunstwerk, sind die beiden Brüder und Romanciers einer Meinung. Doch in Heinrich Manns Aufsatz *Voltaire – Goethe* von 1910 findet sich ein Gedanke, der zu dem heimlichen Bruderzwist während des Krieges beitrug. „Denn der Roman [. . .] ist gleichmacherisch von Natur; er wird groß mit der Demokratie, unter der das Drama in seiner aristokratischen Enge abstirbt."[43] Die Apologie des Romans geht hier Hand in Hand mit dem Lob des politischen Schriftstellers, des Aktivisten, des Aufklärers in der Art Voltaires, der gegenüber dem „tatenlosen", unpolitischen Goethe nun als Vorbild gilt. (Symptomatisch, ja geradezu selbstverständlich ist der Seitenhieb, der dem Drama gilt: auch Heinrich Mann denkt im Rahmen der konventionellen Opposition, nur daß er das Gattungsschema jetzt umgekehrt bewertet, d. h. nun das Drama zugunsten des Romans diskriminierend behandelt.) Die gereizte Reaktion Thomas Manns auf die Politisierung des Schriftstellers ist bekannt: das gehässige Porträt des „Zivilisationsliteraten" bezieht sich auf seinen Bruder. Die Aussöhnung vollzog sich dann nicht nur im Namen der Bejahung der Weimarer Republik, sondern auch im Namen gemeinsamer Bemühungen um das Ansehen des Romanschriftstellers in Deutschland. Zu dem Zeitpunkt, als Thomas Mann noch gegen den „Zivilisationsliteraten" polemisierte, war er aus der Sicht der Esoteriker und der Konservativen wegen seiner Laufbahn als Romanschriftsteller längst schon selbst zum Zivilisationsliteraten geworden.

Damit scheint der Kreis abgeschritten zu sein. Die hier behandelten Fragen verschwanden jedoch mit dem Untergang des Kaiserreichs keineswegs von der Bildfläche. Als Beispiel für die Zählebigkeit (und die ideologische Manipulierbarkeit) mancher Traditionen soll ein Buch genannt werden, das – wenn auch wenig bekannt – eines der einprägsamsten Beispiele rechtskonservativen Denkens in der Weimarer Republik darstellt. Der Autor, Hans Blüher, gehörte zu den Ideologen der Jugendbewegung, der Titel lautet: *Die Aristie des Jesus von Nazareth.* Jost Hermand hat auf dieses seltsame Werk hingewiesen, in dem man keine Erörterungen poetologischer Fragen vermutet. Bei Blüher wird die Rangordnung der Gattungen auf aggressivste Weise politisiert: Ausgehend von einer Rassenlehre, wonach es eine primäre, herrschende Rasse gäbe, den Homo superior, und eine sekundäre, dienende, den Homo inferior, gelangt Blüher zum Schluß, daß auch in den Kunstformen diese Ordnung erkennbar sei.

„Das Epos und auch die hohe Tragödie sind das Sinnbild der primären Rasse in ihrer gesteigerten Form. Sie haben zum Gegenstande die Grundereignisse im Leben hochgeborener Menschen, vermischt mit Göttern und Halbgöttern, die als reife, vollendete Gestalten handeln, die keine Psychologie und keine Entwicklung haben, sondern ganz allein machtvolle Entfaltungen ihrer Ideen sind. Die sekundäre Rasse ist entweder nur als Kollektivperson vertreten, als ‚die Mannen', ‚die Gefährten' oder ‚das Volk'. Sendet sie aber Einzelpersonen in die

Handlung, so sind diese immer in dienender Haltung und es kommt niemals der Gedanke auf, daß sie auf eine menschliche Stufe mit den Herren zu stehen kommen könnten; in die Tragödie greift das Volk gern als komische Figur ein, so in den Boten und Wächtern, oder es flicht gelegentlich seine dramatischen Kunstäußerungen als Mimos ein, wodurch dann die Rüpelszenen entstehen. Immer aber ist die unüberbrückbare Kluft zwischen ihnen und den Herren da."[44] Das Verständnis für Menschen von niederer Herkunft, für die Nöte des „Plattfußvolkes" ist den hohen Gattungen fremd. „Diese Themen sind vielmehr Inhalt des Romanes und des bürgerlichen Dramas, die beide auf die sekundäre Rasse gemünzt sind; sie erfreuen sich daher einer ebenso großen Beliebtheit wie frühen Vergänglichkeit. Vor dem umständlichen und weitläufigen Königsdrama Shakespeares neigen sich die Jahrhunderte, weil es ein *Königs*drama ist, und die interessanteste, unterhaltsamste Bürgertragödie wird allmählich langweilig, eben weil es sich hier um emporgeschminkte Bürger und gewöhnliche Menschen handelt. Das Thema des Romanes ist das innere Verständnis für das allgemein Menschliche, das Psychologische, Moralische und dessen Entwicklung. Kurzum, der Roman ist das Kunstwerk des Emporkömmlings. Es wird in ihm versucht darzustellen, daß auch der gewöhnliche Mensch ein Held sein kann, was natürlich ein Irrtum ist."[45]

Man mag diese fatale Verwechslung von Herr und Heros zumindest in dieser Formulierung nicht ganz ernst nehmen. Bedenklich ist jedenfalls, daß der Obskurantismus hier mit Begriffen einherkommt, die keineswegs aus der Luft gegriffen sind. Wie fest diese in der Tradition verwurzelt sind, dürfte deutlich geworden sein.

Wie ist es aber, wenn man es nicht mit einem ideologischen Phantasten (wie Blüher) zu tun hat, sondern mit akademischen Gelehrten, mit ernstzunehmenden Historikern und Philologen? Eine Rektoratsrede Karl Voßlers, des bekannten Münchener Romanisten, von 1927 hieß *Der Roman bei den Romanen*. Der Vortragstext bietet einen vergleichenden historischen Abriß und bleibt durchaus im Rahmen akademischer Gepflogenheiten. Doch gegen Schluß horcht man auf. Zusammenfassend charakterisiert Voßler den Roman als eine letztlich doch nur der Unterhaltung dienende Gattung, auch dort, wo einzelne Autoren, wie Balzac oder Zola, den Roman mit wissenschaftlichen Ansprüchen zu verknüpfen suchten. Aus beiden Gründen sind nach Voßler Romane keine reinen Dichtungen. Im übrigen hält er die Deutschen für nur „mittelmäßige Schreiber von Romanen", was er kaum als einen nennenswerten Nachteil empfindet. Die große Zeit des Romans sei ohnehin vorbei. „Umfangreiche Romane können in größerer Zahl nur von einem wohlhabenden, müßigen und geistig wie körperlich seßhaften Leserstand aufgenommen und getragen werden.“[46] Der akademischen Jugend, der seine Ansprache galt, wollte Voßler andere Ziele und Lebensweisen empfehlen. Jedenfalls geriet der Roman wieder einmal ins Zwielicht, wobei Vorurteile bestimmend waren, die hundert Jahre zuvor nicht viel anders gelautet hatten. Nur daß Voßler sogar die Zukunft der Jugend gegen den Roman aufbot.

Wir fragen uns zum Schluß, ob eine solche Rede heute noch denkbar wäre. Die Frage ist zweifellos rhetorisch. Heute ist man geneigt, Größe und Rang einer Literatur nach dem ästhetischen Gewicht der Romanproduktion zu beurteilen. Der Roman ist ein Gradmesser für literarische Invention und Innovation, wobei gerade das, was früher als ein Makel empfunden wurde, der Mangel an formaler Bestimmtheit, dialektisch sein Ansehen gefestigt hat. Ganz zu schweigen davon, daß einzelne große Literaturen, wie etwa die russische, ihre weltliterarische Bedeutung weitgehend einbüßen würden, beseitigte man aus ihnen die Überlieferung des Romans. Und was würde der Germanist sagen, mutete man ihm zu, künftig ohne Keller, Fontane, Thomas Mann oder Musil auszukommen? Der Streit um die Anerkennung des Romans oder um den Vorrang des Dramas empfindet man heute schon als ferne historische Vergangenheit – kaum zu glauben, daß diese Dinge noch vor siebzig Jahren aktuell waren. Wir sind jedenfalls Zeugen von Prozessen, welche die Historizität der Gattungsbegriffe und Rangordnungen mehr als deutlich vor Augen führen. Vor rund hundert Jahren galt die Tragödie noch unbestritten als Krone der Dichtung. Und heute? Heute ist es eher so, daß die Bezeichnung Tragödie bei einem zeitgenössischen Text obsolet klingt, fast schon unfreiwillig komisch. Das Leben und Überleben literarischer Gattungen hängt von Vorgängen ab, die nicht mit literarischen Begriffen faßbar sind. Forminstitutionen (Gattungen) können nur mittels literaturimmanenter Kategorien angemessen beschrieben werden. Doch mit der Frage nach dem gesellschaftlichen Prestige und der Geltungsdauer einer Gattung betritt man den Bereich der Geschichte, innerhalb dessen Kriterien der Systematik zur Begründung nicht mehr ausreichen.

Anmerkungen

1 H. Wysling: Dokumente und Untersuchungen. Beiträge zur Thomas-Mann-Forschung (Thomas-Mann-Studien, 3. Bd.), Bern und München 1974, S. 52. Der sechste Brief erscheint hier erstmals in deutscher Sprache.

1a Th. Mann: *Werke. Das Essayistische Werk,* hg. von H. Bürgin, Frankfurt am Main und Hamburg 1968, Abt. *Schriften und Reden zur Literatur, Kunst und Philosophie,* Bd. II, S. 360.
Auch H. Jendreiek geht im Poetik-Kapitel seiner breit angelegten Monographie *Thomas Mann. Der demokratische Roman,* Düsseldorf 1977, von den Thesen des Princeton-Vortrags aus, greift aber das Thema „Roman und deutsche literarische Tradition" nicht auf. Daher bleibt auch Thomas Manns Kritik der Dramenpoetik außerhalb des Blickfeldes.

2 Ebd., Abt. *Politische Schriften und Reden,* Bd. I, S. 51 f.

3 In E. Heilborns kulturgeschichtlichem Werk *Zwischen zwei Revolutionen, Bd. II: Der Geist der Bismarckzeit,* Berlin 1929, liest man über die „gute Stube" in bürgerlichen Familien folgendes: „Im Bücherschrank, den der Muschelaufsatz ziert, stehen hinter der Glasscheibe wohlfeile Klassikerausgaben, der ‚Ekkehard' von Scheffel, der ‚Wilde Jäger' von Julius Wolff, das Kochbuch von Davidis, ‚Ingo und Ingraban' von Freytag, Geroks ‚Palmblätter' (Konfirmationsgeschenk) und Wildenbruchs Lieder und Balladen" (S. 214). Von den genannten Werken gehören immerhin drei der Romanliteratur an. Zu ergänzen wäre die Liste, soweit die Gründerzeit gemeint ist, unbedingt mit Felix Dahn. Die beliebtesten Schriftsteller des wilhelminischen Bürgertums (die Lektüre des Kaisers mitgerechnet) waren ebenfalls Romanautoren: Ludwig Ganghofer, Rudolf Herzog, Rudolf Stratz u. a.

4 A. a. O., Abt. *Politische Schriften und Reden,* I, S. 239.

5 In der Sekundärliteratur hat dieser Essay bisher wenig Beachtung gefunden. Neben dem oben genannten eigenen Aufsatz verweise ich auf H. Steinecke: *Die „repräsentative Kunstform der Epoche". Bemerkungen zu Thomas Manns Romanverständnis,* in: *Thomas Mann 1875–1975,* hg. von B. Bludau, E. Heftrich und H. Koopmann, Frankfurt am Main 1977.

6 A. a. O., *Schriften und Reden zur Literatur, Kunst und Philosophie,* I, S. 26.

7 Ebd., S. 14.

8 H. Mann: *Der Untertan,* Leipzig und Wien 1918, S. 371 ff.

9 Zit. nach: *Theorie und Technik des Romans im 17. und 18. Jahrhundert,* Bd. II, hg. von D. Kimpel und C. Wiedemann, Tübingen 1970, S. 23. Vgl. ferner G. Jäger: *Empfindsamkeit und Roman. Wortgeschichte, Theorie und Kritik im 18. und frühen 19. Jahrhundert (Studien zur Poetik und Geschichte der Literatur,* Bd. 11). Stuttgart 1969.

10 F. Schiller: *Sämtliche Werke,* hg. von G. Fricke und H. G. Göpfert, München 1975, Bd. V, S. 740 f.

11 Brief vom 20. Oktober 1797. *Schillers Briefe,* hg. von F. Jonas, Stuttgart o. J., Bd. V, S. 277. Zu Schillers Bewertung von Goethes Roman vgl. D. Borchmeyer: *Über eine ästhetische Aporie in Schillers Theorie der modernen Dichtung,* in: *Jahrbuch der Deutschen Schillergesellschaft,* Bd. XXII (1978).

12 *Festschrift für Klaus Ziegler,* hg. von E. Catholy und W. Hellmann, Tübingen 1968.

13 *Goethes Werke. Festausgabe,* Leipzig 1926, Bd. XV, S. 85.

14 Catholy, a. a. O., S. 99.

15 A. a. O., S. 27. Eine bemerkenswerte Skizze der kulturgeschichtlichen Bedingungen entwarf Rudolf Borchardt in seiner Schrift *Das Theater und die Poesie* von 1927: „Der deutsche Geist ist nicht wie der französische in den Salons gestaltet und befreit worden, nicht wie der englische in den Parlamenten. Die Arenen, auf denen er ausgekämpft und freigekämpft worden ist, sind Universität und Theater gewesen, immer wieder Universität und Theater.[. . .] Wir haben den Kampf um den deutschen Nationalgeist in der Form des Kampfes um eine deutsche Nationalbühne begonnen; eine unserer ersten Freiheitsschlachten ist eine Dramaturgie gewesen. Darum sind nicht unsere größten Menschen durch die Jahrhunderte Theatermänner gewesen, Lessing in Hamburg Dramaturg neben Schröder, Goethe Theaterdirektor in Weimar, Schiller Dramaturg in Mannheim und Weimar, Immermann Reformator in Düsseldorf, Wagner in Bayreuth, darum haben nicht deutsche Fürsten sich um Truppen und Darstellungsstil gemüht, selber mit den Ensembles geprobt und gereist, damit man endlich auch bei uns in die Theater nur noch gehe, um zu wiehern und zu zwinkern. Die höchsten Seelenvorbilder, die wir als Rasse und als Nation besitzen, haben wir uns dramatisch gegeben. Die größten Entwicklungssituationen unserer seelischen Art sind durch dramatische Gedichte bezeichnet. Durch Dramen, nicht durch Romane wie in England, nicht durch Pamphlete wie in Frankreich hat bei uns der stürmische und drängende Genius dem Volke seine nationalen und sozialen Parolen gegeben. Nur in Deutschland hat durch mehr als ein Jahrhundert wie in Griechenland das Theater neben dem Göttlichen gestanden, zu dem es im Ursinne gehört" (Borchardt: *Prosa I.* Stuttgart 1957, S. 248 f.). Zieht man von diesen Ausführungen den idealistischen Tenor ab, bleibt ein Rundblick, der literarhistorisch durchaus ergiebig ist.

16 Die Forschung hat diese beiden Kategorien bisher hauptsächlich getrennt betrachtet. Für den Roman ist vor allem auf die Arbeiten von F. Sengle (*Der Romanbegriff in der ersten Hälfte des 19. Jahrhunderts,* zuerst 1959 veröffentlicht, abgedruckt u. a. in: *Deutsche Romantheorien,* hg. von R. Grimm, Frankfurt am Main 1968) und H. Steinecke (*Romantheorie und Romankritik in Deutschland,* Bd. I, Stuttgart 1975, sowie *Roman und Demokratie,* in: Zeitschrift für deutsche Philologie, Jg. 97 [1978], Sonderheft: Festgabe für B. von Wiese). Vgl. ferner *Deutsche Dramentheorien,* hg. von R. Grimm, Frankfurt am Main 1971, Bd. II.

17 G. W. F. Hegel: Ästhetik, hg. von F. Bassenge, Berlin und Weimar 1965, Bd. II, S. 512. Zur Wirkung Hegels siehe F. Sengle: *Biedermeierzeit. Deutsche Literatur im Spannungsfeld zwischen Restauration und Revolution 1815–1848,* Bd. II, Stuttgart 1972, S. 322f.

18 *Schellings Werke,* hg. von M. Schröter, 3. Ergänzungsband (Vorlesungen über die Philosophie der Kunst, 1802/03), München 1959, S. 343.

19 F. Schlegel: *Kritische Schriften,* hg. von W. Rasch, München 1964, S. 41.

20 A. Schopenhauer: *Sämtliche Werke,* hg. von W. Frhr. von Löhneysen, Stuttgart und Frankfurt am Main 1960, Bd. I, S. 353. Wie eine Verknüpfung von Gedankengängen Hegels und Schopenhauers nimmt sich Hebbels Interpretation des Dramas aus: „Denn das Drama ist nur darum die höchste Form der

Kunst und die Tragödie wieder die höchste Form des Dramas, weil das Gesetz des Dramas dem Weltwillen selbst zu Grunde liegt und die Geschichte sich in allen großen Krisen immer zur Tragödie spitzt" (*Werke,* hg. von R. M. Werner, Berlin 1901 ff., Bd. XII, S. 328).

21 A. a. O., Bd. II, S. 452. [Zu Hegels Romanbegriff vgl. nun V. Žmegač: *Der europäische Roman. Geschichte seiner Poetik,* Tübingen 1990].

22 A. a. O., Bd. I, S. 567. In einer Äußerung über den Roman im allgemeinen (*Parerga und Paralipomena II,* § 228) setzt sich Schopenhauer für den psychologischen und analytischen Roman ein: Der Roman wird desto höher sein, je mehr inneres Leben er darstellt; daher ist die Aufgabe des Autors nicht, große Vorfälle zu erzählen, sondern kleine interessant zu machen. Thomas Mann zitiert diese Stelle zustimmend in dem erwähnten Vortrag *Die Kunst des Romans.*

23 Angeführt bei Sengle (*Der Romanbegriff in der ersten Hälfte des 19. Jahrhunderts*), a. a. O., S. 130.

24 In der Frühzeit der naturalistischen Bewegung schrieb Michael Georg Conrad in seinem Aufsatz *Zola und Daudet* (1885): „Der Roman ist ein litterarischer Zwitter, ein schöngeistiger Bastard, ein künstlerischer Parvenü – und wie sonst noch die ganze Reihe von ehrenrührigen Bezeichnungen lauten mag, die ihm der Areopag der litterarischen Legitimität in den Weg geschleudert. Umsonst. Er hat seinen Weg gemacht wie ein Held – und heute ist er der Herrscher. Il tient le haut du pavé" (*Literarische Manifeste des Naturalismus 1880–1892,* hg. von E. Ruprecht, Stuttgart 1962, S. 59). Die trotz ihrer Forderung nach einem neuen Realismus in manchem durchaus konservativ gesinnten Brüder Hart räumen zwar ein, der Roman würde niemals „die herrlichsten Ideale der Poesie erfüllen", er sei aber nicht zu unterschätzen; und in Anspielung auf Schiller heißt es, der Roman- und der Komödiendichter seien keine „Halbgeschwister des Dichters, sondern nur ärmere Geschwister" (*Spielhagen und der deutsche Roman der Gegenwart,* 1884, zit. nach: *Literarische Manifeste des Naturalismus 1880–1892,* S. 39). In ihren *Kritischen Waffengängen* (Heft 4, 1882) bestätigen die Brüder Hart brav und traditionsgetreu, das Drama bilde „den Gipfel aller Kunst" (zit. nach *Theorie des Naturalismus,* hg. von Th. Meyer, Reclams Universal-Bibliothek, Stuttgart 1977, S. 266).

25 W. Wackernagel: *Poetik, Rhetorik und Stilistik,* hg. von L. Sieber, Halle 1873. Es handelt sich um Baseler akademische Vorlesungen der Jahre 1836 und 1837. Der Verfasser hält an der Einteilung in Poetik und Rhetorik fest, wobei die Rhetorik nach herkömmlichem Brauch eine Art Theorie der Prosa ist. Deren Kategorien sind die erzählende und die belehrende Prosa. Der Roman findet sich daher nicht unter den poetischen Gattungen (deren Kennzeichen ja der Vers ist), sondern unter den prosaischen, rhetorischen. Sechzig Jahre nach dem Erscheinen des *Werther* wird dem Roman immer noch lediglich ein bescheidener Platz im Umkreis der Geschichtsschreibung, der Biographie und der schlichten Erzählung zugewiesen. Übrigens nicht nur aus formalen Gründen. Die Grenze, die zwischen Vers und Prosa gezogen wurde, war nicht nur eine der Sprachform; sie wurde zusätzlich noch philosophisch untermauert. „Während die Poesie", schreibt Wackernagel (S. 11), „vor allem der Einbildungskraft dient, dient die Prosa dem Verstande [. . .]; während mithin Poesie

der Ausdruck des Schönen ist, ist Prosa Ausdruck des Wahren." Was das „Wahre" im Hinblick auf Erzählungen ist, bleibt allerdings ein Geheimnis dieser Rhetorik. – In Rudolf Lehmanns *Deutscher Poetik,* München 1908, heißt es hierzu: „Es wird uns Heutigen nicht ohne weiteres verständlich sein, daß die ältere Ästhetik dem Roman den künstlerischen Charakter ganz oder teilweise absprach, am wenigsten, wenn es aus einem so äußerlichen Grunde geschah, wie bei Wackernagel . . ." (S. 154).

26 E. Kleinpaul/W. Langewiesche: *Poetik. Die Lehre von der deutschen Dichtkunst.* 9. Aufl., Bremen 1892, S. 578.

27 Ebd., S. 562.

28 Ebd., S. 563.

29 Zit. nach R. Hamann/J. Hermand: *Stilkunst um 1900 (Deutsche Kunst und Kultur von der Gründerzeit bis zum Expressionismus,* Bd. IV), Berlin 1967, S. 459.

30 P. Ernst: *Der Weg zur Form. Ästhetische Abhandlungen vornehmlich zur Tragödie und Novelle,* Berlin 1906, S. 17 f.

31 Ebd., S. 21.

32 Ebd., S. 20.

33 Ebd., S, 52.

34 *R. Wagners Gesammelte Schriften,* hg. von J. Kapp, Leipzig o. J., Bd. XI, S. 155 f.

35 Vgl. dazu Steineckes Aufsatz *Roman und Demokratie,* a. a. O., S. 141.

36 Das theoretische Gerüst enthält Ernsts Aufsatz *Zur Technik der Novelle,* ebenfalls in: *Der Weg zur Form.*

37 S. Lublinski: *Der Ausgang der Moderne. Ein Buch der Opposition,* Dresden 1909, S. 151. Wenige Jahre zuvor versicherte Siegfried Jacobsohn in der Vorrede *(Zum Geleit)* des 1. Heftes seiner Schaubühne, I. Jg., 1905, ganz ähnlich: „So lange das Gefühl nicht ganz erstorben ist, daß der Geist eines Volkes und einer bestimmten Zeit eindringlicher als in der übrigen Literatur im Drama zum Ausdruck kommt, so lange wird immer von neuem der Wunsch lebendig werden, daß der Schaubühne ein Strom künstlerischer und geistiger Neuwerte entquelle, da jetzt zumeist Geschäftsleute bemüht sind, dem Theater mit dem geringsten Einsatz an Geist den größten Gewinn zu entlocken."

38 Blätter für die Kunst, II. Folge, 2. Band (1894). Zit. nach: *Der George-Kreis,* hg. von G. P. Landmann (Neue Wissenschaftliche Bibliothek. Literaturwissenschaft), Köln und Berlin 1965, S. 18. Die Bemerkung über den Roman S. 17.

39 Ebd., S. 25.

40 Auch bei Jean Paul schätzte George das Romanwerk insgesamt nur gering ein. In der Einleitung zu seiner Jean-Paul-Auswahl *(Jean Paul. Ein Stundenbuch für seine Verehrer,* Berlin 1900) begründet er die Anthologie mit dem Urteil, nicht der eigentliche Erzähler interessiere, sondern die gedichtartige Prosa der in den Romanen enthaltenen Träume und Visionen. – Auch Georges Gegenspieler Richard Dehmel zeigt sich in seinen Äußerungen über den Roman alles andere als freundlich. In einem Brief an Gustav Falke vom 19. April 1894 schreibt er: „Selbst in seinen besten Gattungsexemplaren ist er [der Roman] immer noch der Löffelbrei aus bloßer Berichterstattung, verkleideter Wissenschaft und wirklicher unmittelbarer Darstellung [des] Lebens

und der Zeit, als der er aus dem alten Epos und den Dialogen der Philosophen hervorgegangen ist" (*Ausgewählte Briefe aus den Jahren 1883 bis 1902*. Berlin 1922, S. 159). Und am 13. November 1895 schreibt er an Arno Holz: „Wir Alle wissen, welch ein schauderhaftes Zwitterding aus Kunst und Drumherumgerede der alte Roman im Grunde ist. Nur die *lyro*psychologische Composition des Weltbilds kann aus dieser Gattung ein reines, innerlich und äußerlich geschlossenes Kunstwerk werden lassen. Sie wissen, wie hoch ich deshalb, schon bloß technisch, das vierte Buch Zarathustra verehre" (ebd., S. 223). – Das Mißtrauen gegenüber dem Roman „an sich" teilte auch Rilke. Seine Briefe an Lou Albert-Lasard (in: L. A.-L.: *Wege mit Rilke,* Wiesbaden 1952) enthalten die Bemerkung (März 1916), in den Romanen Heinrich Manns kommen Stellen vor, „an denen man etwas ablehnen möchte, was aber, wie es scheint, eher der Form des Romans, dem Roman als einem Grenzgebiet der Kunst, vorzuwerfen wäre, als der außerordentlich beherrschten Kunst Heinrich Manns" (S. 129). Diese Skepsis mag auch Rilkes Entscheidung beeinflußt haben, das wichtigste eigene Prosawerk ohne Gattungsbezeichnung zu lassen. – Eine gesonderte Betrachtung verdiente der Fragenkomplex Roman und Drama in der österreichischen Kultur. Da die Entwicklung dort in vielem eigene Wege ging (und die Tradition des deutschen Idealismus, vor allem in der Spielart Hegels, in Wien doch etwas Fremdes blieb), überrascht es nicht, daß die deutschen poetologischen Topoi kaum so aufdringlich in Erscheinung treten. Aus der Zeit nach 1900 lassen sich gelegentlich spöttische Bonmots von Karl Kraus anführen, so: „Ich hab's noch nicht versucht, aber ich glaube, ich müßte mir erst zureden und dann fest die Augen schließen, um einen Roman zu lesen" (*Beim Wort genommen,* Bd. III der Werkausgabe, hg, von H. Fischer, München 1955, S. 329). Ähnlich, wenn auch mit Begründung, Alfred Polgar in seinem Essay *Ich kann keine Romane lesen* (in: *Orchester von oben,* Berlin 1926). Es lassen sich dagegen auch andere Meinungen nachweisen. Hofmannsthal schrieb am 3. Juli 1920 an die Gräfin Degenfeld: „Große lange Romane wenn sie gut sind lieben Sie sehr mit recht. Man lebt mit den Figuren, bewegt sich in den Schauplätzen – halb wird der reale Sinn von allem berührt, halb schmeichelt es einen von der Wirklichkeit weg. Sie sollten immer wieder einen um den andern lesen, Romane und Gedichte sind verschiedenerlei Gesellschaft, aber beides Freunde" (H. v. Hofmannsthal – Otonie Gräfin Degenfeld: *Briefwechsel,* Frankfurt am Main 1974, S. 417). Es ist vor allem durch die Herrschaft der Theatertradition in Wien bedingt, daß der Roman etwa in der Wiener Moderne wenig zur Geltung kam. Erst mit Musil und Broch gelangt er voll zum Zug.

41 Vgl. dazu K. Schröter: *Der Dichter der Schriftsteller. Eine deutsche Genealogie,* in: *Akzente,* 1973, Heft 1–2, sowie K. O. Conrady: *Gegen die Mystifikation der Dichtung und des Dichters,* in Conradys Aufsatzband *Literatur und Germanistik als Herausforderung,* suhrkamp taschenbuch 214, Frankfurt am Main 1974.

42 Kennzeichnend ist die Beurteilung des Romans innerhalb der sogenannten Heimatkunst. Die meisten Autoren dieser völkisch-konservativen Bewegung haben zwar Romane geschrieben, verstanden aber die Gattung als Mittel zur Erneuerung heroisierender Epik, etwa in einem modernen Saga-Stil. Die Errungenschaften des europäischen Romans seit Flaubert wiesen sie zurück

oder räumten ihnen nur bedingte Geltung ein. (Vgl. dazu Gustav Frenssens *Lebensbericht,* Berlin 1940.) Auf dem Gebiet des Dramas wurde der Versuch unternommen, das bürgerliche Theater durch die Konzeption kultischer Spiele zu verdrängen. Gegen welche Überlieferung diese Bestrebungen gerichtet waren, geht am deutlichsten aus einem wenig bekannten Aufsatz von Fritz Lienhard hervor, eines Autors, der neben Adolf Bartels als der rührigste Vertreter der Heimatkunst-Ideologie gelten kann. In diesem Aufsatz, *Dramaturgische Betrachtungen* von 1896, wirft er Lessing vor, er habe mit seinen Dramen den neuen, aufklärerischen Geist des französischen und englischen Bürgertums nach Deutschland verpflanzt – eine aus Lienhards Sicht höchst zweifelhafte Tat (F. Lienhard: *Neue Ideale. Gesammelte Aufsätze,* Leipzig und Berlin 1901, S. 163 ff.).

43 H. Mann: *Macht und Mensch,* München 1919, S. 14.

44 H. Blüher: *Die Aristie des Jesus von Nazareth,* 2. Aufl., Prien 1922, S. 62 f.

45 Ebd.

46 K. Voßler: *Die Romanische Welt. Gesammelte Aufsätze,* München 1965, S. 58.

Sprachliche Tabus und literarische Normen

Wir erinnern uns: Tony Buddenbrook, verehelichte Permaneder, kehrt eines Tages überstürzt ins Elternhaus zurück. Von ihrem Ehemann in München will sie nichts mehr wissen, etwas Fürchterliches habe sich zugetragen. Das Wetter zum Zeitpunkt der unerwarteten Heimkehr weiß übrigens nach literarischem Brauch, was es den unerfreulichen Vorkommnissen schuldig ist: es war „ein kalter Herbsttag mit dunstigem Himmel [. . .] und wallendem Nebel". Trüb ist auch die Stimmung im Hause der Lübecker Patrizier. Schluchzend, mit einem beträchtlichen Aufwand an Emotionalität, offenbart Tony ihrer Mutter, was ihr in München widerfahren sei, die Enttäuschungen jener Nacht, als Permaneder sich im Rausch dem Dienstmädchen so ungestüm genähert habe, die peinliche Szene, das würdelose Verhalten des Gatten. Doch all dies verliert an Gewicht im Vergleich mit dem ominösen Wort, das Tony von dem auf frischer Tat ertappten, in Rage geratenen Permaneder zu hören bekam. In den Kapiteln 9 und 10 des Sechsten Teils der *Buddenbrooks* ist hauptsächlich von dieser geheimnisvollen Vokabel die Rede, von „dem Wort", wie die Betroffene sich ausdrückt, ohne daß der Leser vorerst Gelegenheit hätte, es zu erfahren. Madame Permaneder sträubt sich jedenfalls entschieden, das Wort über die Lippen zu bringen. Später, in der Aussprache mit dem Bruder, bekennt sie: „Kurz, Thomas, dies Wort war es ganz eigentlich, daß du es weißt, was mich veranlaßt, *gezwungen* hat, während der ganzen Nacht zu packen [. . .] und davonzugehen, denn bei einem Manne, in dessen Nähe ich solcher Worte gewärtig sein muß, konnte ich nicht bleiben, und zu einem solchen Manne werde ich, wie gesagt, niemals zurückkehren [. . .] oder ich müßte verkommen und könnte mich nicht mehr achten und hätte keinen Halt mehr im Leben!"

Die Neugier des Lesers wird nun noch *ein* weiteres Kapitel lang auf die Folter gespannt; dann kommt es heraus, das Stück süddeutscher sprachlicher Folklore, das sich heute eher harmlos anhört: „Geh zum Deifi, *Saulud'r dreckats*!" Es ist allerdings nicht unwichtig, darauf hinzuweisen, daß der Leser es keineswegs aus dem Munde einer der Gestalten erfährt. In einem konsequent naturalistisch erzählten Roman hätte der Autor einige technische Schwierigkeiten gehabt, das „Wort" überhaupt anzuführen. Nun gibt es zwar den auktorialen Erzähler in Thomas Manns erstem Roman kaum noch; es gibt jedoch immerhin eine Erzählinstanz, die sich darum kümmert, daß das „desperate Wort" auch dem Leser bekannt wird, nachdem es auf eine „niemals aufgeklärte Weise" im Familienkreis zu kursieren begonnen hatte – eine Erzählinstanz also, die gleichsam als Zuträger vertraulicher Dinge fungiert. Freilich, Permaneders Deftigkeiten dürfen nicht nur unter erzähltechnischen Aspekten gesehen werden; die Angelegenheit lädt auch zu historischer Betrachtung ein. Zu grundsätzlichen Gesichtspunkten unseres Themas gelangen wir nämlich mit der Feststellung, daß es sich bei den *Buddenbrooks* um ein literarisches Werk handelt, das von peinlichen Vokabeln nicht nur handelt, sondern diese auch nennt, wenn auch diskret, sozusagen hinter vorgehaltener Hand.

Der Gegenstand unserer Betrachtung tritt damit schon deutlicher in Erscheinung. Die Münchner und Lübecker Turbulenzen zeigen, daß es Zeitalter gibt – hier ist es die Mitte des 19. Jahrhunderts –, in denen die Reglementierung der Sprache durch die Öffentlichkeit, die maßgeblichen Gesellschaftsschichten, eine besonders heikle Sache darstellt. Wir sprechen kurz von Epochen bzw. Gesellschaften mit ausgeprägter Tabuempfindlichkeit, wobei zu vermerken ist, daß in den neuzeitlichen Epochen die einst magisch-mythische Tabuierung mehr und mehr zu einem rein sozialen Zeremoniell geworden ist. Die klassische Formel dafür findet sich in Goethes *Torquato Tasso* (II, 1): „Erlaubt ist, was sich ziemt." Die Bedenken, die der Held des Dramas gegenüber dieser Maxime der Prinzessin anmeldet, berühren wenigstens zur Hälfte den empfindlichsten Punkt: „Wir sehen ja, dem Gewaltigen, dem Klugen / Steht alles wohl, und er erlaubt sich alles." Auch die Vermutung, die Schicklichkeit müsse nur allzuoft dazu herhalten, subjektiven Nutzen zu bemänteln, leuchtet auch heute durchaus ein. Wie auch immer, soziale Normen des sprachlichen Verhaltens sind aus unserem Bewußtsein nicht wegzudenken. Eine andere Frage ist, ob die Literatur jeweils dazu bereit ist, das System, wonach Zulässiges von Unzulässigem geschieden wird, zu billigen. Genauer: ob sie sich der Norm stillschweigend fügt, sie gar unterstützt und empfiehlt, oder ob sie darauf bedacht ist, von sich aus die Dinge in Bewegung zu bringen und gegen bestehende Konventionen aufzubegehren.

Nun zeigt aber das Beispiel aus den *Buddenbrooks,* daß den komplexen kulturhistorischen Sachverhalten mit schlichten Gegensatz-Schemata (etwa: einerseits restriktiver Sprachgebrauch, anderseits Literatur als Hort sprachlicher Freiheit) nicht beizukommen ist. Denn der künstlerische Duktus des Romans hält es weder mit einer sozialen Konvention, derzufolge es ungehörige, ja unaussprechbare Wörter gibt, noch mit einer Poetik der Schockwirkung und Provokation. Die Familiengeschichte stellt, ohne Zustimmung oder Entrüstung, einfach fest, daß solche Dinge vorkommen. Von Interesse ist für den Erzähler vor allem der Umstand, daß es überhaupt so etwas gibt: Wörter, die nicht von jedermann ausgesprochen werden wollen, aus Gründen, die mit dem Ansehen des Sprechenden verknüpft sind. Einen weiteren Schritt ins Zwischenfeld von Literatur- und Kulturgeschichte tun wir, wenn wir danach fragen, ob in den *Buddenbrooks* die gleiche Sachlichkeit möglich oder vorstellbar gewesen wäre, hätte es sich nicht um ein „Saulud'r" gehandelt, sondern um etwas weit Schlimmeres, etwa um eine krasse sexuelle Obszönität. Die Frage ist zweifellos rhetorisch, denn der Historiker braucht sich keine Sekunde zu besinnen. Sowohl der literarhistorische Kontext als auch die Wirkungsabsicht dieses Romans fordern eine verneinende Antwort.

Warum das so ist, wird noch zu erläutern sein. Da unser Thema – zumindest unter einigen Aspekten – den Linguisten und den Kulturhistoriker nicht weniger angeht als den Literaturwissenschaftler, werfen wir zunächst einen Blick auf gemeinsam interessierende Fragen grundsätzlicher Art. Der Literarhistoriker hat es nach wie vor zumeist mit fiktionalen Texten zu tun. Deren logischer Status ist nicht ohne Einfluß auf die Beurteilung der Tabuproblematik. Im Gegensatz zum nichtfiktionalen, pragmatischen Sprachgebrauch kann der logische Freiraum der Fiktion prinzipiell mit gewissen Privilegien rechnen[1], etwa in Fällen, wo das tabuverletzende Verhalten zu Lasten einer erfundenen Gestalt geht. Allein die Vorrechte, die man der Literatur unter logischen Gesichtspunkten zubilligt, verlieren anderseits an Geltung angesichts der besonderen gesellschaftlichen Position literarischer Werke. Der eigentümliche Öffentlichkeitscharakter der „Institution Literatur" legt den Autoren Verpflichtungen auf, in denen die spezifische Abhängigkeit der Stilprinzipien von Gesellschaftsnormen ersichtlich ist. Botschaft und Medium sind hier in der Tat auf eine besondere Weise miteinander verbunden.

Obwohl Literatur im Prinzip ein Sonderfall von Sprachgebrauch ist (und wohl auch noch lange bleiben wird), läßt eine Sozialgeschichte der Literatur erkennen, wie eng die Beziehungen zu den allgemeinen Verhaltensregeln des jeweiligen Zeitalters sind. Daß hochgradige Obszönitäten in einem für die normale literarische Kommunikation bestimmten Roman des 19. Jahrhunderts (um in der Nachbarschaft der *Buddenbrooks* zu bleiben) eine Unmöglichkeit waren, übrigens auch bei den damals als verrucht empfundenen Naturalisten, ist kein Wunder, wenn man bedenkt, wie stark die Empfindlichkeit bzw. wie kompliziert die Doppelmoral war, die den damaligen Bewußtseinshorizont wesentlich bestimmte. Beispiele aus dem nichtliterarischen Bereich können auch für den Literarhistoriker lehrreich sein. Es erscheint allerdings unnötig, auf illustratives Material aus dem zivilisatorischen Alltag näher einzugehen. Der Brauch jener Zeit, auch vor harmlosen Dingen oder Verrichtungen Tabuschranken aufzurichten, ist bekannt. In Sternheims Komödie *Die Hose* (1911) ist das entsprechende Dessous ein Skandalobjekt. Doch Jahrzehnte zuvor war auch das Wort selbst verpönt, und es wurden für Gegenstände dieser Art umständliche sprachliche Ersatzstrategien entwickelt. Offenbar kam es jedoch niemandem in den Sinn, daß sich in dem Eifer, mit dem die Prüderie betrieben wurde, eine unheimliche Dialektik offenbarte: denn gerade durch den überall gegenwärtigen Argwohn, ein Ding könnte „unanständig" sein, wurde eine unterschwellige Beziehung aller Erscheinungen zur Zone des Unaussprechlichen vorausgesetzt und damit gleichsam eine universale Sexualisierung betrieben.

Weniger bekannt ist, daß auch die Wissenschaft des vorigen Jahrhunderts von den Tabu-Konventionen keineswegs unberührt blieb. Bezeichnend sind in dieser Hinsicht die Bedenken, die wir immerhin aus berufenem Munde vernehmen. Der Hegel-Schüler Karl Rosenkranz äußert sich freimütig im Vorwort zu seiner *Ästhetik des Häßlichen* von 1853, wobei man merkt, daß auch beim Autor selbst konventionelle Vorurteile wie auch Regungen sanfter wissenschaftlicher Courage keineswegs widerspruchsfrei nebeneinander bestehen.

„Ich glaube", schreibt der Ästhetiker, „daß meine Darstellungen auch in allgemeineren Kreisen, nicht blos [sic!] in dem der Schule, lesbar ist. Allein durch die Natur des Stoffs wird diese Lesbarkeit gewisse Grenzen haben. Ich habe scheußliche Materien berühren und gewisse Dinge bei ihrem Namen nennen müssen. [. . .] Und trotz meiner außerordentlichen Vorsicht wird Mancher urtheilen, ich hätte wohl nicht nöthig gehabt, in solchem Grade aufrichtig zu sein. Dann hätte aber, darf ich versichern, die Untersuchung überhaupt nicht gemacht werden dürfen, nicht gemacht werden können. Es ist traurig, daß bei uns auch für die Wissenschaft sich eine gewisse Prüderie einschleicht, indem man namentlich bei Gegenständen der thierischen Natur und der Kunst die Decenz zum exklusiven Maaßstab macht. Und wie erreicht man diese Decenz heut zu Tage am Besten? Man spricht gar nicht von gewissen Phänomenen. Man decretirt ihr Nichtdasein. Man secretirt sie gewissenlos, um salonfähig zu bleiben." Rosenkranz führt als Beispiel eine zeitgenössische populäre Einführung in die Physiologie an, die „vom ganzen Generationsapparat und von allen sexuellen Functionen kein Wort" enthält. Ähnlich verhalte es sich mit der Geschichte der deutschen Literatur, die durch das „Zurechtmachen [. . .] für Mädchenpensionate und höhere Töchterschulen schon ganz castrirt" worden sei.[2]

Die von Rosenkranz gemeinten Veröffentlichungen waren für eine breite Leserschaft bestimmt, das restriktive Verfahren überrascht daher nicht. Man irrt jedoch, nimmt man an, streng wissenschaftliche Publikationen seien völlig frei von Rücksichten gegenüber dem Banausentum gewesen. Ich wähle als Beispiel eine angesehene medizinische Schrift aus einer Zeit, wo im übrigen gerade der Positivismus mit seinem Pathos wissenschaftlicher Objektivität einen Höhepunkt erreichte: die *Psychopathia sexualis* des Wiener Psychiaters Richard Krafft-Ebing, 1886 erschienen. Was darf man von Romanen erwarten, wenn in einer nur für Kundige bestimmten Spezialmonographie der Forschung der Autor nicht nur den Fachjargon gebraucht, sondern stellenweise auch in eine andere Sprache ausweicht? Gegen Ende des 19. Jahrhunderts war die Zeit, als man gelehrte Abhandlungen in Latein verfaßte, längst vorbei. Doch hier bot sich dem Mediziner das Latein abermals als exklusive Sprache für alle Textabschnitte an, worin sexuell abweichendes Verhalten in aller Konkretheit zu schildern war. Man darf annehmen, daß die Barriere, die hier errichtet wurde, eine doppelte Aufgabe erfüllte: eine – unter den Voraussetzungen der Epoche – sozialregulative und eine sozialpsychologische. Beide hängen freilich aufs engste miteinander zusammen. Die einen spezifischen Bildungsstandard voraussetzende Fremdsprache diente vor allem dazu, den Text vor dem Zugriff neugieriger Laien, etwa Halbwüchsiger, abzuschirmen, kurz: das Latein hatte als Hüter der öffentlichen Moral zu fungieren. Im populären Bereich der Literatur (der Belletristik) besorgte diese Aufgabe zumeist die Zensur. Das zweite bei Krafft-Ebing wirksame – jedenfalls mit hoher Wahrscheinlichkeit voraussetzbare – Motiv hat auf eine andere Art etwas mit Literatur zu tun. Die Handlungen, die der Psychiater untersuchte und klassifizierte, galten als hochgradig obszön, d. h. er hatte es mit Dingen zu tun, die Rosenkranz, aufrichtig oder nicht „scheußliche Materien" genannt hatte. Im Gegensatz jedoch zu dem Verfasser der *Ästhetik des Häßlichen,* der vorwiegend künstlerisch vermittelte Gegenstände in seinen Katalog aufnahm, war der Mediziner mit der nackten Realität konfrontiert, und das bedeutete, daß es nicht zu vermeiden war, die Dinge beim Namen zu nennen. Da es indes nicht nur um einige Vokabeln ging, sondern um ganze Berichte über anstößige Handlungen, schien die Gefahr unabwendbar, daß der Bericht durch das erforderliche Sprachrepertoire unfreiwillig in die assoziative Nähe der pornographischen Schilderung und der Zote gerate. Eine Möglichkeit, den Schock aufzufangen und die Dinge sprachlich zu verfremden, bot sich in der Anwendung eines affektneutralen Idioms. Durch die akademische Aura der lateinischen Sätze erschien die gesellschaftliche Dezenz gewahrt. Romanschriftsteller unseres Jahrhunderts, die sich mit diesem Bezirk der Erfahrungswelt einließen, hatten es entschieden schwerer, unerwünschte Konnotationen und Wirkungen abzuwehren. Davon wird noch die Rede sein. Doch schon an dieser Stelle ist zu erwähnen, daß das Verfahren Krafft-Ebings, durch eine sprachliche Maßnahme den Leserkreis einzuschränken und Obszönes zu filtern, auch heute zuweilen angewandt wird. In der deutschen Übersetzung von William S. Burroughs Buch *The Naked Lunch* (1959), einem Werk in der Celine-Nachfolge und wohl auch in der Tradition de Sades, wurden die krassesten Stellen im Original belassen, einem slangversetzten Amerikanisch.[3]

Über den gesellschaftlichen Kontext, in dem die Literatur ihre Vorstöße unternimmt, unterrichten nicht minder auch jene Druckwerke, in denen die Sprache lediglich inventarisiert wird. Zu unserem Zweck mustern wir einige Auflagen von Dudens Rechtschreibung. Dieses wohl am meisten verbreitete deutsche Handwörterbuch folgt auf seine Weise den Zeichen der Zeit und gibt mittelbar Auskunft darüber, was erlaubt ist und was sich ziemt. Restriktionen sind wir heute bei Wörterbüchern nicht mehr gewohnt, ebensowenig wie in manchen literarischen Werken. Doch wie war das beispielsweise in den Jahren, als der Naturalismus von sich Reden machte? (Den Naturalisten wurden von nicht wenigen Zeitgenossen obszöne Neigungen vorgeworfen. Wir sind heute anderer Meinung, und der Zweifel am Sinn der naturalistischen Doktrin hat ganz andere, vorwiegend logische Gründe. Heute erkennen wir vielmehr, daß die Zurückhaltung der Naturalisten, namentlich im Bereich sexueller Tabus, durchaus mit bestimmten Normen der Öffentlichkeit übereinstimmte.)

Machen wir einige Stichproben. In der 4. *Duden*-Auflage (1893) findet man zwar das Wort „Koitus" in Klammern: „Beischlaf", allein man sucht vergebens nach den dazu erforderlichen Organen. Dieser linguistische Puritanismus fällt um so mehr auf, als das Handbuch sonst mit Fremdwörtern nicht geizt. Orthographische Hilfe wird – in der angedeuteten Zone – immerhin bei Peninsula, Pennal, Vagabund und Vakanz angeboten. Fast überflüssig zu sagen, daß strenge Enthaltsamkeit geübt wird auch im Hinblick auf den einschlägigen Wortschatz aus sogenannter vulgärer Überlieferung. Aus dem Bereich des rhetorisch

Geächteten erscheint als Ausnahme lediglich das Wort, das als unverzichtbarer Bestandteil des Götz-Zitats in die Kulturgeschichte eingegangen ist. Dagegen übergeht der alte *Duden* glatt ein anderes beliebtes Kraftwort, das etwa zwischen „scheinen" und „Scheitel" seinen Platz haben müßte und dem ein bedeutender Dichter unserer Zeit, Hans Magnus Enzensberger, in den sechziger Jahren ein Gedicht gewidmet hat, das ganz schlicht *Die Scheiße* heißt.[4] (Ein Gedicht, man sollte das nicht unerwähnt lassen, das eher zum reflexiven als zum beschreibenden Typus hinneigt.)

Die 9., auch für Österreich und die Schweiz gültige Auflage, im Weltkrieg bzw. mitten im expressionistischen Jahrzehnt erschienen, steht zu Obszönem nach wie vor auf Distanz. Einige Zuständnisse können der Aufmerksamkeit der Kulturhistoriker empfohlen werden. Dem Kenner expressionistischer Lyrik wird auffallen, daß das Wörterbuch bei einigen – und nicht nur fremdsprachigen – Vokabeln nachzieht, die zur selben Zeit durch Gottfried Benn literaturfähig geworden sind. So räumt der *Duden* schon ein, daß es nicht nur Filzhüte gibt, sondern auch Filzläuse – eine in den Jahren des Grabenkrieges und der Frontbordelle immerhin bemerkenswerte Annäherung an die Realität. Zum Vergleich ist Benns Gedicht *Der Arzt* (gedruckt 1917) nachzulesen.

Seit mehr als einem Jahrzehnt kennen auch populäre Wörterbücher keinerlei Einschränkungen mehr: auch Tabus von der angezeigten Art scheinen endgültig außer Kraft gesetzt zu sein. Der Benutzer stellt – falls die Tendenz nach seinem Sinn ist – befriedigt fest, daß nun buchstäblich alles möglich ist, daß man jetzt alle Four-letter-words auch offiziell schwarz auf weiß hat. Im Ernst: Unter linguistischen und manch anderen Gesichtspunkten darf in diesem Fall uneingeschränkt von Fortschritt gesprochen werden. Der Fortschritt mißt sich an der Menge der Information, zugleich an der Liberalität der redaktionellen Grundsätze. Es fragt sich indes, ob Prozesse in der Literatur mit derartig schlichten Denkmodellen erfaßbar sind. Etwa nach dem Muster der Vorstellung, die Literaturgeschichte beschreibe seit Jahrhunderten eine aufsteigende Linie, an der ein stetiger Zuwachs an Freiheit bzw. ein Abbau von Tabus ablesbar ist. Nach zahlreichen Epochen wechselnd starker Repression sei nun ein seit langem begehrter Zustand erreicht, etwa nach dem Motto: Es gibt nichts, was nicht literaturfähig oder auch druckbar wäre.

Nun, nichts scheint mir irriger zu sein als diese Vorstellung. Auf einem Gebiet wie die Literatur, gekennzeichnet durch die Vermittlung von Wertkategorien und Erfahrungskomplexen, sind die Dinge unvergleichlich komplizierter. Unumgänglich ist in erster Linie eine Unterscheidung, die den Gebrauch von Begriffen wie Freiheit und Verbot im Hinblick auf Texte von öffentlicher Geltung bzw. literarischem Anspruch übersichtlicher macht. Ein so zuverlässiges Handbuch wie Heinrich Hubert Houbens *Verbotene Literatur* zeigt, daß es zumindest seit der Epoche Lessings zwei Kategorien gibt, die immer wieder Anstoß erregen und die Zensur oder verwandte Institutionen zum Einschreiten veranlassen. In statistischer Sicht übertreffen die politischen Vorstöße gegen die herrschende und das heißt verordnete Übereinkunft jene anderen Überschreitungen, die gemeinhin als unmoralisch bezeichnet werden und in den engeren Bereich des Obszönen und Blasphemischen fallen. Von Tabus spricht man heute oft in beiden Fällen: sowohl dort, wo vor Verstößen gegen politische Konventionen gewarnt wird, als auch bei der Rede über die Körperlichkeit des Menschen. Eine strenge Trennung der beiden Kategorien ist freilich nicht möglich, weil Obszönes gar nicht so selten zum handfesten Politikum gerät und die streitenden Parteien – mit Fontane zu sprechen – von Moral reden und Kattun, d. h. Wirtschaft und Politik, meinen. Dennoch fordert die Praxis geschichtlicher Betrachtung, die Dinge in vertretbarer Weise auseinanderzuhalten. In der Tat nimmt sich eine Literaturgeschichte unter dem Vorzeichen politischer Zensur anders aus als eine – noch zu schreibende – Geschichte der Literatur unter dem Aspekt des gesellschaftlich zu wahrenden Anstandes, eine Geschichte der Tabu- bzw. Toleranzgrenzen. Erich Auerbachs unvergleichliches Mimesis-Buch, in dem ja einige der hier behandelten Fragen berührt werden, könnte für die Konzeption einer solchen Darstellung den Weg weisen.

Ein Vergleich zwischen den beiden genannten Kategorien läßt übrigens erkennen, daß dic als obszön klassifizierten Erscheinungen viel mehr als die politischen ein Problem der Sprache sind. Gemeint ist damit nicht etwa das Problem der Fiktion. Man könnte sich zwar auf Maurice Merleau-Ponty berufen, auf dessen Feststellung: „Une bonne part de l'érotisme est sur le papier."[5] Allein das wäre mit gleichem Recht auch von der Politik zu behaupten. Die Rede ist vielmehr davon, daß das Obszöne ja sprichwörtlich ein Gebiet der Zweideutigkeiten und Anspielungen ist, zugleich eine Zone der sprachlichen Provokation, oft durch die Anwesenheit eines bestimmten Wortes. Damit sind Obszönitäten in der Literatur weitgehend eine Angelegenheit des Stils, d. h. sprachlicher Normen, sprachlicher Wagnisse und bewußter Kontrastwirkungen.

Es ist bezeichnend, daß moralisch (und das heißt vor allem sexuell)

Anstößiges zuweilen durch eine geringfügige Korrektur der herrschenden kulturellen Norm angepaßt werden kann – ein Verfahren, das in Texten mit politischer Tendenz, bei einem thesenhaften System von Ideologemen, kaum anwendbar ist. Man darf daraus folgern, daß die Nachgiebigkeit der meisten Gesellschaftsformen gegenüber dem unpolitisch Anstößigen trotz allem relativ groß ist, oder genauer: daß es bei Tabus obszöner Art oft in erster Linie auf die Wahrung äußerer Form ankommt, auf eine mehr oder minder eingestandene Doppelmoral. Freilich ist keine literarische Doppelmoral gemeint, sondern der Umstand, daß sich in textinternen Prozeduren ein doppeltes Bewußtsein der Gesellschaft offenbart. Als Beispiel bietet sich das wohl gebräuchlichste graphische Zeichen für Restriktion an: die berüchtigten Striche oder Pünktchen. Eine sozialgeschichtliche Stilistik der Auslassungszeichen wäre eine lohnende Aufgabe.

Die Geschichte der literarisch gewichtigen Auslassungen beginnt nach der Krise der klassizistischen Poetik und des Postulats der Stiltrennung, mit dem Sturm und Drang also. Die markantesten Beispiele sind bei Goethe zu finden.[6] Vergleicht man die Handschriften oder auch einige Erstdrucke mit den späteren Ausgaben, so erkennt man die Regularitäten eines Vorgangs, der nicht ohne Komik ist: die herausfordernde Derbheit des „Stürmers“, etwa im *Götz* oder in *Hanswursts Hochzeit,* erscheint nun geglättet und gezähmt und damit in einem eigentümlichen Widerspruch zu der ursprünglichen Absicht. Rousseau berichtet im 1. Buch seiner *Bekenntnisse,* er erinnere sich, wie zu Hause eine sehr fähige Magd kurzerhand entlassen wurde, weil sie sich vor den Kindern eines „leichtfertigen Ausdrucks“, offenbar aus dem Sexualbereich, bedient hatte.[7] (Unwillkürlich denkt man beim Lesen dieser Stelle an das ominöse Wort in den *Buddenbrooks* oder vielmehr an dessen Folgen.) In den Obszönitäten des jungen Goethe ist zweifellos ein Protest gegenüber gesellschaftlichen Konventionen dieser Art enthalten; in den meisten Drucken ist jedoch die Anpassung an dieselben Konventionen auf eine sehr augenfällige Weise vollzogen. Der mehr oder weniger freiwilligen Zensur fielen auch ganze Gedichte zum Opfer, so die sekretierten Verse aus dem Umkreis der *Römischen Elegien,* Verse, die nach Ansicht wachsamer Zeitgenossen nicht einmal durch das klassizistische Kostüm davor gefeit waren, an den Sittlichkeitspranger zu geraten.

Fast erheiternd nimmt sich die hochformalisierte Prüderie der Zeit aus, wenn man bedenkt, daß die erzwungenen Kürzungen in der frühen Farce oder in den Paralipomena zu *Faust I* (in den Satanszenen der

Walpurgisnacht) jedem nicht ganz einfältigen Leser durchaus klar waren – vor allem dank der Wirkung der Reimwörter. Es ist ein Fall von objektiver (und beim Dichter wohl auch subjektiver) Ironie, daß die Auslassungszeichen, ein Ausdruck verordneter Dezenz, eher eine Lektüre bewirken, die durch eine genüßliche Suche nach passenden Vokabeln gekennzeichnet ist. Was mag sich wohl in Satans Rede auf „Glanz“ reimen oder in Hanswursts Knittelvers auf „Flegeln“? Das herauszufinden, ist Aufgabe des Lesers, der nun gleichsam eine aktive Rolle spielt und aus extraliterarischen Gründen zu einer innerliterarischen Tätigkeit angehalten wird. Der implizite Leser als ein Ergebnis moralischer Sanktionen – das ist die Paradoxie der Striche und Pünktchen. Im 19. Jahrhundert verlieren diese Mittel an Bedeutung, aus Gründen, die uns gleich beschäftigen werden. In Schnitzlers *Reigen* sind sie zwar nicht zu übersehen, doch sie sind nur noch dazu da, um zu zeigen, wie überflüssig sie eigentlich sind. Denn der *Reigen* ist ein Schauspiel der Sprachgewohnheiten und Verhaltensrituale, das an sprachlosen Handlungen gerade nicht mehr interessiert ist.

Der Berliner *Reigen*-Prozeß zu Beginn der zwanziger Jahre, der einer Reihe verwandter Gerichtsverhandlungen, um Werke von D. H. Lawrence und Henry Miller etwa, vorausging, offenbarte ein Spannungsverhältnis, das hin und wieder zur Radikalisierung des Problemkreises „Tabuisierung und Literatur“ führte. Wir wählen für unsere Zwecke als Demonstrationsgegenstand die literarische Darstellung und Integration der menschlichen Körperlichkeit in Situationen, die traditionsgemäß als anstößig bezeichnet werden. Die im *Reigen* durch Striche angedeuteten Handlungen sind fraglos das klassische Exemplum. Kein Wunder, daß sich die Vorstellung von Obszönität schon seit langem fast ausschließlich auf diese Sphäre bezieht. Wir fragen uns – etwa im Sinne Auerbachs –, seit wann körperliche Verrichtungen und Zustände, die in den meisten Gesellschaften ganz oder teilweise in die Tabuzone verwiesen werden, als ein ernster (und damit besonders heikler) Gegenstand gelten. Untrennbar davon ist die Frage, wie Obszönes sprachlich in Erscheinung tritt. Denn verbale Obszönität braucht sich keineswegs mit sachlicher und intendierter zu decken: Oft genug kommen anstößige Schilderungen ohne einen proskribierten Wortschatz aus, und umgekehrt erscheinen entsprechende Vokabeln zuweilen in einem als harmlos eingestuften Kontext.

Die Beurteilung der dabei entstehenden stilistischen Spannungen fordert jeweils eine sorgfältige Analyse des Textes wie auch des geschichtlichen Kontextes. Für Tabuiertes oder einst als tabuiert Geltendes gilt der Grundsatz heutiger Stilforschung, daß „nur in bezug auf eine gesellschaftliche Situation“ darüber entschieden werden kann, was ein Stilistikum ist und wie es wirkt.[8] Daß zum Beispiel einzelne Vokabeln mitunter ein heftiges Ärgernis sein können, viel eher als eine verhüllende Schilderung, macht auf einen beachtenswerten Sachverhalt aufmerksam: darauf nämlich, daß es Ärgernisse gibt, die nicht so sehr von der Sache als vielmehr von dem Odium der Bezeichnung ausgelöst werden. Die Peinlichkeit, die manchenorts beim Gebrauch obszöner Wörter empfunden wird, geht vor allem von der sozialen Markierung dieser Vokabeln aus: der Schock beruht auf einer Vulgarität, die für die normsetzenden Schichten der Gesellschaft auch klassenfremd und daher doppelt anstößig ist. Es versteht sich, daß die herausfordernde Wirkung dort am stärksten ist, wo beides vereint vorkommt, Schilderung und verbale Drastik.

Frühere Epochen, bis zu Antiklassizismus und Romantik, behandelten die Ästhetik des Häßlichen und Obszönen hauptsächlich als eine Gattungsfrage. Anstößiges, namentlich Vulgäres, war gleichsam in literarischen Reservaten untergebracht, gemäß der Hierarchie der Stiltrennung fast ausnahmslos in den niederen Gattungen: der Komödie, der Satire, dem Scherzgedicht. In diesen sozial ohnehin distanzierenden Gattungen durfte die Physiologie des Menschen sogar über Andeutungen hinaus in Erscheinung treten – z. B. in Form der „negativen Didaktik“, die unter moralistischem Vorzeichen einen gewissen Freiraum schuf. Die hohen Gattungen dagegen waren – in der Antike nicht anders als im Barock – duldsam gegenüber dem Häßlichen, sofern es mit heldischem Nimbus einherkam.[9] Die blutigen Taten und Leiden der Krieger und Märtyrer taugten zu hoher Rhetorik, nicht jedoch die konkreten Aktivitäten der Liebhaber. Die Obszönitäten des Sterbens konnten integriert werden, nicht die Obszönitäten des Lebens.

Literarische Epochen, die zwar vorgaben, es mit der „Natur“ zu halten, aber dennoch zahllose Mittel literarischer Normierung in Bereitschaft hatten, verstanden es stets noch, das Ärgernis zu bannen oder vielmehr zu neutralisieren. Ein offener Widerspruch zwischen Theorie und Praxis belastete jedoch eine Literatur, die im Zeichen von Realismus und Naturalismus vielfach mit dem formelhaften Anspruch auftrat, das Leben zu zeigen, „wie es ist“. Die schwungvolle, doch unlogische Naivität dieser Forderung kann uns hier nicht weiter beschäftigen. Worauf es ankommt, ist die nur scheinbar befremdliche Feststellung, daß die sogenannten Wirklichkeitsschilderer des späteren 19. Jahrhunderts – und zwar nicht nur in Deutschland – erstaunlich wortkarg sind, sobald bestimmte körperliche Funktionen, immerhin nicht die unwichtigsten, ins epische Blickfeld geraten.

Natürlich sind die Romanciers gemeint – denn die Bühnenautoren mußten sich infolge der gesellschaftlich besonders exponierten Beschaffenheit ihres Mediums erst recht Beschränkungen auferlegen. Büchner und Grabbe, die die Kategorie des „Anstands" im Drama nicht gelten ließen und eine im Hinblick auf damalige Normen unerhörte Drastik nicht scheuten, können nicht als Gegenbeweis gelten. Die eigentümliche Rezeptionsgeschichte ist lehrreich genug. (Anderseits ist es verfehlt, in den Obszönitäten bei Büchner nur den Ausdruck eines literarischen Antitraditionalismus zu erblicken. Die meisten der besagten Stellen in *Dantons Tod* und *Woyzeck* können in ihrer Funktion und sozialen Charakteristik im Sinne der Stillagen-Rhetorik gedeutet werden.)

Ludwig Marcuse wundert sich in seinem Buch über das Obszöne darüber, wie zimperlich sich die klassischen Realisten, etwa Tolstoi und Flaubert, anstellen, wo es darauf ankäme, dem Leib sprachlich auf den Leib zu rücken. „Sie gab sich ihm hin", so formelhaft wird die Sinnlichkeit Emma Bovarys erzählerisch exekutiert. Die Zurückhaltung der großen psychologischen Romanciers gehe so weit, daß man behaupten könne, der Körper sei „unentdeckter als das unsichtbare Dasein".[10] Marcuse sagte allerdings nichts über die Hintergründe dieses seltsamen Befundes. Die Wahrheit scheint mit in der Paradoxie erkennbar zu sein, daß der Realismus ohne Unterleib gerade in seiner Askese seinen realistischen Grundsätzen treu bleibt. Und nicht viel anders ist es in naturalistischen Werken. Gilt nicht spätestens seit Flaubert das sogenannte Genauigkeitspostulat? Man meinte damit der Verpflichtung nachzukommen, die Dinge sprachlich so anzupacken, daß der Text eine Rekonstruktion von Erfahrung suggerierte. Nun waren aber Tabus, vor allem sexuelle Tabus, ein eiserner Bestandteil der literarisch zu interpretierenden Wirklichkeit. Der Grundsatz adäquater sprachlicher Erfassung der Realität war nicht anwendbar, weil keine sprachlichen Elemente zur Verfügung standen, eine dem Realismus angemessene, doch nach wie vor literarisch standardisierte Schilderung zu sichern. Eine metaphorisch verbrämte Poetisierung des Gegenstandes, nämlich einer sozial tabuierten Handlung, verbot sich ebenso wie eine anatomisch neugierige Beschreibung mittels eines anstößigen Vokabulars. Das erste untersagte der programmatische Vorsatz, das zweite erlaubte die Realität nicht: denn sowohl die Dinge als auch die Wörter aus der Zone der Sexualität waren unter den herrschenden Bedingungen seltsam unwirklich, in der Öffentlichkeit gleichsam nicht existent. Flauberts Satz „Sie gab sich ihm hin" war unter den gegebenen Voraussetzungen der einzig mögliche – wobei soziale und stilistische Rücksichten kaum voneinander zu trennen sind.

Es erscheint notwendig, das Gebiet des Romans zu verlassen, um eine überraschende Einsicht zu gewinnen. Der große Einbruch des Obszönen in die hohe, uneingeschränkt ernst gemeinte Literatur erfolgte ausgerechnet dort, wo die Reviere seit langer Zeit besonders sorgfältig gehegt waren: in der Lyrik. In Frankreich setzte schon um die Mitte des 19. Jahrhunderts Baudelaire deutliche Zeichen, etwa mit seinem – von Rilke überaus bewunderten – Gedicht *Une charogne.* Allein wenn man den letztlich petrarkistischen und spirituellen Charakter[11] dieser Verse beachtet, nimmt sich die Herausforderung weniger extrem aus. (Das Anstößige des lyrischen Vorgangs war indes wirksam genug, um Stefan George davon abzuhalten, dieses Gedicht in seine Nachdichtung der *Fleurs du mal* aufzunehmen.) Ins Extreme, auch heute noch nicht Überbotene und wohl auch nicht Überbietbare stieß zu Beginn unseres Jahrhunderts Gottfried Benn vor. Es gehört zu den Widersprüchen der Sache, zur Dialektik der Lyrik, daß Benns rücksichtslose Verbalattacken keine Skandale und Gerichtsverfahren hervorriefen; bei Romanen und Dramen hätte ein Bruchteil der von Benn angedeuteten Zusammenhänge genügt, um den Staatsanwalt auf den Plan zu rufen. Ein Fall *Fleurs du mal* wiederholte sich nicht, es blieb bei einigen empörten Kritiken mit dem Tenor: Lyrik ist das nicht.

Die Rezensenten kamen übrigens mit diesem Urteil den Absichten des Autors näher, als sie es für wünschenswert hielten. Denn Poesie im Sinne ästhetischer Erbauung hatte Benn mit seinen Herausforderungen – von „Curettage" bis „Syphilisquadrille" – gewiß nicht im Sinn. Trotzdem ließ sich die Öffentlichkeit nicht in dem zu erwartenden Maße provozieren. Und das lag nicht nur daran, daß Gedichthefte wie *Morgue, Söhne* und *Fleisch* (1912, 1913 und 1917 erschienen) mit ihren geringen Auflagen eine vergleichsweise esoterische Angelegenheit blieben. Der Grund ist vielmehr darin zu suchen, daß Benns Verse ihrer Anlage nach in einer sehr ausgeprägten Weise auch das waren, was man in ihnen partout nicht erblicken wollte: nämlich Lyrik, und zwar Lyrik im Sinne von Wortmagie, einer auratischen Überlieferung also. In Benns aggressivem Wortrausch war nichts von dem zu erkennen, was üblicherweise die Organe der Öffentlichkeit interessiert: Schlüsselgeschichten, pragmatische Zusammenhänge, Mimesis. In der Drastik des Expressionisten geriet das Obszöne zu einem Gegenstand sprachlicher, das Einzelwort isolierender Ekstase. Die Beschwörung des Häßlichen und Tabuierten erfolgte – und das ist entscheidend – trotz aller Sarkasmen mit einem spannungsreichen Pathos der Negation. Obszöne Erfindung in der Sprache galt, wie schon bei Rimbaud, als Mittel, den bürgerlichen Schönheitskult zu ramponieren und gegen den zivilisatorischen Druck aufzubegehren.

Die Verknüpfung des Obszönen mit einem kulturkritischen Affekt darf übrigens als zeittypisch angesehen werden. Dürrenmatt hat in unseren Tagen behauptet, das Transponieren des Geschlechtlichen auf die Ebene des Komischen sei heute die einzige Möglichkeit, „anständig darüber zu reden, seit die Van-de-Veldes hochgekommen sind".[12] Damit wären also die alten literarischen Verhältnisse, die Normen aus den Zeiten der Stilebene, wiederhergestellt – wenn auch im Zeichen einer neuen Wertung. Für repräsentative Werke der ersten Jahrhunderthälfte trifft jedoch dieser geschichtliche Salto in Dürrenmatts Poetik nicht zu, und auch neueste Tendenzen zeigen, daß die Formel zu einfach ist.

Im Rückblick auf die Zeit zwischen den Kriegen (die gewiß eine kulturgeschichtliche Grenze markiert) erkennt man, daß die literarische Eroberung des Obszönen mit unverhohlener Freude an der tabufreien Vergegenwärtigung des Körpers und der Sexualität vollzogen wurde; nun aber in erzählender Prosa, bei englisch bzw. amerikanisch schreibenden Autoren. D. H. Lawrence und Henry Miller sind hinsichtlich der Wirkung die wichtigsten Namen. Der so leicht erkennbare stilistische Unterschied zwischen den beiden Autoren braucht uns hier nicht zu beschäftigen. Hervorzuheben ist dagegen, daß sowohl das naturwissenschaftlich gefärbte Pathos des Engländers als auch die antizivilisatorische Rhetorik des Amerikaners einem Widerstand gegenüber der Gesellschaft entspringt. Die Lust am Obszönen entspricht der Lust am tabubrechenden Protest, wenn auch mit unterschiedlicher Motivierung: Bei Lawrence klingt der lebensphilosophische Ernst der Jahrhundertwende nach, die Schilderung sexueller Vorgänge gerät – heute kaum noch begreifbar – fast zum literarischen Mysterium.[13] Damit gelangen Elemente des einst obszönen Wortschatzes in eine Sphäre, in der von ehemaliger subliterarischer oder komikhafter Klassifizierung nichts mehr zu spüren ist. Kein Wunder, daß Lawrence darauf bedacht war, diese Umwertung mit anerkannten literarischen Mitteln zu vollbringen. Ganz anders ist – scheinbar – der polternde Stilnihilismus Henry Millers. Der immer wieder angestrebte Schock mit „dirty words" ist für ihn gerade ein Mittel, nicht nur mit sozialen Tabus, sondern auch mit dem konventionellen Nimbus der Literatur aufzuräumen. Gleich am Anfang seines Romans *The Tropic of Cancer* versichert er, daß dies kein Buch sei, vielmehr eine Beleidigung, eine Attacke, ein der Kunst und manchen anderen Werten versetzter Fußtritt. Keine „Literatur" also, und schon gar nicht das, was Peter Handke später „Literaturliteratur" genannt hat. Das rasche Altern der Moderne ist jedoch gerade daran erkennbar, daß der wütende antiliterarische Affekt Millers heute erst recht literarisch erscheint. Der Ausbruch aus dem Bannkreis der Literatur war auch durch ausgiebigsten Gebrauch von Drastik nicht zu bewerkstelligen.

Und damit gewinnen wir unser letztes Stichwort. Es lautet „Eingemeindung". Leben wir bereits in einer Zeit, wo der Obszönitäten-Katalog auch literarisch keinen Anstoß mehr erregt und nur noch von musealer Bedeutung ist? Es sieht so aus. Vor etwa fünfzehn Jahren wies Reinhard Baumgart in einem Essay über die Erotik im Gegenwartsroman darauf hin, daß Autoren wie Nabokov oder Durrell im Vergleich zu Henry Miller wieder Zurückhaltung üben und der Provokation ausweichen, namentlich durch Metaphorik.[14] Allein wenn man die Tradition bedenkt, der diese Romanciers folgen, ist dieser Umstand gar nicht so erstaunlich. Außer Zweifel ist dagegen, daß Baumgarts Diagnose heute nicht mehr uneingeschränkt gelten kann. Die einst klassischen Bezirke des Obszönen sind keine Lustreviere mehr, sie sind – um im Bilde zu bleiben – für den Straßenverkehr freigegeben, und Empörung über Tabuverletzungen ist, zumindest in der Öffentlichkeit, kaum mehr zu vernehmen. Zahllose literarische Beispiele bieten sich an. Ich greife nur zwei Veröffentlichungen des Jahres 1978 heraus, Gerhard Roths Roman *Winterreise* und Helmut Heißenbüttels Erzählband *Eichendorffs Untergang und andere Märchen*. Was diese Texte so bezeichnend macht, ist der Eindruck, daß die Tilgung sprachlicher Tabus, die Erreichung eines gegenviktorianischen Zustands schlechthin, mit einer Einbuße an Lust (im Doppelsinn des Wortes) erkauft worden ist. Die auftrumpfende Obszönität Henry Millers weicht einer tristen Nüchternheit, in der auch die einst anrüchigen Vokabeln bald ihr vulgäres Stigma verlieren werden.

Es ist sogar denkbar, daß unter dem Einfluß der Literatur auch im Alltag der Sprache manche Tabuschranken fallen werden, wo die zivilisatorischen Konventionen unlängst noch überaus mächtig waren. Wenn die als vornehm geltende Diktion vieler literarischer Werke in der Vergangenheit Muster für das praktische Verhalten abgeben konnte – warum sollte das nach wie vor bewußtseinsbildende Potential „Literatur" nicht einmal auch im umgekehrten, im lockernden Sinne normbildend wirken? Es fragt sich freilich, wie stark die Wirkung in die Breite sein wird, d. h. ob alle Arten von Literatur solchen stilistischen Impulsen folgen werden. Der Drastik des Obszönen gewährten bisher nur künstlerisch ambitionierte Texte Raum – ein bemerkenswerter Umstand. Schließt man den Sonderfall der Pornographie aus, erweist sich die ganze sonstige Trivialliteratur als höchst resistent gegenüber allem, was nicht „gesellschaftsfähig", konform ist. Der Trivialproduktion ist diese Haltung immanent: geflissentlich meidet sie das gesellschaftliche Ärgernis und zieht es stets vor, mit den stärkeren Bataillonen zu marschieren. Doch was geschieht, wenn Ärgernisse keine Ärgernisse mehr sind?

Dennoch darf man mit einiger Gewißheit behaupten, daß es Anstößiges – und damit auch Tabus – auch künftig geben wird. Tabus im weitesten Sinne leben von gesellschaftlichen Spannungen; eine lange Existenz darf daher als gesichert gelten. Ganze Bereiche, wie das sexuell Obszöne, können aus dem Repertoire anstößiger Erscheinungen verschwinden. Doch andere mögen wachsende Bedeutung gewinnen. Neue politische oder nationale Tabuierungen sind denkbar. Vielleicht ist es schon bezeichnend, daß heute zuweilen das Reden von Krankheiten oder vom Tod bereits mehr als Verlegenheit auslöst, bereits eine Art Nennungsangst. Wir sind Zeugen geschichtlicher Prozesse und sollten uns über diese Vorgänge Gedanken machen, gerade als Philologen. Die Literaturwissenschaft jedenfalls hat allen Grund, die historische Betrachtung zu ihren lebenswichtigen Aufgaben zu zählen. Man spricht nicht selten von Glanz und Elend unseres Faches und ist da und dort geneigt, die *Historie* als sein Elend aufzufassen. Ich meine, wir sollten in ihr seinen Glanz erblicken.

Anmerkungen

1 Vgl. dazu. N. Fügen (Hrsg.): Wege der Literatursoziologie, Neuwied/Berlin 1969, S. 22. – Gesondert müßte in diesem Zusammenhang das Problem der Medien, vor allem im Hinblick auf deren Frequenz und soziale Geltung, berücksichtigt werden. Tabufragen stellen sich anders, wenn ein mobiles Medium wie das Buch gemeint ist, wiederum anders, wenn eine komplizierte gesellschaftliche Institution wie das Theater als Beispiel dient. – Eine Fülle kulturgeschichtlichen Materials auch zu Ursachen und Wandlungen sprachlicher Tabuierung bieten die Veröffentlichungen von H. H. Houben. Verwiesen sei namentlich auf sein zweibändiges Handbuch *Verbotene Literatur von der klassischen Zeit bis zur Gegenwart,* Berlin 1924, 1928, ferner auf die Schrif-

ten *Hier Zensur – wer dort?*, Leipzig 1918, und *Der ewige Zensor*, 1926, Nachdruck Kronberg/Ts. 1978.

2 Zitiert nach der Erstausgabe: Königsberg 1852, S. X f.

3 Vgl. dazu den Hinweis auf Thomas Manns *Erwählten* bei W. Witte: „The Literary Uses of Obscenity". In: German Life and Letters, vol. 28 (1974/75), p. 366.

4 H. M. Enzensberger: Gedichte 1955–1970, Frankfurt am Main 1971, S. 156.

5 Zitiert nach: H. A. Glaser (Hrsg.): Wollüstige Phantasie. Sexualästhetik der Literatur, München 1974, S. 62.

6 Vgl. den Aufsatz von Witte. Der Autor verzichtet allerdings in den meisten Fällen auf eine Deutung des Verfahrens im kulturgeschichtlichen Kontext.

7 Die Bekenntnisse des Jean-Jacques Rousseau, nach dem Text der Genfer Handschrift übertragen von A. Semerau, Berlin 1920, S. 12.

8 So S. J. Schmidt: „Literaturwissenschaft als Forschungsprogramm". In: Linguistik und Didaktik, 5 (1971), S. 55.

9 Zur römischen und zur mittelalterlichen Literatur vgl. die Beiträge von M. Fuhrmann und W.-D. Stempel im Sammelband: Die nicht mehr schönen Künste. Grenzphänomene des Ästhetischen, hrsg. von H. R. Jauß, München 1968. – Zur Lyriktradition von der Antike bis zum 18. Jahrhundert s. H. Schlaffer: Musa iocosa. Gattungspoetik und Gattungsgeschichte der erotischen Dichtung in Deutschland, Stuttgart 1971.

10 L. Marcuse: Obszön. Geschichte einer Entrüstung, München 1965 (Tb-Ausgabe), S. 200. – In einer anderen Sicht erscheint das ästhetische Skandalon bei Flaubert in K. G. Justs anregendem, wenn auch historisch von einer zu schmalen Basis ausgehendem Aufsatz „über das Anstößige in der Literatur", in Justs Essayband: Übergänge, Probleme und Gestalten der Literatur, Bern/München 1966.

11 Vgl. dazu die Interpretation von K. Maurer in dessen Beitrag im genannten Sammelband *Die nicht mehr schönen Künste* (Anm. 9).

12 F. Dürrenmatt: Theaterprobleme, Zürich 1955, S. 46.

13 Eine eigentümliche erzählerische Vergegenwärtigung eines Geschlechtsaktes findet sich im 5. Kapitel des 1. Buches von Döblins *Berlin Alexanderplatz*. Der Stiltendenz dieses Romans entsprach weder die konventionelle Poetisierung noch die sachliche Schilderung; der Autor entschied sich daher für ein – vom Futurismus angeregtes – Montageverfahren, das auf metaphorisch realisierten Analogien beruht. Das Verfahren ist allerdings den konventionellen literarischen Lösungen insofern vergleichbar, als auch hier das Tabu-Problem nicht aktualisiert wird. Aufschlußreich ist ein Vergleich mit den „Stellen" bei Günter Grass, etwa in der *Blechtrommel*.

14 R. Baumgart: Literatur für Zeitgenossen. Essays, Frankfurt am Main 1966, S. 71.

Die Geburt der Gesundheit aus dem Geist der Dekadenz

Somatische Utopien bei Peter Altenberg

I

Hofmannsthals Tagebücher notieren im Herbst 1904 folgende Begebenheit aus dem Kreis um Peter Altenberg. „Anfang 1904 ging es A. psychisch und pekuniär sehr schlecht. Es wurde in einem Haus des Kreises eine Versammlung der Freunde einberufen, um zu beraten, wie ihm zu helfen wäre. A. selbst, in einem Fauteuil, etwas abseits der anderen, aber im gleichen Zimmer, wohnt der Beratung bei. Er verdeckt das Gesicht mit der Hand. ‚Ich bin ein Bettler und ein Sterbender', murmelt er vor sich hin, ‚was wollt ihr von mir? Laßt mich ruhig sterben.' Verschiedene erheben sich und bringen Anträge vor, wie für seine Gesundheit und sein Auskommen zu sorgen wäre. Er winkt ab, dann wieder, zitternd im Fieber, scheint er gar nichts zu achten. Da steht die hübscheste Frau des Kreises auf: die junge zarte Frau X. ‚Ich liebe A. mehr als alle', sagt sie, ‚ich liebe seine Seele und die Gebärden seiner Seele. Und ich weiß nichts Schöneres, als ihn so sterben zu sehen, in einem Winkel, mit einer dürftigen Decke zugedeckt. O rührt nicht an das Wunder dieses Sterbens. Pauvre Lélian! wer wollte ihn um die Schönheit seines Endes bringen?' – Da schnellte A. wütend aus seinem Fauteuil auf: ‚Dumme Gans', schreit er sie an, ‚verfluchte dumme Gans! ich will nicht sterben! ich will leben! ich will ein warmes Zimmer und einen Gasofen, einen amerikanischen Schaukelstuhl, eine Rente, Orange Jam, Kraftsuppe, Filets mignon; ich will leben!' –"[1]

Die Frage, ob sich der Vorgang in allem wahrhaftig so abgespielt hat, interessiert hier nicht. Anekdoten sind keine Protokolle. Es gilt vielmehr, die geistesgeschichtlichen Konturen hervortreten zu lassen, die sich in dem geschilderten Geschehen abzeichnen. Die fast lustspielhafte Wirkung der Szene beruht auf dem jähen Aufeinanderstoßen zweier einprägsamer Denkbilder von allgemeiner kultureller Bedeutung. Die genannte Dame geht auf Altenbergs kapriziöses Rollenspiel ein, indem sie seine vermeintliche Rolle bestätigt und diese Bestätigung auch noch mit den Zeichen eines bestimmten Bildungsjargons versieht. Der Ausruf „Pauvre Lélian!" verleiht dem exzentrischen Wiener Autor die Weihe eines Poeten vom Schlage der französischen Symbolisten. Die Verlaine-Anspielung enthält im übrigen alle Elemente des Stereotyps vom armen, duldenden oder gar verstoßenen

Dichter, dessen leibliche und gesellschaftliche Misere als ein Unterpfand seines geistigen Adels gilt.

Es ist bezeichnend, daß Altenberg auf den Versuch, ihm das Klischee von der Schönheit des Morbiden aufzuschwatzen, in Rage geriet. Doch in der Heftigkeit seines Unmuts zeichnet sich ein gewisses System ab: denn die Dinge, die er nennt, sind nicht nur Wünsche eines frierenden Bohemiens, sondern auch – als Wörter – Anspielungen auf eine Reihe eigentümlicher geistiger Maximen, die er zeitlebens mit erstaunlichem Eifer vertrat. In der Eindringlichkeit seines Schwärmens für bequeme und gesunde Lebensformen übertraf er sicherlich noch die Verzückungen der bewußten Dame.

Verweilen wir noch kurz bei Altenbergs Wunschliste. Auffallend ist darin die Bevorzugung von Dingen, die Fremdes, fast Exotisches darstellen, die jedenfalls gegenüber der Wiener und österreichischen Tradition als ein Import gelten: der Gasofen, der amerikanische Schaukelstuhl, die Orange Jam. Die kulturellen Vorstellungen, die damit verknüpft sind, können mit Begriffen wie Lebensreform, Gesundheit, praktische Bequemlichkeit bezeichnet werden. Wie noch zu zeigen sein wird, sind diese Wörter und Dinge symptomatisch für eine allgemeine kulturelle Bewegung des Zeitalters. Für die Wiener Jahrhundertwende sind sie insofern bezeichnend, als das englische und amerikanische Element, das in Altenbergs Neigungen enthalten ist, auf einen prominenten Wiener Befürworter des angelsächsischen Einflusses hinweist. Adolf Loos, der zum Freundeskreis Altenbergs gehörte (und 1919 die Abschiedsworte bei der Beerdigung des Dichters sprach), wurde in seinen Aufsätzen über Architektur, Kunstgewerbe und Kleidung nicht müde, Neuerungen aus London, New York oder Chicago zu empfehlen, ob es sich nun um den modernen Siedlungsbau, die amerikanische Schuhindustrie, den praktischen Arbeitsanzug, den *Overall,* handelt, oder um gesunde Nahrung, etwa das *Oatmeal,* die Haferspeise. Im Aufsatz *Die Herrenmode* von 1898 heißt es lapidar, der „mittelpunkt der abendländischen kultur“ sei gegenwärtig London.[2] Denn der Stil dieser Kultur sei praktisch, bequem, unauffällig.

Man geht sicherlich nicht zu weit, wenn man behauptet, daß der mehr oder minder gespielte Zorn des Bohemiens (des „Pauvre Lélian“, der nach dem Urteil mancher Zeitgenossen tatsächlich eine physiognomische Ähnlichkeit mit Verlaine hatte) sich in einer Äußerung entlud, deren Inhalt zum Teil durch die zivilisationskritischen Reformthesen von Loos vorgegeben worden war. Im Hinblick auf die lange währende Freundschaft wie auch die bahnbrechende Rolle des Architekten im

Wiener Milieu ist es angezeigt, seine Bedeutung für die Gedankenwelt Altenbergs zu betonen. Daß P. A., wie er sich gern nannte, seinen Reformeifer freilich auch sehr persönlich auszudrücken wußte, beweist sein 1906 publiziertes Buch *Prodromos,* seine vierte Buchveröffentlichung, wie die vorhergehenden und fast alle nachfolgenden bei S. Fischer in Berlin erschienen. Im Gegensatz zum rational geprägten Denkhabitus von Loos gerät sein Interesse für Körperkultur und soziale Hygiene weitgehend zur neurotisch gefärbten Schwärmerei oder gar zu einer mit Sendungsbewußtsein vorgetragenen Utopie.

Begreift man Altenberg als einen eigentümlichen, sehr auf Individualität bedachten Mitstreiter der zahlreichen Gesundheitsapostel der Jahrhundertwende (dessen Mitstreitertum mehr zufällig als beabsichtigt war), so ist *Prodromos* zweifellos sein am meisten bezeichnendes Werk. Man kann getrost hinzufügen: auch sein merkwürdigstes. Die Leser seiner ersten Bücher (mit so charakteristischen Titeln wie *Wie ich es sehe,* 1896, und *Was der Tag mir zuträgt,* 1901) hatten die zahlreichen locker gefügten Prosaskizzen des etwas spleenigen Wieners unter dem Begriff eines lokal gefärbten, subtil-nervösen Impressionismus rubriziert. In der Tat, auch der Autor verstand seine Prosa als eine Sinnlichkeitskunst, als eine Schule der Wahrnehmung, der optischen zumal. In *Prodromos* (Seitenzahl künftig in Klammern) findet sich ein Notat, das in der Frage, ob im Titel des ersten Buches das „ich" oder das „sehe" betont werden soll, Klarheit schafft: nur die Betonung des Zeitwortes sei richtig, schreibt der Autor, denn der Beobachter müsse sich als Vertreter einer allgemeinen Sensibilität verstehen, einer verfeinerten Reizsamkeit, nach der alle Menschen streben sollten (155). Auch in einem programmatischen Text, in der Einleitung zum ersten Heft der von ihm und Loos herausgegebenen (kurzlebigen) Zeitschrift *Kunst* (1903/04), begreift er sich als einen aus der Schar derjenigen, die mit „weit aufgerissenen Augen" die Natur, die „größte Künstlerin", und die gesamte Wirklichkeit staunend in sich aufnehmen.

„Wir wollen die Kunst, dieses Exzeptionelle, dem Alltage vermählen. Die Hand der Dame R. H. ist ein Kunstwerk Gottes. Wir bringen sie photographiert. Oder das im Volksgarten spielende Kind R. O. Oder das Schreiten eines Alt-Aristokraten über die Straße. Der Reichtum des Daseins, nahegerückt für die, deren notwendige Geschäftigkeit sie hindert, ihn zu erleben! In deinen Tätigkeiten eingekapselt, kannst du nicht rechtzeitig Halt machen vor einem regenbeperlten Spinnennetz im abendlichen Walde und kannst nicht schauen, staunen und verharren! Wir wollen dich erziehen, das heißt aufhalten in deinen Rastlosigkeiten, auf daß du verweilest, schauest, staunest! Es gibt soviel zu schauen und zu staunen! Innezuhalten, zu verharren! Stillgestanden, Allzugeschäftiger! Nütze deine Augen, den Rothschildbesitz des Menschen! Wir wollen euch nur zeigen, woran ihr blindlings vorüberraset!"[3]

Man kann in diesen Zeilen das Manifest eines auf die Objektwelt, namentlich der organischen Natur, gerichteten impressionistischen Kultur sehen. Doch in beschwörender, mit Ausrufezeichen nicht geizender Prosa kündigt sich eine Haltung an, die nicht nur empfangend und registrierend, sondern auch heischend und werbend, ja befehlend ist. Der Impressionist wird hier allmählich zum Rhetoriker: er praktiziert persuasive Rede, also Beredungskunst, denn er will überzeugen und gewinnen, d. h. er begnügt sich nicht mit dem, was ist, sondern er will noch nicht Vorhandenes oder Eingetretenes hervorrufen – buchstäblich hervor-rufen. Diesen Text könnte man sich auch in *Prodromos* vorstellen. Denn in diesem Buch tritt zum ersten Mal bei Altenberg sehr deutlich ein bekenntnishaft-verkündender Ton in den Vordergrund. Scheut man keine Vergleiche mit den „Kultbüchern" der Jahrhundertwende, so wäre bei Altenberg auf eine seltsame Verknüpfung von Nietzsches Zarathustra-Pathos und pragmatischer Lebensreform-Didaktik hinzuweisen. Jedenfalls ist *Prodromos* in seiner synkretistischen Anlage ein typisches Erzeugnis der Zeit um 1900, so ausgeprägt der Anspruch des Verfassers auf Eigenständigkeit auch sein mochte.

Etwas von dem mehr oder weniger verhaltenen Pathos des Werkes kündigt bereits der Titel an. Das griechische Wort, in dem „Vorläufertum" und „Ankündigung" enthalten ist, verheißt hier Bedeutendes, zumal die damit mitschwingenden Antike-Reminiszenzen bei Altenberg eher ungewohnt sind. Der Neuklassizismus, der ja ebenfalls zur Stilpalette der Jahrhundertwende gehörte, hinterließ hier auch im Wiener Milieu diskrete Spuren – kontrastreiche Spuren bei einem Autor, der im – bereits genannten – Programm der Zeitschrift *Kunst* ausgerechnet moderne Technik (einen Kodak-Photoapparat) zur Erschließung der Natur empfiehlt. Im Hinblick auf die sprachliche Aura des Titels, der gleich im allerersten Satz unbescheiden genannt wird, überrascht es nicht, daß Altenberg in den einleitenden Betrachtungen (die, wie sehr viele Texte in diesem Buch, keine impressionistischen Skizzen sind, sondern Aufzeichnungen intelligibler Art, nach dem Muster Nietzsches) philosophische Register zieht und, gattungstheoretisch gesehen, die mimetische Impression mit der aphoristischen Reflexion vertauscht. Das Hauptthema des Buches, das Verhältnis zwischen Geist und Körper, zwischen bloßer Natur und sinnvoll lenkender Beherrschung der Physis, dieses Thema klingt bereits auf der ersten Seite an. Die Natur sei der Embryo des Geistes, der Geist dagegen die „endentwickelte“ Natur: damit deutet der Autor den philosophischen Rahmen an, übrigens auf eine Weise, die den Vertreter der Wiener Moderne als einen Anhänger des deutschen romantischen Denkens ausweist. Ob er sich der Tatsache bewußt war, daß in seinen Notaten Gedanken von Friedrich Schlegel, Novalis und Schelling nachklingen, bleibe dahingestellt. Jedenfalls: „Der Geist muß die Natur in sich besiegen, wie der reife Mensch seine unsinnigen Kindlichkeiten!“ (7) So lautet der Satz, der die einleitenden Überlegungen am prägnantesten zusammenfaßt und der zugleich die Bahn der nachfolgenden Aufzeichnungen bestimmt.

Dieser Leitgedanke könnte allerdings auch in einem ganz anderen Werk Ton und Sinn angeben; etwa in einer Schrift, die das Kommando des Geistes als ein Mittel strenger Askese versteht. Davon kann bei Altenberg keine Rede sein. Er ist von Askese ebenso weit entfernt wie die meisten Vertreter eines emphatischen Begriffs von Natur im Geist der Jahrhundertwende. Spricht der Verfasser von *Prodromos* und späterer Bücher von einem Sieg des Geistes über die Natur, so meint er im Grunde einen mit mentaler Disziplin und Selbstüberwindung durchgeführten Wechsel in den Auffassungen von der Bedingtheit des Körpers. Nicht um die Verneinung des Körpers geht es, sondern vielmehr um dessen Pflege im Sinn eines neuen Verständnisses von Gesundheit. Da dieser Gesundheitsbegriff in einem Maße, das man heute nur noch mehr oder minder nostalgisch bestaunen kann, ebenfalls an der Idee naturbedingter Ursprünglichkeit festhält, ist man versucht, die Anschauungen des P. A. mit der Tradition eines naiven Rousseauismus in Verbindung zu bringen. Schaut man genauer hin, so erkennt man jedoch, daß die zivilisatorische Markierung in *Prodromos* großes Gewicht hat und daß es daher verfehlt wäre, auf Rousseau hinzuweisen, ohne Baudelaire und sein Lob der Künstlichkeit zu erwähnen. Natur wird nicht einfach als etwas Gegebenes verstanden, sondern als ein Entwurf. Pointiert ausgedrückt: Altenbergs Beugung der Natur durch den Geist ist eigentlich ein „Wille zur Natur“ (wie es bei Nietzsche den „Willen zur Macht“ gibt), wobei dieser Wille bestimmt, was als reine und gesunde Natur zu gelten habe. Es ist bezeichnend, daß die am häufigsten vorkommenden Wörter in *Prodromos* die Begriffe „Hygiene“ und „Diätetik“ sind, also Vokabeln, die korrigierende zivilisatorische Maßnahmen bezeichnen.

Ein Text aus dem Band *Bilderbögen des kleinen Lebens* (1909) sagt es besonders deutlich. Vom Aussehen der Menschen ist die Rede, vom Ausdruck des Gesichtes etwa, der ein Spiegelbild des allgemeinen geistigen und körperlichen Zustandes ist. „Wie wenige von den sorgenlosen reichen Menschen sehen ‚fit‘ aus?! Wie ein Rennpferd oder ein edelrassiger Hund?! Weil ihre Lebensführung nicht *verwaltet* ist nach ihrer Organisation, nach ihren immanenten heiligen Gesetzen! Der ‚verklärte Ausdruck im Antlitz‘ ist der natürliche Erfolg einer *vollkommen funktionierenden Lebensmaschine.*“[4] Die *kursiv* gesetzten Wörter sind im Original hervorgehoben, stellen also Aussagen dar, an denen es dem Autor besonders gelegen war. Wenn von einem „verwalteten“, d. h. offenbar rational behandelten Organismus gesprochen wird, so ist die Vorstellung nicht fern, die Altenberg dann auch sehr drastisch benennt: die Idee vom Körper als Maschine, vom tadellos funktionierenden System, das allerdings seine Leistungen nur dann reibungslos vollbringt, wenn es auch entsprechend behandelt und versorgt wird.

Es ist kaum zu entscheiden, ob sich Altenberg der geistesgeschichtlichen Tradition bewußt gewesen ist, die in seinen somatischen Wunschvorstellungen nachwirkt. Sehr wenig spricht für die Annahme, er habe die französische materialistische Philosophie des 18. Jahrhunderts gekannt, etwa Lamettries Abhandlung *L'homme machine.* Denkbar ist, daß der herausfordernd klingende Begriff in den zahllosen Kaffeehausdebatten eine Rolle gespielt haben mag, zum Beispiel in den Gesprächen mit Egon Friedell, der Germanistik und Philosophie studiert hatte und 1904 mit einer Arbeit über Novalis als Philosoph promovierte. Auf jeden Fall kann jedoch nachgewiesen werden, daß die Vorstellung vom gleichsam geschienten und geölten Menschen in Altenbergs Gedankenwelt im Grunde ein Fremdkörper war – eher eine unverbindliche Metapher denn ein exakter Begriff im Sinn der genannten Überlieferung. Mit Lamettries materialistischer Polemik konnte P. A. sicherlich nichts anfangen. Nicht um den Nachweis ging es ihm, der Mensch funktioniere wie ein wissenschaftlich überprüfbares physiologisches System, ein Stück Materie eben, sondern um den Gedanken der Beeinflußbarkeit des Körpers durch medizinische und soziale Hygiene.

Altenbergs Überzeugung, ja man möchte sagen: sein mit Verheißungen verbundener Glaube stützt sich dabei auf zwei Grundelemente, die er ziemlich unbedenklich nebeneinanderstellt. Heute wäre man eher geneigt, über das Vertrauen zu staunen, das er dem Zusammenwirken verschiedenster Gesundheitsquellen entgegenbrachte. In erster Linie gründet sich seine Utopie vom gesunden Menschen auf dem Vertrauen in die Heil- oder Erhaltungskraft naturgegebener Umweltfaktoren. Die alltägliche Natur sozusagen, das Selbstverständliche, aber nicht Beachtete wird entdeckt und beschworen. Mit einigem Neid blickt man heute auf die Zeit zurück, in der namentlich Luft und Wasser ohne wesentliche Bedenken als sauber, unverdorben und heilsam, kurz: als Inbegriff der „reinen, ursprünglichen Natur" gelten konnten. Ohne diese Voraussetzung sind Altenbergs Glaubenssätze kaum zu verstehen.

Von etwas anderer Art sind die Dinge, die den Lesern von *Prodromos* als ein weiteres Organon der Gesundheit empfohlen werden. Im Gegensatz zu den diversen Luft- und Wasserkuren – also den Mitteln, deren Herkunft aus der Tradition der Naturheilkunde unverkennbar ist – handelt es sich hier um Objekte, die ein zivilisatorisches Gepräge aufweisen: Massageapparate, sportliche Geräte und ähnliches. Hierher gehören auch künstlich hergestellte „Naturpräparate" sowie fernöstliche oder indische Säfte, Kräuter und Pillen, exotischer Import also, mit dem um die Jahrhundertwende bekanntlich – man braucht sich bloß die Inseratenseiten der Zeitungen und vieler Zeitschriften anzusehen – ein schwungvoller Handel getrieben wurde. Man muß annehmen, daß Altenberg im Hinblick auf diese Kategorie als Abnehmer und Benutzer auftrat, zugleich aber auch als Multiplikator, im werbetechnischen Sinn, vermutlich ohne materiellen Nutzen.

Wie dem auch sei, eines ist nicht zu bestreiten: der hohe Grad an literarischer Selbstreflexion, der in *Prodromos* erkennbar ist. Unter den ersten zwei Dutzend Aufzeichnungen findet sich, durchaus an diskreter Stelle, ein Text, der Andeutungen eines Programms, also eines Elements des Selbstverständnisses, nicht ungeschickt mit Anflügen reklameartiger Kommunikation verbindet.

„Das jüngste Buch von Peter Altenberg bereitete seinen zahlreichen Verehrern und Verehrerinnen eine arge Enttäuschung. Man erwartete sich von seinem engumgrenzten Talente nicht viel. Aber mehr oder weniger richtige Aphorismen zur Lebensführung?!? Wozu haben wir unsere Ärzte und Hygieniker?!? Ein Dichter sollte uns überraschen. Nun, überrascht hat er uns!" (14)

Wir haben es nun mit Geist und Gestalt dieser „Überraschung" zu tun. Einen Schlüssel dazu stellt diese verfremdende Selbstaussage dar. Der Autor ist sich, im Hinblick auf seine früheren Bücher, treu geblieben in der Absicht, den Leser mit der schockartigen Erfahrung unverhüllter Subjektivität zu konfrontieren. Neu ist dabei jedoch der unerwartete Einbruch in fremdes Gehege, d. h. die Ignorierung der von der Kulturtradition sanktionierten Schranken zwischen den einzelnen Bereichen öffentlicher Wirksamkeit. Der Dichter als Hygieniker, Kulturdidaktiker, Werbungsrhetor – das widerspricht in der Tat vor allem dem im 19. Jahrhundert gängigen Dichterbild, und zwar mit allen seinen Facetten: der klassizistischen, der romantischen, der symbolistischen. Sogar Autoren von der Art Zolas scheuten in der Regel eine derartige Ungehemmtheit im Wechsel des „Rollenfaches", zumal ja gerade in der realistischen bzw. naturalistischen Prosa der Fiktionalitätsschirm weitgehend die Machart bestimmte.

Überlegungen zu den theoretischen Voraussetzungen von Altenbergs Prosa sind notwendig, weil die so ostentativ durchgeführte Verwischung der Grenze zwischen dem Poeten und dem Hygieniker in Gefahr gerät, als ironisches Manöver mißverstanden zu werden. Es kann indes kein Zweifel daran sein, daß sich bei Altenberg das Lebenspathos der Jahrhundertwende in einer eigentümlichen Spielart zu erkennen gibt. Man mag die Haltung verschroben finden, der – manchmal fast parodistisch übertrieben wirkende – missionarische Eifer des Autors ist jedoch unbestreitbar.

II

Wer Altenbergs Arbeitsweise kennt, erwartet auch von *Prodromos* keine Systematik. Das thematische Interesse läßt zwar Schwerpunkte erkennen, doch die Anordnung der Aufzeichnungen bemüht sich gar nicht darum, die Beliebigkeit in der Folge der Texte zu verbergen. In dieser Hinsicht ist der Autor seinem Verständnis vom impressionistischen Dichter treu geblieben, trotz des Wechsels in die Rolle des Sozialtherapeuten. Versucht man nun durch analytisches Lesen gewisse Zusammenhänge im Spektrum der utopischen Vorstellungen aufzuzeigen, so erscheint es berechtigt, eine gedankliche Ordnung in der Wertung der von Altenberg genannten Energiequellen des Menschen zu suchen. In der Beurteilung der Wichtigkeit dieser Quellen zeichnet sich eine Hierarchie ab. Darin findet die kritische Einschätzung von Altenbergs Versuch einen maßgeblichen Anhaltspunkt.

In seiner Sicht der organischen Gesamtheit mißt der Autor die größte Bedeutung jenem Zustand bei, der die Regeneration sämtlicher intellektueller und sinnlicher Fähigkeiten verbürgt: dem Schlaf. Man könnte seine Gesundheitslehre geradezu eine soziale Hypnomanie nennen –

eine Erscheinung im übrigen, die gerade bei einem Vertreter impressionistischer Sensibilität durchaus verständlich ist. Bildet doch gesunder Schlaf die Voraussetzung für die Erneuerung ungetrübter Wahrnehmungsfähigkeit, also jener Frische der sinnlichen Orientierung, ohne die impressionistische Erfahrung nicht möglich wäre. Zahlreiche Aufzeichnungen in *Prodromos* gelten dem Lob des Schlafes, wie ja überhaupt Überschneidungen und variierende Wiederholungen kennzeichnend sind für die Anlage des Buches. Besondere Bedeutung kommt allerdings einem Text zu, der auch unter gattungstheoretischen Gesichtspunkten eine herausragende Stellung einnimmt, weil er zu den wenigen fiktional angelegten Texten des Bandes gehört. Entscheidend ist jedoch der Umstand, daß *Ein moderner König,* manifestartige und märchenartige Züge miteinander verbindend, Altenbergs deutlichster Vorstoß in die Bereiche der Utopie ist.

Es geht um einen König, der seine Untertanen durch eine strenge Verordnung zur Gesundheit zwingt, indem er seine Stadt von acht Uhr abends bis sechs Uhr morgens in eine „Stadt des Schlafes" verwandelt, gemäß der Einsicht, daß die „heilige Nachtruhe" von zehn Stunden zu den täglichen Rechten und auch Pflichten der Bürger gehöre. „*Ich gebe euch das Gesetz der Gesetze, kein anderes!* Denn aus ihm erblüht von selbst der Friede, die Kraft und das Glück!" (143) Im emphatischen Zarathustra-Ton wird hier, wie noch zu zeigen sein wird, ein persönlicher psychohygienischer Wunsch Altenbergs auf die Ebene einer universalen gesellschaftlichen Maßnahme erhoben. Die „Totenstille", die einen allgemeinen Erneuerungsschlaf Tag für Tag garantieren soll, kann Wunder wirken, heißt es in der Verlautbarung. Typisch für eine Utopie sind die Verheißungen, die daran geknüpft sind: Der lange tägliche Schlaf im ganzen Gemeinwesen wird zur Folge haben, verkündet der König, daß die Ärzte und die Richter überflüssig sein würden, ebenso wie die Heilstätten. Auch unglückliche Ehen würde es nicht mehr geben. „Ihr werdet liebenswürdig werden wie der Japaner, beweglich wie der Franzose, eisenfest wie der Deutsche, arbeitstüchtig wie der Amerikaner und in tausend Familien werden besonders Veranlagte, Überlebensgroße erstehen, zu Genies gemästet an ausreichendem Schlafe!" (143)

Es besteht der begründete Verdacht, daß die Häufung von Gemeinplätzen nach dem Muster nationaler Stereotype nicht nur auf das Konto des Königs geht. Die fiktionale Beschaffenheit des Textes kann nicht den Umstand verbergen, daß es in *Prodromos* gleich eine ganze Anzahl von Aufzeichnungen gibt, in denen derselbe Gedanke auf ganz ähnliche Weise formuliert erscheint, dazu unmittelbar, auf expositorische Art, ohne erzählerische Einkleidung. Gleich unter den ersten Aufzeichnungen des Buches finden sich Sätze, die keinen Zweifel darüber aufkommen lassen, daß der „König" nur ein Sprachrohr des Autors ist. Mit viel Überschwang wird das Allheilmittel Schlaf gepriesen, ja es wird betont, man möge auch vor fünfzehn, zwanzig oder gar dreißig Stunden nicht zurückschrecken (10). Voraussetzung für die volle Nutzung des begehrten Zustandes sei freilich Sauerstoff, saubere Luft, ein geöffnetes Fenster (Dinge, die damals offenbar noch eine feste Einheit bildeten).

Begreift man den beschwörenden Ton der Aussage auch als eine psychische Tatsache, die im privaten Lebensbereich des Autors zu sehen ist, so treten die tragikomischen Züge der Utopie hervor. Zu auffallend, zu kraß ist nämlich die Kluft zwischen dem Wunschtraum für die Menschheit und der leibhaftigen Lebensumwelt des P. A. Obwohl er in seinem privaten Alltag etwas von seinen hygienischen Vorsätzen zu verwirklichen suchte, namentlich durch seine – von der Umwelt als exzentrisch empfundenen – Vorstellungen von Reformkleidung, blieb sein eigentlicher Lebenswandel denkbar weit entfernt von den Ideen in *Prodromos*. Geprägt wurde er nämlich von Alkoholmißbrauch, Schlaflosigkeit, zahllosen Stunden in der stickigen, von Zigarettenrauch erfüllten Luft der Cafés. Die Utopie war für ihn auch persönlich das andere und Ferne. Der Zwiespalt und die Paradoxie dieser Existenz tritt am schärften in der Tatsache hervor, daß Altenberg die Inhalte seiner gedanklichen Ekstasen mit Mitteln zu erzwingen suchte, die nach allgemeinem Verständnis in entschiedenem Gegensatz zu den Auffassungen von Hygiene und Diätetik stehen. Zugespitzt ausgedrückt handelt es sich um ein Erzwingen von Gesundheit durch z. T. extrem ungesunde Stoffe: Schlafmittel (Veronal und Hedonal) sowie große Mengen alkoholischer Getränke werden als durchaus zulässig bezeichnet, nach dem Motto: „Ich schläfere dich *künstlich* ein, damit du *natürlich* erwachest!" (10) Ein Zeugnis dieser hausgemachten Dialektik ist auch die Beteuerung des Autors, er sei im Grunde ein „fanatischer Anti-Alkoholiker" (118), und sein Umgang mit dem Alkohol habe die Aufgabe einer „Krücke", solange es nicht gelinge, die Utopie wirklich zu leben.

Erkennt man die Motivzusammenhänge in *Prodromos,* so wird die Funktion eines Nebenmotivs deutlich, das für den Selbstverständnis-Haushalt des Autors gewiß nicht unwesentlich ist. Daß er als Muster seiner strahlenden Gesundheitsträume ein höchst problematisches Exempel sei, dessen war er sich voll bewußt. Das Café Central bevölkerten keine Fidus-Figuren, sondern Vertreter der Décadence – wie das auch von Altenberg gebrauchte Modewort lautete. Allein die Dekadenz (beide Formen kommen in *Prodromos* vor: Décadence und Dekadenz) erweist sich bei Altenberg im jeweiligen gedanklichen Kontext als eine vorwiegend positiv bewertete Idee. Die zwiespältige Beurteilung, die so bezeichnend für die zeitgenössischen Auseinandersetzungen um diesen Begriff ist,[5] ist zwar auch bei ihm gegenwärtig, so daß die bekannten Vorstellungen von Verfallsmentalität, bohemienhaftem Widerstand gegen die Normen der Gesellschaft, mehr oder minder freiwilliger Lebensuntüchtigkeit, übertriebener Reizsamkeit der Sinne und Nerven – und was sonst noch zum Bedeutungsfeld des Begriffs gehört – an seinen Notaten leicht abgelesen werden können, doch über die wertenden Akzente besteht kein Zweifel. „Verfall" erscheint bei Altenberg stets in ironischer Brechung: betont wird immer der menschliche Gewinn, ja der ethische Gedanke, der aus dem sogenannten dekadenten Verhalten hervorzugehen vermag.

Zwei Beispiele: Unter dem Stichwort „Dekadenz" berichtet der Autor über eine junge Dame, die so „dekadent" war, daß der Anblick eines mißhandelten Pferdes auf der Straße bei ihr schwerste Übelkeit hervorrief, mit der Folge, daß ihr Gatte eine Anzeige beim Tierschutzverein erstattete. Die Schlußfolgerung: „Infolgedessen werden wegen Dekadenz der Nerven künftig die Tiere nicht mehr mißhandelt werden!" (104) In einem weiteren Text, einer Parabel, die im Affenreich spielt, fallen die Affen über einen ihrer Artgenossen her, der die Zeit kommen sieht, da die Bewohner der Äste aufrecht gehen und sich nicht mehr von Baumstamm zu Baumstamm schwingen würden. Die Herde nennt ihn darauf prompt einen „Dekadenten", der die Gewandtheit des Turnens von Ast zu Ast aufs Spiel setze. Ja, so lautet seine Antwort, er sei bereit, diese Kräfte verkümmern zu lassen zugunsten wertvollerer Kräfte in der Zukunft. „Daraufhin schrieb der damalige Nerven-Pathologe Professor Schimpanse eine Broschüre: *Die Décadence und ihre Gefahren.*" (121)

„Dekadenz" war für Altenberg zweifellos ein vertrautes Wort. Der im Titel der vorliegenden Abhandlung angedeutete Zusammenhang nimmt nun festere Konturen an: Altenbergs Schwärmerei vom gesunden Leben entspringt in der Tat einer ambivalenten Zugehörigkeit zur Welt des sogenannten dekadenten Empfindens. Die Grundlage der Entfaltung eines neuen Lebensverständnisses und einer veränderten Werteskala bildet eine krisenhafte Subjektivität. Hinweise auf den

Rahmen der Dekadenz-Bewegung in Europa (einer Bewegung, zu deren Hauptstädte damals auch Wien gehörte) gibt es bei dem Wiener Bohemien in vielen Texten. Bezeichnend ist schon der Umstand, daß gleich sein allererstes Werk, *Wie ich es sehe,* mit einem längeren Zitat aus dem Roman *A rebours* von Huysmans beginnt, einem Schriftsteller, der namentlich mit diesem Werk zum engsten Kreis der europäischen „décadents“ zählt. Noch wichtiger ist die Verwandtschaft mit Nietzsches Verständnis der Dekadenz. Nietzsche gehört sicherlich nicht zu jenen Autoren, ohne die man sich Altenbergs Schaffen nicht vorstellen könnte. Im geistigen Haushalt des Wieners nimmt er, zumindest an der Oberfläche, keinen herausragenden Platz ein, und über das Ausmaß der Nietzsche-Kenntnisse lassen sich ohnehin nur Vermutungen anstellen. Allein überall, wo um die Jahrhundertwende von Dekadenz die Rede war, warf Nietzsche seinen Schatten.

Das gilt auch von *Prodromos.* Im ersten Band von *Menschliches, Allzumenschliches* stellt Nietzsche Überlegungen über die Dialektik des Dekadenten (Schwachen, Überempfindlichen) an, deren Ähnlichkeit mit den späteren Gedanken Altenbergs erstaunlich ist. Unter dem Stichwort *Veredelung durch Entartung* liest man etwa: „Es sind die ungebundeneren, viel unsichereren und moralisch-schwächeren Individuen, an denen das *geistige Fortschreiten* . . . hängt: es sind die Menschen, die Neues und überhaupt vielerlei versuchen. Unzählige dieser Art gehen, ihrer Schwäche wegen, ohne sehr ersichtliche Wirkung zugrunde; aber im allgemeinen, zumal wenn sie Nachkommen haben, lockern sie auf und bringen von Zeit zu Zeit dem stabilen Elemente eines Gemeinwesens eine Wunde bei. Gerade an dieser wunden und schwach gewordenen Stelle wird dem gesamten Wesen etwas Neues gleichsam *inokuliert;* seine Kraft im ganzen muß aber stark genug sein, um dieses Neue in sein Blut aufzunehmen und sich zu assimilieren. Die abartenden Naturen sind überall da von höchster Bedeutung, wo ein Fortschritt erfolgen soll. Jedem Fortschritt im großen muß eine teilweise Schwächung vorhergehen. Die stärksten Naturen *halten* den Typus *fest,* die schwächeren helfen ihn *fortbilden.* – Etwas Ähnliches ergibt sich für den einzelnen Menschen; selten ist eine Entartung, eine Verstümmelung, selbst ein Laster und überhaupt eine körperliche oder sittliche Einbuße ohne einen Vorteil auf einer andern Seite. Der kränkere Mensch zum Beispiel wird vielleicht, inmitten eines kriegerischen und unruhigen Stammes, mehr Veranlassung haben, für sich zu sein und dadurch ruhiger und weiser zu werden, der Einäugige wird *ein* stärkeres Auge haben, der Blinde wird tiefer ins Innere schauen und jedenfalls schärfer hören. Insofern scheint mir der berühmte Kampf ums Dasein nicht der einzige Gesichtspunkt zu sein, aus dem das Fortschreiten oder Stärkerwerden eines Menschen, einer Rasse erklärt werden kann."[6]

Mit gewissen Abwandlungen könnte diese Betrachtung auch in einem der Bücher Altenbergs stehen. Paraphrasiert man den Titel von Nietzsches erster wichtiger Veröffentlichung, so könnte man beide Autoren Verfechter der Ansicht nennen, der geistige und gesellschaftliche Fortschritt erfolge aus dem Geiste der Dekadenz. Persönliche Voraussetzungen für eine Urteilsbildung dieser Art findet man bei Nietzsche wie auch bei Altenberg. Was bei dem Wiener Lektüre ist und was durchdachte Erfahrung, ist daher kaum zu entscheiden. Beiden Autoren mußte das dialektische Ergebnis der Dekadenz als etwas Fernes erscheinen, deren Not dagegen, zumal die körperliche, als etwas Konkretes, leibhaftig Erfahrenes. Ein Unterschied ist allerdings darin erkennbar, daß Altenberg auch in seinen Schwärmereien für Zukunftsbilder Praktiker und Empiriker bleibt: im Gegensatz zu Nietzsche versieht er seine Utopien gleichsam mit Rezepten und Gebrauchsanweisungen. „Gesundheit" hat bei ihm weniger einen ideell-metaphysischen, sondern eher einen pragmatisch-therapeutischen Sinn. *Prodromos* läßt daran keinen Zweifel.

Das Buch fordert den Leser geradezu dazu auf, den – etwas verwischten – Unterweisungscharakter der Texte zu erkennen. Es bedarf zu diesem Zweck, wie gesagt, einer gewissen Gliederung. Unternimmt man diesen Versuch, so tut sich nach dem ersten Bereich (Schlaf, Luft, Atmung) ein zweiter auf, der sich ebenfalls auf Vorgänge im Inneren des menschlichen Körpers bezieht. Das vorhin gebrauchte Wort „Rezept" erweist sich im Hinblick auf die nun folgende Kategorie geradezu als ein Terminus technicus. Es geht um die Aufmerksamkeit, die Altenberg in seinem hygienisch-diätetischen Eifer der Ernährung widmet: der Reformkost, wie es schon damals hieß, der Auswahl bestimmter Nahrungsmittel und Speisen, der Zubereitung und ähnlichen Fragen, kurz: der Gesundheit, die durch den Magen geht.

Prodromos ist eine literarisch-kulinarische Fundgrube. Angewiesen ist man jedoch auch hier auf sammelndes Lesen, sozusagen auf „lesen" im ursprünglichen Sinn des Wortes. Ein Konzentrat aus dem Repertoire des Ernährungstheoretikers, eine Stelle, die es verdiente, gleichsam ein Locus classicus der Jahrhundertwende zu sein, bietet jedoch der Autor trotzdem. Der Text bildet mit einigen anderen Aufzeichnungen den programmatischen Kern im ersten Drittel des Bandes.

„Anhäufung von Lebens-Energien durch Einführung kolossal leichtverdaulicher nahrhafter Speisen, sogenannter Rekonvaleszenten-Kost, Wöchnerinnen-Kost, durch Atmen in ganz reiner Luft bei Tag und Nacht, durch Freiturnen, durch Hautpflege, Abführmittel etc. etc. und Benützung der angehäuften Spannkräfte zu seelisch-geistigen Betätigungen, ist der Entwicklungsweg der künftigen Menschen!" (22)

Auch die heutigen Reformer und Bio-Theoretiker nicken hier zustimmend mit dem Kopf. Mißbilligung oder gar völlige Ablehnung ruft lediglich die – für Altenberg freilich sehr kennzeichnende – Erwähnung von Laxativen hervor. Klarheit verdient allerdings die Frage, was als leichte Kost zu gelten habe, zumal man annehmen muß, daß in diesen Dingen auch damals keine Einhelligkeit herrschte. Altenberg läßt den Leser darüber nicht im unklaren: Dem modernen Kulturmenschen, wie er sich ausdrückt, empfiehlt er als „leichtest-verdauliche Nahrung" ausschließlich weißes Fleisch (Geflügel), frische Fluß- und Seefische, etwa Zander, Fogosch und Schellfisch, Rebhuhn, Hirn, Bries; ferner weichgekochten Karolinen-Reis, Erdäpfel-Püree, Emmentaler-Püree, Erbsen-Püree. Überhaupt sei bei allen Speisen diese Zubereitungsform anzustreben: der Magen sollte so oft wie möglich Pürees empfangen. „Den edlen wunderbaren mysteriösen Verdauungs-Säften ihre Arbeit erleichtern, ist die Sache, der Wunsch des *kultivierten Menschen!*" (28) Man sollte freilich nicht verschweigen, daß auf der Empfehlungsliste auch Dinge wie mürbe Schinken-Steaks, rohe Eidotter in Fleischsuppe, abgekochtes Obers „mit einem Gläschen Rum zur Parfümierung" figurieren, Speisen also, bei deren Nennung moderne Ernährungspuristen eher zusammenzucken würden. Das Vorkommen von entölten Sardinen und Gerste-Auflauf würde sie allerdings vermutlich wieder versöhnlich stimmen.

Bedenkt man, wie oft in Altenbergs Schriften breiartige Speisen sowie bestimmte Verdauungsmaßnahmen und das Einnehmen von Laxativen empfohlen werden, so erscheint es angemessen, von einer fixen Idee zu sprechen. Es ist eigentümlich, daß auch der Autor selbst diesen Begriff gebraucht. Leicht verdauliche Nahrung, verkündet er, müsse zu einer fixen Idee der Menschen werden, denn nur Vorsätze dieser Art seien dazu angetan, den Weg zum Entwicklungs-Gipfel zu bahnen (94). Das klingt wie ein parodistischer Nietzsche-Ton, führt aber sehr deutlich den erwähnten Zwiespalt in Altenbergs Maximen vor Augen. Der Diätetiker aus dem Café Central erscheint aus heutiger Sicht gleichsam als eine eigenartige kulturgeschichtliche Puzzle-Figur: neben den Zügen des Gesundheitsfanatikers fast asketischer Art treten die Züge des „dekadenten", verfeinerten Kenners kulinarischer Luxusartikel hervor. Überträgt man die Erkenntnis von der pluralistischen Beschaffenheit der Kultur der Jahrhundertwende auf die Ansichten Altenbergs, so erweist sich der Bohemien auch in der Rolle des Hygienikers als eine typische Gestalt der Epoche: in seiner schillernden Vielgestaltigkeit brachte er es fertig, Spartaner und Sybarit zugleich zu sein.

Die spartanischen Neigungen zeigen sich vor allem in einem weiteren Bereich der Lebensform um 1900: dem der Kleidung. Dem Ruf nach praktischer, unkonventioneller und „naturnaher" Gestaltung des jeweiligen Körperschutzes folgte P. A. auf eine persönliche Weise. Alfred Polgar hat ihn folgendermaßen porträtiert: „Im karierten Anzug mit zu kurzen Hosen, den Ledergürtel sportlich umgeschnallt, ohne Hut, sandalenklappernd, die Zwickerschnur breit wie ein Meßband, den keulenförmigen, knolligen Stecken unterm Arm, stocherte er, schäumend im Selbstgespräch, über den Graben. ‚Sie machen zu viel Aufsehen!' sagte der Wachmann. – ‚Zu wenig!' schrie der arme Peter, ‚zu wenig!'"[7]

„Aufsehen" ist hier ein kulturgeschichtliches Stichwort. Manche der genanten Utensilien gehören zum zeichenhaften Bestand der Jugend- und Reformbewegung. Doch im Wiener Milieu der Cafés und Kneipen waren diese Dinge von ihrem Ursprung so weit entfernt, daß sie nur als extravagante Marotten eines „Originals" verstanden wurden – nicht als Anzeichen einer gesellschaftlichen Bewegung, sondern als Allotria der Boheme. Man kann annehmen, daß Altenberg sich der Ambivalenz bewußt war. Knotenstock, Lodenzeug, Sandalen konnotierten Robustheit und Gesundheit, doch zugleich wurde damit auch die Vorstellung von Spleen und Originalität heraufbeschworen, eine Vorstellung jedenfalls, die dazu geeignet war, dem Sonderling eine effektvolle Markierung zu verleihen, etwa nach dem Muster: bohemienhaftes Wahrzeichen von Wien.

Wie dem auch sei, der Eifer, mit dem der „Hygieniker" seine Vorschläge der Öffentlichkeit mitteilte, ist auch in seinen Äußerungen über Kleidung zu erkennen. Eine Art Zusammenfassung enthält ein Aufsatz im Sammelband *Bilderbögen des kleinen Lebens*. Dort heißt es: „Man trage nie mehr Kleidung, als die ‚Sittlichkeit' erfordert. Und die erfordert beim kultivierten Menschen äußerst wenig. Ideale Tracht für Frauen: kurze seidene Socken, Sandalen, nackte Beine, fußfreier Rock, offener Hals, offene Ärmel. Ideale Tracht für Männer: englische kurze

Socken, Sandalen, kurze weite Hose bis zum Knie, feines weites englisches Hemd. Der Hut sei *verbannt*."[8]

Was namentlich den Lesern von *Prodromos* auffällt, ist die fließende Grenze zwischen reformatorischem Pathos und werbendem Tonfall – wobei „werbend" durchaus im doppelten Wortsinn zu verstehen ist. Wenn P. A. dieses oder jenes Kleidungsstück empfiehlt oder seiner Begeisterung über einen bestimmten hygienischen Artikel Ausdruck verleiht, kann man sich nie ganz des – vermutlich unberechtigten – Eindrucks erwehren, die Rhetorik des Autors werde vom Gedanken der Reklame beflügelt. Mit Lob wird nicht gespart: ob es sich nun um ein Gerät für elektrische Vibrations-Massage handelt (26), und die „ideale" Zahnpasta Dr. Suin de Boutemard (35), Vino Condurango und Tamar Indien Grillon (60), das Lärmschutz-Gerät „Antiphon" mit Hartgummi-Kugel und Stahl-Bügel, zu erwerben in einem bestimmten, namentlich genannten Geschäft im ersten Bezirk (78), oder um „ideale" Zahnstocher aus Pfaffenkäppchen-Holz (180).

Auch wenn man dem Autor keine kommerziellen Interessen unterstellt, bleibt die Tatsache zumindest stilgeschichtlich auffallend. Die Sprache des Enthusiasten kann sich nicht – oder will sich nicht – gegen die Sprache der merkantilen Werbung abschirmen, sie bleibt vielmehr in deren Bann, gleicht sich ihr an oder verhält sich nahezu parodistisch zu ihr. Manche Aufzeichnungen in Altenbergs Büchern unterscheiden sich von den Texten in zahllosen Zeitungen und Revuen (mit Werbung für Kosmetik, Sportartikel, Hygiene usw.) allenfalls dadurch, daß der Literat durch impressionistische Tupfer oder geschickt dosierte Stilbrüche in den sonst unpersönlich abschnurrenden Reklametext Subjektivität einbringt.

Dennoch kann man sich Altenberg nur schwer als den Leiter einer Werbungsfirma vorstellen, und zwar nicht nur wegen der genannten persönlichen Eigentümlichkeiten. Wo er sich nämlich über die Rolle des Praktikers oder zumindest des Empirikers hinauswagt und in seine Anweisungen und Appelle kulturkritische Gedanken allgemeiner Art aufnimmt, erweist er sich als ein Zeitgenosse, dem die berufsmäßigen Vertreter der Werbung jegliche Einsicht abstreiten müßten. Jedenfalls müßte er in ihren Augen als völlig weltfremd gelten. Altenberg rührt nämlich an ein Axiom der Werbung: an den Grundsatz und die Praxis der Mode. Sein Verständnis der Lebensreform ist geprägt von einem naiven Nützlichkeitsbegriff, so daß sich seine Vorstellung von Werbung (Mitteilung, Weitergabe praktischer Informationen) wesentlich von der Reklame im Dienste modischer Richtung unterscheidet. Ja er hält die

Mode für eine völlig sinnwidrige Erscheinung, ein Phänomen, das jede vernünftige Bemühung um Reform untergräbt, weil es den Gebrauchswert und die praktische Beschaffenheit eines Gegenstandes nicht angemessen zum Ausdruck kommen läßt.

Nachzulesen ist das im Aufsatz *Mode* in den *Märchen des Lebens.* Der Text beginnt prompt mit einem Paukenschlag: „Die ‚Mode' ist das *ästhetische Verbrechen* an und für sich!"[9] Es ist eine bemerkenswerte Koinzidenz, daß im selben Jahr Adolf Loos seinen Essay *ornament und verbrechen* veröffentlichte, der – wenn auch unter anderen Gesichtspunkten – ebenfalls von der Kategorie des konkreten Gebrauchswertes ausgeht und polemische Breitseiten gegen den modischen Wechsel im Wuchern „funktionsloser" Elemente abfeuert. Die wahre Persönlichkeit, argumentiert Altenberg, läßt sich nicht von den Wünschen der Modemacher terrorisieren. „Der *Kultivierte* hat die Pflicht, sich den willkürlichen Veränderungen der Mode *entgegenzustellen!* ‚Man trägt heuer . . .' ist ein verbrecherischer Idiotismus. Was kümmert uns die Bilanz der Schneider, Hutmacher und Schuster?!?"[10] Statt der Sklaverei der Mode zu folgen, müsse man das Zeitlose der Bequemlichkeit anstreben, und zwar stets im Hinblick auf die Individualität des Körpers und noch viel mehr auf den Zweck, dem die Kleidung entsprechen soll. Die Beurteilung der Kleidung im Alltag sollte nicht anders sein als bei bestimmten Gelegenheiten, wo der praktische Sinn der Bekleidung für jedermann evident ist. Beispiel: Bergwanderer wissen, was nützlich und angemessen ist, da hat sich seit Jahrhunderten nichts geändert, stellt der Autor fest.

Auf dieser Sicht der Dinge beruht auch sein grundlegendes ästhetisches Theorem, formuliert in *Prodromos: „Ästhetik ist Diätik! Schön* ist, was *gesund* ist." (128) Da der Begriff der Gesundheit hier im weitesten Sinne zu verstehen ist, plädiert Altenberg für die Gleichsetzung von Schönheit und Angemessenheit. Schön ist, was funktional ist. In dieser Fassung, die durchaus Altenbergs Argumenten entspricht, könnte der Satz auch von Loos stammen. Die Gemeinsamkeiten im Denken zeichnen sich hier deutlich ab.

Verfolgt man diese Spur, so erkennt man, daß bei Loos eher die nüchterne Zivilisationskritik überwiegt, bei Altenberg ein schwärmerischer Kulturutopismus. Zu den im weitesten Sinn des Wortes philosophischen Texten des Bohemiens zählt der manifestartige Versuch *Werdet einfach!*, der schon durch seinen Titel seine Zugehörigkeit zum Typus beschwörender Rede ausweist. Wenn es so etwas wie ein gedankliches Testament Altenbergs gibt, dann ist es dieser während des

Krieges entstandene Text aus dem Band *Fechsung*. Berücksichtigt man den gesamten Gedankenkontext des Autors, vermeidet man die Gefahr, den Aufsatz als einen auf die Not des Krieges bezogenen aktuellen Beitrag zu lesen; denn es handelt sich um zugespitzt formulierte Ansichten, die aus einigen gedanklichen Leitmotiven der nach 1905 entstandenen Schriften hervorgehen.

Es gibt kaum eine Schrift des Autors, in der das bekenntnishafte Pathos so eindringlich ist wie in *Werdet einfach!* Der impressionistische Miniaturist offenbart sich hier vollends als der verhinderte Rhetor der Wiener Moderne. Es erscheint nicht ganz abwegig, an einen sehr entfernten Vertreter der Wiener literarischen Tradition zu denken, an den Prediger Abraham a Santa Clara. Auch Altenberg redet hier seinen Lesern kräftig ins Gewissen, übrigens sicherlich mit dem Wunsch, mit seinen Worten nicht nur literarisch interessierte Menschen zu erreichen. Denn sein Appell richtet sich an jedermann – ja man könnte sagen: an den „Jedermann". So wie in der alten, von Hofmannsthal bearbeiteten Moralität Eitelkeit und Luxus der Verdammnis anheimfallen, so wettert auch der Hygieniker, der hier zum strengen Moralisten wird, gegen den „Irrtum des Lebens", und das ist die Verliebtheit in Luxus, Scheinhaftigkeit, Dünkel und Trug. „Wenn ihr jetzt, *jetzt* nicht es erkennt, daß *jeglicher* Luxus überflüssig, traurig, lächerlich, schändlich und vom Satan ist, daß die Welt und ihr unnütz euch groß getan habt mit Überflüssigem, wann, wann werdet ihr es dann noch *jemals* erkennen?!"[11] Der Welt der Eitelkeit, des Überflusses und der Überflüssigkeit, deren Symbol für Altenberg der Pelz ist, setzt er die Schlichtheit und Bedürfnislosigkeit einer (künftigen) Mentalität entgegen, die mit getünchten Wänden, Kernseife, hart-gesunden Lagerstätten und Lodenkleidung auskommt. Auch das in solchen Zusammenhängen oft gebrauchte Wort fällt, das berühmt und berüchtigt zugleich ist: das „einfache Leben".

Der Kulturhistoriker kann beim Lesen dieses Textes wahrlich nicht über Assoziationsmangel klagen. Nach allen Seiten hin tun sich Ausblicke auf: man mag an die franziskanische Tradition denken, an romantisches Einsiedlertum und manch andere Bewegung aus vergangenen Jahrhunderten, aber auch an den zeitgenössischen geistigen Kontext, von dem P. A. wohl nur ungenaue Kenntnisse hatte. Literarische Werke wie Hesses *Peter Camenzind* gehören zum Motivkreis des „einfachen Lebens", aber auch zahlreiche kulturkritische und reformpädagogische Schriften der Jahrhundertwende (von denen später noch kurz die Rede sein wird). Eines dieser Werke soll schon hier genannt werden, da die Verwandtschaft mit der Mahnung aus Wien besonders auffallend ist. Es handelt sich um den Vortrag *Mensch und Erde* (1913) von Ludwig Klages. Die Stimme aus dem – Stefan George eine Zeitlang nahestehenden – Münchner Philosophen- und Dichterkreis der Jahrhundertwende hat stilgeschichtlich und auch biographisch mit dem Wiener Autor nichts zu tun. In der mahnenden und drohenden Beschwörung einer kulturellen Umkehr berühren sich dagegen die Texte.

„Die meisten leben nicht", schreibt Klages von den Menschen der Gegenwart, „sondern *existieren* nur mehr, sei es als Sklaven des ‚Berufs', die sich maschinenhaft im Dienste großer Betriebe verbrauchen, sei es als Sklaven des Geldes, besinnungslos anheimgegeben dem Zahlendelirium der Aktien und Gründungen, sei es endlich als Sklaven großstädtischen Zerstreuungstaumels; ebenso viele aber fühlen dumpf den Zusammenbruch und die wachsende Freudlosigkeit."[12]

Beide Autoren, wie auch viele unter ihren Zeitgenossen, erblicken in der Naturferne der modernen Zivilisation das Grundübel, und für beide sind die Erscheinungen des Modischen und jeweils „Fortschrittlichen" zum großen Teil Bekundungen des Sinnlosen, Leeren, Überflüssigen. Entscheidend ist, daß aus dieser Sicht die Hektik und Luxusgier als eine sinnlose Ablenkung von den eigentlichen Werten des Lebens verstanden wird. Worin aber das Eigentliche zu sehen ist, in dieser Frage unterscheiden sich die beiden Autoren mehr oder weniger voneinander. Bei Klages, wie auch beim frühen Hesse, finden sich die „eigentlichen" Werte vor allem im Mythos der Ursprünglichkeit in Natur, Landschaft und Lebensweise, bei Altenberg dagegen eher in der Empfänglichkeit für die Schönheiten des Alltags, die bezaubernden Impressionen aus dem Bilderbuch des „kleinen Lebens". Die gleichsam franziskanische, schlichte Lebensweise, zu der er die Menschen aufruft, gewinnt bei ihm ihren Sinn dadurch, daß sie die Voraussetzung bildet für Entlastung: die Befreiung vom Überflüssigen soll Freiräume für ein ästhetisches Leben schaffen – für die Poesie der Wahrnehmung.

III

Betrachtungen über Altenberg sollten – namentlich wenn es um diese weniger bekannten Aspekte seines Schreibens geht – ihr Interesse auch auf Bereiche außerhalb der Sphäre des Cafés ausdehnen. Gilt es die Anschauungswelt des Autors zu erkunden, empfiehlt sich ein Blick über die engeren biographischen Grenzen hinaus. Als Verfechter neuer oder auch nur neu gefaßter Anschauungen in Hygiene und Diätetik ist P. A. – das muß abermals betont werden – kein „Original" gewesen. Als ein solches galt er nur aufgrund seines unkonventionellen Verhaltens in der Öffentlichkeit. Ein besonderer Platz gebührt ihm literarhistorisch allerdings dadurch, daß bei keinem anderen Autor der Wiener Moderne die Beziehung zwischen Schreiben und Leben so eng und zugleich so verwirrend widersprüchlich ist wie bei ihm. Der Verfasser impressionistischer Skizzen und lebenreformerischer Aufrufe bildet darin einen deutlichen Gegensatz zu der Lehre und den Haltungen der Symbolisten und verwandter Dichter. Die Doktrin der Trennung von Leben und Kunst hat für die Generation der Wiener Modernisten am prägnantesten der junge Hofmannsthal ausgesprochen, etwa in seinem programmatischen Essay *Poesie und Leben* (1896), wo, ganz im Geist Mallarmés und Georges, der Gedanke der absoluten Autonomie der Sprache in der Dichtung vertreten wird – mit der Schlußfolgerung: „Es führt von der Poesie kein direkter Weg ins Leben, aus dem Leben keiner in die Poesie."[13]

Gerade wenn man diese poetologische Forderung ernst nimmt, gilt es, darauf hinzuweisen, daß es bei einem Autor wie Hofmannsthal ein Irrtum wäre, von den Dichtungen auf das Leben zu schließen und umgekehrt. Die Lektüre etwa des *Kleinen Welttheaters* oder der *Ballade des äußeren Lebens* könnte möglicherweise die verbreitete Vorstellung begünstigen, Dichter, und erst recht solche Dichter, seien weltfremde Träumer. Im Zusammenhang mit unserem Thema wird jedoch besonders die Tatsache interessieren, daß einige der namhaftesten Vertreter der Wiener Moderne jenes Leben praktizierten, von dem Altenberg nur schreiben konnte, zumeist am Kaffeehaustisch. Die Vorstellung vom symbolistischen Träumer wird nämlich wirksam korrigiert, wenn Einsicht in den Briefwechsel zwischen Hofmannsthal und Schnitzler genommen wird.

Der allgemeine Eindruck, den man gewinnt, sofern vom privaten Alltag die Rede ist, ist eher der von Persönlichkeiten, deren Verhalten man einigermaßen zutreffend mit den Attributen praktisch, unproblematisch und sportlich beschreiben könnte. Eine bezeichnende Einzelheit (bei der man unwillkürlich an Altenbergs gesundheitliche Maximen denkt) mag die Besonderheit der biographischen Umstände beleuchten. Bei sorgfältigem Lesen des Briefwechsels stößt man immer wieder auf Äußerungen der Begeisterung über eine Form des modernen Sports: das Radfahren. Es wird in den Briefen aus den neunziger Jahren so oft erwähnt, daß es fast zu den Leitmotiven der Korrespondenz gezählt werden darf. Im August 1893 schreibt Schnitzler geradezu beschwörend an Hofmannsthal, der Freund müsse unbedingt „Bicycle" fahren lernen. Postwendend antwortet dieser aus der Sommerfrische, er arbeite nichts, spiele aber Tennis und Karten, fahre und schwimme.[14] In den folgenden Jahren ist mehrmals von Radtouren die Rede, auch von größeren Ausflügen oder Reisen, bis hinunter nach Italien. „Das Radfahren macht mir eine große Freude", bekennt Hofmannsthal im Mai 1897, „es ist wunderschön, ein bissel ermüdet und erhitzt sich irgendwo still hinzusetzen und über die Sträuche, die Wiesen und die Hügel hinzuschauen, und abends ist es sogar wunderschön, in den Straßen der Vorstädte zu fahren."[15]

Mit einem Wort: eine Tennis spielende, schwimmende und „radelnde" Wiener Moderne. Daß Zwangzigjährige oder Dreißigjährige Sport treiben, bedarf normalerweise sicherlich keines Kommentars, doch wenn es sich ausgerechnet um Autoren handelt, deren Dramen und Novellen vielen zeitgenössischen Lesern als morbid galten, erscheint es nicht überflüssig, auf die Diskrepanz zwischen „Dichtung und Wahrheit" hinzuweisen. In den Werken gerade der wichtigsten Vertreter der jungen Wiener Literatur ist von diesen Erfahrungen der Lebensrealität überhaupt nicht oder nur ganz am Rande die Rede. Kehrt man zu Altenberg zurück, so bietet sich die Schlußfolgerung an, daß von den Skizzen und Feuilletons des Bohemiens kaum ein Weg zum Historismus von Hofmannsthals poetischer Welt führt, wohl aber zu der physischen Lebenswirklichkeit der jungen Autoren. Mit ihren Sprachspielen mochten diese in anderen Jahrhunderten leben, mit den Körperspielen waren sie authentische Zeugen eines Zeitalters im Zeichen reformerischer Hygiene.

Allein nicht nur Wiener Literaten können als Zeugen aufgerufen werden. Unter den deutschsprachigen Autoren der Epoche sei zumindest noch einer genannt, und zwar ein so bedeutender wie Rilke. Aus den Jahren des *Buches der Bilder* und des *Stundenbuches,* aber auch noch aus späteren Jahren, stammen zahlreiche Lebenszeugnisse, die den Dichter als einen leidenschaftlichen Anhänger der Reformbewegung ausweisen. Seine Haltung beweist jedenfalls, daß alternative Lebensform und Naturkult Erscheinungen waren, die nicht nur einzelne Gruppen von Eiferern und Sonderlingen auf die Beine brachten; auch Intellektuelle und Künstler von Rang nahmen an der Bewegung teil. Rilkes Neigung ist insofern ein wichtiges Beispiel, als es, wie bei Altenberg und Hesse, den Befund bestätigt, daß der Reformgedanke auch individuelle Ausprägungen fand. Die verschiedenen Zirkel und „Gemeinden“ beherrschten zwar weitgehend das in der Öffentlichkeit entstandene Bild, waren jedoch nicht die einzigen authentischen Träger der Idee.

Will man Rilkes passioniertes Verhältnis zum Gedanken der Naturnähe in Hygiene und Diätetik, um mit Altenberg zu sprechen, aus der Sicht des Autors kennenlernen, muß man sich mit dem sehr umfangreichen, von der Forschung bisher nur zum Teil ausgewerteten Briefwechsel vertraut machen. Die Dichtungen selbst, von den bereits genannten Sammlungen bis zu den *Sonetten an Orpheus,* vermitteln die Erfahrungen und Anschauungen des Autors nur in sublimierter Gestalt, generisch stilisiert und selektiv, so daß sich diese Texte kaum zum Vergleich mit den bisher genannten expositorischen Schriften eignen. Die Briefe sind naturgemäß nicht nur expliziter, sie zeigen nicht selten auch einen Rilke, der in der Stimme des Lyrikers kaum enthalten ist. Jedenfalls darf die Korrespondenz als ein eigenständiges, geistig ebenbürtiges Textkorpus angesehen werden.

Man erkennt bei der Durchsicht der Briefe, daß die Begeisterung für die Natur aus der Sicht der Lebensreform Phasen besonderer Intensität aufweist. Einen Höhepunkt erreicht sie in den ersten Jahren nach 1900, also in den Erscheinungsjahren des *Buches der Bilder* und des *Stundenbuchs.* Die prägenden Erfahrungen dieser Zeit stehen gleichsam im Zeichen der Suche nach der verlorenen Natur, der abhanden gekommenen Ursprünglichkeit des Lebens. Auch für den ständig seinen Aufenthaltsort wechselnden Dichter ist diese Suche ein Verlangen nach dem „einfachen Leben“ – allerdings, wie bei Altenberg, nach einem Leben, in dem die Grenze zwischen franziskanischer Genügsamkeit und zivilisatorischem Raffinement nicht immer leicht zu ziehen ist. Fast möchte man zuweilen von luxuriöser Askese oder asketischem Luxus sprechen. Dennoch: die Bestrebung, Hygiene und Diätetik des Alltags in die Erfahrungsbahnen der „Ursprünglichkeit“, im Sinn überlieferter Merkmale einer archaisch gefärbten agrarischen Kultur, zurückzuleiten, ist bei Rilke zweifellos authentisch. Auch die zahlreichen Reisen folgen den Spuren verschütteter Natur. Um 1900 häufen sich die Auslandsaufenthalte des Prager und Münchner Studenten: in Italien (wie Hesses Peter Camenzind), zweimal in Rußland, abermals in Italien, danach in Schweden; zwischendurch längere Aufenthalte in Norddeutschland, in Worpswede und Westerwede. Die Formel für Rußland und die skandinavischen Länder ist wohl: „mit der Seele suchend“, wobei eben nicht nur Bildungserlebnisse (Tolstoj, russische Lyrik, Jacobsen, Bang, Ibsen) einen Anteil hatten, sondern auch die Vorstellung von naturnahen Lebensformen.

Mit franziskanischer Gesinnung, verbunden mit Wandervogel-Sehnsucht (wie es später hieß), bereiste Rilke auch Rußland, das er in seiner Sehnsucht nach elementaren Offenbarungen des Lebens in eine Bilderbogenwelt verwandelte: in ein Land unermeßlicher Weite, von Muschiks und weisen Pilgern bevölkert. Im Norden bewunderte er zwar den „dekadenten" Hermann Bang, doch was er besonders gierig in sich aufnahm, war die große Einfachheit in Landschaft und Lebensart Dänemarks und Schwedens. Als beruhigend und „still" empfand er das alles: die Gutshöfe, das alte Bauerntum, die herbe Witterung. In einem Brief aus Südschweden, im Sommer 1904, nennt er als tiefes Erlebnis die Tagesabläufe ohne alle Hektik, in denen es Zeit und Raum gibt für Barfußgehen, Ruhen, Zuhören, wenn erzählt wird. Auch gesunde Nahrung gehört dazu: Obst, Grütze aus Korn, Milch.[16] In anderen Briefen wird die Notwendigkeit vegetarischer Kost hervorgehoben.

Über Rilkes Beziehungen zur Lebensphilosophie, von Nietzsche bis Klages, fehlt es nicht an Literatur. Man denke nur an die Studien von Erich Heller (*Enterbter Geist,* 1954, u. a.). In unserem Zusammenhang ist die Tatsache beachtenswert, daß die Anschauungswelt der Lebensphilosophie, des philosophischen Vitalismus, bei Rilke eben nicht nur eine Angelegenheit des Geistes, sondern auch eine des Körpers gewesen ist. Der Weg, der von Theoremen im Geiste Nietzsches zu den weltanschaulich keineswegs neutralen Speisen wie Hafergrütze und Joghurt führt, ist keinesfalls eingleisig. Altenberg (zu dem Rilke keine Beziehungen unterhielt) ist jedenfalls nicht weit, wenn der kosmopolitische Prager in manchen Briefen die Einheit von poetischer Weltsicht und reformerisch verstandener körperlicher Gesundheit betont. In der Zeit, in der sich Altenberg dem Themenkreis von *Prodromos* zuwandte, schrieb Rilke in einem Brief an Ellen Key:

„O wie ich daran glaube, an das Leben. Nicht das, das die Zeit ausmacht, jenes andere Leben, das Leben der kleinen Dinge, das Leben der Tiere und der großen Ebenen. Dieses Leben, das durch die Jahrtausende dauert, scheinbar ohne Teilnahme, und doch im Gleichgewicht seiner Kräfte voll Bewegung und Wachstum und Wärme. Darum lasten die Städte so auf mir. Darum liebe ich es, barfuß weite Wege zu tun, um kein Sandkorn zu versäumen und meinem Körper in vielen Formen die ganze Welt zu geben zum Gefühl, zum Ereignis, zur Verwandtschaft. Darum lebe ich, wo es geht, von Gemüse, um dem einfachen, durch nichts Fremdes gesteigerten Lebensbewußtsein nahe zu sein; darum geht kein Wein in mich ein: weil ich will, daß nur meine Säfte reden und rauschen sollen und Seligkeit haben sollen, wie in Kindern und Tieren, tief aus sich selbst! . . . Und darum will ich auch allen Hochmut weit von mir abtun, mich nicht heben über das allergeringste Tier und mich nicht herrlicher halten als einen Stein. Aber sein, was ich bin, leben, was mir zu leben gesetzt war, klingen wollen, was keiner sonst klingen kann, die Blüten bringen, die meinem Herzen befohlen sind: das will ich – und das kann doch nicht Überhebung sein."[17]

Hier hat man alles, was auch *Prodromos* kennzeichnet, nur in einer gleichsam strengeren Ausführung, nicht so verspielt oder burschikos wie bei Altenberg, bei dem sogar das Pathos manchmal salopp erscheint. Es ist bemerkenswert, daß hier Wörter von pathetischer Hochspannung neben Vokabeln wie „Gemüse" sozusagen auf der gleichen Ebene sind, stilistisch integriert in einer Rede, in der die Rhetorik der „Demut vor dem Leben" wirksam ist. Aus Rilkes Worten ist ersichtlich, welche gedanklichen und sprachlichen Impulse manche Autoren der Jahrhundertwende – bewußt oder unbewußt – in ihr Schaffen aufgenommen haben. Dieser Brief, wie auch viele andere, mutet an, als seien Gedanken aus dem Vorwort zu Stifters *Bunten Steinen* auf die Stilebene der Verkündungsliteratur in der Art von Nietzsches *Zarathustra* gehoben worden. Man wird sich jedenfalls damit abfinden müssen, daß das Bekenntnis zum „einfachen Leben" in dem hier angedeuteten Sinn zu den großen Konstanten in Rilkes Schaffen zählt. Die peinlichen ideologischen und politischen Konnotationen, die sich im zwanzigsten Jahrhundert an diese Wortprägung geheftet haben, können durch Rilkes dichterische Autorität freilich nicht getilgt werden. Doch das gilt auch umgekehrt: die authentische poetische Erfahrung verdient es, namentlich heute, ernst genommen zu werden. Bis in seine späten Gedichte wirken die Anschauungen der Lebensreform nach, so daß man sich auch den symbolischen Orpheus der *Sonette* durchaus als einen geistigen Apologeten von *Prodromos* vorstellen kann.

IV

Wir berühren in diesen Betrachtungen einen letzten Kreis, wenn wir den Bereich der Literatur im engeren Sinn verlassen und einen vergleichenden Blick auf die auflagenstarke Publizistik der Reformbewegung (oder genauer: Reformbewegungen) um 1900 werfen. Eine Einführung in die entsprechende „Szene" der Jahrhundertwende ist an dieser Stelle nicht erforderlich. Eine Vielzahl von Untersuchungen, von denen die meisten in den letzten dreißig Jahren entstanden sind, informiert über diese Erscheinung.[18] Ein Einblick in die zahllosen, heute zum Teil nur noch schwer greifbaren Veröffentlichungen der diversen Sektenführer, Ideologen, Heilpraktiker, Volkskundler und Reformpädagogen zeigt, daß es sich um Gruppen unterschiedlicher Couleur handelt, deren Gemeinsamkeit allerdings in gewissen Punkten klar zutage tritt, namentlich in den weitgehend gleichlautenden Forderungen im Hinblick auf Hygiene und Diätetik. Soweit in den Publikationen von gesundheitlichen oder sportlichen Vorstellungen und Empfehlungen die Rede ist, ohne politische Markierungen, kann eine breite Übereinstimmung in den Grundideen festgestellt werden. Auch der Unterschied zwischen der einschlägigen Broschürenflut um 1900 und Altenbergs Büchern ist – berücksichtigt man nur den Charakter der Empfehlungen – eher stilistischer Natur.

Am Anfang der Reformbewegung im neunzehnten Jahrhundert steht die Naturheilkunde, darüber ist sich die Forschung einig. Heute könnte man sagen, eine alternative Medizin sei der Ursprung gewesen. Zumeist werden die Naturheiler Vincenz Prießnitz und Sebastian Kneipp (die beide keine Beziehung zur Schulmedizin hatten) als die maßgeblichen Persönlichkeiten der Anfänge bezeichnet. Ihre Popularität, deren Wirkungen auch heute noch spürbar sind, kann nicht bezweifelt werden. Doch man sollte nicht außer acht lassen, daß die Besinnung auf Heilmittel, die von der Schulmedizin als banal oder subkulturell ignoriert wurden, noch älteren Ursprungs ist. In der Volksüberlieferung seit jeher bekannt, wurden manche Heilmethoden oder auch vorbeugende gesundheitliche Maßnahmen im achtzehnten Jahrhundert auch von einigen Intellektuellen geschätzt. So von Georg Christoph Lichtenberg, dessen Aufsätze aus dem letzten Jahrzehnt des achtzehnten Jahrhunderts, etwa über das Luftbad und andere gesundheitliche Fragen, trotz ironisch formulierter Vorbehalte ein reges Interesse für Hygiene und Diätetik bekunden. Die Autoren, die er zitiert, zeigen im übrigen, daß England zu den Ursprungsländern der Naturheilkunde gezählt werden muß.

Wesentlich für die Einschätzung des gesellschaftlichen Charakters der Naturheilkunde, namentlich in der Form, in der sie sich um die Jahrhundertwende der Öffentlichkeit darbot, ist ihre mehr oder minder eingestandene Verbindung mit unterschiedlichen ideologischen Bewegungen zu einer allgemeinen Lebensreform, von den anarchistisch orientierten bis zur Anthroposophie. Ein gemeinsamer Nenner der Bewegung ist nach dem Urteil von J. Frecot in der Neigung zur Utopie zu erblicken. „Denn einerseits zeigte sie mit ihrem Rückgriff auf das Ideal eines naturhaften Lebens regressive Züge, andererseits entwickelte sie gegen die bestehenden gesellschaftlichen Verhältnisse ein zukunftsbezogenes Alternativmodell . . .“[19] Das trifft auf die meisten Gestalten und Ideen der Bewegung zu, ob es sich nun um Körperkultur, Heilkunde, Vegetarismus oder Kleidungsreform handelt. Die entsprechenden Bücher von Adolf Just, Eduard Baltzer, Heinrich Pudor und vielen anderen Autoren der Jahrhundertwende bestätigen diesen Befund.

Die von Altenberg ausgegangene Betrachtung kann an diesem Punkt wieder zu *Prodromos* zurückkehren. Beachtet man nämlich die Schriften der genannten Autoren, so kann kein Zweifel daran sein, daß die Lehren des Wiener kulturgeschichtlich eine breite Grundlage aufweisen. Es genügt, einige Werke besonders einflußreicher Verfasser zu mustern, um zu erkennen, daß die Hygiene-Theorie aus dem Café Central im wesentlichen die aparte Abwandlung einer allgemeinen, zeitspezifischen Reformdoktrin gewesen ist. Aus der Fülle des Materials sei hier eine besonders aufschlußreiche Schrift gewählt, das Buch *Kehrt zur Natur zurück!* von Adolf Just (1859-1936). Der Verfasser, der durch eigene Erfahrungen mit einer Kneipp-Kur leidenschaftlicher Verfechter der Naturheilkunde und Lebensreform geworden war, lenkte die Aufmerksamkeit der Öffentlichkeit mit der Gründung einer Naturheilanstalt auf sich, der Kuranstalt „Jungborn“ bei Stapelburg im Harz, in der die gesundheitliche Wirkung von Licht, Luft, Wasser und Reformkost vor Augen geführt wurde. Im Gründungsjahr der Anstalt, 1896, erschien auch Justs publizistisches Hauptwerk, das soeben erwähnte Buch, mit dem Untertitel *Die naturgemäße Lebensweise als einziges Mittel zur Heilung aller Krankheiten und Leiden des Leibes, des Geistes und der Seele.* Der werbungsgerechte Titel sicherte dem Werk einen nachhaltigen Erfolg, so daß es allein zu Lebzeiten des Autors in elf Auflagen erschien. Da es als repräsentativ für die ambivalente Anschauungswelt der Reformbewegung gelten kann, mag es hier als ein Paradigma dienen. Vor allem aber kommt es darauf an, die Verwandtschaft mit den Forderungen aus *Prodromos* nachzuweisen.

Justs Systematik der Heilmittel der Natur umfaßt die „Urstoffe“ Wasser, Erde, Licht und Luft. Das sind die potentiellen Heilquellen aus dem Bereich der unmittelbaren Natur, wie sie zumeist ohne menschliches Zutun in Erscheinung tritt. Altenberg-Leser werden nicht überrascht sein, daß als zweite Kategorie der Besinnung auf die „Rückkehr zur Natur" die Ernährung figuriert, gefolgt von den Sparten Kleidung, Wohnung, Leibesübungen, Sport, Arbeit, Wandern.

Während die Elemente Wasser und Erde bei Altenberg nur eine geringe Rolle spielen (laue Bäder, nicht zu oft genommen, jedenfalls nicht täglich, werden von ihm eher unter kosmetischen Gesichtspunkten gesehen), nehmen sie im „Jungborn"-Verständnis naturgemäß einen wichtigen Platz ein. Zu bedenken ist in diesem Fall schon der Unterschied zwischen einem Kurbetrieb und dem Nutzungsspielraum des Dauermieters eines Hotelzimmers im Wiener ersten Bezirk. Völlig d'accord sind der norddeutsche Reformer und der österreichische Literat dagegen, wenn es um die gesundheitliche Wirkung der Luft geht. „Heute nun befindet sich der Mensch ständig bis an den Hals im Dunkeln – in dichten Kleidern oder im luftundurchlässigen Federbett. Werfen wir die Kleidung, besonders im Freien, im Walde auf einer sonnigen Lichtung ab, dann fühlen wir alsbald Frische und Leben in den Körper einziehen. Vertauschen wir das dichte Federbett mit luftdurchlässigen Decken, dann atmet auch der Körper nachts bessere Luft ein, und ein erquickender Schlaf ist möglich."[20]

Drückt man in stilistischer Hinsicht ein Auge zu, so könnte das auch von Altenberg sein; in der sachlichen Aussage auf jeden Fall. Und Beifall hätte sich bei gegenseitiger Lektüre ganz gewiß dort eingestellt, wo die Autoren die Überzeugung vertreten, Abhärtung im Widerstand gegenüber der Kälte sei, besonders bei Kindern, eine wichtige gesundheitliche Maßnahme. „Seid nackt unter der Hülle des Kleides, in Wind und Wetter - - - und Franzensbad wird verödet liegen!", heißt es in *Prodromos* (37). Überhaupt ist in allen wesentlichen Fragen der Kleidungshygiene die Übereinstimmung zwischen den Auffassungen aus dem Harz und aus Wien nahezu vollständig. In einzelnen Urteilen meint man dieselbe Stimme zu vernehmen. Für luftdurchlässige Kleidungsstücke und Materialien wird plädiert, namentlich in der Frauenkleidung (die eben keine „Frauenmode" sein soll, d. h. keine Veränderungen erkennen lassen darf, die mit dem weiblichen Körper und dessen praktischen und sportlichen Bedürfnissen nichts zu tun haben). Da sich beide Autoren für eine möglichst intensive Berührung des Körpers mit der naturgegebenen Umwelt einsetzen, halten sie auch die Kopfbedeckung weitgehend für überflüssig. Der Hut wird verabschiedet, und erst recht der pompöse, höchst artifizielle Zylinder. Im Verständnis beider Reformer beruht das Bedecken des Kopfes auf einer irrigen Angst vor Luft, Kälte und Wind. Bezeichnend ist damit in Verbindung die Ansicht, daß auch die weitverbreitete Angst vor der Zugluft ein völlig unbegründetes Vorurteil sei. Das Verdikt über den Hut fällt Altenberg besonders pointiert: „Die *Kopfbedeckung* ist ein Irrsinn, eine überkommene Institution dieses Mittelalters ‚20. Jahrhundert'! Es ist nicht weniger blöd als Hexenverbrennung! Die Hutmacher wollen eben existieren; wie die Postkutsche zur Zeit der Eisenbahnen!" (69)

Von Kopf bis Fuß auf Natur eingestellt, könnte man sagen, wenn man bedenkt, daß eine weitere wichtige Frage – bei Just wie bei Altenberg – die Fußbekleidung ist. Der Jungborn-Theoretiker widmet diesem Gegenstand einen längeren Abschnitt, und in *Prodromos* ist das Lob der Schuh-Reform besonders schwärmerisch. Übereinstimmend wird die leichte, luftdurchlässige Fußbekleidung für die zweckmäßigste Form der Annäherung an die Natur gehalten. „Wie ist nun die Fußbekleidung vernünftig, zweckmäßig und schön", fragt sich Just; und antwortet: „wenn die Form bequem, wenn der Absatz ganz breit und ganz flach ist – nicht über 2 cm hoch – und wenn der Schuh luftdurchlässig, also möglichst weit geöffnet ist oder Oberleder hat, das z. T. aus Flechtwerk besteht." Die Schlußfolgerung des Autors: „Der Mensch muß im Schuh ebenso auftreten können, wie er es barfuß getan hat und tut."[21] Altenberg faßt diese Forderung folgendermaßen zusammen: „Sandalen, ideale *Fuß-Nichtbekleidung!*" (194) Daß er Sandalen auch vom Standpunkt seiner gesundheitlichen Maximen (d. h. der „hygienisch-diätetischen" Welt, wie er selbst sagt) betrachtet, ist bei ihm eine Selbstverständlichkeit. Im übrigen hat er seine Lehren in diesem Punkt auch selbst praktiziert: seine Sandalen klappern durch die Memoirenliteratur über die Wiener Jahrhundertwende, und als optische Zeugnisse bieten sich etliche Photographien an. Viel weniger folgerichtig war er freilich im Hinblick auf die Kopfbedeckung, denn da klaffen Theorie und Praxis auseinander: auf vielen Altenberg-Photos sind entsprechende Objekte zu sehen, vom bürgerlichen modischen Chapeau bis zum Trachtenhut und zur kecken sportlichen Mütze.[22]

Es ist durchaus legitim, wenn die zahlreichen Übereinstimmungen (von denen hier keineswegs alle erwähnt worden sind) die Frage nach dem Ursprung der Ideen aufkommen lassen. In chronologischer Hinsicht wäre eine Wirkung der Veröffentlichungen aus den Kreisen, die Just vertritt, auf P. A. nicht auszuschließen. Daß Publikationen aus dem Programm entsprechender deutscher Verlage damals in Wien greifbar waren, läßt sich anhand der Bibliotheksbestände in Wien nachweisen. Den Zirkeln in Österreich, in denen das Interesse für Literatur dieser Art besonders rege war, gehörte der Graben-Literat allerdings nicht an. Ferner ist der bereits erwähnte Umstand zu berücksichtigen, daß dieser gar nicht darauf angewiesen war, in die Ferne zu schweifen; im eigenen Kreis gab es Anregungen genug. Einiges davon, was nach „Jungborn" klingt, verdankt er sicherlich Gesprächen mit Loos, der ja in seinen Aufsätzen aus der Zeit um 1900 mehrere der erwähnten Fragen behandelt. Ein gutes Beispiel ist der Artikel über Fußbekleidung aus dem Jahre 1898.[23] Das Votum des Architekten für bequeme, breite, sozusagen um eine Nummer zu groß wirkende Schuhe findet sich dann auch in *Prodromos* (38) wieder. Und schließlich muß man beachten, daß sowohl die österreichischen wie auch die deutschen Reformer in manchen Fragen eine gemeinsame Quelle besaßen: die aus England (etwa aus dem Kreis um William Morris)[24] und Amerika kommenden Anstöße. Es scheint daher sinnvoll zu sein, eine an vielen Orten fast gleichzeitig auftretende allgemeine Kulturtendenz vorauszusetzen – statt nach einzelnen, von Person zu Person oder von Gruppe zu Gruppe verlaufenden Einflußlinien zu fahnden.

Hat man einmal die generelle Denkform, in diesem Falle die Reformidee, in der Vielfalt des Zeitalters erfaßt, so wird es nicht schwer fallen, die Besonderheiten im einzelnen genauer zu erkennen. Verglichen mit den meisten Reformern strenger, dazu noch weltanschaulich bestimmter Observanz (etwa christlicher, wie Just, sozialistischer oder anarchistischer) ist Altenberg, trotz einzelner predigerhaften Anflüge, ein Vertreter individualistischer und nicht kollektivistischer Mentalität. Während ein Autor wie Just in mancherlei Hinsicht eine potentielle „Jungborn"-Gemeinde schon voraussetzen kann, bewegen sich Altenbergs spleenartige schriftstellerische Aktionen mehr oder weniger in einem Raum des Zufalls. Der Vergleich zeigt ferner, daß seine Empfehlungen und Appelle im Bereich der Ernährung in mancherlei Hinsicht ein ausgesprochen individuelles – auch subjektives – Gepräge aufweisen, erkennbar vor allem daran, daß einige von Altenbergs zentralen Vorstellungen von Gesundheit und Heilung durchaus im Gegensatz stehen zu den vorherrschenden Lehren, und zwar sowohl der konservativen Medizin wie auch der Naturheiler. Das wurde oben schon angedeutet. Im Grunde ist bei ihm die persönliche Neigung (wie auch das persönliche Vorurteil) von der missionarischen Geste nicht zu trennen: er neigte dazu, seinen individuellen Geschmack zur allgemeinen Maxime zu erheben. Der Begriff des Dilettanten, wie man ihn um die Jahrhundertwende in einem durchaus nicht abwertenden Sinne gebrauchte, trifft auf ihn zu; man könnte von einem reformerischen Dilettanten der Hygiene und Diätetik sprechen.

Zu den Besonderheiten des Wiener Autors wäre etwa das medizinisch eher abwegige Faible für weiche, breiartige Speisen zu zählen, verbunden mit einer Vorliebe für Nahrungsmittel und Gerichte, die aufgrund ihrer Herkunft oder ihrer Zubereitungsweise die Vorstellung von Luxus und Raffinement erwecken. Dieses Merkmal – das man gewiß auch mit der kulinarischen Kultur der Jahrhundertwende in Verbindung bringen kann – sticht ganz besonders scharf von den Bestrebungen der deutschen oder vielmehr norddeutschen Reformer ab. In den Diätvorschlägen der genannten Verfasser herrscht eine gleichsam rustikale Tendenz vor: ländliche, sehr einfache Artikel und Speisen bestimmen das Bild, Speisen wie Hafergrütze und ähnliche, ferner Gemüse-Rohkost und Brotsorten wie Roggenbrot und Pumpernickel, jedenfalls Nahrungsmittel, denen die bäuerliche Tradition und die wirtschaftliche Autarkie anzumerken sind. Von Autarkie ist bei Altenberg dagegen nichts zu spüren; ganz im Gegenteil, exotische Importe spielen in seinem Diätplan eine erhebliche Rolle. Ganz allgemein, der herb-kräftigen bäuerlichen Kost der deutschen Reformer steht bei Altenberg, wenn man so will, eine österreichisch-großstädtische, eher kulinarisch bestimmte Reformdiät gegenüber. Durchgesetzt hat sich damals schon – auch bei Rilke erkennt man das – die norddeutsche Richtung. Die heutigen Vorstellungen von „Bionahrung" bestätigen das. Altenberg ist dagegen auch in dieser Hinsicht das geblieben, was er schon immer war: ein aparter Literat.

Literarisch waren im Grunde auch seine kulinarischen Phantasien. In *Prodromos* steht folgende kleine Geschichte: „‚Ich habe heute nachts eine Suppe erdichtet', sagte das Fräulein G. E. ‚Geräucherte Sprotten, geschält, entgrätet, im Siebe passiert zu Pürée, in einer dünnen Einmach-Brühe. Potage G. E.! Vielleicht nicht für alle mundlich, aber immerhin meine Erdichtung - - -! Das sind *unsere modernen Dichtungen!*'" (88 f.)

Nach der Lektüre des ganzen Buches ist nicht zu bezweifeln, daß dieses Rezept, dieses kleine kulinarische Poem, auch von Altenberg sein könnte. Ob erfunden oder nicht, entscheidend ist der Umstand, daß Kochrezepte – wie einst in der Antike – in den Umkreis der Literatur geraten – als „moderne Dichtungen". Den Vorgang darf man wohl mit Recht eine Ästhetisierung von Gebrauchstexten nennen, und die dahinter stehende Idee ist damit gar nicht so weit entfernt von der Theorie des Kunst und Leben miteinander verquickenden Gesamtkunstwerkes im Geiste der europäischen „Dekadenz", von Wagner bis Huysmans, Wilde und Skrjabin.

Die Verbindung einer eigentümlichen Körperkultur mit romantischsymbolistischem Gedankengut findet sich ja in *Prodromos* selbst ausgesprochen, in der lapidaren Eigendefinition: „Mein Buch: Ein erster Versuch einer *physiologischen Romantik!*“ (110) Es dürfte einleuchten, daß der Autor mit dem Begriff „Romantik“ mehrere Bedeutungsfelder berührt: die „neuromantische“ Nachfolge der schillernden romantischen Bewegung in Europa ist sicherlich ebenso gemeint wie auch der Gedanke eines vorerst wirklichkeitsfernen, utopischen Entwurfes. In seiner Wortwahl erweist sich P. A. auch hier als ein Kind des neunzehnten Jahrhunderts, als ein Schwärmer im Geist impressionistischer und neuromantischer Kultur.[25] In der Verknüpfung von Physiologie und Romantik klingen zwei Leitbegriffe des Jahrhunderts an; in dem einen ist die Idee des ästhetischen Individualismus enthalten, im anderen die des naturwissenschaftlichen Positivismus. Beide Einstellungen sind in die geistige Physiognomie der Wiener Moderne eingegangen.

Altenberg hätte freilich statt „physiologische Romantik“ auch „physiologischer Impressionismus“ sagen können. Faßt man nämlich die hier dargelegten Beobachtungen zu seinem Reform-Engagement zusammen, so ergibt sich ein Gesamtbild, in dem zwar hie und da die Züge eines Eiferers erkennbar sind, noch mehr aber verspielt wirkende grillenhafte Momente hervortreten. Die einzelnen pathetisch überhöhten Texte sind unverhüllte Äußerungen eines Wunschdenkens: sie bekennen sich zur Utopie im vollen Sinn des Wortes. Daß hingegen die konkrete Gegenwart eben nicht nur ein Spielfeld für utopische Experimente ist, sondern vor allem der Ort sinnlichen Lebens, das hat P. A. niemals bestritten. Man denke nur an die paradigmatische Anekdote, die am Anfang der vorliegenden Betrachtung steht. Der Utopie steht als mächtiges Widerspiel der impressionistische Augenblick gegenüber, der den Menschen mit allen seinen Vorsätzen in einen Spielball des Augenblicks verwandelt.

„Unser Nervensystem trägt keinerlei Verantwortung für seine Moment-Impressionen. Jede Minute hat ihre eigenen Gesetze. Frage mich um 6 Uhr, was ich um 5 Uhr für ein Mensch war?!? Vielleicht ein höherer, vielleicht ein niedrigerer - - -“ (181)

Auch diese Worte stehen in *Prodromos*. Sie sind authentischer Altenberg, könnten aber zugleich als eine Anspielung verstanden werden, und zwar auf Ernst Machs Buch *Die Analyse der Empfindungen,* 1886 erschienen und in vielen Auflagen verbreitet. Ob Altenberg das Werk gekannt hat, ist eine Frage von sekundärer Bedeutung. Sein Bekenntnis zur Stimmung des Augenblicks, ein impressionistisches Bekenntnis, deckt sich völlig mit Machs Theorie, wonach die Realität eine ständig sich verändernde Flut sinnlicher Daten sei. Hermann Bahr hat in seinem Essay *Impressionismus* (1904) Machs Gedanken zu Recht eine Philosophie des impressionistischen Wirklichkeitsverständnisses genannt. Die Linien, die von den „Antimetaphysischen Vorbemerkungen", dem Einleitungskapitel der *Analyse der Empfindungen,* zu Schnitzler, zu Altenberg und zu anderen Autoren der Wiener Literatur führen, sind nicht zu übersehen. Machs Buch erweist sich, so gesehen, als eines der theoretischen Grundwerke der österreichischen Moderne. Manche utopischen Elemente in *Prodromos* könnten vermuten lassen, der Autor sei in seiner eigenen Mitte ein Außenseiter gewesen. Die Bemerkung im Geiste Machs relativiert jedoch diesen Eindruck wieder. Neben die Züge des Reformers treten die Züge eines fiktiven Geistesverwandten aus dem Wien der Jahrhundertwende, nämlich die Mentalität von Schnitzlers Anatol, die von der Flüchtigkeit und Unverbindlichkeit des Augenblicks bestimmt erscheint. Billigt man dem Mach-Theorem in *Prodromos* jene Bedeutung zu, die es im Hinblick auf das Gesamtwerk Altenbergs zweifellos verdient, so darf man darin wohl ein Zeichen des Vorbehalts sehen. Das Bekenntnis zum Wechsel der Stimmungen und Ansichten wäre dann zu verstehen als ein Zurückschrecken vor den Konsequenzen der eigenen Utopie.

Anmerkungen

1 Hugo von Hofmannsthal: Aufzeichnungen, Frankfurt am Main 1959, S. 135.

2 Adolf Loos: Sämtliche Schriften, hrsg. von Franz Glück, Wien und München 1962, Bd. I, S. 21.

3 Peter Altenberg. Leben und Werk in Texten und Bildern, hrsg. von Hans Christian Kosler, Frankfurt am Main 1984, S. 112 f. Es ist kennzeichnend für die Altenberg-Literatur, daß Koslers ansonsten ausgewogene Dokumentation der Hygiene-Doktrin keine Aufmerksamkeit schenkt. Unter den neueren Arbeiten geht das Buch von Josephine M. N. Simpson (Peter Altenberg: a neglected writer of the Viennese Jahrhundertwende, Frankfurt am Main, Bern, New York, Paris 1987) kurz auf diese Erscheinung ein.

4 Peter Altenberg: Bilderbögen des kleinen Lebens, Berlin 1909, S. 26.

5 Vgl. dazu Wolfdietrich Rasch: Die literarische Décadence um 1900, München 1986.

6 Friedrich Nietzsche: Werke in drei Bänden, hrsg. von Karl Schlechta, I, S. 583 f.

7 Das Altenberg-Buch, hrsg. von Egon Friedell, Leipzig und Wien 1922, S. 263.

8 Bilderbögen des kleinen Lebens, S. 25.

9 Peter Altenberg: Märchen des Lebens, Berlin 1908, S. 69.

10 Ebenda, S. 70.
11 Peter Altenberg: Fechsung, Berlin 1915, S. 218.
12 Ludwig Klages: Der Mensch und das Leben, Jena 1937, S. 24.
13 Hugo von Hofmannsthal: Prosa I, Frankfurt am Main 1956, S. 263.
14 Hugo von Hofmannsthal/Arthur Schnitzler: Briefwechsel, hrsg. von Therese Nickl und Heinrich Schnitzler, Frankfurt am Main 1964, S. 44.
15 Ebenda, S. 83.
16 Rainer Maria Rilke/Lou Andreas-Salomé: Briefwechsel, hrsg. von Ernst Pfeiffer, Frankfurt am Main 1975, S. 178.
17 Rainer Maria Rilke: Briefe aus den Jahren 1892 bis 1904, hrsg. von Ruth Sieber-Rilke und Carl Sieber, Leipzig 1939, S. 339 f.
18 Vgl. dazu Janos Frecot/Johann Friedrich Geist/Diethart Kerbs: Fidus 1868 bis 1948. Zur ästhetischen Praxis bürgerlicher Fluchtbewegungen, München 1972; Wolfgang R. Krabbe: Gesellschaftsveränderung durch Lebensreform, Göttingen 1974; Klaus Vondung (Hrsg.): Das wilhelminische Bildungsbürgertum. Zur Sozialgeschichte seiner Ideen, Göttingen 1976; Christoph Conti: Abschied vom Bürgertum. Alternative Bewegungen in Deutschland von 1890 bis heute, Reinbek bei Hamburg 1984.
19 Janos Frecot: Die Lebensreformbewegung, in: Das wilhelminische Bildungsbürgertum (s. Anm. 18), S. 139.
20 Adolf Just: Kehrt zur Natur zurück!, 12. Auflage, Blankenburg im Harz 1930, S. 137.
21 Ebenda, S. 227.
22 Vgl. die Photos in einigen Altenberg-Bänden sowie Koslers Dokumentation (s. Anm. 3).
23 Adolf Loos, a. a. O., S. 85 ff.
24 Vgl. dazu Hans-Christian Kirsch: William Morris – ein Mann gegen die Zeit, Köln 1983.
25 In Altenbergs Buch *Neues Altes,* Berlin 1911, findet sich die Skizze *Restaurant Prodromos,* das die eigentümliche Verbindung Reform, Spleen, Luxus und Werbung vor Augen führt. Erkennbar wird sie schon in den ersten Sätzen des Textes (S. 115), die die wesentlichen Merkmale des „Projekts" vorstellen: „Ein Restaurant ersten Ranges, von einem modernen Architekten unerhört einfach-primitiv, aber zugleich aristokratisch-apart eingerichtet. Es wirken in der Küche in idealer Gemeinschaft ein französischer Koch und ein junger Arzt, Diätetiker, Hygieniker, und der Dichter. Jede Speise ein unerhört leichtverdauliches Gericht für den Verdauungsapparat! Lauter Speisen, die in drei bis fünf Stunden verdaut sind ohne Rückstände! Reiche Stoffwechselkranke, Nervenkranke, Magenkranke, Darmkranke würden hier ein absolut sicheres Asyl finden! Die internationale Püreemaschine würde auf jedem Tisch stehen. Einige Umdrehungen und jede Speise hat die Konsistenz erhalten von Erdäpfelpüree, Erbsenpüree! Schöne Zähne sind eine ästhetische Angelegenheit, aber man soll sie nicht gebrauchen! Den Speisen ihre Seele ausziehen, ihr Wertvollstes, und das Unverdauliche den Hunden, den Schweinen! Kein Essig, sondern Zitrone! Ganz, ganz neue Zusammenstellungen. Zum Beispiel durchpassiertes Kalbfleisch in Eiersauce. Pürees und Saucen in noch nie dagewesenen neuen Verbindungen! Man kann sich krank essen und bleibt dennoch gesund! Die Diätetik eine reale Romantik geworden!"

Polemische Idyllen

Utopische Vorstellungen vom Müßiggang in der deutschen Literatur

Just das Jahrhundert, das die Maxime „Time ist money" hervorbrachte, verabschiedete sich in Deutschland mit einem kleinen literarischen Werk, das in intellektuellen Kreisen Aufsehen erregte, ja sehr bald auch einen Skandal zur Folge hatte. Manche – allerdings weniger intellektuelle – Leser riefen sogar nach der Polizei. Man möchte meinen, der relativ frühe Zeitpunkt des Erscheinens, 1799, oder auch der Erscheinungsort Berlin, der damals noch zu den Hochburgen der Spätaufklärung zählte, sei schuld an den Verwirrungen um Friedrich Schlegels Roman *Lucinde* gewesen. Doch die Geschichte der literaturkritischen Beurteilung, von Haym und Dilthey bis Gundolf, zeigt, daß auch noch die folgenden vier Generationen kaum dazu bereit waren, Schlegels eigentümliche „Tändeleien der Fantasie" (so die Überschrift des letzten Kapitels) vorurteilslos zu betrachten[1].

Die Irritation, die damals von diesem Roman ausging, ist leicht zu verstehen, wenn man bedenkt, daß das Werk gleich in zweifacher Hinsicht Ärgernis oder zumindest Befremden hervorrief. Einmal war es die Form, die auch wohlmeinende Kritiker ratlos ließ, da der Autor sogar das im achtzehnten Jahrhundert gewohnte Maß an Romanexperimenten beträchtlich überschritten hatte. Die willkürlich erscheinende Aneinanderreihung erzählender und essayistischer Segmente in unterschiedlichen Darbietungsformen, ohne die gewohnten Kategorien der Strukturierung, wurde – gewiß nicht ganz ohne Grund – als anarchische Herausforderung gedeutet. Dazu kam aber noch eine Gesinnung der Romanfiguren, die sicherlich als anarchistisch bezeichnet worden wäre, hätte um 1800 dieser Begriff schon zur Verfügung gestanden.

In den zahlreichen Angriffen auf die *Lucinde,* wie übrigens auch in den wenigen Verteidigungsschriften, von denen Schleiermachers *Vertraute Briefe über Friedrich Schlegels Lucinde* die bedeutendste Veröffentlichung sind, ist im Hinblick auf den Inhalt vor allem von moralischen Fragen die Rede. Dem Werk werden Verstöße gegen die moralischen Grundlagen der Gesellschaft zur Last gelegt, namentlich aber völlige Zügellosigkeit im Bereich der Geschlechtsmoral, hemmungslose Sinnlichkeit. Der Vorwurf der Unmoral bildet mit unterschiedlicher Rhetorik und Begründung das Leitmotiv der ablehnenden Kritik, von den zeitgenössischen Diatriben bis zu Kierkegaards Dissertation.

Während die Erscheinungen bohemehafter Erotik besonders heftig attackiert wurden, lenkte das – in unserem Zusammenhang wichtigere – Motiv des Arbeitsethos weit weniger Aufmerksamkeit auf sich. Daher verdient die anonym erschienene Schmähschrift *Drei Briefe an ein humanes Berliner Freudenmädchen über die Lucinde von Schlegel,* die versuchte, gleich zwei Autoren zu treffen, F. Schlegel wie auch Schleiermacher, besondere Beachtung. In der Vorrede wird mit kräftigen Worten nicht gespart. Der Verfasser wettert pauschal gegen die „Rotte eingebildeter Gäuche und niedriger Lüstlinge“, diese Verderber „der Moralität und Kunst, deren Grazien betrunkne Bacchantinnen, deren Apollo ein zügelloser Marsyas ist, die mit Füßen treten Tugend, Scham, Bürgerlichkeit, Fleiß und gute Sitten, der Faulheit, dem Müßiggange und der geilen Liederlichkeit Lobreden halten, um ihre an sich elenden Produkte pikant zu machen“[2].

Was an dieser Schimpfkanonade auffällt, ist der Umstand, daß der Verfasser meint, nicht nur einen sexuellen Libertinismus anprangern zu müssen, sondern auch ein höchst verwerfliches Verhältnis zur Arbeit. Denn für den Pasquillanten gehört zum Begriff der „Bürgerlichkeit“, den er offenbar im Sinne von ‚Rechtschaffenheit in der Öffentlichkeit‘ gebraucht, nicht nur ein entsprechendes Verhalten auf dem Gebiet der Sexualmoral; als ebenso wichtig gilt ihm die Bereitschaft, ja Pflicht, die Arbeitsethik hochzuhalten, d. h. den Fleiß, der hier von einem Lob der Faulheit und des Müßigganges bedroht erscheint.

Man muß zugeben, daß der ungebetene Kritiker „seine“ *Lucinde* in gewissem Sinne genauer gelesen hatte als mancher Verteidiger des Romans. Denn im Streit über die erotischen „Pikanterien“ blieb weitgehend unbeachtet, daß die „Bekenntnisse eines Ungeschickten“, wie das Romanfragment vom Autor bezeichnet wurde, denn doch wohl mehr sind als ein kleiner Bildungsroman für lüsterne Leser: nämlich in ihrer Substanz ein echtes romantisches Buch, vor allem im Hinblick auf die Aufzeichnungen des männlichen Romanhelden, der als Künstler (auch darin eine typische Figur der Romantik) im Namen eines freien Umganges mit der Zeit gegen den rigiden Pflichtbegriff und die auf Erwerb ausgerichtete Leistungsethik bürgerlicher Schichten aufbegehrt.

Friedrich Schlegels Essayroman hat in der „Idylle über den Müßiggang“ einen seiner Höhepunkte. Dieses funkelnde und zugleich auch schillernde, am Rande der Selbstparodie sich bewegende Stück Prosa ist in seiner eigentümlichen Mischung von Pathos und Ironie wohl der eigentliche romantische Kern des Werkes, so wie das Kapitel „Lehrjahre der Männlichkeit“ den kompositorischen Mittelpunkt bildet. Schwärmerisch trägt der Künstler Julius, Schlegels Reflektorfigur, seine (und wohl auch des jungen Autors) polemische Philosophie vor: eine hedonistisch gefärbte Lehre von den Freuden des Nichtstuns, ja vielmehr vom tiefsten Sinn dieser Lebenshaltung, von der es – mit einem etwas gespielt wirkenden Pathos – heißt, sie sei das einzige „Fragment von Gottähnlichkeit, das uns noch aus dem Paradiese blieb“[3].

Die objektive Ironie der „Idylle“ beruht darauf, daß eine kraß herausfordernde, für die meisten Zeitgenossen geradezu abstruse Lebensauffassung die Form einer philosophisch-theologischen Betrachtung annimmt, ja fast einer erbaulichen Predigt. So wie der philosophische Anspruch der landläufigen Vorstellung von idyllischer Szenerie widerspricht (es sei denn, man denkt an die moralisierende Absicht mancher Idyllen Geßners), so läßt die Tendenz des Schlegelschen Textes das Ganze nahezu als eine Kontrafaktur erbaulicher Schriften erscheinen. Jedenfalls sorgen die philosophischen und theologischen Aspekte dafür, daß der Text trotz ironischer Zwischentöne („Ich saß, da ich so in mir sprach, wie ein nachdenkliches Mädchen in einer gedankenlosen Romanze am Bach . . .“)[4] seinen Traktatcharakter gegen das Mißverständnis, es handle sich bloß um eine scherzhafte Plauderei, behaupten kann.

Eine poetische Aura aus romantischer Sicht gewinnt die „Idylle“ dadurch, daß der Müßiggang nicht nur mit biblischen Vorstellungen in Verbindung gebracht wird, sondern auch mit der romanischen Mystik der Nacht und der Verklärung des Schlafes, jenes Zustandes, der die reinste Form des Nichtstuns darstellt. Wie ernst es Schlegel mit diesem Motiv ist, beweist der Umstand, daß der Gedanke der „Idylle“, im Schlaf vervollkommne sich das Leben, sein Gegenstück hat in der das vorletzte Kapitel beherrschenden Apotheose der Nacht, der „Liebesnacht“[5]. Auf die Andeutungen eines erotischen Nocturnes folgt dann auch eine entscheidende Passage des Kapitels:

Mit dem äußersten Unwillen dachte ich nun an die schlechten Menschen, welche den Schlaf vom Leben subtrahieren wollen. Sie haben wahrscheinlich nie geschlafen, und auch nie gelebt. Warum sind denn die Götter Götter, als weil sie mit Bewußtsein und Absicht nichts tun, weil sie das verstehen und Meister darin sind? Und wie streben die Dichter, die Weisen und die Heiligen auch darin den Göttern ähnlich zu werden! Wie wetteifern sie im Lobe der Einsamkeit, der Muße, und einer liberalen Sorglosigkeit und Untätigkeit! Und mit großem Recht: denn alles Gute und Schöne ist schon da und erhält sich durch seine eigne Kraft. Was soll also das unbedingte Streben und Fortschreiten ohne Stillstand und Mittelpunkt? Kann dieser Sturm und Drang der unendlichen Pflanze der Menschheit, die im Stillen von selbst wächst und sich bildet, nährenden Saft oder schöne Gestaltung geben? Nichts ist es, dieses leere unruhige Treiben, als eine nordische Unart und wirkt auch nichts als Langeweile, fremde und eigne."[6]

Es überrascht nicht, daß der Autor die Gelegenheit nutzt, auch in diesem Zusammenhang Ansichten romantischer Künstlerphilosophie zu entfalten. Der Künstler bildet eine Einheit mit dem Typus des Weisen und des Heiligen: ästhetische, geistige und sakrale Kräfte erscheinen in ihrer quietistischen Tendenz eng miteinander verwandt, vereint namentlich in der Abneigung gegenüber dem Zweckrationalismus des wirtschaftlichen Fortschritts. Die Grundgesinnung des Traktats offenbart in ihrer Ausrichtung gegen die Rastlosigkeit des homo faber nicht so sehr konservative als vielmehr esoterische Züge. Sie läßt an andere Werke der Frühromantik denken, so etwa an *Ein wunderbares morgenländisches Märchen von einem nackten Heiligen* in Wackenroders und Tiecks *Phantasien über die Kunst,* die im selben Jahr erschienen wie Schlegels Roman, ferner an die *Hymnen an die Nacht* des Novalis, und erst recht an Schopenhauers Philosophie, an den Gedanken von der geistigen Sonderstellung des Künstlers und des Heiligen, eine Auffassung, die hier vorweggenommen erscheint. „Nur mit Gelassenheit und Sanftmut, in der heiligen Stille der echten Passivität kann man sich an sein ganzes Ich erinnern, und die Welt und das Leben anschauen"[7]. Das könnte aus Schopenhauers Hauptwerk sein, ist aber nach wie vor die Stimme des Romanhelden.

Die außerordentliche gedankliche Dichte der „Idylle" erweist sich an der Fülle der Aspekte, die der Verfasser in die große Antithese von geistigem Müßiggang und geistloser Strebsamkeit einbezieht. Ein Loblied des Südens und des Orients wird angestimmt, d. h. jener Länder, in denen sich kultiviertes Nichtstun so vorteilhaft von der „nordischen Unart" abhebt. Geschlechtspsychologische Ansichten werden gestreift, wenn es heißt, die „Passivität" des weiblichen Geschlechts sei ein Vorzug gegenüber der jäh schwankenden Natur der Männer. Und schließlich steigert sich das Lob des Nichtstuns zu einer universalen Weltsicht, die mit den herkömmlichen Vorstellungen von Müßiggang kaum noch etwas zu tun hat. „Um alles in Eins zu fassen: je göttlicher ein Mensch oder ein Werk des Menschen ist, je ähnlicher werden sie der Pflanze; diese ist unter allen Formen der Natur die sittlichste, und die schönste. Und also wäre ja das höchste vollendetste Leben nichts als ein *reines Vegetieren*"[8].

Nach dieser extremen Wendung überrascht es nicht mehr, daß die „Idylle" mit einer allegorischen Umdeutung der Prometheus-Sage schließt. Daß der Autor gerade diese Symbolfigur wählt, ist nur folgerichtig: war doch die Gestalt des mythischen Titanen eine der ideellen Leitfiguren des achtzehnten Jahrhunderts, Inbegriff eines eigenständigen und originellen Schöpfertums. Das Autonomiebewußtsein, das jedoch untrennbar mit der Vorstellung rastloser Strebsamkeit verknüpft erschien, gerät nun bei Friedrich Schlegel in ein ganz anderes Licht. Den Schlußabschnitt der „Idylle" bildet eine eigentümliche Vision. Eine phantastische Bühnenszenerie tut sich auf, und Prometheus erscheint, an einer langen Kette gefesselt, von seinen Wächtern zu hastiger Arbeit angetrieben – eine Gestalt, die eher an Sisyphos erinnert als an den mythischen Freiheitshelden. Prometheus, der „Erfinder der Erziehung und Aufklärung", der „die Menschen zur Arbeit verführt hat"[9], verwandelt sich in der Vision zum Zerrbild: aus romantischer Sicht ist er die mit Fluch beladene Verkörperung der Unrast, der Tätigkeit um jeden Preis. Zu den letzten Sätzen der „Idylle" gehört die lakonische Feststellung, Prometheus werde noch Langeweile genug haben und niemals von seinen Fesseln frei werden.

Um das Ausmaß an Herausforderung zu erkennen, das der *Lucinde* gerade auch im Bereich der Arbeitsmoral eignet, muß man sich vergegenwärtigen, wie tief in den aufstrebenden, kulturell zunehmend relevanten Gesellschaftsschichten die Leitbegriffe Tugend, Pflicht und Arbeit verwurzelt waren. Die am Anfang angeführte Maxime „Time is money" findet sich in einer Schrift Benjamin Franklins unter dem bezeichnenden Titel *Advice to a Young Tradesman* (1748)[10]. In Deutschland reicht die Tradition entsprechender Normen von den Tugendbüchern der Lutherzeit bis hin zu den Moralischen Wochenschriften und den zahllosen Unterweisungen für die bürgerliche Familie, die in Buchform weit verbreitet waren. Der Kontrast zu Schlegels Roman ist besonders auffallend, zieht man eines der populärsten Bücher des späten achtzehnten Jahrhunderts heran, Carl Friedrich Bahrdts *Handbuch der Moral für den Bürgerstand.* Das vierte Kapitel, das die „Oekonomie des Bürgers" behandelt, läßt noch einmal die elementaren bürgerlichen Tugenden Revue passieren: Pünktlichkeit und Ordnung in häuslichen Geschäften, Sparsamkeit und Wirtschaftlichkeit, Vermeidung von Luxus. Die Zusammenfassung der moralischen Leitgedanken, die namentlich für den Mittelstand als verbindlich galten, hebt noch einmal Fleiß und Arbeitsamkeit als die wichtigsten Quellen des Wohlstandes hervor.

Denn das seid ihr nicht blos euch *schuldig, daß ihre eure besten Stunden, eure frischesten Kräfte auf Arbeiten verwendet, durch welche ihr euren Antheil zum gemeinen Besten liefert, [. . .] weil ihr dadurch Nahrung und Unterhalt für euch und eure Kinder und die Mittel gewinnet, die ihr zum frohen Genuß des Lebens vernöthen habet; sondern ihr seids auch eurer* Ehre *schuldig, weil ihr die* erwerbende *Volksklasse ausmacht, und also gerade die schlechtesten Glieder der Nation sein würdet, wenn ihr nicht die fleissigsten sein wolltet: und endlich seid ihrs auch Gott schuldig, der euch dazu Leben, Gesundheit und Kräfte verlieh, daß ihr sie zur Theilnehmung an den Zwecken Gottes gebrauchen, daß ihr nutzbare Menschen werdet, und für eure Mitmenschen leben und wirken solltet.*[11]

Was hier aus sozialpädagogischer und religiöser Sicht verordnet wird, das erscheint bei Kant aus einer vornehmlich psychologischen. In einer Vorlesung über Ethik[12] heißt es: „Je mehr wir beschäftigt sind, je mehr fühlen wir, daß wir leben, und desto mehr sind wir uns unseres Lebens bewußt. In der Muße fühlen wir nicht allein, daß uns das Leben so vorbeistreicht, sondern wir fühlen auch sogar eine Leblosigkeit." Bedenkt man, daß sich in dieser Ansicht die Arbeit fast schon als die Erscheinungsform eines „élan vital" ausnimmt und daß auch in der Dichtung des Zeitalters das Lob der Arbeit (wie in Schillers *Glocke:* „Arbeit ist des Bürgers Zierde") kräftig angestimmt wird, so hat man das ganze Spektrum der Überzeugungen vor Augen, zu dem die poetischen Visionen der *Lucinde* einen denkbar starken Kontrast bilden.

Die künstlerische und gedankliche Vielfalt der romantischen Bewegung läßt sich gewiß nicht auf einen Nenner bringen. Fraglos tritt jedoch ein zentraler Aspekt in Erscheinung, wenn man daran erinnert, daß die zeitlichen Grenzen der Romantik von zwei Werken angedeutet erscheinen, in denen der Müßiggang ein wichtiges Motiv darstellt: die *Lucinde* gehört zu den frühesten Veröffentlichungen der Bewegung, Eichendorffs Erzählung *Aus dem Leben eines Taugenichts* zu jenen, die den Ausgang markieren. Sollte es dann ein Zufall sein, wenn ein in einem späteren zeitgeschichtlichen Zusammenhang entstandenes Werk, das jedoch literarisch in mancherlei Hinsicht an die Romantik anknüpft, gerade der Utopie vom Müßiggang neuen, verführerischen Glanz verleiht?

Gemeint ist Büchners Lustspiel *Leonce und Lena,* von allen Werken des Autors das am meisten „literarische", wenn man darunter die Neigung zur Selbstbezogenheit der Literatur versteht, etwa in Form intertextueller Strukturen, parodistischer und ähnlicher Verfahrensweisen.

Der Eindruck, Literatur generiere Literatur, ist bei der Lektüre von *Leonce und Lena* besonders stark, und nicht zuletzt darin ist die Verwandtschaft mit den Lustspielen der Romantik deutlich ausgeprägt. Verfolgt man nun die Zusammenhänge, so fällt ins Auge, daß Büchner offenbar auch die romantische Idee des Müßiggangs weiterspinnt, d. h. Aspekte der *Lucinde* oder des *Taugenichts* auf eine für ihn bezeichnende Weise abwandelt. Das Lustspiel, das u. a. den inneren Beziehungen zwischen Langeweile, Melancholie und historischer Erfahrung nachspürt, läßt zwei Ansichten des Müßiggangs erkennen: einmal die im Zeichen von Lebensüberdruß und Blasiertheit stehende Sicht des Anfangs (in der eine Weiterführung des sogenannten romantischen Nihilismus gesehen werden kann), zum anderen den hektischen Utopismus der Schlußszene, in der die Vorstellung vom seligen Nichtstun zu einer komödienhaften Apotheose führt. In ihrer seltsam suggestiv wirkenden Unwirklichkeit und ihrem ambivalenten, heiter-unheimlichen Grundton sind Anfang und Ende freilich eindrucksvoll miteinander koordiniert.

Das letzte Wort hat Valerio, der moderne Hofnarr. Seine das Werk abschließende Replik fügt der ästhetischen Schwärmerei des Prinzen Leonce eine interessante Note hinzu. Die Verschiebung ist höchst bemerkenswert, namentlich im Hinblick auf unser Thema: zu dem Traum der Zeitlosigkeit („wir lassen alle Uhren zerschlagen, alle Kalender verbieten", sagt Leonce) und einer klimatischen Utopie („Und dann umstellen wir das Ländchen mit Brennspiegeln, daß es keinen Winter mehr gibt") gesellt sich das Programm einer utopischen Politik, das von Valerio vorgetragen wird:

Und ich werde Staatsminister und es wird ein Dekret erlassen, daß wer sich Schwielen in die Hände schafft unter Kuratel gestellt wird, daß wer sich krank arbeitet kriminalistisch strafbar ist, daß Jeder der sich rühmt sein Brod im Schweiße seines Angesichts zu essen, für verrückt und der menschlichen Gesellschaft gefährlich erklärt wird und dann legen wir uns in den Schatten und bitten Gott um Makkaroni, Melonen und Feigen, um musikalische Kehlen, klassische Leiber und eine kommode Religion![13]

Was bei Friedrich Schlegel in begrifflicher Sprache, im Stil philosophischer Essayistik mitgeteilt wird, erscheint hier in aller Anschaulichkeit, wenn auch diese Anschaulichkeit ebenfalls nur einem Traumbild entspricht. Die farbige Vision, vervollständigt durch den Wunsch, den Menschen möge eine „kommode Religion" beschert werden, ist mit Elementen ausgestattet, die an die Tradition utopischer Literatur seit

Morus und Campanella erinnern: darin nämlich, daß zum Repertoire utopischer Rede nicht nur Verheißungen, sondern auch Drohungen und Verbote gehören. Nur daß in Valerios Sicht die Tradition auf den Kopf gestellt erscheint: wo früher die Arbeit als Wert oder zumindest als Notwendigkeit erkannt wurde, wird nun das Nichtstun als höchstes Glück, ja als eine Form von Seligkeit gepriesen – wie man im Hinblick auf den von Valerio gebrauchten Wortschatz einer ironischen Theologie sagen könnte.

Außer Zweifel steht, daß Büchners Figuren mit ihrem witzigen Hedonismus nicht nur romantische Reminiszenzen ins Spiel bringen, sondern daß sie auch etwas über die geistigen Strömungen der Zeit nach 1830 aussagen. Es ist bezeichnend, daß Gutzkow, der agilste unter den „Jungdeutschen", das Lustspiel schon bald nach dem Tode des Autors herausgab, und zwar sicherlich nicht um der romantischen Maskerade willen. Auch Heine hätte das Werk, wäre er dazu in der Lage gewesen, mit viel Zustimmung ediert – sind doch die Visionen eines ewigen südlich-heiteren dolce far niente glanzvolle poetische Gegenstücke zu seinen Vorstellungen von den Wonnen eines „hellenischen" Sensualismus.

Ein derartig drastisches Votum zugunsten des Müßiggangs findet sich allerdings meines Wissens bei Heine nicht. So sehr auch die ästhetischen Momente in den Worten Valerios (und Leonces) an den leidenschaftlichen „Hellenen" erinnern, die Art wie der künftige „Staatsminister" den Untertanen das Glück des Nichtstuns beizubringen beabsichtigt, weist eher in eine andere Richtung. Die an heutige Methoden mancher totalitären Regime erinnernden politischen Rezepte Valerios, in denen die Verheißung in Drohung umschlägt, läßt an die persiflierende Darstellung einer Diktatur denken, in der das Verhältnis zur Arbeit radikal allen neueren sozialen Traditionen widerspricht.

Im Reiche Popo soll die Religion, oder alles, was man sonst noch darunter verstehen kann, zwar „kommod" sein, allein die Zufriedenheit im Lande wird buchstäblich dekretiert, das Wohlergehen wird den Staatsbürgern, die freilich bloße Untertanen bleiben, durch einen Erlaß aufgezwungen oder notfalls einfach eingebleut. Daß Widerspenstige zudem noch für verrückt erklärt werden, dürfte damaligen Lesern (wie übrigens auch heutigen) nicht unbekannt gewesen sein: die Zeiten, als etwa der Marquis de Sade in Charenton in Gewahrsam gehalten wurde, lagen noch nicht so weit zurück. Alles in allem könnte man vermuten, daß in Valerios politischen Vorstellungen auch Lesefrüchte enthalten sind: im Hinblick auf die Methoden der politischen Ordnung mag man sich ihn durchaus als Leser der utopischen Literatur des 16. und

17. Jahrhunderts vorstellen. Man denke nur daran, daß zu den Wesenszügen der meisten utopischen Werke seit der *Utopia* ein Regiment der starken Hand gehört, das jene Zustände erzwingt, die man – mit den Schlußworten aus Thomas Manns *Königlicher Hoheit* – ein „strenges Glück" nennen könnte. Originell ist Valerio allerdings insofern, als die von ihm verordnete Umkehrung des Wertsystems im Verhältnis zwischen Fleiß und Tugend in der Vergangenheit nirgendwo ein Vorbild besitzt.

Erst einige Jahrzehnte nach Büchners Tod erschien eine Schrift, die vergleichbare Gedanken enthält. Es ist kaum anzunehmen, daß der – heute nur noch selten genannte — französische Sozialist Paul Lafargue (1842–1911), übrigens Marxens Schwiegersohn, Büchners Lustspiel oder gar Schlegels Roman gekannt hat. Daher ist seine Schrift über die Faulheit (1883, in deutscher Übersetzung: *Das Recht auf Faulheit,* 1887, in der Reihe Sozialdemokratische Bibliothek, XIX) wohl nicht in dem angezeigten literarischen Zusammenhang, sondern im Rahmen einer politischen Publizistik zu sehen, der es um die Kritik maßgeblicher Auffassungen in den Gremien der Arbeiterbewegung ging. Die gedankliche Verwandtschaft mit den eigentümlichen romantischen Utopien ist jedoch zu ausgeprägt, um übersehen werden zu können. Sie ist der sozialgeschichtlichen Forschung auch nicht entgangen: Gerd-Klaus Kaltenbrunner hat wohl als erster auf diese ungewöhnlichen motivischen Beziehungen hingewiesen[14].

Die Faulheit ist für Lafargue, wie für Schlegels literarische Figur, ein Reizwort, ein provozierender Begriff, der heftige Polemik signalisiert, wenn auch die rhetorischen Mittel nicht ohne Ironie sind. Auch in Lafargues Lob der Faulheit fällt der überschwengliche Ton auf, in dem das Proletariat aufgerufen wird, einer schimpflichen Erfindung des Bürgertums Widerstand zu leisten, nämlich der Hingabe an die Arbeit und die Ideologisierung des Fleißes. Die Tatsache, daß die Arbeiterbewegung, und namentlich deren Führerschaft, die strenge Arbeitsmoral des Bürgertums übernahm beziehungsweise sich von ihr „anstecken" ließ, deutet der sarkastische Theoretiker als einen Irrweg. Der asketische bürgerliche Arbeitseifer habe den Menschen die unbekümmerte Daseinslust genommen, wie sie in den Volksfesten des Mittelalters und der Renaissance zum Ausdruck kam.

Während ein entfesselter Industrialismus, indem er auf optimale Produktivität und maximale Rationalität hinsteuert, so kommentiert Kaltenbrunner die Thesen Lafargues, Gott das Privileg der Schöpfermacht in prometheischem Stolz entreißen will (eine Absicht, die mit vollem Pathos schon von Saint-Simon und Proudhon, später von manchen wissenschafts-abergläubischen Technokraten verkündet wird), offenbart sich bei Lafargues Erinnerung ans christliche Mittelalter und in seiner, wenn auch ironisierenden Deutung der Faulheit, der festlich feiernden Muße als *imitaio dei,* als Nachahmung und Nachfolge der seligen Gottheit, eine merkwürdige Dialektik: die utopische Vision und Antizipation des Zukünftigen vermischt sich mit märchenhaften, mythischen Ur-Erinnerungen an ‚die gute, alte Zeit', an vergangene Paradiese.[15]

In seinem Versuch, deutlich zu machen, daß die Arbeitswut ja *entfremdeter* Arbeit gilt, also doppelt problematisch ist, gelangt Lafargue zu einer zugespitzten These, die sich wie ein unmittelbarer Nachklang aus Büchners Lustspiel ausnimmt: „Nicht auferlegen, verbieten muß man die Arbeit"[16]. Auch bei manchen weiteren Ausführungen ist man veranlaßt, an Valerio zu denken, so etwa, wenn der Theoretiker vorschlägt, gegen Arbeitsfanatiker mit strengen Gesetzen vorzugehen, um sie zu zwingen, regelmäßig die – sehr großzügig bemessene – Freizeit zu genießen, in Spiel und Sport den unmenschlichen Ernst der Arbeit zu vergessen. Die notwendigen zivilisatorischen Leistungen erwartete sich Lafargue von den Maschinen, deren produktive Möglichkeiten durch ein falsches Verhalten der Arbeiter, nämlich durch Fleiß und Ausdauer, nicht gefördert, sondern gehemmt erschienen. Der Arbeitswille habe es nämlich den Kapitalisten erlassen, die Maschinentechnik rasch zu vervollkommnen. An dieser Stelle erweist sich Lafargues paradoxe Unkonventionalität im Grunde doch als eine Form naiver Fortschrittsgläubigkeit: die Freiheit des homo ludens soll durch die als entlastend verstandene Herrschaft der Technik gewährleistet werden.

In diesem Punkt berühren sich die Gedanken zweier Zeitgenossen. In Oscar Wildes großem Essay *The Soul of Man under Socialism* (1891) findet sich ebenfalls eine Zukunftssicht, in der die entlastende Aufgabe der Maschine als eine wesentliche Voraussetzung gilt. „At present machinery competes against man. Under proper conditions machinery will serve man."[17] Wilde sieht darin eine Frage der Vervollkommnung der Technik sowie eine Aufgabe vernünftiger Organisation. Gelingt es dem Staat, die Dinge sachgerecht zu regeln, d. h. die Menschen von schwerer Arbeit zu entlasten, dürfen diese sich jene Tätigkeit auswählen, die sie mit Freude erfüllen. „The State ist to make what is useful. The individual is to make what is beautiful."[18]

Kaltenbrunner behandelt diese Parallele, erwähnt aber nicht ein anderes englisches Werk aus jener Zeit, den utopischen Roman *News from Nowhere* von William Morris, erschienen 1890, in deutscher

Übersetzung 1892 mit einem Vorwort von Wilhelm Liebknecht. In dieser „Utopie der vollendeten kommunistischen Gesellschaft“, die trotz mancher wirklichkeitsnah anmutender Züge die meisten anderen Utopien an idealisierender Phantasie noch übertrifft, wird verdeutlicht, was bei Lafargue und Wilde die thesenhafte Substanz bildet: Daß in einer vollkommen harmonischen Gesellschaft der Begriff der Arbeit als Last und Verpflichtung jeglichen Sinn verliert, denn versteht sich der tätige Mensch als Künstler, so fällt die Schranke zwischen Arbeit und Vergnügung, letztlich wohl auch zwischen Aktivität und Müßiggang.[19] Es fragt sich freilich, ob mit diesem identifikatorischen Verständnis menschlicher Tätigkeiten, das theoretisch die Gleichsetzung jeder Arbeit mit dem Spiel erlaubt, die Intentionen des romantischen Müßiggangs noch zu vereinbaren sind. Der bohemienhaft-anarchische Kern, der in der *Lucinde* erkennbar ist, erscheint jedenfalls durch den harmonisierenden Spielbegriff entkräftet.

Als Zeuge für das Fortleben romantischer Tradition scheint sich Nietzsche anzubieten. Es gibt in *Menschliches, Allzumenschliches* und der *Fröhlichen Wissenschaft* in der Tat Formulierungen, die eine solche Auffassung stützen, so etwa wenn es heißt, der müßige Mensch sei „immer noch ein besserer Mensch als der tätige“, und es sei „ein edel Ding um Muße und Müßiggehen“.[20] Die Antithese, die Nietzsche meint, bezieht sich auf die sogenannten praktischen Berufe, zum Beispiel auf den „geldsammelnden Bankier“, kurz: die Tätigkeiten, bei denen der Mensch sich in einen Sklaven des Berufs verwandelt, und anderseits auf die „Freien“, die über den Tag, oder wenigstens zwei Drittel davon, frei verfügen, d. h. sich von jener „modernen Unruhe“, die eine Krankheit der heutigen Zivilisation ist, nicht knechten lassen. Befragt man die Landkarte, so steigert sich die „Unruhe“, je weiter man nach dem Westen kommt; einen Höhepunkt erreicht sie in Amerika. Die Hektik, schließt Nietzsche, ist so groß, daß die höhere Kultur, die zum Reifen ihre Zeit braucht, nicht mehr ausreifen kann. „Aus Mangel an Ruhe läuft unsere Zivilisation in eine neue Barbarei aus.“[21]

Betrachtet man den Zusammenhang dieser Aufzeichnungen, so ist zu erkennen, daß Nietzsche vor allem den Rückgang der Bereitschaft zu einem beschaulichen Leben, einer vita contemplativa bedauert – und daß daher seine Auffassung von Müßiggang eher die eines „Geistesaristokraten“ oder eines Mystikers ist, jedenfalls weit entfernt von der drastischen Sinnlichkeit, die namentlich in *Leonce und Lena* zum Ausdruck gelangt und die in der Gestalt Valerios an die Tradition z. T. plebejischer Karnevalskultur aus Spätmittelalter und Renaissance anknüpft — an jene Kultur, auf die auch Lafargue anspielt. In der *Lucinde* ist ja, wie gesagt, ausdrücklich von einer biologischen Reduktion auf das Nichtstun die Rede, von einem pflanzenhaften Dasein. In Nietzsches Sicht handelt es sich dagegen um die Freiheit eines geistigen Flaneurs, dessen Existenz ohne jegliche soziale Verpflichtung ist.

Mit Nietzsche, der Boheme und der Neuromantik um 1900 (in der auch Hesse mit seiner Apologie des Müßiggangs einen Platz hat) ist die Geschichte unseres Motivs noch nicht beendet. Es kommt hier nicht auf einen umfassenden Katalog an, sondern um den Nachweis einer bemerkenswerten Vitalität des Motivs auch im zwanzigsten Jahrhundert. Zwei Beispiele mögen das illustrieren. In ihnen zeichnet sich zugleich die Breite der gattungsmäßigen Streuung ab: dem Bereich erzählender Rede gehört das eine Beispiel an, dem der intelligiblen aphoristischen Aussage das andere.

Der Traum, den Hans Castorp . . . träumte, war dieser: Rücklings lag er auf einer mit bunten Sternblumen besäten, von der Sonne beglänzten Wiese, einen kleinen Erdhügel unter dem Kopf, das eine Bein etwas hochgezogen, das andere darüber gelegt, – wobei es jedoch Bocksbeine waren, die er kreuzte. Seine Hände fingerten, nur zu seinem eigenen Vergnügen, da die Einsamkeit über der Wiese vollkommen war, an einem kleinen Holzgebläse, das er im Munde hielt, einer Klarinette oder Schalmei, der er friedlich-nasale Töne entlockte: einen nach dem anderen, wie sie eben kommen wollten, aber doch in geglücktem Reigen, und so stieg das sorglose Genäsel zum tiefblauen Himmel auf, unter dem das feine, leicht vom Winde bewegte Blätterwerk einzeln stehender Birken und Eschen in der Sonne flimmerte.[22]

Thomas-Mann-Kenner wissen, daß die „Fülle des Wohllauts“, die hier von Debussys Orchesterwerk „Prélude à l'après–midi d'une faune“ ausgeht, ein Erlebnis des Romanhelden im *Zauberberg* ist. Das Anhören der Schallplatte versetzt ihn in einen traumartigen Zustand, der Zauber von Debussys (und indirekt auch Mallarmés) Kunst wirkt identifikatorisch. Doch es geht nicht nur um das Einssein mit der Natur und um die Stimmung einer magischen Idylle; aus der Schilderung des friedlichen und dennoch ekstatischen Zustandes tritt ein Motiv hervor, das den Zusammenhang mit dem Ganzen des Romans herstellt: Der Gegensatz zwischen der wirklichen oder vermeintlichen Lethargie des Daseins „dort oben“ und dem Ruf des „tätigen Lebens“ im normalen Alltag. Die Verzauberung durch die Musik stellt einen Kristallisationspunkt dar, d. h. eine der vorgegebenen Lebenshaltungen tritt – wie auch im Kapitel „Schnee“ – in aller Deutlichkeit in Erscheinung.

Der junge Faun war sehr glücklich auf seiner Sommerwiese. Hier gab es kein ‚Rechtfertige dich', keine Verantwortung, kein priesterliches Kriegsgericht über einen, der der Ehre vergaß und abhanden kam. Hier herrschte das Vergessen selbst, der selige Stillstand, die Unschuld der Zeitlosigkeit: Es war die Liederlichkeit mit bestem Gewissen, die wunschbildhafte Apotheose all und jeder Verneinung des abendländischen Aktivitätskommandos, und die davon ausgehende Beschwichtigung machte dem nächtlichen Musikanten die Platte vor vielen wert.[23]

Kann man es deutlicher sagen? Zeitlosigkeit, Liederlichkeit, Stillstand, Verneinung der okzidentalen Arbeitsmoral – all das deutet auf eine weitgehende Identität mit jenen utopischen Vorstellungen hin, deren literarische Tradition uns hier beschäftigt. Bei Thomas Mann, dem Skeptiker, ist es allerdings, anders als etwa bei Friedrich Schlegel, kein utopischer Entwurf, dessen Einlösung grundsätzlich offenbleibt, sondern ausdrücklich eine vorübergehende Vision, ein Augenblick höchster seelischer Intensität. Um es mit Kleists Obersten Kottwitz zu sagen: „Ein Traum, was sonst?"

Rund zwanzig Jahre nach dem Erscheinen des *Zauberbergs* machte sich ein – damals noch kaum bekannter – deutscher Emigrant, Mitglied des ebenfalls exilierten Frankfurter „Instituts für Sozialforschung", Gedanken über utopische Mythologeme dieser Art. Das Ergebnis liegt seit 1951 im Essay- und Aphorismenband *Minima Moralia* vor. Der Autor, Theodor W. Adorno, braucht heutzutage nicht mehr vorgestellt zu werden. In der sehr umfangreichen Literatur über sein Denken begegnet man freilich m. W. keinem Hinweis auf den Gedanken, der die 100. Aufzeichnung des Bandes beherrscht (und der auch für unser Thema besonders wichtig ist). Der Kurzessay trägt den überraschenden Titel „Sur l'eau", der eher an ein impressionistisches Gemälde oder Klavierstück denken läßt.

In Wirklichkeit verbirgt sich dahinter eine äußerst konzentrierte Betrachtung über die Zukunftsbilder der Menschheit, oder genauer: der okzidentalen Gesellschaftsformen. Die so schwärmerischen wie auch bereits konventionellen Antworten auf die Frage nach dem Ziel des Menschen betonen stets die allseitige Entfaltung der menschlichen Möglichkeiten und den Reichtum des Lebens. Diese Antworten, meint Adorno, seien im Grunde eine Fortsetzung der Idee der Produktionsdynamik in der bürgerlichen Gesellschaft, der „Vorstellung vom fessellosen Tun, dem ununterbrochenen Zeugen, der pausbäckigen Unersättlichkeit, der Freiheit als Hochbetrieb . . ."[24]. Darin, so heißt es weiter, und nicht in der vorgeblichen Gleichmacherei verharrten die positiven

Entwürfe des Sozialismus in der Barbarei. „Nicht das Erschlaffen der Menschheit im Wohlleben ist zu fürchten, sondern die wüste Erweiterung des in Allnatur vermummten Gesellschaftlichen, Kollektivität als blinde Wut des Machens.“[25]

Adornos Antithese dazu mußte sich, im Jahre 1945, eher befremdlich ausnehmen. Heute, im Zeitalter der ökologischen Bewegungen und der Menetekel der technischen Welt, erkennt man darin mühelos die Prophetie. „Vielleicht wird die wahre Gesellschaft der Entfaltung überdrüssig und läßt aus Freiheit Möglichkeiten ungenützt, anstatt unter irrem Zwang auf fremde Sterne einzustürmen.“[26] In der Zukunft käme es nicht nur auf die Beseitigung der Not an, sondern auch auf den Frieden mit der Natur, der den Verzicht auf Unterjochung einschließt. Als extremes Symbol dieser neuen Haltung entwirft Adorno das Bild, auf das der Titel anspielt: „Rien faire comme une bête, auf dem Wasser liegen und friedlich in den Himmel schauen . . .“[27]

Der Motivkreis schließt sich hier, denn in dieser utopischen Chiffre ist alles enthalten: die Phantasie vom vegetativen Dasein aus dem romantischen Roman, der Protest Lafargues, der faunische Traum Hans Castorps – und wohl auch das (noch nicht genannte) Gedicht „Vom Schwimmen in Seen und Flüssen“ aus Brechts *Hauspostille.* Der literarhistorische Begriff der Idylle deckt die hier dargebotenen Denkbilder nur sehr unvollkommen ab. Zutreffender ist in der Verknüpfung das Attribut „polemisch“. Gemeinsam ist allen Texten die Zurücknahme oder Einschränkung einer der entscheidenden Triebkräfte neuerer okzidentaler Kultur: vom Verzicht auf wirtschaftliche und technische Expansion bis hin zum Wunsch nach nirwanaartigen Zuständen. Bemerkenswert ist, daß die utopische Phantasie in diesen Vorstellungen, im Gegensatz zu den meisten herkömmlichen Ordnungen utopischer Einbildungskraft, so gut wie keine „konstruktiven“ Elemente enthält. Unsere merkwürdigen Idyllen sind in der Geschichte des utopischen Denkens Beispiele einer eigentümlichen Anti-Utopie, vor allem darin, daß sich in der Passivität ein fundamentales Mißtrauen gegenüber ideologischen Entwürfen abzeichnet. Im Verharren in der Negation sind jedoch diese anti-utopischen Gebilde zugleich dialektische Zeugnisse wahrhaftig reiner Utopie.

Anmerkungen

1 Zur Rezeptionsgeschichte vgl. die Kritische Friedrich-Schlegel-Ausgabe, hg. von Ernst Behler, Band V, München/Paderborn/Wien 1962, S. XLVI ff.

2 Zit. in Hans Eichners Einleitung zu Band V, S. L. Zur sozialgeschichtlichen Problematik weitere Zeugnisse in der für unser Thema grundlegenden Dokumentation von Gisela Dischner: Friedrich Schlegels Lucinde und Materialien zu einer Theorie des Müßigganges, Hildesheim 1980.

3 Band V, S. 25.

4 Ebenda.

5 Man hat in diesem Dialog zwischen Lucinde und Julius zu Recht eine Vorwegnahme von Wagners *Tristan* gesehen. Vgl. dazu Dieter Borchmeyer: Das Theater Richard Wagners, Stuttgart 1982, S. 261 ff.

6 Band V, S. 26 f.

7 Ebenda, S. 27.

8 Ebenda.

9 Ebenda, S. 29. Als eine Nachwirkung der Romantik lassen sich in diesem geistesgeschichtlichen Zusammenhang auch Gedanken der Münchner „Kosmiker" um 1900 (Klages, Schuler) interpretieren. Mit Herakles und Sokrates, mit Arbeit und Ratio beginnt nach Schulers Auffassung eine verhängnisvolle Entwicklung der Menschheit. Vgl. dazu Manfred Frank: Gott im Exil. Vorlesungen über die Neue Mythologie, Frankfurt am Main 1988.

10 Vgl. dazu Max Weber: Die protestantische Ethik und der Geist des Kapitalismus, 1. Kapitel.

11 Zit. nach: Ordnung, Fleiß und Sparsamkeit. Texte und Dokumente zur Entstehung der „bürgerlichen Tugenden", hg. von Paul Münch, München 1984, S. 278.

12 Eine Vorlesung Kants über Ethik, hg. von Paul Menzer, Berlin 1924, S. 201. Hier zit. nach: Geschichtliche Grundbegriffe. Historisches Lexikon zur politisch-sozialen Sprache in Deutschland, hg. von Otto Brunner, Werner Conze und Reinhart Koselleck, Band I, Stuttgart 1979, S. 169.

13 G. Büchner: Sämtliche Werke und Briefe, historisch-kritische Ausgabe, hg. von Werner R. Lehmann, Hamburg 1967, Band I, S. 134. Zu entsprechenden Motiven im gesamten Schaffen Büchners vgl. den Aufsatz von William Bruce Armstrong: „Arbeit" und „Muße" in den Werken Georg Büchners, in: Text + Kritik, Sonderband: G. B. III, München 1981, sowie die Monographie von Wolfgang Wittkowski: Georg Büchner. Persönlichkeit, Weltbild, Werk, Heidelberg 1978.

14 Faulheit und Revolution, in: Zeitschrift für Religions- und Geistesgeschichte, 1964. Zit. nach dem Abdruck in: Gisela Dischner und Richard Faber (Hg.): Romantische Utopie – Utopische Romantik, Hildesheim 1979.

15 A. a. O., S. 176.

16 A. a. O., S. 177.

17 The Artist as Critic. Critical Writings of Oscar Wilde, ed. by Richard Ellmann, New York 1970, S. 269.

18 Ebenda, S. 268.

19 William Morris: Kunde von Nirgendwo, neu hg. von Gerd Selle, Köln 1974, S. 127 ff.

20 Friedrich Nietzsche: Werke in drei Bänden, hg. von Karl Schlechta, München 1966, Band I, S. 620.
21 Ebenda.
22 Thomas Mann. Gesammelte Werke in zwölf Bänden, Frankfurt am Main 1960, Band III, S. 897.
23 Ebenda, S. 898.
24 Theodor W. Adorno: Minima Moralia, Frankfurt am Main 1969, S. 207.
25 Ebenda.
26 Ebenda.
27 Ebenda, S. 208.

Kulissenwelt

Zu einer Szene bei Thomas Mann

Die Szene findet sich in *Wälsungenblut,*[1] jener Novelle, die infolge ihrer skandalumwitterten Entstehungs- und Publikationsgeschichte einen etwas seltsamen Ruhm erlangte. Allein diese Dinge sind genugsam bekannt und bedürfen kaum noch einer Erläuterung. Viel eher ist anzumerken, daß gerade die stofflichen Reize das Interesse für diesen Text in eine Richtung gelenkt haben, deren Nutzen für die objektive ästhetische Beurteilung mehr als fraglich ist. In Wirklichkeit hat man es mit einem kleinen literarischen Meisterwerk zu tun, das – als Zeichen seines Ranges – eine Vielfalt von Aspekten künstlerisch integriert und sprachlich durchformt – und erst damit den Interpreten vor angemessene Aufgaben stellt.

Gemeint ist die Schilderung der Opernvorstellung, die von dem exklusiven Geschwisterpaar Siegmund und Sieglinde besucht wird, nicht ohne besondere Neigungen übrigens. Denn die Erzählung berichtet ja von der merkwürdigen Identität, die die beiden mit den Bühnengestalten des Abends verbindet, und das heißt: mit den gleichnamigen Geschwistern aus Wagners Musikdrama *Die Walküre*. Die zentrale Bedeutung dieser Szene innerhalb der novellistischen Komposition ist nicht zu verkennen. Bot sich doch damit die Gelegenheit, die erotische Beziehung der snobistischen Sprößlinge, der Akteure eines dekadenten „bürgerlichen Heldenlebens“, in mythischer Spiegelung vorzuführen. Daß dabei Wagnersche Bühnenkunst und Musik im Spiel ist, versteht sich bei Thomas Mann nahezu von selbst. Etwas weniger selbstverständlich ist freilich die Art, auf die der Erzähler den Bühnenvorgang veranschaulicht. So gleich am Anfang der Szene:

Sturm und Gewitterbrunst, Wetterwüten im Walde. Der rauhe Befehl des Gottes erschallte, wiederholte sich, verzerrt vor Zorn, und gehorsam krachte der Donner darein. Der Vorhang flog auf, wie vom Sturm auseinandergeweht. Der heidnische Saal war da, mit der Glut des Herdes im Dunklen, dem ragenden Umriß des Eschenstammes in der Mitte. Siegmund, ein rosiger Mann mit brotfarbenem Bart, erschien in der hölzernen Tür und lehnte sich verhetzt und erschöpft gegen den Pfosten. Dann trugen seine starken, mit Fell und Riemen umwickelten Beine ihn in tragisch schleppenden Schritten nach vorn. Seine blauen Augen unter den blonden Brauen, dem blonden Stirngelock seiner Perücke, waren gebrochenen Blicks, wie bittend, auf den Kapellmeister gerichtet; und endlich wich die Musik zurück, setzte aus, um seine Stimme hören zu lassen, die hell und ehern klang, obgleich er sie keuchend dämpfte. Er sang kurz, daß er rasten müsse, wem immer der Herd gehöre; und beim letzten Wort ließ er sich schwer auf das Bärenfell fallen und blieb liegen, das Haupt auf den fleischigen Arm gebettet. Seine Brust arbeitete im Schlummer.

Eine Minute verging, ausgefüllt von dem singenden, sagenden, kündenden Fluß der Musik, die zu den Füßen der Ereignisse ihre Flut dahinwälzte . . . Dann kam Sieglinde von links. Sie hatte einen alabasternen Busen, der wunderbar in dem Ausschnitt ihres mit Fell behangenen Musselinkleides wogte. Mit Staunen gewahrte sie den fremden Mann; und so drückte sie das Kinn auf die Brust, daß es sich faltete, stellte formend die Lippen ein und gab ihm Ausdruck, diesem Erstaunen, in Tönen, die weich und warm aus ihrem weißen Kehlkopf emporstiegen und die sie mit der Zunge, dem beweglichen Munde gestaltete. (398)

Die Schilderung ist merkwürdig genug, und man darf vermuten, daß ihr in Kreisen der Wagnerianer und Opernenthusiasten um 1906, der Entstehungszeit der Novelle, keine ungeteilte Zustimmung zuteil geworden wäre. Der Grund dafür ist unschwer zu erkennen. Wie so oft bei Thomas Mann bietet sich das Geschehen unter doppelter Optik dar, nämlich als Zusammenspiel von Perspektiven, die in ihrem Nebeneinander oder Gegeneinander verschiedene Deutungen und Auffassungen zulassen. Ergebnis ist der Schwebezustand der ironischen Sicht. Und ironisch, bis in die feinsten Wendungen der Diktion, wird ja auch hier die Pathetik der Wagner-Welt eingeschränkt, und zwar dadurch, daß der theatralische Vorgang gleichsam „naiv“ und damit im Widerspruch zu den Spielregeln der ästhetischen Einfühlung gesehen wird; illusionslos also: Der Donner, der „gehorsam“ dareinkracht, der „rosige“ Opernheld mit Kostüm und Perücke, dessen Aufmerksamkeit dem Einsatzzeichen des Dirigenten gilt, das Gebaren der Partnerin – alle diese behutsam, aber unmißverständlich pointierten Einzelheiten erfassen das Opernhafte als einen konventionellen – und daher parodiereifen – Mechanismus. Vollends ist das bei Hundings Auftritt der Fall: „Hunding kam, bauchig und x-beinig wie eine Kuh. Sein Bart war schwarz, mit braunen Zotten durchsetzt. Sein geharnischtes Motiv kündigte ihn an, und er stand da, finster und plump auf seinen Speer gelehnt, und blickte mit Büffelaugen auf den Gast, dessen Gegenwart er dann, aus einer Art wilder Gesittung, gut und willkommen hieß. Sein Baß war rostig und kolossal.“ (399)

Man käme aus dem Zitieren gar nicht heraus, wollte man allen entsprechenden Kunstgriffen des Erzählers im einzelnen folgen. Nicht übersehen darf man jedoch, daß in der Schilderung der Szene ein Unterton mitschwingt, der dem lyrischen Pathos der Musik gerecht wird; womit aber die ironische Perspektive ihren kontrapunktischen Widerpart erhält und motivisch vervollständigt erscheint. Vor den Augen des konfektnaschenden Geschwisterpaares in der Loge vollzieht sich beides: die sinnliche, aufreizende Wirkung der Musik sowie das – in doppeltem Sinne – theatralische Spiel vor einer Kulissenwelt aus Holz und Pappe. All dies hat in der Erzählung vom Lebensluxus moderner Kunstkonsumenten seine Bedeutung und seinen Sinn. Es fragt sich nur, ob der spöttische Blick auf das kostümierte Treiben, das germanische Frühzeit mimt, lediglich der kritischen Empfindlichkeit der beiden Zuschauer entspricht – oder etwa auch gewissen Überzeugungen des Autors Thomas Mann.

Nachzulesen ist in diesem Zusammenhang der *Versuch über das Theater* von 1908, eine Schrift also aus der unmittelbaren Nachbarschaft der Novelle. Vergleicht man die beiden Texte, so erkennt man, daß in dem kunstkritisch auch sonst recht aufschlußreichen Essay gewissermaßen die Theorie zu der fraglichen Szene nachgeliefert wird. Das geht im einzelnen so weit, daß sich wörtliche Übereinstimmungen finden, ja sogar evidente Selbstzitate. Das Theater, das „musische Staatsinstitut", habe seine komischen Seiten, meint der Verfasser an einer Stelle. „Hunding ist bauchig und x-beinig wie eine Kuh. Sieglindes gepuderter Busen wogt in der Dekolletage ihres Fellgewandes, einer Art prähistorischer Balltoilette. Siegmund, knapp und gespannt auf der Kante des Sessels, läßt die Besorgnis erkennen, seinen Trikots möchte etwas Fürchterliches begegnen. Daß dieser rosige und dralle Mann geradewegs aus Wildnis, Wetter und tiefstem Elend kommt, ist übrigens nicht zu glauben. Das Herdfeuer stäubt Funken gegen die Kulisse: einen Augenblick verstört dich die Erinnerung an Schreckensberichte von Theaterbränden. Später laufen Frickas Widder, eine Glanznummer der Regie, ein großes Spielzeug mit Uhrwerk, wirklich über die Bühne, und ihre Beine klappern in den Scharnieren."[2]

Hier wie dort wird mit keinem Wort erwähnt, daß von Wagners *Ring* die Rede ist; in beiden Fällen setzt Thomas Mann entsprechende Kenntnisse voraus. Und erst recht ist nicht die Rede davon, daß die beiden Textstellen in einem verborgenen Bezug zueinander stehen. Man versteht nämlich die Haltung des Erzählers besser, wenn man auch dem Kritiker Gehör schenkt, vor allem seinen grundsätzlichen Überlegungen zum Thema Kunst und Bühnenillusion. „Sehr verständlich" nennt der Autor eine Auffassung, nach der das Theater als ein Kunstsurrogat zu bezeichnen sei, „das Schauspiel, das Theater mit seiner aufdringlichen Täuschungssucht, seinem technischen Zauberapparat, seinen Guckgenüssen gegen Entree . . .“[3] Daher ergibt sich für den Kritiker die Möglichkeit, ja die Notwendigkeit, diese Art von „kindlicher“ Kunst gleichsam von oben herab zu betrachten und ihre Klischees und Konventionen zu durchschauen. „Das Theater, behaftet mit allen Lächerlichkeiten der Materie, mit seiner Gesellschaftlichkeit, seiner sinnlichen Öffentlichkeit, seinem populären Niveau, bietet dem kritischen Artisten eine viel größere Möglichkeit geistig-stilistischer Überlegenheit als die Literatur; es schreibt sich über das Theater aus einer luftigeren Höhe; der kritische Artist *spielt* mit der Naivität des Theaters wie ein ironischer Dichter mit dem unbewußten und stummen Leben.“[4]

Dem schon früh ausgeprägten zwiespältigen, aus Faszination und Skepsis gemischten Verhältnis zu Wagners Kunst entspricht ein ambivalentes Verhältnis zum Theater, bestimmt vor allem durch das tiefe Mißtrauen des Epikers gegen die Scheinwelt der Bühne, die theatralische Illusion, demnach auch eine Skepsis des Sprachkünstlers und Literaten, für den die künstlerische Wirklichkeit *sprachlich* existent ist, der handgreiflichen Mimesis und der fragwürdigen Kulissenwirklichkeit des Theaters gegenüber. Eines traditionsbedingten bürgerlichen Theaters mit seinem Inszenierungsstil, wie man hinzufügen muß. Der kritische Artist Thomas Mann teilt in diesem Punkt zweifellos Ansichten großer Vorgänger im Bereich des – nicht minder bürgerlichen – realistischen Romans.

In Flauberts *Madame Bovary* wird ein Theaterbesuch des Ehepaares Bovary geschildert; die Vorstellung findet in Rouen statt, aufgeführt wird Donizettis Oper *Lucia di Lammermoor.*

Unterdessen wurden im Orchester die Kerzen angezündet und der Kronleuchter von der Decke herabgelassen, der mit dem Funkeln seiner geschliffenen Gläser mit einemmal festliche Stimmung im Raum verbreitete. Dann erschienen die Musiker einer nach dem andern, und es gab zunächst ein langes Durcheinander von brummenden Bässen, winselnden Violinen, trompetenden Hörnern, piependen Klarinetten. Endlich drei kurze Schläge mit dem Taktstock: ein Paukenwirbel rollte, die Blechinstrumente setzten mit schmetternden Akkorden ein, der Vorhang hob sich und man erblickte eine Landschaft.

Es war ein Kreuzweg im Walde, mit einer von Eichen beschatteten Quelle zur Linken. Bauern und Edelleute mit schottischem Plaid über den Schultern sangen alle miteinander ein Jagdlied. Dann erschien ein

Anführer, der, beide Arme zum Himmel erhebend, den Geist des Bösen anrief. Noch einer kam dazu, beide gingen davon, und der Jägerchor hob wieder an.

Emma fühlte sich in die Lektüre ihrer Jugendzeit, in die Welt Walter Scotts zurückversetzt. Es war ihr wieder, als höre sie Dudelsackklänge durch den Nebel der schottischen Heide hallen. Die Erinnerung an den Roman erleichterte ihr im übrigen das Verständnis des Textes. Wort für Wort folgte sie der Handlung, während ungreifbare Gedanken in ihr aufstiegen, um alsbald unter dem Ansturm der Musik wieder zu verflattern. Sie gab sich den Wogen der Melodien hin und fühlte ihr ganzes Wesen in Schwingung versetzt, als strichen die Violinbogen über ihre Nerven. Sie hatte nicht Augen genug, um alle die Kostüme und Dekorationen und Personen zu schauen, die gemalten Bäume, die wackelten, wenn die Schauspieler daran vorüberschritten, die Samtkappen und Mäntel und Schwerter – alle diese Trugbilder, die sich da harmonisch wie in der Atmosphäre einer andern Welt bewegten.

Jetzt aber trat eine junge Dame auf und warf einem grünen Reitknecht eine Börse zu. Dann blieb sie allein auf der Bühne, und nun setzte eine Flöte ein, zart wie Quellengemurmel oder Vogelgezwitscher. Mit schmerzlichem Ausdruck hub Lucia ihre Kavatine in G-Dur an. Sie sang von unglücklicher Liebe. Sie wünschte sich Flügel. Ach, auch Emma hätte aus diesem Leben entfliehen mögen, davonfliegen in Armen der Liebe! Plötzlich erschien Lagardy als Edgar.

Sein Gesicht zeigte jene durchleuchtende Blässe, die den glutvollen Völkern des Südens etwas von der Majestät des Marmors verleiht. Seine männliche Gestalt war in ein braunes Wams gezwängt. Ein kleiner Dolch in getriebener Scheide schlug gegen den linken Schenkel. Er rollte schmachtend die Augen und zeigte seine blendend weißen Zähne dabei.

Die stilistische Ähnlichkeit mit der Darstellung in *Wälsungenblut* leuchtet sogleich ein. Was in beiden Fällen zunächst befremdet und sich dann als folgerichtig durchgeführte künstlerische Absicht erweist, ist der unbestechliche Blick für das Geschehen jenseits der Rampe, für die scheinbar so eindeutigen, im übrigen recht harmlosen Ungereimtheiten der Opernwelt. Es sieht so aus, als ob Flaubert mit keinem Wort den beschriebenen Vorgang in Frage stellte; in der Tat begnügt er sich mit höchst sparsamen Feststellungen im Hinblick auf die Szenerie und die Gebärdensprache der Helden. Allein hier wird offenbar, was die „impassibilité" zu leisten vermag: Die gleichsam unbeteiligte Redeweise, die lakonische Verknüpfung von Wahrnehmungen legt den Mechanismus des Ganzen bloß, lenkt die Aufmerksamkeit auf die dem Spiel innewohnenden formelhaften Wendungen („Dann erschien ein Anführer, der, beide Arme zum Himmel erhebend, den Geist des Bösen anrief. Noch einer kam dazu, beide gingen davon . . .“) und entzaubert dadurch das Bühnenreich mit seinen Dekorationen und gemalten Bäumen. Fraglos hat man es mit dem gleichen Verfahren wie bei Thomas Mann zu tun – mit der Perspektive „von oben“, die das Objekt von außen erfaßt und das Künstliche des Scheins als Faktum festhält. „Leidenschaftslosigkeit“ und „Ironie“ erweisen sich in diesem Fall als ein und dasselbe.

Einen weiteren Vergleichspunkt bietet der Umstand, daß bei den Gestalten selbst – und bei Emma Bovary ist das ganz eindeutig – eine andere Erlebnisweise zutage tritt, gekennzeichnet durch den Zustand der Einfühlung und der Bezauberung durch die Musik. Im Text des französischen Romanciers ist diese Differenzierung der Gesichtspunkte deutlicher ausgeprägt – was zugleich gewisse Rückschlüsse auf die Technik des angeblich objektiven, personalen Erzählstils erlaubt. Von einer lückenlosen Übereinstimmung der Perspektive des Erzählers mit dem Blickwinkel seiner Figuren kann hier kaum die Rede sein; im Gegenteil: Der Reiz der Schilderung liegt gerade darin, daß der Erzähler sich die Schwärmerei und die Nervenspannungen seiner Heldin eben *nicht* zu eigen macht, sondern die Haltung des unpathetischen Beobachters bewahrt; um mit Thomas Mann zu reden, die Haltung geistig-stilistischer Überlegenheit.

Die literarischen Analogien sind jedoch damit noch nicht erschöpft. Sieht man sich im Romanschaffen der Epoche um, der Flauberts Werk angehört, so findet man ein weiteres sehr bemerkenswertes Beispiel erzählerischer Darstellung verwandter Art. Der Einblick in die Kulissenwelt, den eine Episode in Tolstojs *Krieg und Frieden* bietet, nimmt sich nun, in unserem Zusammenhang, schon vertraut aus. Wiederum wird vom Besuch einer Opernvorstellung berichtet, und abermals bildet die Beschreibung des Spiels auf der Bühne den Kern des Kapitels. Die Eigentümlichkeit der Stelle rechtfertigt auch diesmal ein längeres Zitat.

Die Mitte der Bühne war glatt gedielt, an den Seiten standen bemalte Gegenstände, die Bäume darstellten, und den Hintergrund bildete eine ausgespannte Leinwand. In der Mitte der Bühne saßen Mädchen in roten Miedern und weißen Röcken. Ein sehr dickes Mädchen in einem weißen Seidenkleide saß abseits auf einem niedrigen Bänkchen, hinter dem sich eine angeklebte grüne Pappwand erhob. Alle sangen irgend etwas. Als sie damit fertig waren, trat die Dicke im weißen Sei-

denkleide an den Souffleurkasten heran, und nun gesellte sich zu ihr ein Mann mit dicken Beinen, engen Seidenhosen, einem Federhut und einem Dolch. Er begann zu singen und mit den Händen zu fuchteln.

Erst sang der Mann mit den engen Seidenhosen allein, darauf sang das Mädchen. Dann schwiegen beide, die Musik spielte, und der Mann begann an der Hand des weißgekleideten Mädchens herumzufingern; offenbar wartete er auf einen bestimmten Takt, um gemeinsam mit dem Mädchen das fällige Duett anzustimmen. Nun sangen sie zu zweit, und das ganze Publikum begann zu klatschen und zu schreien, und der Mann und das Mädchen auf der Bühne, die ein Liebespaar darstellten, lächelten, griffen mit den Armen in die Luft und verbeugten sich.[6]

Nach einem kurzen Abschnitt, worin – wie bei Thomas Mann – über das obligate Logengeflüster und das Benehmen einzelner Menschen aus dem Publikum berichtet wird, wendet der Erzähler seine Aufmerksamkeit erneut der Bühne zu.

Im zweiten Akt stellten die bemalten Kartons Grabmonumente vor, und in der Leinwand war ein Loch, das den Mond bedeutete. Das Rampenlicht war durch Schirme abgedämpft, die Trompeten und Kontrabässe gaben dumpfe Baßtöne von sich, und von rechts und links kamen eine Menge Menschen in schwarzen Mänteln. Sie fuchtelten mit den Armen herum und hielten dabei eine Art von Dolch in den Händen; dann kamen in großer Eile irgendwelche Leute hinzu und trafen Anstalten, das dicke Mädchen davonzuschleppen, das vorhin ein weißes Kleid angehabt hatte und jetzt ein hellblaues trug. Sie schleppten sie aber gar nicht gleich davon, sondern sangen erst noch lange Zeit mit ihr zusammen.

Dann schleppten sie sie schließlich doch davon, und nun wurde hinter den Kulissen dreimal gegen irgendeinen Metallgegenstand geschlagen, und darauf sanken alle in die Knie und sangen ein Gebet. Alle diese Vorgänge wurden mehrfach von entzückten Beifallsrufen des Publikums unterbrochen.[7]

Man wird nicht zögern, alle bisher angeführten Episoden miteinander in Verbindung zu bringen. Ihre innere Verwandtschaft und stilgeschichtliche Zusammengehörigkeit ist offenkundig und braucht wohl nicht weiter bewiesen zu werden. Hervorzuheben ist dagegen, daß Schilderungen dieser Art gerade bei Tolstoj keine Seltenheit sind; in ihnen ist ein Kunstgriff wirksam, der im epischen Werk des russischen Realisten seinen festen Platz und seine besondere Bedeutung hat. Darüber wird noch später ein Wort zu sagen sein. Zunächst ist zur Charakteristik der Szene zu bemerken, daß die „naive“ Sicht darin – im Gegensatz zu den Stellen bei Flaubert und Thomas Mann – einigermaßen motiviert erscheint, und zwar durch die Stimmung einer der Romangestalten.

Natascha war lange Zeit auf dem Lande gewesen und befand sich in einer recht ernsten Stimmung, und so kam ihr dies alles merkwürdig und erstaunlich vor. Sie konnte weder dem Gang der Handlung folgen noch mit einiger Aufmerksamkeit auf die Musik achten. Sie sah nur bemalte Pappe und merkwürdig herausgeputzte Männer und Frauen, die in einer merkwürdig grellen Beleuchtung merkwürdige Bewegungen machten, redeten und sangen. Natascha wußte freilich, was das alles bedeuten sollte, aber es war alles so gekünstelt, so unnatürlich und falsch, daß sie sich bald für die Schauspieler schämte, bald über sie amüsierte.[8]

Es ist indes gewiß nicht verfehlt, wenn man der Episode grundsätzliche Bedeutung zubilligt. In dem Sinne nämlich, daß man in der unfreiwilligen Komik einer beliebigen modischen Oper aus der Zeit um 1800 den Ausdruck ästhetischer Konventionen erblickt, die dem Erzähler Tolstoj geradezu als Gegenpol seiner eigenen künstlerischen Absichten erscheinen mußte. Ganz zu schweigen von den Überzeugungen des Moralisten Tolstoj, dessen antizivilisatorischer Affekt, namentlich in bezug auf Erscheinungen des ästhetisch-kulinarischen Luxus, auch in diesem Fall kaum außer acht gelassen werden darf.

Zu den Aufgaben der Analyse gehört also nicht zuletzt die Unterscheidung der Funktionen einer bestimmten Erzählweise. Im Hinblick auf die vorliegenden Beispiele hat dagegen die Frage nach der Abhängigkeit der Texte voneinander so gut wie keine Bedeutung. Einflüssen und motivischen oder stilistischen Entlehnungen aufgrund der Chronologie nachzuspüren, scheint höchst überflüssig zu sein, allenfalls auch kaum belegbar. Der Topos-Charakter dieser Einblicke in die Kulissenwelt (versteht man den Topos-Begriff in einem angemessenen Sinn) ist vielmehr eine Folge von Übereinstimmungen struktureller, werkimmanenter Natur. Daß daran auch übergreifende Stilkonzeptionen des Realismus beteiligt sind, dürfte freilich kaum zweifelhaft sein.

Ein letztes Beispiel mag diese Überlegungen stützen. Es handelt sich um eine Episode aus Heinrich Manns *Untertan,* einem Werk, das zu der Epoche zurückführt, von der unsere Betrachtung ihren Ausgang nahm. Nur schwer widersteht man der Versuchung, den gewünschten Abschnitt Wort für Wort anzuführen – so meisterhaft ist die erzählerische Leistung. Sie beruht auf einer so konsequent wie auch logisch durchgeführten Verschränkung: Bühnengeschehen und Zuschauerkommentar stellen sich als Einheit dar, wobei aber der Vorgang auf der Bühne wiederum Züge grotesker, befremdender Marionettenhaftigkeit aufweist. Beherrscht wird die Schilderung der *Lohengrin*-Aufführung ganz eindeutig von den satirischen Absichten des Autors; wagnerisches Opernpathos in zeitgemäßer Auffassung und wilhelminische Gesinnung (repräsentiert durch den „Untertan“ Diederich Heßling) bieten sich als gleichermaßen dankbare Zielscheibe an.

Der Vorhang ging auf, und schon kicherte sie (Guste) verachtungsvoll. „Gott, die Ortrud! Sie hat einen Schlafrock und ein Frontkorsett!“ Diederich hielt sich mehr an den König unter der Eiche, der sichtlich die prominenteste Persönlichkeit war. Sein Auftreten wirkte nicht besonders schneidig; der Regierungspräsident Wulckow brachte Baß und Vollbart entschieden besser zur Geltung; aber was er äußerte, war vom nationalen Standpunkt aus zu begrüßen. „Des Reiches Ehr zu wahren, ob Ost, ob West.“ Bravo! Sooft er das Wort „deutsch“ sang, reckte er die Hand hinauf, und die Musik bekräftigte es ihrerseits. Auch sonst unterstrich sie markig, was man hören sollte. Markig, das war das Wort. Diederich wünschte sich, er hätte zu seiner Rede in der Kanalisationsdebatte eine solche Musik gehabt. Der Heerrufer dagegen stimmte ihn wehmütig, denn er glich auf ein Haar seinem einstigen Kommilitonen, dem dicken Delitzsch, in all seiner verflossenen Bierehrlichkeit. Infolgedessen sah Diederich die Gesichter der Mannen näher an und fand überall Neuteutonen. Sie hatten größere Bäuche und Bärte bekommen und sich gegen die harte Zeit mit Blech gerüstet. Auch schienen nicht alle sich in günstigen Lebensumständen zu befinden; die Edlen sahen aus wie mittlere Beamte des Mittelalters, mit Ledergesichtern und Knickebeinen, die Unedlen noch weniger glänzend; aber der Verkehr mit ihnen wäre unzweifelhaft in tadellosen Formen verlaufen. Überhaupt ward Diederich gewahr, daß man sich in dieser Oper sogleich wie zu Hause fühlte. Schilder und Schwerter, viel rasselndes Blech, kaisertreue Gesinnung. Ha und Heil und hochgehaltene Banner und die deutsche Eiche: man hätte mitspielen mögen.[9]

Die Stelle mag genügen, um zu zeigen, worauf es ankommt. Heinrich Manns Gesellschaftskritik dehnt sich auf einen Bereich aus, der einen Schnittpunkt bürgerlicher Ideologie um die Jahrhundertwende sichtbar werden läßt. Dem falschen, kunstfremden Bewußtsein des dünkelhaften Bourgeois entspricht als objektives Korrelat der auf falschem Schein beruhende, aus Blech und Pappe zusammengefügte Bühnenprunk des offiziellen Kunstbetriebs im zeitgenössischen „Musentempel“. Indem das Geschehen aus dem Blickwinkel Heßlings und seiner – mehr kulinarisch als patriotisch interessierten – Verlobten gesehen wird, tritt der Gehalt der epischen Situation ohne unmittelbares Eingreifen des Erzählers hervor. „Man hätte mitspielen mögen“: In diesem heimlichen Wunsch des Banausen drückt sich fraglos die Neigung zur Identifikation aus – allerdings zu keiner ästhetischen, sondern zu einer ideologischen. Im übrigen herrscht jene – diesmal durch die Romangestalten vermittelte – Betrachtungsweise vor, deren desillusionierende Wirkung nahezu auf den gleichen Details beruht wie bei Flaubert und Tolstoj. Beispielsweise an folgender Stelle:

Endlich fand er [der König] die Tür, Lohengrin und Elsa machten sich auf dem Sofa an die „Wonnen, die nur Gott verleiht“. Zuerst umschlangen sie sich nur oben, die unteren Körperteile saßen nach Möglichkeit voneinander entfernt. Je mehr sie aber sangen, um so näher rutschten sie heran – wobei ihre Gesichter sich häufig auf Hähnisch richteten. Hähnisch und sein Orchester schienen ihnen einzuheizen . . .[10]

Die hier vorgelegten Beobachtungen werfen eine abschließende Frage auf. Gibt es eine über die motivische Verwandtschaft hinausgreifende Kategorie, der sich alle ermittelten Merkmale zuordnen lassen? Gemeinsam ist den vier Beispielen (die gewiß nicht die einzigen dieser Art sind) ein erzählerisches Verfahren, das das Dargestellte gleichsam vergegenständlicht und dadurch aus dem gewohnten Wahrnehmungs- und Erlebniszusammenhang herauslöst. Das Ergebnis ist eine scheinbar inadäquate Betrachtungsweise. Die Objekte erscheinen als isolierte Gebilde und die ihnen gemäßen Spielregeln als fremdartig, ungewohnt – als sähe man sie zum erstenmal. Der russische Literaturtheoretiker Viktor Šklovskij hat diese Erscheinung sowie die ihr zugrundeliegende künstlerische Darstellungsweise an den Werken Tolstojs untersucht und das Verfahren mit seinen vielfältigen Anwendungsmöglichkeiten als einen zentralen Kunstgriff des großen Epikers bezeichnet. „Er weigert sich“, schreibt Šklovskij über Tolstoj, „die Dinge zu erkennen, und beschreibt sie so, als sähe er sie zum erstenmal. In *Krieg und Frieden* bezeichnet er Theaterkulissen als ‚Stück bemalter Pappe‘, in *Auferstehung* nennt er die Hostie ‚ein kleines Stück Brot‘, oder er sagt, die Christen äßen ihren Gott. Ich nehme an, daß dieser Kunstgriff Tolstojs auf die französische Literatur zurückgeht, vielleicht auf *Le Huron dit le naïf* von Voltaire oder auf die Beschreibung des französischen Hofes, die bei Chateaubriand ein Wilder gibt. Jedenfalls hat Tolstoj in *Krieg und Frieden* eine Wagneroper ‚verfremdet‘, indem er sie vom Standpunkt eines klugen Bauern aus schildert, also vom Standpunkt eines

Menschen, der, wie die französischen ‚Wilden', nicht die üblichen Assoziationen hat. Dieser Kunstgriff war übrigens schon in der Antike bekannt. In einem griechischen Roman wird die Stadt vom Standpunkt eines Bauern aus beschrieben (Veselovskij)."[11] Es mag dahingestellt bleiben, ob Tolstoj eine Wagnersche Oper im Sinn gehabt hatte.[12] Wesentlich ist allein die Erkenntnis, daß die Optik des Erzählers eine bestimmte künstlerische Aufgabe erfüllt – den Wahrnehmungsmechanismus aufzuheben oder zu relativieren, die Dinge damit unter neuen Gesichtspunkten zu sehen und Verkanntes oder Übersehenes sichtbar zu machen. In der Tat: Die Erzählkunst seit der Mitte des vorigen Jahrhunderts erfaßt die Kulissenwelt mit dem Stilmittel der Verfremdung, das heißt der Sichtbarmachung von Mechanismen, deren Selbstverständlichkeit in Frage gestellt wird. Dies ist zweifellos der gemeinsame Nenner.

Man sollte sich allerdings hüten, den hier angesetzten Verfremdungsbegriff vorschnell im Sinne Brechts zu deuten. Eine saubere Trennung der Begriffe und ihrer spezifischen Inhalte dient der Sache selbst und verhindert unnötige Mißverständnisse. Daß eine vergleichende Analyse freilich bemüht sein muß, auch die gemeinsamen Wurzeln jeder Verfremdungstheorie freizulegen, versteht sich nur von selbst. Im einzelnen stehen jedoch noch viele Fragen offen. Vielleicht vermögen die vorgelegten Beobachtungen einiges zu ihrer Klärung beizutragen.

Anmerkungen

1 *Gesammelte Werke* in zwölf Bänden (Frankfurt am Main 1960), Bd. VIII. – Die im Text angegebenen Seitenzahlen beziehen sich auf diese Ausgabe.

2 *Gesammelte Werke,* Bd. X, S. 38.

3 Ebenda, S. 34.

4 Ebenda, S. 35.

5 *Madame Bovary,* deutsch von Hans Reisiger (Berlin 1957), S. 269 f.

6 *Krieg und Frieden,* deutsch von Werner Bergengruen (Berlin 1954), Bd. 2, S. 587 f.

7 Ebenda, S. 592.

8 Ebenda, S. 588.

9 *Der Untertan* (Berlin und Weimar 1965), S. 317 f.

10 Ebenda, S. 321. – Auf die stilistische Eigentümlichkeit der Lohengrin-Episode im *Untertan* verweist Klaus Schröter: *Anfänge Heinrich Manns: Zu den Grundlagen seines Gesamtwerks* (Stuttgart 1965), S. 81. Heinrich Manns „Technik der Verfremdung" ist nach Schröters Ansicht auf ein Aperçu Nietz-

sches (*Der Fall Wagner,* 9) zurückzuführen. Nietzsche rät, Wagner ins Reale und Moderne, ins Bürgerliche zu transponieren: „Nichts unterhaltender, nichts für Spaziergänge mehr zu empfehlen, als sich Wagner in verjüngten Proportionen zu erzählen: zum Beispiel Parsifal als Kandidaten der Theologie, mit Gymnasialbildung ... Welche Überraschungen man dabei erlebt!" (*Werke* in drei Bänden, ed. Schlechta, München 1966, II, S. 922).

11 V. Šklovskij: *Theorie der Prosa* (Frankfurt am Main 1966), S. 77. Vgl. auch den einleitenden Aufsatz „Kunst als Kunstgriff". – Sehr anregende, an Šklovskij anknüpfende Gedanken zur Verfremdungstheorie enthält ein Essay des tschechischen Schriftstellers Václav Havel: „Anatomie des Gag" (dt. Übersetzung in der Havel-Auswahl, rororo Taschenbuch, Band 967).

12 Es gibt eine in unserem Zusammenhang erhellende Äußerung Tolstois über Wagner, allerdings in einem anderen Kontext. In seiner Schrift *Was ist Kunst?* (1898), einer polemischen Auseinandersetzung mit der westeuropäischen Moderne, schildert eine Aufführung von Wagners *Ring* (*Siegfried,* 1. Akt) auf eine Art, die den Thomas-Mann-Lesern bekannt vorkommen müßte. Etwa in folgendem Abschnitt: „Auf der Bühne, deren Dekoration eine Felsenhöhle darstellen soll, sitzt vor einem Gegenstand, der ein Schmiedewerkzeug darstellen soll, in ein Trikot und einen Fellmantel gekleidet und mit Perücke und künstlichem Bart versehen, ein Schauspieler mit bleichen, schwachen, arbeitsungewohnten Armen ... und schlägt mit einem Hammer, wie es keinen gibt, auf ein ganz unmögliches Schwert, schlägt so, wie man mit Hämmern nie schlägt, und singt, den Mund seltsam aufreißend, etwas dazu, was man nicht verstehen kann. Verschiedene Instrumente begleiten die seltsamen Töne, die er von sich gibt. Aus dem Textbuch kann man erfahren, daß dieser Schauspieler einen mächtigen Zwerg darstellen soll, der in einer Grotte lebt und ein Schwert für Siegfried schmiedet, den er aufgezogen hat. Daß es sich um einen Zwerg handelt, erkennt man daran, daß dieser Schauspieler beim Gehen seine trikotumspannten Knie beugt." (Lew Tolstoi: *Ästhetische Schriften,* übersetzt von Günter Dalitz, Berlin 1968, S. 163 f.

Zu einem Thema Goethes und Thomas Manns

Wege der Erotik in der modernen Gesellschaft

Man kann nicht sagen, daß ein Vergleich der Erzählwerke „Die Wahlverwandtschaften“ und „Der Tod in Venedig“ die Forschung bisher sonderlich gereizt habe. Gewöhnlich bleibt es bei einem mehr oder minder allgemein gehaltenen Hinweis auf die Möglichkeit einer vergleichenden Betrachtung, allemal jedoch unter Berufung auf eine durchaus provozierende Äußerung Thomas Manns. Sie findet sich in einem Brief an Carl Maria Weber vom 4. Juli 1920, der zugleich die ausführlichste Deutung der Venedig-Novelle aus eigener Sicht enthält. Das Zitat erscheint auch diesmal angebracht. „Ein Gleichgewicht von Sinnlichkeit und Sittlichkeit wurde angestrebt, wie ich es in den ‚Wahlverwandtschaften‘ ideal vollendet fand, die ich während der Arbeit am T. i. V., wenn ich recht erinnere, fünfmal gelesen habe.“[1] Ganz ähnlich ist die Schilderung des Sachverhalts in einem Gespräch mit Otto Zarek aus dem Jahre 1925: „Ich gestehe Ihnen, daß ich, um mich ganz in den Stil einzuleben, in dem ich zu schreiben mir vornahm, täglich einige Seiten Goethe gelesen habe, aus den ‚Wahlverwandtschaften‘ – immer dieselben Seiten, um hinter das Geheimnis dieses souveränen Stiles zu kommen.“[2]

Es fällt auf, daß der Autor das Schwergewicht auf den Tonfall, den Sprachstil von Goethes Prosa legt; die Lektüre diente gleichsam der Einübung in den als klassisch empfundenen Duktus. An keiner Stelle in den Aufsätzen und Briefen ist dagegen davon die Rede, daß im Laufe der Arbeit das Bedürfnis bestand, die Erzählung in einzelnen Motiven – über das allgemeine Thema „Sinnlichkeit und Sittlichkeit“ hinaus – an den „Wahlverwandtschaften“ auszurichten. Das „Gleichgewicht“, von dem der Brief an Weber spricht, ist als thematische Charakteristik derart allgemein, daß ein Vergleich mit zahllosen Werken der Weltliteratur denkbar wäre.

Der von Thomas Mann angegebenen Spur folgt denn auch die m. W. einzige bibliographisch erfaßte, im Druck erschienene Spezialarbeit zu unserem Thema, die „comparative study“ „Die Wahlverwandtschaften and Mann’s Der Tod in Venedig“ des englischen Germanisten Richard Hinton Thomas, veröffentlicht 1955.[3] Die Ergebnisse der Untersuchung seien hier kurz referiert, namentlich die für uns relevanten einleitenden Betrachtungen. Ein Großteil der Arbeit bemüht sich um den Nachweis, daß Goethes Erzählstil in mancherlei Hinsicht die

Aschenbach-Novelle geprägt hat, eine Fragestellung, der wir hier nicht nachgehen wollen. Den Ansatzpunkt zu einem thematischen Vergleich erblickt Thomas in den Besonderheiten der gesellschaftlichen Stellung der beiden männlichen Hauptgestalten: Goethes Baron Eduard und Manns angesehener Schriftsteller sind etablierte Persönlichkeiten, eingebunden in soziale Ordnungen, die sie zu einer bestimmten Haltung verpflichten. Der Autor erwähnt die bei Goethe bzw. bei Thomas Mann vorkommenden Begriffe „Maß“, „Gesetz“ und „Ordnung“, und er zitiert aus Eckermanns „Bemerkungen“ zu den „Wahlverwandtschaften“ den Satz: „Alles Unheil entstammt vorzüglich aus dem Conflict des Gesetzlichen und des Ungebändigten.“[4] Beide Figuren sehen sich unwillkürlich in eine Lage versetzt, die ihre bisherigen Lebensformen bedroht und ihnen schließlich auch ein Ende bereitet. Das „Ungebändigte“, mit Eckermann zu sprechen, bricht in ihr Dasein, in ihren „way of life“ ein und macht sie unversehens zu tragischen Gestalten, die ihrer Leidenschaft nicht mehr Herr zu werden vermögen. In beiden Fällen, bemerkt Thomas, wird die Gewalt des irrationalen Elements dämonisch genannt. Von einem feindseligen Dämon, *der Macht über mich gewonnen,* ist in Goethes Roman die Rede (allerdings ist das eine Äußerung Ottilies, nicht Eduards, wie Thomas irrtümlich angibt), und von Aschenbachs Verfallenheit an den Dämon spricht Thomas Manns Erzähler.[5] In gewissem Sinne, folgert der Verfasser, ließen sich funktionale Verwandtschaften auch zwischen Ottilie und Tadzio aufzeigen. Doch bereits an diesem Punkt, heißt es weiter, stellen sich gewichtige Bedenken ein. Zu groß ist der Unterschied zwischen den einzelnen Gestalten bzw. deren Bedeutungspotential. „In ‚die Wahlverwandtschaften‘ the individuals involved, and nature itself, are seen as fundamentally good.“[6] Der Roman entwirft eine Welt, in der die Tragödie nicht einem den Dingen innewohnenden Übel entspringt, sondern vielmehr dem Umstand, daß die menschliche Natur immer wieder gewaltsamen Einschränkungen unterworfen erscheint. Thomas spricht von „initial frustration of instincts which, like nature itself, are inherently justified and which legitimately demand fulfilment“.[7] In der Venedig-Novelle sei dagegen genau das Gegenteil zu erkennen: denn von Anfang an zeichne sich hier eine epische Realität ab, in der die Bedingungen und Werte des normalen Lebens gestört seien. Am auffälligsten trete dieser Umstand in der homoerotischen Neigung Aschenbachs in Erscheinung – im Gegensatz zur heterosexuellen Normalität der Goetheschen Romangestalten. Mit einem kurzen Hinweis auf die soziale Problematik geschlechtlicher Beziehungen läßt der Autor dieses Thema jedoch fallen. Viel eingehender untersucht er die erzähltechnischen Aspekte und syntaktischen Merkmale der beiden Texte, vornehmlich im Hinblick auf die erwähnte Äußerung Thomas Manns.

Innerhalb dieser Vergleichsebene interessiert insbesondere die in beiden Werken auf verwandte Art durchgeführte leitmotivische Erzählweise, jenes dichte Gefüge symbolhafter Verweise und Kopplungen, das bei Thomas Mann im „Tod in Venedig" erstmals in virtuoser Handhabung erscheint und das durchaus die Vermutung zuläßt, der jüngere Autor sei hier in die Schule des älteren gegangen. Thomas zitiert aus Manns Aufsatz über die „Wahlverwandtschaften" das Urteil, es handle sich um ein Meisterwerk Goethes, „ein Wunderding an [. . .] Reichtum der Beziehungen, Verknüpftheit, Geschlossenheit", gelangt aber dann zum Schluß, daß die Erzählleistung Goethes im Vergleich mit derjenigen Thomas Manns einem relativ einfachen, überschaubaren Muster entspricht, einer sozusagen geometrischen Anlage, die sich dem analytischen Blick viel müheloser erschließt als die „musikalisch-logische" Textur in der Erzählung von Aschenbachs Abenteuer. „Goethe's novel builds up before our eyes a clearly defined picture of its external setting, its parks and gardens. In ‚Der Tod in Venedig' Venice does not emerge with plastic concreteness but greets Aschenbach enveloped in haze and rain, as he ‚ließ seine Augen sich in den Weiten des Meeres verlieren, seinen Blick entgleiten, verschwimmen, sich brechen im eintönigen Dunst der Raumeswüste' [. . .]."[8] Trotz der von Mann angestrebten „Klassizität" müsse man seine große Erzählung in der Nachfolge Wagners sehen, viel mehr jedenfalls als in der aus dem 18. Jahrhundert herkommenden Traditionslinie, der Goethe angehöre. „Musikalisch" sei die jüngere Erzählweise, „plastisch" die ältere.

Die Darlegungen von Thomas, denen an manchen Stellen die Geduld zur sorgfältigen Analyse fehlt, bleiben am Ende im Bann der Begriffskonstruktionen Thomas Manns. Zu Widerspruch fordert seine Sicht der Dinge vor allem dort heraus, wo er die Komplexität der Erzählung allzusehr auf Kosten des Romans hervorhebt. Eingehende Untersuchungen zu den „Wahlverwandtschaften" haben gezeigt, daß das erzählerische Gefüge des Werkes sehr wohl einen Grad der Dichte aufweist, der ihn mit späteren Beispielen einer symbolisch verknüpfenden Erzählkunst vergleichbar macht. Es sei nur an die analytischen Ansätze in Walter Benjamins großem Essay erinnert, oder etwa an Wolfgang Starostes Aufsatz, der den Zusammenhang von Raumgestaltung und Raumsymbolik in Goethes Roman aufzeigt.[9] Goethes Neigung zu leitmotivischer Arbeitsweise, die Thomas Mann in dem erwähnten „Wahlverwandtschaften"-Essay von 1925 als vorbildhaft begreift, wurde im übrigen bereits in der zeitgenössischen Rezeption als eine – die Lektüre nicht gerade erleichternde – Besonderheit erkannt. Darauf bezieht sich auch die von Wieland überlieferte Empfehlung Goethes, man möge den Roman dreimal lesen[10] – eine Lesedirektive, die in unserem Jahrhundert gerade der Autor des „Zauberbergs" in eigener Sache sicherlich nicht ganz zufällig mit ähnlichen Worten ausgesprochen hat.

In Übereinstimmung mit Thomas sehen sich die folgenden Betrachtungen über Goethe und Thomas Mann insofern, als sie ebenfalls vornehmlich den beiden genannten Werken gelten. Sie streben indes weder eine Typologie erzählender Prosa an, noch eine Untersuchung von Manns Äußerungen über die „Wahlverwandtschaften".[11] Auch die Entfaltung der motivischen Arbeit soll hier nicht untersucht werden; es können allenfalls einige Hinweise darauf die Argumentation ergänzen. Worum es diesmal geht, ist ein sozialgeschichtlich ausgerichteter Kommentar zur thematischen Substanz der beiden Werke. Bezugspunkt des Vergleichs ist die Rolle der Erotik in der bürgerlichen Gesellschaft. Hierbei leitet sich der historische Ansatz nicht zuletzt von einer Äußerung Goethes her, die durch eine Eintragung in Friedrich Wilhelm Riemers Tagebuch (vom 28. August 1808) überliefert ist: des Dichters Idee sei gewesen, in seinem neuen Roman *sociale Verhältnisse und die Conflicte derselben symbolisch gefaßt darzustellen.*[12]

Über die Bedeutung in Goethes Wortgebrauch, wenn er von sozialen Verhältnissen und Konflikten spricht, dürfte kaum Unklarheit herrschen. Wie weit man die hier gebrauchten Begriffe auch faßt, gemeint ist fraglos der Umstand, daß das im Roman dargestellte Geschehen – ebenso wie später die bei Mann geschilderten Vorkommnisse – Bedeutung vorrangig aus dem Spannungsfeld geschichtlicher und damit sozialer Einrichtungen und Denkformen bezieht. Involviert sind dabei vor allem Formen der Erotik beziehungsweise Erscheinungsarten geschlechtlicher Beziehungen, gesellschaftlich sanktionierter wie auch sozial anstößiger. Denkt man an die Spannungen, die sich hinter Goethes Formulierung verbergen, so ist der Weg zu Aschenbachs Erlebnissen in Venedig gar nicht so weit, und die genannten Worte treffen auf Manns Erzählungen nicht weniger zu als auf den Roman.

Mit der Problematik der Ehe – um diesen Ansatzpunkt zu wählen – hat der „Tod in Venedig", zumindest unmittelbar, nicht das geringste zu tun. Mit den „Wahlverwandtschaften", würde man meinen, verhalte es sich aber ganz anders. Dennoch ist die Frage erlaubt, ob dieses Werk kurzerhand als „Eheroman" anzusehen sei, entsprechend dem Begriffsetikett, mit dem der Roman hin und wieder versehen worden ist. Der Gebrauch dieser Kategorie folgt aber wohl eher der einst praktizierten stofflichen Rubrizierung bei Romanen als einem wirklichen Interpretationsversuch. Ernst zu nehmen ist dagegen Benjamins These, wonach die Ehe „in keinem Sinne Zentrum des Romanes" sei, sondern mehr eine Negativfolie, von der sich das eigentliche Problem abhebt. Als einen vollkommenen Irrtum bezeichnet der Autor folglich eine kritische Bemerkung Hebbels, der an den „Wahlverwandtschaften" den Umstand tadelt, daß die unermeßliche Bedeutung der Ehe für die Gesellschaft wohl angedeutet erscheine, aber in der Darstellung nicht angemessen zur Anschauung gebracht worden sei.[13]

Das Mißverständnis Hebbels ist offensichtlich, jedoch sollte es nicht so verstanden werden, als habe Goethe die Absicht gehabt, einen Roman *gegen* die Ehe zu schreiben. Die soziale Institution der geschlechtlichen Gemeinschaft war für ihn zweifellos ein gesellschaftlich-moralisches Axiom, das nicht in Frage zu stellen sei, das aber gerade als etwas sittlich zureichend Legitimiertes kaum einen ästhetischen Reiz ausübte. In diesem Zusammenhang ist wohl Goethes Äußerung gegenüber Riemer im Erscheinungsjahr des Romans zu verstehen: *Der Kampf des Sittlichen eignet sich niemals zu einer ästhetischen Darstellung: denn entweder siegt das Sittliche oder es wird überwunden. Im ersten Falle weiß man nicht, was und warum es dargestellt worden; im andern ist es schmählich, das mitanzusehen. [. . .] In solchen Darstellungen muß stets das Sinnliche Herr werden, aber bestraft durch das Schicksal, das heißt: durch die sittliche Natur, die sich durch den Tod ihre Freiheit salviert. So muß der Werther sich erschießen, nachdem er die Sinnlichkeit Herr über sich werden lassen; so muß Ottilie karterieren und Eduard desgleichen, nachdem sie ihrer Neigung freien Lauf gelassen. Nun feiert erst das Sittliche seinen Triumph.*[14]

Das Kunstwerk – wenn man hier Goethe recht versteht – kann seinen eigentümlichen Reiz und Sinn nicht darin haben, mit den stärkeren Bataillonen zu marschieren, d. h. das ohnehin Etablierte zu bestätigen. Die Bestrafung durch das Schicksal oder vielmehr durch die literarisch verschiedenartig benannten und ausgestatteten Agenten der moralischen Regie sollte vom literarischen Werk nicht auch noch zu einem Triumph gestaltet werden. Die Ohnmacht oder das Scheitern des sittlichen Prinzips – hier rührt Goethe an eine der Grundfragen jeglicher Literatur – wäre *schmählich,* sie würde die Forderungen unserer zweiten Natur verletzen. Das ist nach Goethe von einem Kunstwerk kaum zu verlangen. Doch ebenso schief wäre das Frohlocken im Namen einer sanktionierten Kategorie, einer Norm, der gegenüber die individuelle Neigung, das nonkonformistische Verhalten von vornherein einen schweren Stand hat.

Die so widerspruchsvollen Reaktionen der Zeitgenossen auf den Roman – Reaktionen, unter denen nicht die Meinung fehlt, es handle sich um ein unsittliches Werk – geben am besten zu erkennen, wie vielschichtig und ambivalent die Beschaffenheit des Textes ist. Mit Recht wird daher in der neueren Forschung zunehmend die distanzierte, die Dinge in der Schwebe haltende Erzählweise der „Wahlverwandtschaften“ betont, ja im allgemeinen die epische Ironie des späten Goethe.[15] Es waren sicherlich nicht zuletzt diese Züge des Werkes, die Thomas Manns eigentümliches Interesse für die seltsame Liebesgeschichte begründeten.

Die Fragen unbedarfter Zeitgenossen, die wissen wollten, mit wem es der Erzähler eigentlich halte, mußten – und müssen – unbeantwortet bleiben. Einem Literaturverständnis, das sich von der Lektüre unzweideutige Belehrung über Recht und Unrecht in bestimmten Lebenslagen erhofft, steht bei Goethe, wie auch bei Thomas Mann, eine künstlerische Objektivität gegenüber, die pragmatische Erwartungen unbedient läßt. Nicht um die Apologie der Ehe geht es in den „Wahlverwandtschaften“, im Sinne einer etwas komplexeren Didaktik, sondern um das Aufzeigen tragischer, unter den gegebenen Bedingungen nicht lösbarer Konflikte. Goethes Roman, den man einen tragischen genannte hat, ist in seiner Vieldeutigkeit, die sich jeder schlichten Parteinahme entzieht, durchaus jener Art von Literatur zuzuordnen, der auch Manns Künstlernovelle angehört.

Fast ist es überflüssig festzustellen, daß die Suche nach einem Sprachrohr des Autors den Roman unweigerlich degradiert, ihm Wesentliches von seiner dichterischen Intensität nimmt. An interpretatorischen Ansätzen dieser Art hat es ja nicht gefehlt. Die im ganzen beachtenswerte Deutung der „Wahlverwandtschaften“ in Korffs „Geist der Goethezeit“ (Bd. II) entscheidet sich für eine solche Akzentuierung: in Mittlers feurigem Plädoyer für die Ehe sei eine Stellungnahme des Autors zu erkennen. Gemeint ist die Stelle im neunten Kapitel des ersten Teils, wo es heißt: *Die Ehe ist der Anfang und der Gipfel aller Kultur. Sie macht den Rohen mild, und der Gebildetste hat keine bessere Gelegenheit, seine Milde zu beweisen. Unauflöslich muß sie sein [. . .].*

Der Schlüsselcharakter der Stelle, im Sinne Korffs, darf bezweifelt werden, ganz abgesehen davon, daß die Meinung des Autors im fiktionalen Zusammenhang keine hermeneutisch verbindliche Kategorie darstellt. Dennoch erscheint es geboten, sich Gedanken über den Aussagewert der Maximen Mittlers zu machen, und zwar im Hinblick auf den sozialgeschichtlichen Hintergrund. In welchem Maße Goethe an diesen Gedanken beteiligt ist, muß, wie gesagt, grundsätzlich unentschieden bleiben; fraglos ist dagegen der Umstand, daß durch die Figur Mittlers, einer Gestalt mit ausgeprägter gesellschaftlicher Signatur, eine vornehmlich bürgerlich orientierte Auffassung zur Geltung kommt. Seine Leitvorstellungen sind Selbstbeherrschung, Gemeinschaftsgefühl, wechselseitiges Verständnis, kurz: Solidarität. Von zivilisatorischem Ethos ist die Rede, nicht von Liebe, geschweige denn von Leidenschaft. Bezeichnend ist die Ausdrucksweise Mittlers: In der Gegenseitigkeit wird das Moment der „Schuld" (im Sinne von Kredit) betont, einer Schuld, die abzutragen ist. Terminologische Vergleiche mit den entsprechenden Postulaten in der Rechtstheorie der Goethezeit bieten sich an: übrigens weniger mit Kants Definition der Ehe aus der „Metaphysik der Sitten" (die Benjamin in seinem Essay zur Erläuterung der Eheproblematik heranzieht), sondern viel eher mit Hegels „Grundlinien der Philosophie des Rechts", wenn auch der philosophische Grundriß ein gutes Jahrzehnt nach Goethes Roman erschien. Während Kants Bestimmung der Ehe fast ausschließlich auf das sexuelle Tauschverhältnis gründet (d. h. von der Sanktionierung des wechselseitigen Gebrauchs der Geschlechtsorgane ausgeht, einer Auffassung, deren Einseitigkeit Hegel tadelnd vermerkt), stellt das Berliner Vorlesungskompendium Hegels gerade jene Begriffe in den Vordergrund, denen das Lob der Goetheschen Romanfigur gilt. Die dauerhafte moralische Grundlage der Ehe wird ebenso betont wie das Postulat der Unauflöslichkeit, wobei der letztere Begriff vor allem gegen die unverbindliche Flüchtigkeit „galanter", höfischer Erotik gerichtet ist. Auch das Pathos, das in Mittlers polternder Tugendpredigt durchbricht, ist bei Hegel spürbar. Es verbindet sich dort mit einer geschichtsphilosophischen Sicht: „Die Ehe, und wesentlich die Monogamie, ist eines der absoluten Prinzipien, worauf die Sittlichkeit eines Gemeinwesens beruht; die Stiftung der Ehe wird daher als eines der Momente der göttlichen oder heroischen Gründung der Staaten aufgeführt."[16]

Einem anderen gesellschaftlichen Erfahrungshorizont entsprechen die – bereits durch die Aufeinanderfolge im Handlungsablauf des Romans als Kontrapunkt erkennbar gemachten – Bemerkungen des Grafen zum Themenkreis Erotik und Ehe. Dem bürgerlichen Grundsatzdenken kontrastiert die sogenannte weltmännische Skepsis des Adligen, der Verbindungen durch das Gesetz, wenn überhaupt, allenfalls befristet für sinnvoll hält: Wenn die Zeit des erotischen Glanzes abgelaufen ist, sollte man darauf verzichten, sich mit dem grauen Alltag der Ehe abzumühen – so läßt sich sinngemäß diese Lebensmaxime des Grafen wiedergeben. Nicht bürgerliche Lebenshilfe ist das Substrat, sondern ein erotischer Sensualismus (der allerdings, das muß man hinzufügen, auf familiären Nachwuchs nicht verzichtet, wobei wohl das Stammbaumdenken des Adels zu bedenken ist). Eheschließungen haben, so folgert zuletzt der Graf, überhaupt *etwas Tölpelhaftes; sie verderben die zartesten Verhältnisse, und es liegt doch eigentlich nur an der plumpen Sicherheit, auf die sich wenigstens ein Teil etwas zugute tut.* (1. Teil, 10. Kapitel.) Kennzeichnend für diese im Grunde ästhetische Sicht ist konsequenterweise der ebenfalls vom Grafen angestellte Vergleich zwischen der Geschlechterproblematik und dem Rollenspiel auf der Bühne. Das Geschehen rund um die Ehe erscheint als eine Art Welttheater, in dem es darauf ankommt, in der Rolle, die einem im Leben zufällt, sachgemäß zu agieren und nicht den Sinn für Beweglichkeit einzubüßen.

Zwei Auffassungen, zwei sozialgeschichtliche Traditionen. Unangemessen ist auch hier die Frage, welche der Ansichten uneingeschränkt als diejenige des Autors gelten dürfte. Unvermeidlich stellt sich dabei die Gegenfrage ein: Mit wem hält es Goethe, mit Faust oder mit Mephisto? Bedenkt man die literaturtheoretisch und textanalytisch einzig mögliche Antwort, so erledigt sich die oben gestellt Frage von selbst. Es war jedoch notwendig, die beiden Positionen darzustellen, um begrifflichen Raum zu gewinnen für das erotische Phänomen, das die Gefühlswelt Ottilies und Eduards kennzeichnet. Was sich zwischen den beiden abspielt, läßt sich durch keine der angeführten Maximen erfassen. Die nach dem Verständnis des Zeitalters unverfälscht romanhafte – und damit auch romantische – gegenseitige Faszination der beiden Liebenden entzieht sich naturgemäß jeder genaueren gesellschaftlichen Kategorisierung. In ihrer besonderen Erscheinungsform trägt diese Liebe gewiß Züge einer modernen – und dazu gesellschaftlich privilegierten – Sensibilität, doch in ihrer Absolutheit und Voraussetzungslosigkeit erscheint sie einem elementaren Naturereignis gleich. Man kann Korff durchaus zustimmen, wenn er schreibt, dem sozialen Moralsystem gegenüber manifestiere sich „die Liebesleidenschaft als eine blinde Naturgewalt“, die über den einzelnen hereinbricht und ihn in eine Grenzsituation versetzt. Das naturwissenschaftliche Vokabular des Romans bezeichnet den Umstand, daß man es hier mit einem als irrational empfundenen Naturphänomen zu tun hat, das zwar bis zu einem gewissen Grade sozial beeinflußbar, in seiner Intensität jedoch nicht gesellschaftlich definierbar ist.[17] Aus Goethes Anschauungswelt bietet sich der Begriff des „Dämonischen" an, wie ihn der Autor etwa im letzten Buch von „Dichtung und Wahrheit" faßt, oder in den Gesprächen mit Eckermann, wo an einer Stelle (vom 5. März 1830) das Dämonische ausdrücklich auch der Liebesleidenschaft zugeordnet wird.

Der Zustand, der Eduard und Ottilie ergreift, ist von der Manier des höfischen Eros letztlich ebenso weit entfernt wie vom Vertrags- und Vertrauensverhältnis der bürgerlichen Bindungen. Er gehört dem Bereich der Ekstatik an – sofern im Hinblick auf ekstatische Erscheinungen überhaupt von Bereichen die Rede sein kann. Im Zustand der Entgrenzung büßt der Mensch seine bürgerlich-zivilisatorische Haltung ein („bürgerlich" im Wortsinn des 18. Jahrhunderts) und scheint von einem übergeordneten, unkontrollierbaren Es beherrscht zu sein. Das zweite Paar der Beziehungen übers Kreuz, Charlotte und der Hauptmann, werden von der Ekstatik nicht restlos, nicht hoffnungslos erfaßt, sie finden daher zurück in die Bahnen gesellschaftlicher Übereinkunft, aufgrund von Verhaltensweisen, deren sprachliche Formel „Entsagung" lautet. Von Eduard heißt es dagegen (in dem für den Roman bezeichnenden Wechsel aus dem Präteritum ins Präsens): *In Eduards Gesinnungen wie in seinen Handlungen ist kein Maß mehr. Das Bewußtsein, zu lieben und geliebt zu werden, treibt ihn ins Unendliche. [. . .] Er findet sich in seinem eigenen Hause nicht mehr. Ottiliens Gegenwart verschlingt ihm alles: er ist ganz in ihr versunken; keine andre Betrachtung steigt von ihm auf, kein Gewissen spricht ihm zu; alles, was in seiner Natur gebändigt war, bricht los, sein ganzes Wesen strömt gegen Ottilien.* (I. Teil, 13. Kapitel.)

Eduard *findet sich in seinem eigenen Hause nicht mehr,* er ist seinem eigenen Lebensraum entfremdet und daher gleichsam mit seiner eigenen Vergangenheit nicht mehr identisch: mit kühler Präzision benennt der Erzähler das Wesen des ekstatischen Zustandes. Aus diesem ist eine Rückkehr in die gewohnte Ordnung nicht mehr möglich, der Weg führt in den Untergang, der eine Konsequenz der absoluten Leidenschaft ist. Der Erzähler der „Wahlverwandtschaften" geht allerdings nicht auf die Frage ein, inwiefern die Folgen der Ekstase gesellschaftshistorisch bestimmt seien und ob in einem anderen sozialen Rahmen auch ein anderer, untragischer Ausgang vorstellbar sein könnte. Er schildert lediglich den Umstand, daß der Untergang sich auf verschiedene Weise vollziehen kann, mit unterschiedlichen Akzenten: Die Aura, die Ottilies Tod umgibt, läßt andere Vorstellungen aufkommen als das Sterben Eduards.

Jedoch auch Ottilies Askese ist nur eine eigentümliche, fast möchte man sagen pervertierte Form der Ekstase – ein irrationaler Akt, der, übrigens nicht ganz von Ottilies Absicht bestimmt, zerstörerisch wirkt. Irrational, wenn auch von ihr nicht beabsichtigt, ist auch die Wirkung der Askese auf das Volk: Der befremdliche Tod ruft Formen von Aberglauben hervor.

Es ist schon oft darauf hingewiesen worden, daß die Naturdämonie und die rätselhaften Vorgänge im Roman Goethes Annäherung an die Romantik erkennen lassen. Von „Nachtseiten" des Lebens könnte bei Goethe die Rede sein. Ein Jahr vor den „Wahlverwandtschaften" erschien ein so bezeichnendes Buch wie Gotthilf Heinrich Schuberts „Ansichten von der Nachtseite der Naturwissenschaft". Freilich könnte man auch Verbindungslinien ziehen zu Werken späterer Epochen, so zur musikalischen Spätromantik. Es gibt zu denken, daß die „Wahlverwandtschaften" Richard Wagners Lieblingsroman waren.[18] Jedenfalls ist der Gedanke einer inneren Beziehung zwischen Goethes Roman und Wagners „Tristan" nicht ganz abwegig: das exzeptionelle Sterben Ottilies und Eduards präludiert mit manchen seinen Zügen den Liebestod im romantischen Musikdrama. In beiden Werken ist die Leidenschaft absolut, verzehrend, gegen die gesellschaftlichen Konventionen gerichtet, in ihrer Einsamkeit, wenn man so will, „asozial".

Daß die magisch gefärbten Vorgänge in den „Wahlverwandtschaften" Eros und Thanatos nahe aneinanderrücken, die ekstatische Liebe nur sich selbst kennt, kein anderes Leben und keine Frucht, wird durch die Symbolik des Todes im See deutlich: das im Zeichen einer merkwürdigen sexuellen Imagination und eines *doppelten Ehebruchs* (wie Eduard sich ausdrückt) gezeugte Kind hat im Schicksalsraum des Romans keine Chancen, es kommt ums Leben.

Isolierende, vereinsamende Erotik, verbunden mit dem Hinweis auf die Sphäre romantischer Themen – das alles enthält mehr als nur ein Stichwort für die Nennung Thomas Manns. Wir kehren damit zum Autor des „Todes in Venedig" zurück. Beginnen wir mit einem Zitat: „Wo der Begriff der Schönheit obwaltet, da büßt der Lebensbefehl seine Unbedingtheit ein. Das Prinzip der Schönheit und Form entstammt nicht der Sphäre des Lebens; seine Beziehung zu ihr ist höchstens streng kritischer und korrektiver Natur. Es steht dem Leben in stolzer Melancholie entgegen und ist im Tiefsten mit der Idee des Todes und der Unfruchtbarkeit verbunden."[19]

Das könnte auch auf Goethes Roman gemünzt sein, findet sich aber nicht in Manns Essay über die „Wahlverwandtschaften", sondern in dem im gleichen Jahr, 1925, veröffentlichten Versuch „Über die Ehe" (der den Roman seltsamerweise nicht erwähnt). Dieser Text, im Untertitel als „Brief an den Grafen Hermann Keyserling" ausgewiesen, wird nur äußerst selten mit dem „Tod in Venedig" in Verbindung gebracht, ein erstaunlicher Befund, wenn man bedenkt, wie eng doch die thematische Verbindung zwischen den beiden Arbeiten ist. Das gerade bei der Erzählung anhaltende Interesse der Forschung an werkgeschichtlichen und sonstigen kommentierenden Äußerungen des Autors kann im Versuch „Über die Ehe" eine höchst bemerkenswerte Interpretationsstütze finden, aus einer Sicht, die die Erläuterungen aus dem erwähnten Brief an C. M. Weber auf entscheidende Weise ergänzt.

Der Grundgedanke des Essays ist die Einsicht in die Relativität gesellschaftlicher, also historischer Konventionen und Denkformen in bezug auf das Ethos des Geschlechts und die Einschätzung geschlechtsspezifischer Rollen. Man sollte, so der Essayist, nicht den Fehler begehen, das sozial Vermittelte und Zeitgebundene mit dem „Urgegebenen" und „Zeitlosen" zu verwechseln. Überhistorische Dinge und Kategorien gibt es, bekennt er; etwa die Ewigkeit des künstlerischen Schaffens. Doch oft erscheinen zeitbedingte Formen menschlichen Handelns auf täuschende Art in der Gestalt des Zeitlosen. Diesen Umstand gilt es zu erkennen und zu durchschauen, schon um der befreienden Gewißheit willen, daß eine objektive, die Dinge verständnisvoll relativierende Sicht dazu beitragen kann, sinnlose Tabus zu beseitigen. Der sogenannten Jugendbewegung der Zeit nach 1900 (deren Ideologen Hans Blüher der Autor mit Zustimmung erwähnt) wird in diesem geschichtlichen Prozeß eine positive Rolle eingeräumt. Wie alles andere, so ist auch die öffentliche, sanktionierte Geschlechtsgemeinschaft, die Ehe, im Wandel begriffen, zum Besseren, wenn man in Betracht zieht, daß Aussicht darauf besteht, die vielfach auf hohlen Konventionen beruhende bürgerliche Ehe durch eine freiere und aufrichtigere zu ersetzen. Das Falscheste, hebt der Autor hervor, ist Restauration. „Alle Flucht in lebensleer gewordene historische Formen ist Obskurantismus; alles fromme ‚Verdrängen' der Erkenntnis schafft nur Lüge und Krankheit."[20]

Der Offene Brief an den Grafen Keyserling wäre kein Essay von Thomas Mann, wenn es darin nicht auch um Kunst und Künstlertum ginge. Das seit Schiller, Heine und Nietzsche in der deutschen intellektuellen Kultur überaus stark vertretene typologische, mit Gegensatzpaaren operierende Denken kommt in der Spielart des Verfassers auch hier zur Geltung: auf der Ebene höchster geistesgeschichtlicher Abstraktion stehen sich Geist, Kunst, ja auch Künstlichkeit auf der einen, Leben, Körperlichkeit, Natur auf der anderen Seite gegenüber. Die Gedankengänge der „Betrachtungen eines Unpolitischen", aber auch der Rede „Von Deutscher Republik" klingen nach. Die Ehe findet sich erwartungsgemäß im Ensemble der das Leben garantierenden Kräfte, sie verbindet die soziale Übereinkunft mit den Forderungen der Natur, der Eros in ihr ist pragmatisch. Zur Gegenseite im polaren Spannungsgefüge gelangt man, wenn man das zwielichtige Gebiet des Geistes und der Kunst betritt, auf dem der lebenserhaltende Zweck kein Maßstab ist. Ist die sanktionierte Erotik dem typologischen Begriff des Lebens oder der sogenannten Normalität zugeordnet, so vermutet man zu Recht, daß der Autor den Gegensatz zur normierten „Sozialität" in einer der Kunst und dem Künstlertum verwandten Erscheinung erblickt: in einem „metaphysischen Individualismus, der als Auflösung der sittlichen Lebensform, als orgiastische Befreiung davon zu begreifen ist, und dem erotisch die ästhetisierend-sterile Knabenliebe entspricht."[21]

Mit dem Gegensatz zwischen den Ordnungen einer – freilich fragwürdigen – Normalität und einem spezifisch verstandenen Außenseitertum ist bekanntlich eines der Grundmotive des Dichters gegeben, wenn nicht überhaupt das Grundmotiv. „Der Tod in Venedig" exponiert es nur auf ganz besonders empfindliche Weise – im Rahmen einer Thematik, die ursprünglich mit anderen stofflichen Elementen geplant war, so daß fast eine „schauerlich-komische" Geschichte über die Liebe des greisen Goethe zu Ulrike von Levetzow zustande gekommen wäre. Der Brief an Weber unterrichtet darüber.

Durch Einführung des homoerotischen Motivs erscheinen die Dinge, wie der Autor im genannten Brief bekennt, „auf die Spitze" getrieben.[22] Mit anderen Worten: Die Diagnose des Künstlertums als eines Außenseitertums, im besonderen unter den Bedingungen spätbürgerlicher Kultur, gewinnt in dieser Erzählung eine besonders provozierende Gestalt. Extremer ist die ambivalente Problematik des künstlerischen Außenseiters von Mann niemals beleuchtet worden, auch im „Doktor Faustus" nicht, wo eher die Breite, die Extensität der Bezüge beeindruckt. Extrem ist die trotz aller erzählerischen Diskretion nicht zu leugnende Entschlossenheit, mit der hier die Kluft zwischen – mit Goethe zu sprechen – Neigung und moralischer Ordnung vertieft und ein Fall von *Maßlosigkeit,* wie bei Eduard, gezeigt wird, von Dämonie oder Verfallenheit, oder wie man es sonst nennen mag.

Das venezianische Erlebnis wiegt schwer, weil in ihm nicht nur die Frage der Gültigkeit und der Grenzen moralischer Konventionen aufgeworfen wird, sondern darüber hinaus die Frage der „Natürlichkeit" der Natur. Die Formulierung meint den Umstand, daß in Thomas Manns epischer Welt die Urteilsbildung darüber, was als Natur und naturhaft (und dann auch, mit sozialer Konnotation, als natürlich) zu gelten hat, unvergleichlich schwerer fällt als in Goethes Roman. In Manns Erzählung gerät der Künstler insgeheim in einen Gegensatz zur Gesellschaft, wohlgemerkt nicht durch seine Kunst; der Zwiespalt beruht gerade auf einer Leidenschaft, die, wie auch immer man die Dinge sehen mag, eben der Sphäre der Natur zugehört. Die Vorstellung von Natur und Naturgegebenheit gewinnt auf diese Weise seltsam unbestimmte und schillernde Züge; eine Ambiguität wird erkennbar, die dadurch, daß auch die Gegenseite, die Gesellschaft, überaus problematisch erscheint, gewiß nicht einfacher wird.

In Goethes Welt – darin bekundet sich ein wesentlicher Unterschied – verlaufen die Fronten trotz aller naturmagischen Verwirrungen letztlich klarer. Die vielschichtige Künstlerproblematik von der Romantik bis zu Thomas Mann zählt nicht zu den prägenden Elementen des Goetheschen Romans. In beiden Werken handelt es sich um den Einbruch einer elementaren, in bedingtem Sinne destruktiven Macht in eine geregelte oder scheinbar geregelte Welt. Goethes Helden brauchen jedoch nicht an ihrer eigenen gesellschaftlichen Identität zu zweifeln, und die Gestalten, denen das Entsagen gelingt, können sich vollends integriert fühlen. Die Unwägbarkeit und Maßlosigkeit, mit der die Natur den Menschen manchmal heimsucht, findet ihr Gegengewicht in dem Vertrauen in moralische Grundsätze. Es gibt zwar Grundsätze unterschiedlicher Art, das haben wir gesehen; und dem Erzähler muß man ironische Zurückhaltung sehr wohl zubilligen. Dennoch ist nicht daran zu zweifeln, daß in Goethes Roman das Verhältnis zwischen dem Einzelmenschen und der Gesellschaft im Grunde als unerschüttert gelten darf. Die Formen sozialer Übereinkunft erscheinen zwar als veränderliche und wohl auch veränderungsbedürftige Dinge, stets aber als sinnvolle. Kategorien wie Schönheit, Natur, gesellschaftliches Wirken brauchen nicht Gegensätze zu bilden; ihr Einklang wird vielmehr prinzipiell vorausgesetzt.

Thomas Mann folgt Goethe darin nicht mehr – er kann ihm gar nicht folgen. Seine Sache ist das Auseinanderfallen der genannten Begriffe und deren neue, zuweilen verquer wirkende Koppelung. Man muß darin ein Zeitsymptom erblicken. Kunst und gesellschaftlicher Auftrag bilden ebensowenig eine selbstverständliche Einheit wie Ästhetik und konventionelle Erotik. Namentlich die zum Problem gewordene Stellung des Künstlers in der Gesellschaft hat paradigmatische Geltung. Zu den Ahnherren Manns zählen die Romantiker und erst recht Flaubert. In der Forschung sind diese Beziehungen nicht unbekannt. Doch man sollte in diesem Zusammenhang auch Baudelaire nennen.

In seinen Betrachtungen über den zeitgenössischen Maler Constantin Guys vertritt der Pariser Dichter die Ansicht, die Kunstlehre der Moderne müsse von der Erkenntnis ausgehen, das 18. Jahrhundert habe sich mit seinem Glauben an die Natur sowie an die Eintracht von Natur und Vernunft im Irrtum befunden. Im XI. Kapitel, unter dem bezeichnenden Titel „Lobrede auf die Schminke", heißt es: „Die meisten Mißverständnisse hinsichtlich des Schönen stammen aus der falschen Auffassung der Moral des 18. Jahrhunderts. Die Natur wurde damals als Grundlage, Ursprung und Vorbild aller Möglichkeiten des Guten und Schönen angenommen. [. . .] Wenn wir dennoch übereinkommen, uns einfach an die sichtbaren Tatsachen, an die Erfahrung aller Zeiten und an die Gerichtssaalberichte zu halten, merken wir, daß die Natur nichts oder fast nichts lehrt, das heißt, daß sie den Menschen zwingt zu schlafen, zu trinken, zu essen und sich wohl oder übel gegen die Feindseligkeit der Atmosphäre zu schützen. Sie ist es auch, die den Menschen dazu treibt, seinesgleichen zu töten, aufzufressen, einzusperren und zu martern [. . .]."[23] Alles Schöne und in modernem Sinne Humane sei dagegen ein Ergebnis zivilisatorischer Prozesse: ethische und ästhetische Werte entsprechen einer Kultur der Künstlichkeit und Naturferne. Die Schminke, eine Metapher für Artifizielles, wird so bei Baudelaire zum künstlerischen Gleichnis: Putz, Mode, Dekoration, all das sind Dinge, die ja nicht etwa dem Versuch dienen, Natur nachzuahmen; sie unterstreichen vielmehr die Freiheit ästhetischer Imagination. Und das gilt auch für die eigentliche Kunst. „Wer möchte es wagen, der Kunst die leere Aufgabe zuzuerkennen, die Natur nachzuahmen?"[24] Baudelaire setzt sich also für den Mut ein, die Künstlichkeit über die Natürlichkeit triumphieren zu lassen. Die artifizielle, vom menschlichen Geschmack bestimmte Schönheit sollte nicht Natur vortäuschen, sondern sich offen, demonstrativ zu ihrer Künstlichkeit bekennen.

Thomas Manns problematische Helden bewegen sich, auch wenn sie eine eigene Kunstphilosophie anzubieten haben, letztlich im Gedankenkreis des französischen Dichters. Die kunsttheoretischen Bekenntnisse Tonio Krögers bezeugen das deutlich genug. Die „kalten Ekstasen" des „artistischen Nervensystems" (schon die Wortwahl erinnert an Baudelaire!) setzen aus seiner Sicht Distanz und Fremdheit gegenüber der gewohnten menschlichen Natürlichkeit voraus, artifizielle, spielerische Überlegenheit, eine Begabung für die Unerbittlichkeit der Form – und damit eine Haltung, die zugleich eine Verarmung des unmittelbaren Gefühls mit sich bringt. Ja, diese Auffassung vom ästhetischen Menschen – die beim frühen Thomas Mann mehr anthropologisch-spekulativ als soziologisch ist – erfährt in den Überlegungen Tonios noch eine kühne Zuspitzung an der Stelle, wo seine Argumentation eine seltsame Wendung nimmt und Motive einer Sexualphilosophie ins Spiel bringt. „Ist der Künstler überhaupt ein Mann? Man frage ‚das Weib' danach! Mir scheint, wir Künstler teilen alle ein wenig das Schicksal jener präparierten päpstlichen Sänger [. . .] Wir singen ganz rührend schön. Jedoch –"[25]

Der Bereich der Kunst ist auf eine eigentümliche Weise zugleich eine Sphäre der Unnatur: das ist ein Leitgedanke dieser Anschauungswelt. Auf Aschenbach trifft das in einem ganz besonderen Maße zu, und zwar nicht etwa in physiologischer, sondern durchaus geistiger Hinsicht. Den Gegensatz zwischen Natur und Kunst deutet der Essay „Über die Ehe" ja ausdrücklich als eine polare Spannung, die die Vorstellung von Leben einerseits, von Schönheit, Unfruchtbarkeit und Tod andererseits konnotiert. Die Blumen der Kunst sind – so könnte man den berühmten Titel Baudelaires abwandeln – wenn nicht Blumen des Bösen, aber doch Blumen der Sterilität. Von daher ist es nur noch ein Schritt bis zu einer höchst bezeichnenden Auslegung von Platens Versen „Wer die Schönheit angeschaut mit Augen, / Ist dem Tode schon anheimgegeben", jener Zeilen, die der Essayist die Grundformel des Ästhetizismus nennt. Dabei wird ein gedanklicher Zusammenhang hergestellt, der es erlaubt, in der Homoerotik einen „erotischen Ästhetizismus"[26] zu erblicken.

Man sollte sich hier nicht täuschen: Die Interpretation der Homoerotik dürfte keineswegs der Grund sein, an dieser Stelle von einer merkwürdigen Goethe-Ferne zu sprechen. Diese beruht vielmehr auf der Auffassung der Kunst. Die universale Bedeutung ästhetischer Kategorien stand für Goethe seit Italien außer Zweifel. Der essayistische Dialog „Über Wahrheit und Wahrscheinlichkeit der Kunstwerke" von 1798 bekennt sich – acht Jahre nach dem Erscheinen von Kants ästhetischer Hauptschrift – zu dem modernen Gedanken einer spezifischen Kunstautonomie. Und die „Tag- und Jahreshefte" notieren 1805 eine rhetorische Frage, die keinen Zweifel erlaubt: *denn was wäre die Welt ohne Kunst?*[27] Nicht aufgehoben wurde damit für Goethe die ihm als selbstverständlich geltende Einbettung des künstlerischen Schaffens in die als Werte empfundenen Formen menschlicher Praxis, erkennbar etwa an der Gleichstellung mit der Wissenschaft. In Goethes Kunstverständnis, das nicht vom aufklärerischen Gesamthabitus seines Denkens zu trennen ist, ragt noch die Tradition gesellschaftlicher Pragmatik herein, vorautonome und autonome Auffassungen erscheinen auf eine eigentümliche Weise miteinander verknüpft.

Die Tradition, die dagegen bei Thomas Mann weiterwirkt, gibt sich am deutlichsten in einer romantischen Deutung der Kunst zu erkennen, wie sie sich in Wackenroders und Tiecks „Phantasien über die Kunst" artikuliert. In dem Text „Ein Brief Joseph Berglingers" bekennt der fiktive Musiker: „Die Kunst ist eine verführerische, verbotene Frucht; wer einmal ihren innersten, süßesten Saft geschmeckt hat, der ist unwiederbringlich verloren für die tätige, lebendige Welt. Immer enger kriecht er in seinen selbsteignen Genuß hinein, und seine Hand verliert ganz die Kraft, sich einem Nebenmenschen wirkend entgegenzustrecken."[28] Auch das schlechte Gewissen des Ästheten, das manchen poetischen Figuren der Jahrhundertwende, namentlich bei Thomas Mann und bei Hofmannsthal, eigen ist, regt sich in dieser romantischen Prosa: Tief beunruhigend sei die Gewißheit, daß die artistischen künstlerischen Spiele in einer Welt sich offenbaren, in der Kummer und Not, Krieg und Hunger den Alltag bestimmen und in einem schmerzlichen Gegensatz zu der scheinhaften Harmonie der Kunst stehen. Goethes Romanhelden bleiben, auch in ihrer erotischen Ekstase, gesellschaftlich eingemeindet. Es ist bezeichnend, daß Ottilie noch kurz vor ihrem Tode von praktischen Lebensaufgaben spricht. Dagegen ist die Integration des angesehenen Schriftstellers Gustav von Aschenbach bloßer Schein: Seine homoerotische Neigung ist ein symbolisches Äquivalent der Vereinsamung und Isolierung des Künstlers. Aus abstrakter Sicht könnte man zu der These gelangen, wenn Homoerotik erotischer Ästhetizismus sei, so dürfe der Ästhetizismus als invertiertes Leben gedeutet werden. Manns Erzählung zeigt freilich, daß diese Prosa viel mehr enthält als kunst- und lebensphilosophische Antithesen. Das Bild der Gesellschaft, die den Literaten Aschenbach respektiert, vor der aber Aschenbach seine Neigung unter allen Umständen verbergen muß – dieses Bild ist entscheidend. Und es ist anders als bei Goethe.

Es ist bekannt, wie oft und eilfertig in der Venedig-Novelle gelogen wird, wie häufig die Handlung von Masken, Täuschungen, Vorspiegelungen falscher Tatsachen bestimmt erscheint. Die merkwürdigen Erlebnisse Aschenbachs in der Lagunenstadt sind von Anfang an durch ein Netz von Unwahrheiten, halben Wahrheiten und illusionären Tricks gekennzeichnet – ein Netz, in das er sich auch selbst immer tiefer verstrickt. Das fragwürdige Spiel mit den Fakten, das von den Hotelangestellten, Gondolieri und Straßensängern in Szene gesetzt wird, ist jedem Leser der Erzählung geläufig und braucht hier nicht referiert zu werden. Entscheidend ist der Umstand, daß die Gesellschaft, oder bestimmter ausgedrückt: die Öffentlichkeit und soziale Umwelt, fast ausschließlich durch Handlungen der Irreführung oder Vertuschung in Erscheinung tritt – nicht zuletzt von sehr handfestem Eigennutz geleitet. Man sollte nicht vergessen, daß nicht nur Tod und Schönheit eine Beziehung stiften, sondern daß auch Tod und Tourismus, wenn auch ganz anders, einen Zusammenhang bilden. In einem sehr eigentümlichen Spannungsverhältnis zueinander stehen daher die Lüge der Gesellschaft und das Geheimnis der ästhetizistischen Erotik: Die Paradoxie dieses spiegelverkehrten Verhältnisses besteht darin, daß der Künstler, der mit seinen Schriften das ideologische Blendwerk der Gesellschaft gestützt hat, in einer Stunde der Wahrheit, erfüllt von einem beglückenden und zugleich verwirrenden und bedrohenden Gefühl, gerade durch diese Unmittelbarkeit und Tiefe der Empfindung in einen Widerspruch zur Gesellschaft gerät. Der künstlerische Schein, die konkrete Lüge der Institutionen, die Wahrheit, die keine sein darf – das sind die Elemente, die das komplexe Wechselspiel der Beziehungen in dieser Erzählung begründen. Eine Art von Entsagung steht auch hier, wie in den „Wahlverwandtschaften“, am Schluß; doch diese Entsagung ist nicht, wie bei Goethe, ein Schritt zur Herstellung sozialer Harmonie, sondern Ausdruck eines unlösbaren Zwiespalts, an dem Aschenbach schließlich auch zerbricht.

Aschenbachs dionysischer Traum macht die Abgründe der „Verwirrung der Gefühle“ sichtbar. Aber die lügenhafte Oberfläche der gesellschaftlichen Realität ist keineswegs eine humane Alternative. Der „Tod in Venedig“ endet daher auch mit einer Aporie. Auch der letzte Satz des Textes spielt auf eine potentielle Lüge an. Da von Aschenbachs Neigung nichts in die Öffentlichkeit gedrungen ist, bleibt das soziale decorum gewahrt. Das Schicksal, das Oscar Wilde in der Realität erlitt, bleibt der fiktiven Gestalt erspart.

Thomas Mann lag es fern, mit seinem Werk für Homoerotik zu plädieren, ebenso wie es dem Erzähler in Goethes Roman nicht in den Sinn kommt, pathetisch Partei zu ergreifen. Beide Werke sind in dieser spezifischen, auf Distanz beruhenden Beziehung keine pathetischen, sondern ironische Erzählungen, das sei nochmals mit Nachdruck gesagt. Es geht in ihnen um ein Problem, nicht darum, eine bestimmte Meinung unbedingt durchzusetzen. Der besondere literarhistorische

Ort der Venedig-Geschichte ist vor allem dadurch gekennzeichnet, daß sie zu jenen Werken des Zeitalters gehört, in denen die konventionellen Lügen der Gesellschaft analytisch dargestellt erscheinen – man denke nur an Autoren wie Ibsen, Strindberg, Tschechow und Shaw, übrigens Zeitgenossen, die den Essayisten Thomas Mann beschäftigt haben. Die vom Autor beabsichtigte Nähe zu Goethe – eine Annäherung im Sprachstil und wohl auch in der Erzählhaltung – kann und soll nicht verbergen, daß der „Tod in Venedig" ein Werk ist, dessen vielschichtige Zeichenhaftigkeit im wesentlichen aus der Kultur der Jahrhundertwende erwächst.

Fällt das Stichwort Jahrhundertwende, so ist zu bedenken, daß die Jahrzehnte um 1900 literarische Tendenzen aufweisen, zu deren Merkmalen nicht zuletzt ein merkwürdig gespanntes, ja unduldsames Verhältnis zu Goethe zählte.[29] Neben der mehr oder minder offiziellen Goethe-Verehrung in der Öffentlichkeit gab es, gerade in Schriftstellerkreisen, und dort vornehmlich im Umkreis der literarischen Avantgarde, deutlich vornehmbare kritische Stimmen, die sich zeitweilig fast zu einer Front der Ablehnung verdichteten. Mit dem Klassiker-Kult, den man im Namen der Modernität attackierte, geriet auch der Dichter selbst ins Schußfeld – zumeist auf Grund von Überzeugungen, in denen hitzige Parolen wirksam waren, kaum aber Argumente geschichtlicher Besinnung. Es gehört zu der zwar nicht singulären, aber doch sich deutlich abhebenden Position Thomas Manns, daß sein Goethe-Verständnis von Anfang an keineswegs planen oder gar aggressiven Deutungsmustern folgte, sondern von differenzierenden Motiven beherrscht war. Die vorgelegten Betrachtungen über die „Wahlverwandtschaften" und die Venedig-Novelle mögen in diesem Zusammenhang verstanden werden.

Anmerkungen

1 Thomas Mann, Briefe 1889–1936, Frankfurt a. M. 1961, S. 176.
2 Neue Rundschau, 1925, H. 6, S. 621 f.
3 In: Publications of the English Goethe Society, New Series, Vol. XXIV (1955).
4 Ebenda, S. 103.
5 Ebenda, S. 104.
6 Ebenda, S. 105.
7 Ebenda, S. 106.
8 Ebenda, S. 122.

9 Wolfgang Staroste, Raumgestaltung und Raumsymbolik in Goethes „Wahlverwandtschaften“; in: Etudes Germaniques, 1961, Nr. 3.
10 Goethes Werke, Hamburger Ausgabe in 14 Bänden, hrsg. v. Erich Trunz, München 1982 (im folgenden zitiert mit HA, unter Angabe der Band- und Seitenzahl), Bd. 6, S. 663.
11 Vgl. dazu den Aufsatz von Regine Otto, Bemerkungen zu Thomas Manns Auseinandersetzung mit Goethes „Wahlverwandtschaften“; in: Werk und Wirkung Thomas Manns in unserer Epoche, hrsg. v. Helmut Brandt u. Hans Kaufmann, Berlin u. Weimar 1978.
12 HA 6, S. 638.
13 Illuminationen. Ausgewählte Schriften, Frankfurt a. M. 1969, S. 135.
14 HA 6, S. 640.
15 Vgl. dazu Ewald Rösch (Hg.): Goethes Roman „Die Wahlverwandtschaften“, Darmstadt 1975.
16 Hegel, Grundlinien der Philosophie des Rechts, hrsg. von H. Reichelt, Frankfurt a. M. 1972. S. 159.
17 K. A. Korff, Geist der Goethezeit, Bd. II, Leipzig 1930, S. 378. Zu neueren Deutungen des Romans vgl.: Goethes Wahlverwandtschaften. Kritische Modelle und Diskursanalysen zum Mythos Literatur, hrsg. v. Norbert W. Bolz, Hildesheim 1981.
18 Dazu: Dieter Borchmeyer, Das Theater Richard Wagners. Idee – Dichtung – Wirkung, Stuttgart 1982, S. 68.
19 Die Forderung des Tages, Berlin 1930, S. 171.
20 Ebenda, S. 183.
21 Ebenda, S. 177.
22 Thomas Mann, Briefe 1889–1936, a. a. O., S. 177.
23 Baudelaire, Ausgewählte Werke: Kritische und nachgelassene Schriften, hrsg. von Franz Blei, München 1925, S. 196.
24 Ebenda, S. 200.
25 Thomas Mann, Sämtliche Erzählungen, Frankfurt a. M. 1963, S. 233.
26 Die Forderung des Tages, a. a. O., S. 171.
27 Artemis-Gedenkausgabe der Werke, Briefe und Gespräche, Bd. 11. S. 753.
28 W. H. Wackenroder, Werke und Briefe, Heidelberg 1967, S. 230.
29 Vgl. dazu hier: Goethe-Kontroversen zu Beginn unseres Jahrhunderts.

Goethe-Kontroversen zu Beginn unseres Jahrhunderts

Der Schauplatz ist das Dachgeschoß einer Mietskaserne in einem Berliner Arbeiterviertel, die Zeit der Handlung das ausgehende 19. Jahrhundert, genauer: die ersten Jahre der wilhelminischen Epoche. Die Bühne stellt ein fensterloses Zimmer dar, beleuchtet von einer Lampe. „Man kann bei dem ungewissen Licht im Zweifel sein, ob man sich in der Rüstkammer eines alten Schlosses, in einem Antiquitätenmagazin oder bei einem Maskenverleiher befindet.“[1] So die überaus ausführliche Regieanmerkung.

Gemeint ist das Bühnenbild zum ersten und zum dritten Akt von Gerhart Hauptmanns Tragikomödie *Die Ratten,* vollendet 1910, uraufgeführt und erschienen im Jahr danach. Zu Beginn des dritten Aktes wohnen wir einer Unterrichtsstunde bei: Der ehemalige Theaterdirektor Hassenreuter, eine der eigentümlichsten Dramenfiguren des Autors, erteilt seinen drei Schülern dramatischen Unterricht. „Er selbst sitzt am Tisch ... und schlägt skandierend mit dem Falzbein“ den Rhythmus. Die Schüler rezitieren die Chöre aus Schillers *Braut von Messina.* „Ihre Füße befinden sich innerhalb eines Schemas aufgestellt, das mit Kreide auf den Fußboden gezeichnet ist und diesen in die vierundsechzig Felder des Schachbretts einteilt.“[2] Streng bemessen wie das Schema ist auch die Diktion, die Hassenreuter von seinen Schülern fordert. Klassizistisches Pathos ist sein Programm, und ausdrücklich bekennt er sich zu Goethes *Regeln für Schauspieler,* geschrieben für das Weimarer Hoftheater 1803. „... ich sage Ihnen, daß der Goethesche Schauspielerkatechismus A und O meiner künstlerischen Überzeugung ist.“[3] Daß er gerade das doktrinärste klassizistische Bühnenwerk Schillers gewählt hat, um seine Auffassungen darzulegen, ist nur folgerichtig.

Ebenso bezeichnend ist jedoch der Umstand, daß der Direktor nicht nur auf die Tradition des Weimarer Klassizismus schwört, sondern auch im Geist nationalistischer Politik schwadroniert. „Sie sind eine Ratte“, sagt er zu seinem Schüler Spitta, der sein kunsttheoretischer Gegenspieler ist. „Aber diese Ratten fangen auf dem Gebiete der Politik ... unser herrliches neues geeinigtes Deutsches Reich zu unterminieren an. Sie betrügen uns um den Lohn unserer Mühe, und im Garten der deutschen Kunst ... fressen sie die Wurzeln des Baumes des Idealismus ab: sie wollen die Krone durchaus in den Dreck reißen. – In den Staub, in den Staub, in den Staub mit euch!“[4]

Die letzten Worte paraphrasieren vermutlich Kleist, den Schluß des

Prinzen von Homburg. Hassenreuter zitiert immerfort, sein ganzes Dasein ist Theater, scheinhaft, und auch seine wilhelminische Invektive ist nicht ganz ernst gemeint, sie bleibt rhetorischer Aufwand und Schauspielerei – darin gleicht der ästhetisierende Untertan Hassenreuter seinem Staatsoberhaupt.

In seinem Kontrahenten Spitta sieht er eine Ratte, weil dieser den stolzen Bau überlieferter Poetik bedroht und damit, wie Hassenreuter meint, auch die Grundfesten offizieller Kultur. Auf politische Beurteilungen läßt sich Spitta freilich nicht ein – es wird daher nicht klar, ob für ihn die Gleichsetzung von ästhetischem Konservativismus im Namen Weimars und politischem Konservativismus wilhelminischer Prägung so selbstverständlich erscheint wie für den Theaterdirektor. Um so deutlicher ist der zornige junge Mann der Naturalistengeneration, wo es um dramaturgische Fragen geht. Auf den Einwand Hassenreuters (im ersten Akt), bei Spitta sei der Unterricht vergebliche Mühe, denn mit schiefer Haltung, Brille und heiserem Organ habe man ohnehin keine Aussicht, Schauspieler zu werden, beruft sich dieser auf den Grundsatz der Lebenstreue, der auch die Bühne beherrschen müsse. „Wenn es im Leben solche Käuze gibt wie mich, warum soll es nicht auch auf der Bühne solche Käuze geben! Und ich bin der Ansicht, ein wohlklingendes Organ, womöglich verbunden mit der Schiller-Goethisch-Weimarischen Schule der Unnatur, ist eher schädlich als förderlich.“[5]

Es wäre viel zu simpel, in Spitta einfach ein Sprachrohr des Autors zu sehen. Mit den *Ratten* handelte Hauptmann erneut die gewichtigste künstlerische Frage seiner Frühzeit ab, das Problem der naturalistischen Dramatik: Das Werk ist ja gleichsam ein naturalistisches Meta-Drama. Die Zeit heftiger künstlerischer Auseinandersetzungen wird jedoch mit Distanz gesehen und humoristisch relativiert, aus der Sicht eines Bühnendichters, der seit der Periode des *Friedensfestes* und der *Weber* auch selbst andere Wege einschlug, darunter auch solche, denen man ebenfalls „Unnatur“ vorwerfen konnte. Als sicher darf dagegen gelten, daß Hauptmann mit der Gestalt Spittas ein Generationsporträt entworfen hat, in dem nicht nur die kunsttheoretischen Forderungen junger Autoren um 1890 (und übrigens auch Hauptmanns eigene) zu erkennen sind, sondern auch deren Ansichten über die Gültigkeit literarischer Traditionen.

Die Stelle ist für uns von Interesse, weil in der hitzigen Debatte zwischen Hassenreuter und Spitta eine sehr bezeichnende Tendenz der Goethe-Deutung um die Jahrhundertwende zum Ausdruck kommt. Im Hinblick auf die schon damals immense kritische Literatur über Goethe und Schiller, namentlich aber in Anbetracht der in der Gründerzeit sehr starken Nachwirkung des Weimarer Bühnenklassizismus ist es kein Wunder, daß die zu Dioskuren stilisierten Dichter im besagten Streitgespräch eine so große Rolle spielen. Zunächst sieht es so aus, als würden die Klassiker in der Sicht der jungen Generation nicht die geringsten Chancen haben. Spittas Diktum von der „Unnatur" ist nämlich noch vergleichsweise harmlos. Die Angriffe Spittas steigern sich: Die *Braut von Messina* nennt er „sonoren Bombast", und besonders hart trifft es die von Hassenreuter so geschätzten Regeln des Weimarer Hoftheaters. Unumwunden heißt es: „. . . in den grenzenlos läppischen späteren Goetheschen Schauspielervorschriften, die durch und durch mumifizierter Unsinn sind."[6]

Zu beachten ist in diesem Satz das Attribut „späteren". Es setzt eine Opposition voraus zwischen dem späteren, etwa dem nachitalienischen Goethe und dem jungen. Im Gegensatz zu den zahllosen Festrednern seit 1849 und 1859, den Goethe- und Schiller-Gedenkjahren, den Festrednern, die mehr oder weniger kritiklos das Gesamtschaffen feierten und zusammen mit der Gestalt des „Dichterfürsten" verklärten (oder wie es heute heißt: zum Mythos machten), sind die Auffassungen der Naturalisten durch Kritik im doppelten Wortsinn gekennzeichnet. Nicht nur die Ablehnung restaurativer Neigungen ist zu beobachten, sondern viel mehr noch die Bereitschaft, zu unterscheiden. Aus dem vagen Gesamtphänomen Goethe treten einzelne Schaffensphasen mit deren Stilmerkmalen hervor, wobei Distinktionen namentlich unter ästhetischen Gesichtspunkten getroffen werden – *auch* wieder im Gegensatz zu der Praxis der Vergangenheit, als, im Vormärz vor allem, die Kontroversen um Goethe zumeist unter politischen Gesichtspunkten ausgetragen wurden. (Zu erinnern ist nur an Urteile wie „Fürstenknecht" und ähnliche, an die Angriffe vom Standpunkt einer vormärzlichen littérature engagée, etwa in den Texten Ludwig Börnes.)

Von unmittelbaren politischen Bewertungen ist in der Sicht Spittas nichts mehr zu spüren. Goethe gerät als Gegenstand des Kunststreites im Dachgeschoß in ein Bezugsfeld, in dem gesellschaftliche Fragen nicht von künstlerischen getrennt erscheinen. Die kunstprogrammatische These, daß auch der sogenannte kleine Mann ebensogut ein Objekt der Tragödie sein könne wie Lady Macbeth oder König Lear, bekräftigt Spitta mit dem Satz: „Vor der Kunst wie vor dem Gesetz sind alle Menschen gleich" – einem Satz, den Hassenreuter gleich darauf einen „hübschen Gemeinplatz" nennt,[7] wobei die Ironie darin besteht, daß es sich in der Tat um einen naturalistischen Topos handelt, bekannt zum Beispiel in der Fassung, die diesem Gedanken in Deutschland Conrad Alberti gab.[8] Das, was für Hassenreuter die Weimarer Schauspielerregeln sind, ist für Spitta dieser Satz. Der junge Student bezeichnet ihn ausdrücklich als seine „zweite Natur". Wichtig ist jedoch, daß für diese These ebenfalls eine Tradition in Anspruch genommen wird, gemessen an der Ahnenreihe Hassenreuters eine Gegentradition.

„Ich befinde mich dabei", erklärt Spitta, „vielleicht mit Schiller und Gustav Freytag, aber keinesfalls mit Lessing und Diderot im Gegensatz. Ich habe die letzten zwei Semester mit dem Studium dieser wahrhaft großen Dramaturgen zugebracht, und der gestelzte französische Pseudoklassizismus bleibt mir durch sie endgültig totgeschlagen . . ."[9]

Aus der auf Hassenreuters Einwurf folgenden Replik wird deutlich, daß auch bei Schiller differenziert wird und verschiedene Stiltraditionen gegeneinandergesetzt werden. „Und wenn sich das deutsche Theater erholen will, so muß es auf den jungen Schiller, den jungen Goethe des Götz und immer wieder auf Gotthold Ephraim Lessing zurückgreifen: dort stehen Sätze, die der Fülle der Kunst und dem Reichtum des Lebens angepaßt, die der Natur gewachsen sind."[10]

Die Naturalisten – und das zeigen die authentischen Autoren noch viel deutlicher als die Dramenfigur Spitta – waren weit davon entfernt, reinen Tisch zu machen und auf sämtliche Überlieferungen zu verzichten. Auch sie sind, wenn man so will, autoritätsgläubig oder vielmehr: sie versuchen, ihre eigenen Ziele durch analoge Forderungen in der Vergangenheit zu legitimieren. Diderot und Lessing sowie Goethe und Schiller in der Sturm-und-Drang-Phase fungieren auf ähnliche Weise wie hundertzwanzig Jahre zuvor die Berufung auf Shakespeare.

Ein Blick auf die dominierenden Neigungen der Jahrhundertwende zeigt, daß Spittas Unterscheidungen als durchaus bezeichnend für diese Epoche begriffen werden können. Allerdings müssen hier – wie Mandelkows reichhaltige Dokumentation[11] lehrt – die Bereiche der Literaturprogrammatik und der akademischen Literaturbetrachtung zumeist voneinander getrennt werden. Das Goethe-Bild der meisten Gelehrten und Verehrer von Hermann Grimm bis Gundolf ging im Sinne einer monumentalisierenden Anschauung aufs Ganze; trotz einiger Schönheitsfehler an der Gestalt des Geisteshelden wurde dessen Leistung doch insgesamt als makellos empfunden. So groß der Unterschied zwischen den Goethe-Büchern von Bielschowsky und Gundolf auch ist (auf plumpe Art populär das eine, steil mythisierend das andere), sie rücken dennoch nahe aneinander durch die Ehrfurcht, mit der die innere Einheit im Schaffen des deutschen Heros betont wird.

Die Literaturzunft zeichnete sich dagegen eher durch eine gewisse wohltuende Respektlosigkeit oder zumindest Unkonventionalität aus. Nicht den ganzen Goethe wollte man haben, und schon gar nicht den zeitentrückten, sondern einen, den man mit den eigenen, modernen ästhetischen Vorstellungen in Verbindung bringen konnte – einen Goethe up to date. Kein Wunder, daß dabei jene Züge des Schaffens hervortraten, die man im historischen Zusammenhang als unkonventionelle und in ihrer Zeit modernistische empfand: die Unmittelbarkeit des jungen, antiklassizistischen Goethe, den man neben den neuentdeckten Büchner rückte, aber auch, in den Kreisen der sogenannten Neuromantiker, die poetische Phantasie des sogenannten romantischen Goethe. Die Relativierung der zeitgemäßen kritischen Urteile mag auch mit der neuen Sicht der Romantik zusammenhängen, die um 1900 in Erscheinung trat, etwa mit der Romantikmonographie von Ricarda Huch. Kurz: die vorwiegend von der Germanistik vertretene ehrfurchtsvoll-ganzheitliche Betrachtung wurde im Bereich der lebendigen Literatur von einer nach Belieben verfahrenden, partialisierenden Rezeption verdrängt. Um es wortspielerisch zu sagen: nicht der erwählte Goethe war begehrt, sondern der ausgewählte.

Als Beispiel für diese Sicht sei eine populär ausgerichtete Gedichtauswahl von 1895 angeführt, ein *Goethe-Brevier* der Jahrhundertwende, herausgegeben von Otto Erich Hartleben. Dem – bei Mandelkow abgedruckten – Begleittext des Herausgebers entnehmen wir folgende Stelle: „Mindestens die Hälfte aller Goetheschen Gedichte sind für unser heutiges Empfinden ungenießbar. Und zwar liegt das nicht bloß an der Veränderung des Zeitgeschmacks, sondern wie der Dichter des ‚Faust' den ‚Bürgergeneral' und ‚Die natürliche Tochter' schreiben konnte, so hat er auch als Lyriker weidlich das blödeste Zeug verbrochen. – Nur wer das rücksichtslos eingesteht und in dieser Weise zu scheiden weiß, hat ein lebendiges Herz für das, was wirklich unvergänglich schön ist. Die wahre Pietät für das, was ein Jahrhundert nicht hat berühren können, kann sich nur darin zeigen, daß man das Wertlose oder Entwertete von ihm loslöst . . ."[12]

Unseren Ohren klingt dieser Forderung höchst vertraut. Wir befinden uns hier vermutlich an der Quelle jenes Gedankens, der heute mehr und mehr an Geltung gewinnt: daß es nämlich darauf ankomme, Goethe gegen seine bornierten Liebhaber zu verteidigen, mit anderen Worten: daß sich die Lebensfähigkeit eines Autors, auch des größten, durch die Fähigkeit seiner Werke erweist, stets neuen Auswahlkriterien zu entsprechen, der Herausforderung durch neue Leser also, wie auch dem kritischen Blick ohne falsche Ehrfurcht. Unter Goethes Zeitgenossen hat Heine bereits eine solche Rezeption vorgezeichnet.

Für die Entschlossenheit mancher Schriftsteller, dem kritiklosen Goethe-Kult entgegenzutreten und damit auch eigene Positionen aufzuzeigen, ist das umfangreichste (und zugleich am wenigsten bekannte) satirische Werk der Jahrhundertwende besonders bezeichnend: *Die Blechschmiede* von Arno Holz. Die Episode, die die blinde Goethe-Verehrung aufs Korn nimmt, befindet sich an exponierter Stelle: mit ihr schließt der erste Teil, Actus primus, betitelt „Der Kampf der Skalden, Barden, Minstrels, Lauten-, Lyrenschläger, Lurenbläser, Tubentuter, Dichter, Wagen, Helden, Rosse und Gesänge" (Text nach der Nachlaßausgabe). Der Autor, der unter dieser Bezeichnung selbst das Wort ergreift, rückt sich freilich über Gebühr ins Licht, wenn er für sich die Rolle in Anspruch nimmt, als einsamer Mahner einer Meute von Kulturbeflissenen gegenüberzustehen, so etwa dem Chor der „Makulaturprofessoren". Das Hartleben-Zitat hat gezeigt, daß es fast ein Jahrzehnt vor Erscheinen der *Blechschmiede* (1902) bereits Meinungen dieser Art gab.

Nun, der Autor spricht hier von einer „allgemeinen Einigkeit in majorem Popanzii gloriam", die ihm „auf die Nerven fällt".[13]

„Hört, bitte, auf mit eurem Gekeife.
Ich tanze doch nicht nach eurer Pfeife."

Als dissonierende Stimme im Chor der Öffentlichkeit empfindet der Autor sich schon deswegen, weil er nicht bereit ist, Leben und Werk kritiklos zusammenzuschweißen. Den Menschen Goethe, vor allem Goethe als Mann, läßt er uneingeschränkt gelten.

„Hut ab! Hut ab! Und wenn auch alles, was halb,
ihn heute umcancant als goldnes Kalb!"

Problematisch ist für ihn dagegen der Künstler Goethe, der – ganz wie bei Hartleben – sehr streng nach dem Schema einerseits–anderseits beurteilt wird: einerseits ein großer Dichter, anderseits ein leichtfertiger Verseschmied. Übrigens spielt auch der temporale Aspekt (jung versus alt) eine Rolle in der Wertung, so daß man sagen kann, bei Holz erscheinen die Ansichten Hartlebens sowie des – damals noch nicht existierenden – Spitta vereinigt.

„Du warst kein Großer aus einem Guß,
o Goethe, du Eklektikus!
Du warst, und wenn sich auch alles entsetzt,
aus tausend Lappen zusammengefetzt!
Zwar in deiner Jugend, à la bonne heure,

gingst du durch jedes Nadelöhr.
Da hatte dein Rückgrat noch keinen Knax,
ehrlich schwurst du auf Hans Sachs.
Tänzeltest nicht in französischem Schuh,
hörtest den Herderschen Volksliedern zu.
Krochst in kein Mausloch, sondern läutetest Sturm,
klettertest auf den Straßburger Münsterturm!
Doch der Deutsche in dir hielt nicht lange Stich.
Der Herr Geheimrat empörte sich.
Und als du dann gar noch Minister geworden –
Schwamm drüber! Ich will dich nicht ganz ermorden.
Bald „Grieche", bald „Perser", bald „Franke", bald „Brite",
flohst du sogar bis ins „Reich der Mitte"!
Durch deinen Stilwirrwarr purzeln und gleiten
fast alle Völker, fast alle Zeiten!
Du hörtest die Kanonade von Valmy,
dreiviertel, was du schriebst, war Talmi."[14]

Man kann den Rest sinngemäß wiedergeben, wenn man sich auf die Reimwörter beschränkt. Es wird deutlich, was gemeint ist, wenn sich „Bürgergeneral" auf „schal" reimt, „hexametrischen Jux" auf „Reineke Fuchs", „o weh" auf „Dorothee", „Ruhm" auf „Neoalexandrinertum". Auch der *Tasso* und die *Iphigenie* werden zu den problematischen Werken gezählt, selbst manches aus dem *Faust* wird als zweite Wahl aussortiert; was im einzelnen, das wird nicht gesagt. „en bloc und als Ganzes – mir graust, mir graust!" Der Abschnitt schließt mit den Worten:

„Was groß und echt an dir war, weiß ich auch.
Doch rutsch ich nicht auf meinem Bauch.
Ich bin der letzte der alten Spötter,
ich glaube an keine Menschengötter!"

Unsere bisherigen Befunde werden von Holz bestätigt, und es scheint kaum viel Neues hinzugekommen zu sein. Dennoch lohnt es sich, die Meinungen des Blechschmiedes etwas genauer zu prüfen. Zweifel melden sich vor allem, wenn er sich nur als Spötter sieht und sich damit zum kritischen Außenseiter stilisiert. Sollte man den stramm nationalen Ton nicht eher wilhelminisch angepaßt nennen? Der poetische Kosmopolitismus des Weimarers wird mißbilligt, der markige deutsche „Stürmer" gegen den französisch orientierten Klassizisten ausgespielt. Und auch der Seitenhieb gegen den Minister ist alles andere als originell; damit greift Holz nur einen Gemeinplatz des Vormärz auf. Ganz zu schweigen davon, daß es unlogisch ist, den Minister zu verdammen, nachdem man eingangs den Menschen Goethe gelobt hat. Als gehöre der Minister zum Werk und nicht zur Biographie.

Eher modisch als extravagant nimmt sich ferner die Betonung der Männlichkeit aus. Die Vorstellung vom Kraftkerl aus der Sturm-Periode ist hier sicherlich im Umkreis des Vitalitätskultes der Jahrhundertwende zu sehen, sozusagen: der junge Goethe, porträtiert von Fidus. Und schließlich der Vorwurf, den Holz gegen den „Stilwirrwarr" Goethes richtet. Der Anblick ist einigermaßen erheiternd: über den häufigen Stilwechsel ereifert sich ausgerechnet ein Autor, der auch selbst mit größter Fertigkeit aus einem Stilkostüm ins andere schlüpfte – und der gerade darin ein wahrer Repräsentant einer stilpluralistischen Epoche war. Der Hinweis auf politische und soziale Kategorien wäre hier viel eher berechtigt gewesen als an der Stelle, wo dem Minister ein Hieb versetzt wird. Ist es Holz nicht aufgefallen, daß der markanteste Stilwechsel bei Goethe durch einen entscheidenden Milieuwechsel bedingt war? Und daß der Weg vom *Götz* zum *Tasso* kulturgeschichtlich viel mehr Sinn ergibt als der modische Schlenker von der *Familie Selicke* zu den *Dafnis*-Liedern?

Einen Höhepunkt erreicht die von Schriftstellern unter künstlerischen Gesichtspunkten vertretene Relativierung oder gar Abwertung von Goethes Schaffen im sogenannten expressionistischen Jahrzehnt durch den Herausgeber der Zeitschrift *Der Sturm* Herwarth Walden. Der *Sturm*-Programmatiker von 1910 oder 1920 empfand nichts Gemeinsames mehr mit dem Stürmer von 1770. In Waldens Aufsatz *Kritik der vorexpressionistischen Dichtung,* erschienen 1920, wird eine ganze Breitseite auf Goethe abgefeuert, übrigens auch auf Heine. „Nun muß gesagt und es soll nachgewiesen werden, daß beide keine Lyriker sind. Goethe hat, etwa wie in der Malerei Rembrandt, eine solche Namensautorität, daß die Kenner Goethe nicht nach der Kunst, sondern die Kunst nach Goethe werten."[15] Die Kunst, aus der nun Walden seine Wertmaßstäbe ableitet, ist die sogenannte Wortkunst des *Sturm*-Kreises, vor allem in den Dichtungen August Stramms. Der Künstler, dekretiert Walden, hat als Material nicht die Sprache, sondern das Wort. Durch freies, schöpferisches Kombinieren von Laut, Bedeutung und Rhythmus kommt Dichtung zustande, und Dichtung ist nicht Übermittlung von Gedanken, sondern eine besondere Art seelischer Bewegung.

Wer die Poetik der Romantik und des Symbolismus kennt, wird bei Walden nicht viel Neues erfahren. Daher interessiert uns hier nicht die Wortkunst-Theorie des *Sturm*-Kreises, sondern dessen eigentümlicher

Antitraditionalismus. Dieser gipfelt in der Behauptung, die wahrhaftige Einheit von Form und Inhalt, das Ergebnis poetischer Gestaltung, sei erst eine Errungenschaft der Moderne, gewonnen durch die Freiheit, die der Dichter heute dem Wort gegenüber empfindet. Zu beweisen sucht Walden seine These anhand des Gedichts *Wandrers Nachtlied.* Im Gegensatz zu wirklich zwingender Lyrik, behauptet er, enthalten die Sätze dieses Textes lediglich Behauptungen, konventionelle sprachliche Äußerungen, die der eine Leser so, der andre anders aufnehmen kann. Walden vermißt den Versuch, durch spezifische Eingriffe in das Sprachmaterial eine suggestive Wirkung hervorzubringen, die eine einmalige Gestaltung des Inhalts ist. Walden geht nun von Zeile zu Zeile und trachtet genau das Gegenteil von dem zu beweisen, was wir heute als Ergebnis interpretatorischer Anstrengung mehrerer Generationen kennen.

Es ist überflüssig, ihm zu folgen, denn man erfährt ohnehin nicht, wie sich Walden die symbolhafte Ruhe des Waldes sprachlich vorstellt. Es ist zu vermuten, daß er an die rhythmischen und lautlichen Kunstgriffe Stramms gedacht hat, an Verse also, in denen die intendierte Wirkung vor allem akustisch suggeriert wird – ohne jene Allgemeinheit der Bedeutungen, auf die Goethe sich stützt. Es ist kaum anzunehmen, daß Walden nicht gespürt hat, was empfängliche Leser nach wie vor spüren: daß Lautung und Rhythmus hier durchaus auf unaustauschbare Weise zusammengehören. Daher sagt der Aufsatz Waldens so gut wie nichts über Goethe aus, sehr viel dagegen über den Versuch einer Generation, Autoritäten zu bekämpfen, wenn auch mit untauglichen Mitteln. Man kommt der Wahrheit wohl am nächsten, wenn man annimmt, daß der Angriff auf Goethe eigentlich dem Goethe-Kult zugedacht war. Nicht um die Begründung kritischer Urteile ging es, sondern um die Provokation traditionsgläubiger Zeitgenossen. Für eine solche Herausforderung lieferte Goethe infolge seines unvergleichlichen Nimbus den idealen Stoff. Man kann sich vorstellen, wie genußvoll der sich als Nonkonformist begreifende Kritiker gegen die Autorität anstürmte, als er schrieb: „Man prüfe sämtliche Gedichte Goethes und man wird feststellen können, daß sie nicht durch die Bildung des Künstlers, sondern durch die Bildung des Lesers, also durch die Einbildung wirken. Der Satz ‚Kennst Du das Land, wo die Zitronen blühn‘ ist nicht künstlerischer als der Satz ‚Kennst Du den neuen Fall, wo die Massary singt‘. Das ganze berühmte Gedicht ‚Mignon‘ hat den Wert und die Wirkung eines Rätsels der Berliner Illustrierten Zeitung.“[16]

Eine Auseinandersetzung erübrigt sich, und zwar aus dem soeben genannten Grund. Invektiven sind kulturgeschichtliche Zeugnisse, keine Aufforderung zu einem logischen Disput. Zumindest eine Behauptung sollte jedoch nicht ohne Widerspruch bleiben. Es geht nämlich darum zu zeigen (ebenfalls nicht ohne Genuß!), wie konservativ der expressionistische Rebell im Grunde war. Verräterisch ist die Behauptung, der Vers aus *Mignon* sei nicht künstlerischer als der Operetten-Werbeslogan. Das bedeutet doch wohl, daß eine Aufteilung in künstlerische und nichtkünstlerische Sätze an sich vorausgesetzt wird. Wenn angenommen wird, daß ein einziger Satz, dazu isoliert genommen, sich als Kunst ausweisen muß, dann folgt daraus, daß bestimmte stilistische Merkmale a priori als künstlerisch gelten, andere dagegen nicht. Der Neutöner von 1920 vertritt mit diesem Postulat keinen modernen poetischen Funktionalismus, sondern viel eher eine recht abgestandene Rhetorik.

Überblickt man noch einmal die Szene, dürfte der Eindruck entstehen, der Streit um Goethe zu Beginn unseres Jahrhunderts sei fast ausschließlich mit künstlerischen Kriterien ausgetragen worden. Es ist notwendig, zur Berichtigung einen weiteren Text aus dem schon genannten Jahr 1910 heranzuziehen, den Essay *Voltaire – Goethe*. Der Autor, Heinrich Mann, meinte es ernst mit dieser Gegenüberstellung. Nichts Geringeres hatte er im Sinn als eine kulturelle Typologie der letzten Jahrhunderte, wobei der Gegensatz zwischen dem kämpferischen Literaten und dem quietistischen Dichter zugleich als eine Opposition zwischen vorherrschenden Merkmalen französischer und deutscher Geistigkeit interpretiert wurde.

In Voltaire erblickt Heinrich Mann den Ahnherrn einer agilen, politisch ausgerichteten Literatur einer Reihe von Schriftstellern, die – wie Victor Hugo, Sainte-Beuve, Lamartine oder Zola – um ihrer freiheitlichen Überzeugungen willen sich nicht scheuten, unmittelbar in die Politik einzugreifen. In ihnen lebt Voltaire weiter. Für Deutschland dagegen ist Goethes Leben ein Symbol, dieses in politischer Hinsicht tatlose, dem Volk unbekannte Leben. „Geist und Tat", das ist die Formel, die nach Heinrich Mann die französische Tradition kennzeichnet, Kunst und unpolitische „Natur" im Gegensatz dazu die deutsche: „Goethe haßt, was unharmonisch ist, was durch Einseitigkeit des Geistes, der Leidenschaft, durch unversöhnlichen Sturm und Düsterkeit das Gleichgewicht der Natur stört. Er haßt das Nur-Menschliche, haßt die Revolte des Menschen gegen die Natur, das Dämonische und das Radikale. Er, die Natur selbst, ihre Allseitigkeit und Gelassenheit selbst, läßt jene Kranken von sich abprallen; sie sind gerichtet von ihm, von der Natur; sie gehen unter. Befriedigt in seiner Liebe zu den Gesetzen der Natur sieht er die französische Revolution und Heinrich von Kleist untergehen.“[17]

Der Autor räumt zwar ein, daß Voltaire hinter Goethe zurückbleibt, hinter dem vielseitigeren Menschen, dem größeren Künstler. Doch es sei an der Zeit, auch in Deutschland den republikanischen Literaten zu einer öffentlichen, wirksamen Instanz zu machen, kurz: Goethe durch Voltaire abzulösen. Eine Rangordnung der literarischen Gattungen nach solchen ideologischen Maßstäben fordere übrigens die Bevorzugung der „demokratischen“ Kunstform des Romans auf Kosten des in Deutschland privilegierten Dramas.[18]

Auch bei Heinrich Mann kommt es darauf an, diese sehr pauschalen Urteile über Goethe und Voltaire, Frankreich und Deutschland cum grano salis zu nehmen. Über den Erkenntniswert derartiger geistesgeschichtlicher Konstruktionen wird wohl kein Zweifel herrschen: er ist äußerst gering. Der Essayist scheint zum Beispiel ganz zu vergessen, daß gerade die französische literarische Kultur nicht nur den Typus des gesellschaftskritischen Autors hervorgebracht hat, sondern auch dessen Gegenteil, den radikalen Verfechter einer Kunst um der Kunst willen. Das Schlagwort „l'art pour l'art“ ist nicht bloß zufällig in französischer Sprache formuliert worden. Heinrich Mann ist entgegenzuhalten, daß es jenseits des Rheins nicht nur Voltaire und Zola gegeben hat, sondern auch Baudelaire und Mallarmé. Und das Romanschaffen Flauberts ist alles andere als aktivistisch in dem von Heinrich Mann geforderten Sinn. Alle diese Dinge sind zu bedenken, wenn Verallgemeinerungen gewagt werden. Vom französischen Ästhetizismus aus gesehen dürfte das von Mann entworfene Bild eher umgekehrt erscheinen: denkt man etwa an Heine, aber auch an manches bei Goethe.

Allein die besagte Konfrontation zwischen Voltaire und dem deutschen Autor beruht nicht auf historischer Einschätzung. Getroffen wird hier lediglich ein für den Angriff zurechtgemachter Goethe.[19] Im Grunde geht es um die Losungen einer politischen Auseinandersetzung mit dem deutschen Konservativismus, um Losungen, die allerdings mit der Beschwörung von Freiheit und Menschlichkeit mehr als vage bleiben. Auf der Gegenseite stand damals, wie man weiß, Thomas Mann mit seinen *Betrachtungen eines Unpolitischen,* extensiver in der Darlegung, doch nicht weniger willkürlich im Gebrauch von Begriffsspielen. Wichtig ist Heinrich Manns Essay als polemisches und programmatisches Zeitdokument, als eines der frühesten Zeugnisse des literarisch-politischen Aktivismus um 1910. Im Hinblick auf die starke Wirkung, die der Verfasser der *Kleinen Stadt* mit den meisten seiner Romane und Essays auf die Generation der Expressionisten ausübte, ist es kein Wunder, daß auch das Goethe-Bild der jüngeren Autoren hauptsächlich von Skepsis oder Ablehnung gekennzeichnet war. Die Sakralisierung des Dichters durch den ideologischen Kulturbetrieb rief eine Trotzreaktion hervor, die dazu führte, daß unkritische Bewunderung durch unkritische Geringschätzung beantwortet wurde.

Bezeichnend ist eine Äußerung Carl Sternheims *Zum Fall Goethe,* erschienen in der *Aktion* 1922. Dort heißt es: „Wir verstehen Goethesches Denken und solche Dichter nicht mehr. Wir brauchen ein für allemal ein anderes Kaliber. Behalte die Bourgeoisie Goethe! Wir ziehen Nummern wie Lessing und Büchner allemal vor.“[20]

Auch hier also, wie im Naturalismus, die Proklamierung einer Gegentradition, mit dem Unterschied allerdings, daß nicht einmal der *junge* Goethe beachtet wird. Setzt man statt Ablehnung Uninteressiertheit, so kann Sternheims Urteil auch für die späteren zwanziger Jahre weitgehend Gültigkeit beanspruchen. Man denke nur an Autoren wie Brecht.

Zum Schluß sei noch einmal Heinrich Mann genannt. In einem Aufsatz Erich Mühsams, *Gebildete Jugend,* aus den zwanziger Jahren liest man: „Beim Kramen unter alten Papieren fiel mir kürzlich eine Aufzeichnung in die Hände, die ich 1910 im Anschluß an ein Gespräch mit Heinrich Mann niedergelegt hatte. Er hatte gesagt: ‚Ich wünsche den Deutschen nur ein einziges Gesetz: daß man den Namen Goethe während zwanzig Jahren nicht aussprechen dürfe‘, und als ich ihn später an das Wort erinnerte, meinte er: ‚Ich hätte es besser sagen sollen: während fünfzig Jahren.‘“[21]

Der Aufsatz geht auf diesen Ausspruch zunächst mit Zustimmung ein, denn er sei begreiflich gewesen in einer Zeit, in der das Schlagwort des Goethe-Kultes „Mehr Goethe!“ im Grunde etwas anderes ausdrücken wollte, nämlich „Weniger Gegenwart!“ Dennoch plädiert Mühsam unter dem ironisch gemeinten Titel *Gebildete Jugend* überraschenderweise *für* Goethe, indem er sich *gegen* eine Jugend wendet, die in ihrer Blasiertheit meint, ohne eine wirkliche Kenntnis seiner Werke auskommen zu können. Es lohnt sich, diesen längst vergessenen Artikel aufmerksam zu lesen, schon deswegen, weil die Lektüre wieder einmal die stets befriedigende Erkenntnis verschafft, daß die Realität allemal komplizierter und widerspruchsvoller ist, als sie in Denkklischees erscheint. Wer hätte vermutet, daß ausgerechnet ein Autor, der sich selbst als „Anarchist“ verstand, die deutsche Jugend aufrufen würde, sich erneut und intensiv mit Goethe zu beschäftigen? Die Empfehlung Heinrich Manns wurde von Mühsam jedenfalls nicht befolgt. Die Zeit danach hat sich weder dem einen noch dem anderen Aufruf angeschlossen. Doch damit ist bereits ein neues Thema angedeutet.

Anmerkungen

1 G. Hauptmann, Gesammelte Werke in 6 Bdn., Berlin 1913, Bd. 4, S. 427.
2 Ebenda, S. 472.
3 Ebenda, S. 478.
4 Ebenda.
5 Ebenda, S. 446.
6 Ebenda, S. 477.
7 Ebenda.
8 Vgl. seine „Zwölf Artikel des Realismus", erschienen in der Zeitschrift „Die Gesellschaft", 1889. Abgedruckt in: Literarische Manifeste des Naturalismus, hrsg. v. Erich Ruprecht, Stuttgart 1962.
9 Hauptmann a. a. O., S. 477.
10 Ebenda.
11 Goethe im Urteil seiner Kritiker. Dokumente zur Wirkungsgeschichte Goethes in Deutschland, hrsg. v. Karl Robert Mandelkow, Teil III (1870–1918), München 1979.
12 Mandelkow S. 261.
13 A. Holz, Werke, hrsg. v. Wilhelm Emrich und Anita Holz, Neuwied a. Rh./Berlin-Spandau 1963, Bd. VI, S. 133 f.
14 Ebenda, S. 134 f. – Vgl. dazu Gerhard Schulz, Arno Holz. Dilemma eines bürgerlichen Dichterlebens, München 1974, S. 158 f.
15 Abgedruckt bei Paul Pörtner, Literaturrevolution 1910–1925. Dokumente, Manifeste, Programme, Bd. I: Zur Ästhetik und Poetik, Darmstadt/Neuwied a. Rh./Berlin-Spandau 1960. Zitat auf S. 413.
16 Ebenda, S. 422.
17 H. Mann, Macht und Mensch, München 1919, S. 15.
18 Vgl. dazu hier: Kunst und Ideologie in der Gattungspoetik der Jahrhundertwende.
19 Heinrich Manns Text zur Goethe-Feier im März 1932 (Essays I, Berlin 1954) beruht ebenfalls auf einem Vergleich zwischen Goethe und Voltaire, doch mit veränderten Akzenten. „Die ganze Grundlage Goethes ist achtzehntes Jahrhundert. . . . Das achtzehnte Jahrhundert schließt ab, was schon das fünfzehnte begonnen hatte, die Befreiung, Pflege und Herrlichkeit des einzelnen Menschen. Das achtzehnte Jahrhundert, das noch immer späte Renaissance war, hat in Deutschland länger gedauert als in Frankreich. Die kennzeichnendsten Persönlichkeiten erscheinen hier etwas später, Goethe etwas später als Voltaire. Dennoch befand Goethe sich vielfach in der gleichen Lage wie der an-

dere, dies sowohl geistig wie sozial.... Goethe soll konservativ gewesen sein – gewiß; aber dann ist er es in demselben Maß wie Voltaire, denn auch der hielt an der Monarchie fest, er wußte warum" (S. 463). Im Unterschied zur schroffen Opposition, in die die beiden Autoren noch 1910 von Heinrich Mann gesetzt wurden, erscheint nun die Verwandtschaft und Übereinstimmung als Leitgedanke. „Der kleine Hof war ausgezeichnet als gegebener Grund und Boden für Weltmänner, die ungebundene Geister waren. Auch Voltaire stützte sich nicht auf Versailles. Weimar war grade richtig, um von dort aus Europa geistig zu beherrschen..." (S. 464). Während der frühere Essay das „tatlose, dem Volk unbekannte Leben Goethes" bedauert (Macht und Mensch S. 14), geht es 1932 darum, gerade in Goethes Distanziertheit gegenüber dem geschichtlichen Alltag der Deutschen die Voraussetzung für die Entfaltung besonderer Werte zu begreifen: nämlich von „Humanismus, Grenzenlosigkeit und Europa" (Essays I, S. 464).

20 Die Aktion 1922, Sp. 250. – Einen ersten Überblick über das Material bietet die Arbeit von Peter Stehlin, Zum Goethe-Bild des literarischen Expressionismus, Zürich 1967.

21 E. Mühsam, Ausgewählte Werke, hrsg. v. Chr. Hirte. Berlin 1978, Bd. 2, S. 405.

Zur Vorgeschichte des Expressionismus

Hermann Bahr und Wilhelm Worringer

Von Wolfdietrich Rasch stammt das Wort vom Stilphänomen, das „expressionistisch avant la lettre“ sei.[1] Sein erstmals 1956, in der Zeit der Wiederentdeckung moderner Literatur veröffentlichter Aufsatz *Was ist Expressionismus?* bemüht sich um die Klärung eines Sachverhaltes, der in der Forschung nicht immer angemessen berücksichtigt worden ist. Es geht um die Einsicht, daß die Modernismen, die das künstlerische Geschehen in den ersten Jahrzehnten nach 1900 beherrschten, mit einzelnen Stilzügen bereits im ausgehenden 19. Jahrhundert in Erscheinung getreten waren. Die Folgerungen, die Rasch in seinem auch heute noch bedenkenswerten Beitrag daraus ableitet, beziehen sich vor allem auf die Prinzipien der stilgeschichtlichen Periodisierung. Das Hantieren mit entsprechenden Begriffen wird seiner Ansicht nach stets unbefriedigend bleiben, wenn es sich vorwiegend an den Schlagwörtern künstlerischer Bewegungen orientiert und nicht ausreichend den Umstand berücksichtigt, daß es sehr wohl Zusammenhänge gibt, die weder durch die Benennungen noch durch die Chronologie der einzelnen Bewegungen erfaßt werden können.

„Was man expressionistisch nennt, ist *eine* Möglichkeit der Formung, die sich neben anderen um 1890 herausbildet, in der Lyrik wie in der Prosa und im Drama (bei Wedekind schon 1891). Es ist eine der Form-Konstanten, die vom frühen George bis zum späten Benn wirksam bleiben. Sie scheint immer bereitzuliegen und dominiert bei einzelnen Dichtern oder bei einer ganzen Gruppe im Jahrzehnt von 1910 bis 1920.“[2]

Es ist überaus bezeichnend, argumentiert Rasch, daß es nicht wenige Texte gibt, die man ohne Zögern dem Expressionismus zuschreiben würde, wüßte man nicht, daß sie aus den neunziger Jahren des vorigen Jahrhunderts stammten und die Autoren etwa Dauthendey oder Przybyszewski seien. Man müsse sich daher entschließen, die Literatur seit 1890 als einen Komplex verschiedenartiger Formungsmöglichkeiten zu betrachten, die von Anfang an nebeneinander sich ausgebildet hätten. Die ästhetische Vielfalt der Epoche sei als eine Reihe von Abwandlungen des künstlerischen Protestes gegen die Zeit zu begreifen, einer Auflehnung die sich namentlich im Streben nach einer verfremdenden Andersartigkeit des Ausdrucks artikuliert habe. „Was als Abfolge von ‚Stilen‘ mißdeutet wurde, sind Variationen dieses literarischen Manierismus, deren eine, radikal und erregt, im ‚expressionistischen Jahrzehnt' sich im Kreise der ‚Aktion' und des ‚Sturm' sehr markant verwirklicht. Ihre Repräsentanten gehören zu einer Generation, die, als sie zu Worte kommt, das Erbe von zwei Jahrzehnten der literarischen ‚Moderne' übernimmt."[3]

Heute, fünfunddreißig Jahre nach dem Erscheinen des Aufsatzes, kann die Triftigkeit dieser methodischen Orientierung als erwiesen gelten. Lediglich der Gebrauch des Begriffs „Manierismus" in diesem Zusammenhang dürfte Widerspruch hervorrufen. Im Hinblick auf das Thema „Vorgeschichte des Expressionismus" geht es an dieser Stelle freilich weniger um rein methodologische Erwägungen; es handelt sich vielmehr darum, die Aufmerksamkeit auf die Tatsache zu lenken, daß es auch im Bereich künstlerischer Programme und Manifeste Zeugnisse gibt, die die oben dargelegten Ansichten bestätigen. Ist von den expressionistischen Tendenzen und Gruppenbildungen die Rede, so gilt gemeinhin die Auffassung, daß gerade der deutsche Expressionismus im Gegensatz zu anderen europäischen Ismen dadurch gekennzeichnet ist, daß die zahlreichen expositorischen Texte die Bewegung nicht einleiten, sondern ihr eher nachfolgen und sie gleichsam resümieren. Anhand der bekannten Textsammlungen von Paul Pörtner (*Literaturrevolution 1910–1925,* I–II, 1960/61), Paul Raabe (*Expressionismus. Der Kampf um eine literarische Bewegung,* 1965) und Thomas Anz/Michael Stark (*Expressionismus. Manifeste und Dokumente zur deutschen Literatur 1910–1920,* 1982) läßt sich das schlüssig nachweisen. Sieht man von den wenigen Schriften aus der Zeit vor 1914 ab, die Konkretes zum Verständnis der expressionistischen Bestrebungen beitragen, so sind die späteren Kriegsjahre und die unmittelbare Nachkriegszeit die eigentliche Periode expressionistischer „Öffentlichkeitsarbeit".

Um so mehr verdient der Umstand Beachtung, daß es in der deutschsprachigen Essayistik der Jahrhundertwende einen Text gibt, in dem schon sehr früh die Grundsätze einer neuen, ungewohnten Darstellungsweise erläutert werden. Diese Kunsttendenz erhielt rund fünfzehn Jahre später die Bezeichnung ‚expressionistisch' - zu einem Zeitpunkt, als sogar der Verfasser offenbar seine Vorläuferschaft vergessen hatte. Gemeint ist Hermann Bahr, der als Anreger und Beobachter der Wiener Kunst- und Literaturszene 1895 unter anderem über eine Ausstellung der Sezessionisten im Künstlerhaus berichtete, und zwar unter dem so ungewöhnlichen wie auch bezeichnenden Titel *Rothe Bäume.* Daß darin, wie noch zu zeigen sein wird, in der Tat eine expressionistische Theorie avant la lettre enthalten war, konnte damals freilich niemand ahnen. Heute erscheint nicht zuletzt die Paradoxie bemerkenswert, die darin erkennbar ist, daß entscheidende kunsttheoretische Einsichten gerade aus dem Wiener Kulturmilieu hervorgegangen sind, aus einem Milieu, das in der Geschichte des Expressionismus im übrigen eine vergleichsweise geringe Rolle gespielt hat.

Die Hellhörigkeit in ästhetischen Dingen, die Bahr auch von seinen Gegnern bescheinigt wurde, bestätigt sich im vorliegenden Fall auf besonders einprägsame Weise. Man braucht nur seine Beurteilung des rote Bäume darstellenden Gemäldes von Ludwig von Hofmann mit der entsprechenden Äußerung eines so sensiblen Zeitgenossen wie Hugo von Hofmannsthal zu vergleichen, um zu erkennen, daß Bahr als Kritiker doch viel mehr war als ein geschickter, ungemein wendiger Stimmungsmacher. Während Hofmannsthal bei seinem Durchgang durch dieselbe Ausstellung (festgehalten im Aufsatz *Ausstellung der Münchener „Sezession" und der „Freien Vereinigung Düsseldorfer Künstler"*, 1894) für die Begabung Ludwig von Hofmanns zwar begeisterte Worte findet, das Gemälde mit den ziegelroten Baumstämmen jedoch schlicht als unreif abtut,[4] läßt sich Bahr auf die Betrachtung des künstlerischen *Problems* ein, das im koloristischen Verfahren des Malers enthalten ist. Ja er hebt in seinem Aufsatz, der im Grunde ein Essay über moderne Ästhetik ist, aus dem Bestand der ganzen Ausstellung nur dieses einzige Bild hervor. Darf man Bäume rot malen? Das ist die Frage, der er nachgeht, übrigens mit einer geduldigen Systematik, die ebenfalls im Widerspruch steht zur Vorstellung vom hurtigen ästhetischen Modeschöpfer.

In seiner Argumentation geht Bahr von den – besonders im 19. Jahrhundert leicht begreiflichen – elementaren Reaktionen des Publikums aus, die Verstörtheit ausdrücken angesichts des Schocks, den die Inkongruenz von Farbe und Gegenstand hervorgerufen hat. „Warum sollten nun rothe Bäume gegen das Wesen der Kunst sein? Welches Gesetz will sie verbieten? Warum sollten sie unkünstlerisch sein? Weil sie unwirklich sind, sagen die Leute, man darf nicht malen, was es nicht giebt. Sie meinen: was uns nicht die Sinne geben. Die wirklichen Bäume sind braun – also darf man Bäume anders als braun nicht malen. Das Künstlerische muß an das Wirkliche sich binden."[5]

Nach Ansicht der durchschnittlichen Besucher von Ausstellungen dürfe es auf Bildern nichts geben, was nicht in der Erfahrung verankert sei. Bemerkenswert ist diese uneinsichtige Maxime, wie Bahr weiter ausführt, schon deswegen, weil so Leute urteilen, die sich – allerdings aus anderen Gründen – nicht genug tun können in ihrer Verdammung der naturalistischen Malerei. Es wäre zudem viel einfacher, wenn es in der Öffentlichkeit die Erkenntnis gäbe, daß Kunst, wie immer sie im einzelnen beschaffen sein möge, Künstlichkeit voraussetze, und damit Entwirklichung der Natur. Sind denn die Farben der sogenannten klassischen Maler immer naturgetreu, fragt sich Bahr. Etwa das Gold des Tizian oder die Bräune und die roten Schatten der Bolognesen? So gesehen, sind die Eigentümlichkeiten der Kunst nicht zuletzt durch das Gewohnheitsrecht bestimmter Traditionen sanktioniert.

Bahr wußte allerdings recht gut, daß diese Begründung keineswegs dazu angetan sei, den durch die roten Bäume hervorgerufenen Schock zu entkräften. Das durch die Aufnahme ins Museum längst schon Kanonisierte wird grundsätzlich anders beurteilt als die zeitgenössischen Werke, die sich den Sinnen demonstrativ entgegenstellen, ohne den Schutz der anerkannten Autorität zu genießen. Die Begründung mußte daher andere Wege gehen. Und eben in diesem Versuch zeigt sich Bahr als ein früher Programmatiker radikaler, später expressionistisch genannter Kunst. Im Gegensatz zu den meisten Verfassern futuristischer, expressionistischer, dadaistischer und anderer Manifeste setzt der Wiener Autor nicht auf Pathos und Sprachekstatik, sondern hält es mit der Logik nüchterner Gedankenschritte.

Es geht Bahr um die Gliederung vorstellbarer malerischer Argumente für den Gebrauch der Farben. Das Rot auf Hofmanns Gemälde kann nicht dem Schein der Dinge entsprechen: dieses Motiv läßt sich ausschließen, das ist Bahrs erste Schlußfolgerung. Auch die Annahme, es handle sich um den Versuch, durch Abstraktion Wesentliches über Bäume mitzuteilen, könne verworfen werden, denn in der genannten Farbe sei ein Mittel, „Seelisches sinnlich zu äußern, Gefühle in ihren dinglichen Äquivalenten“.[6] Doch auch diese Hypothese halte nicht stand, denn die Verbindung von Rot und Baum rufe keine Assoziation hervor, sie habe in der bisherigen Symbolik keine Anhaltspunkte. Es folgt nun die letzte Fragestellung, die auch in Bahrs Rhetorik mit einer für den Autor schlüssigen Erklärung verknüpft ist.

Wenn man rote Bäume malt, „wird offenbar Seelisches in eine sinnliche Form gebracht, die sich schreiend gleich als unsinnlich und in sich hinfällig ankündigen, gegen die Sinne sträuben und zu Protesten gewaltsam sie reizen will, in eine geflissentlich den Erscheinungen anstößige Form. Es wird offenbar Seelisches gemalt, dem es um nichts mehr zu thun ist, als vernehmlich den Dingen seine Arroganz zu äußern, daß es anders, besser und allein sein will.“[7]

Es wäre ein leichtes, diese Diagnose Bahrs in eines der rund zwanzig Jahre später entstandenen expressionistischen Manifeste aufzunehmen – obwohl der Gegenstand der Betrachtung, das Gemälde Hofmanns, freilich nach wie vor außerhalb des Expressionismus zu beurteilen ist. Um den Text im Sinne der radikalen Bewegung zu deuten, bedürfte es nicht einmal eines besonders tüfteligen Montageverfahrens. Entscheidend ist, daß der Autor die grundlegende Maxime des Expressionismus vorwegnimmt: daß durch kräftige sinnliche Wirkungen das Erfahrungsprinzip der Kunst, die „Mimesis", nicht bestätigt, sondern vielmehr attackiert werden soll. Und angegriffen oder herausgefordert soll sich auch das Publikum fühlen, das der „schreienden" Inkongruenz zwischen dem Kunstwerk und den herkömmlichen, automatisierten Sehgewohnheiten gewahr werden muß. Mit dieser Grundthese löst sich diese Theorie völlig von den Anschauungsmustern in realistischer und naturalistischer Tradition und liefert einer alternativen modernen Ästhetik die angemessenen Begriffe.

Heute, nahezu ein Jahrhundert danach, ist mühelos zu ermessen, wie treffend die Betrachtung über die roten Bäume im Vorgriff gewesen ist. Eines der eigentümlichsten Phänomene moderner Lyrik (und gerade der expressionistischen, man denke nur an Trakl und Heym) wird in der Gegenwart nach einer Bezeichnung von Hugo Friedrich „sinnliche Irrealität" genannt.[8] Es ist evident, daß diese Begriffsbildung eine sehr ausgeprägte Vorgeschichte hat.

Daß Bahr trotz aller antizipierenden Züge kein Zeitgenosse von uns ist, läßt sich an der Begründung erkennen, die er am Schluß seines Aufsatzes formuliert. Sein Versuch, die künstlerischen Motive des herausfordernden Verfahrens zu erklären, ist psychologisch ausgerichtet, ganz im Sinn einer Denkform des 19. Jahrhunderts, die Hippolyte Taine in der Einleitung zu seiner *Histoire de la littérature anglaise* (1864) auf die Formel gebracht hat, die Geschichte sei eigentlich ein psychologisches Problem. Die roten Bäume begreift Bahr als Signale eines Weltbildes, das ein Ausdruck einsamer und selbstherrlicher Seelen ist. Diese Künstler erleben schneidend den Gegensatz zwischen der äußeren, sichtbaren Welt und der Fülle ihrer inneren Geschichte, kurz: den Gegensatz zwischen der Enge der Wirklichkeit und dem Reichtum der Phantasie. Kunstwerke sind, so gesehen, dazu da, der Realität ihre Beschränktheit vorzuführen. (Die Metaphorik von Breite und Enge, Seele und Welt erinnert hier an die terminologischen Bildfelder in der *Theorie des Romans* von Georg Lukács, eines Autors, dessen frühe Schriften im gleichen kulturellen Ambiente entstanden sind.) „Es ist die Rache der Seelen an den Sinnen[,] und welche tieferen Schmähungen,

Schändungen und Vergewaltigungen der Sinne könnten die Seelen denn als die rothen Bäume treffen?"[9] Man brauchte das Wort ‚Seelen' nur mit den signifikanten Begriffen aus dem Umkreis der aktivistischen oder esoterischen Modernismen zwischen 1910 und 1920 zu koppeln, die Transaktualität der Gedankengänge Bahrs wäre damit leicht vor Augen zu führen.

Es bedarf in dem vorliegenden Zusammenhang selbstverständlich auch eines Hinweises auf Bahrs bekanntesten – oder genauer: einzigen bekannten – Beitrag zum Thema ‚Expressionismus'. Das 1914 geschriebene und 1916 veröffentlichte Buch ist in den ersten beiden Jahrzehnten nach seinem Erscheinen oft genannt worden; heute ist es nicht viel mehr als ein – nicht einmal unbedingt verpflichtendes – bibliographisches Faktum. Zu Recht und zu Unrecht in gleichem Maße. Zur Erhellung der historisch beschreibbaren Bewegung in Malerei und Literatur trägt es nur wenig bei, dazu ist das Korpus der behandelten zeitgenössischen Kunstwerke viel zu schmal. Beachtung verdient es dagegen nach wie vor als ein Versuch, das Phänomen moderner (bildender) Kunst in einem weitgespannten geschichtlichen Zusammenhang zu deuten, in einem kunsttheoretischen Kontext, der von der Antike bis zu den neuzeitlichen Tendenzen, besonders bei Goethe und in der Romantik, reicht. Verfolgt man die Entwicklung von Bahrs Kunstanschauungen, so ist es notwendig, der Abhandlung den Platz zuzuweisen, den sie verdient: neben den wichtigsten Essays von Bahr, etwa in den Bänden *Dialog vom Tragischen* (1904) und *Inventur* (1912).

In der ohnehin überaus schmächtigen Forschungsliteratur über Bahr spielt das Expressionismus-Buch keine sonderliche Rolle[10], zumal bislang weder von germanistischer noch von kunsthistorischer Seite ein wirklich umfassender Versuch unternommen worden ist, die Gesamtheit von Bahrs kunstkritischer und kunsttheoretischer Leistung im Rahmen der Wiener Moderne auch im europäischen Zusammenhang darzustellen. Im Hinblick auf das hier angeschnittene Problem fällt namentlich der Umstand ins Gewicht, daß in der Sekundärliteratur meines Wissens nirgendwo der theoretische Konnex zwischen der Betrachtung über die roten Bäume und dem Expressionismus-Buch gesehen worden ist, obwohl das genannte Werk gerade in der Erläuterung der Grundpositionen moderner, nicht mehr konventionell mimetischer Malerei an den frühen Aufsatz anknüpft und den Deutungsansatz im wesentlichen übernimmt. Man erkennt an einer der markantesten Stellen des Buches den einstigen Ausgangspunkt jedenfalls sehr deutlich. „Niemals war eine Zeit von solchem Entsetzen geschüttelt, von solchem Todesgrauen. Niemals war die Welt so grabesstumm. Niemals war der Mensch so klein. Niemals war ihm so bang. Niemals war Freude so fern und Freiheit so tot. Da schreit die Not jetzt auf: der Mensch schreit nach seiner Seele, die ganze Zeit wird ein einziger Notschrei. Auch die Kunst schreit mit, in die tiefe Finsternis hinein, sie schreit um Hilfe, sie schreit nach dem Geist: das ist Expressionismus."[11]

Das Ungenügen an der Wirklichkeit, die Freiheit protestierender Individualisten, sich der Realität entgegenzustemmen, das war ein Deutungsmotiv des Hofmann-Essays; im Buch von 1914/1916 erscheint dieses Motiv zu einem Angstmotiv gesteigert. Angesichts des Umstandes, daß es in diesem Werk durchaus auch beschauliche kunsthistorische Reminiszenzen gibt, nicht nur eine pathetische Diagnose der Zeit, mag immerhin der Umstand verwundern, daß der Autor in seinem Buch die zwanzig Jahre zuvor gewonnenen Erkenntnisse nicht erwähnt, d. h. mit keinem Wort auf den frühen Text hinweist. Insofern könnte man cum grano salis von einer gewissen Amnesie des Kunstkritikers sprechen.

Noch einmal: man kann die Bedeutung der frühen kunstkritischen Schriften Hermann Bahrs nur ermessen, wenn man sie in den ihnen entsprechenden intellektuellen Kontext hineinstellt. Es soll daher versucht werden, anhand weiterer Vergleiche den kulturellen Hintergrund deutlicher werden zu lassen, auf dem die Ansichten des Autors genauer beurteilt werden können. Zwei Aspekte bieten sich an: ein kunsthistorischer und ein literaturästhetischer.

Den kunsthistorischen Sachverhalt deuten bereits manche Kapitelüberschriften in Bahrs *Expressionismus* an. In den Abschnitten „Sehen" und „Wer ist Riegl?" ist von Kunsthistorikern die Rede, die heute keiner Vorstellung mehr bedürfen: Riegl, Wickhoff und Worringer. Die Erkenntnisse, die er diesen Wissenschaftlern verdankt, hebt Bahr dankend hervor, besonders aber die Anregungen aus Riegls Abhandlung über die spätrömische Kunstindustrie. Erwähnt wird namentlich auch Wilhelm Worringers Schrift *Abstraktion und Einfühlung*, jener 1908 erschienene bahnbrechende „Beitrag zur Stilpsychologie" (so der Untertitel), der von nicht wenigen Zeitgenossen als eine eigentümliche akademisch-gelehrte Antizipation der künstlerischen Programmatik und des geistigen Selbstverständnisses der expressionistischen Bewegung verstanden worden ist. Liest man nun Bahrs Hofmann-Essay parallel mit Worringers Studie, so überrascht abermals die Tatsache, daß der Wiener Autor in seinen Äußerungen über den Expressionismus die erst nach 1900 veröffentlichten Arbeiten der Kunsthistoriker würdigt, seine eigenen vorwegnehmenden Einsichten jedoch mit keinem Wort erwähnt.

Dabei ist eine der Grundthesen Worringers bereits bei Bahr vertreten: die Auffassung nämlich, daß das „Naturschöne . . . keineswegs als eine Bedingung des Kunstwerkes angesehen werden“ darf, wenn auch nicht zu leugnen ist, wie wichtig die Anlehnung an die erfahrbare Natur für viele Epochen der Kunst geworden ist. Dennoch sei davon auszugehen, daß Kunstwerke nicht notwendig des Zusammenhanges mit der Natur bedürften.[12] Dem Bedürfnis des Menschen nach Einfühlung, nach geistiger Identifikation, steht am entgegengesetzten Pol des Kunstempfindens das Abstraktionsbedürfnis gegenüber, das Kunstwollen nämlich, das durch eine mehr oder minder radikale Entfernung von der gewohnten Realität sowie den Anschauungsmodi in der Erfahrung gekennzeichnet ist. Die Erklärung, die Worringer für dieses Phänomen gibt, läßt den Bahr-Leser aufhorchen. „Je weniger sich die Menschheit kraft ihres geistigen Erkennens mit der Erscheinung der Außenwelt befreundet und zu ihr ein Vertraulichkeitsverhältnis gewonnen hat, desto gewaltiger ist die Dynamik, aus der heraus jene höchste abstrakte Schönheit erstrebt wird.“[13]

Worringers Deutung bezieht sich zwar auf sehr ferne Zeiten in der kulturellen Vergangenheit des Menschen (der Autor spricht ausdrücklich auch von Kunstformen unter primitiven Bedingungen), doch der Zusammenhang mit den Fragen, die Bahr behandelt hatte, ist unschwer zu erkennen. Worringer räumt dem Hang zur Abstraktion, und damit der künstlerischen Absage an die einfühlende Abbildung der Natur, grundsätzlich Chancen ein, wenn er betont, daß die Verknüpfung von Lebenswahrheit und Kunstleistung, d. h. die Erhebung des „Wirklichen“ zu einem selbstverständlichen Maßstab in der Kunst, eine einseitige Entwicklung des neuzeitlichen ästhetischen Empfindens gewesen ist.[14] Er geht auf die Bestrebungen der Gegenwart nicht ein, allein es dürfte klar sein, daß seine typologische Betrachtungsweise viel Raum läßt für ein adäquates Erfassen der Problematik „roter Bäume“.

Eine weitere Beziehung zwischen Bahrs vor-expressionistischer Interpretation amimetischer Farbgebung und späterer Theoreme wird sichtbar, wendet man sich einem literarischen Expressionismus-Manifest von 1919 zu. Nahezu ein Vierteljahrhundert trennt die beiden Texte voneinander – die größte Zeitspanne in unserer Betrachtung. Unter den repräsentativen programmatischen Schriften der expressionistischen Bewegung ist Kasimir Edschmids Beitrag von 1918 der bekannteste, die *Rede für die Zukunft* von Kurt Pinthus sicherlich der am wenigsten bekannte Text. Es ist bezeichnend, daß dieses ästhetische Manifest in den erwähnten Dokumentationen zum Expressionismus nicht enthalten ist. (Lediglich W. Rothes Textsammlung *Der Aktivismus 1915–1920* druckt es ab.) Der Herausgeber der berühmten Lyrikanthologie *Menschheitsdämmerung* hat seine grundsätzliche Betrachtung über den Sinn einer neuen Ästhetik, vermutlich unabhängig von Edschmid, 1918 im Felde geschrieben; erschienen ist sie ein Jahr darauf im ersten Band des von Alfred Wolfenstein herausgegebenen „Jahrbuchs für neue Dichtung und Wertung“ *Die Erhebung*.

Die innere Verwandtschaft mit den Gedankengängen Bahrs ist evident, wenn man bedenkt, daß Pinthus im Grunde das vollendet, was Bahr begonnen hat: die Fundierung einer Kunsttheorie, die auf den Grundsatz der Simulation von Erfahrungswirklichkeit verzichtet. Der Unterschied ist freilich darin erkennbar, daß der Wiener Autor noch induktiv verfährt, während Pinthus bereits die allgemeine Gültigkeit eines abstrakten Kunstprinzips voraussetzt und seine Gedanken über moderne Ausdrucksformen aus diesem Postulat ableitet. Wie Bahr (und auch wie Worringer) geht er von der Annahme aus, Kunst könne einem elementaren menschlichen Bedürfnis nach Alterität, nach Entfernung von der Natur entsprechen. Die eigentliche Triebfeder erblickt er dabei – vor allem im Hinblick auf die Gegenwart – in einem entschiedenen Antideterminismus, mit anderen Worten: in einer Absage an den philosophischen Materialismus und die naturalistische Kunstlehre.

Der Mensch, so argumentiert Pinthus, benennt die Gesamtheit der Determinanten mit dem Begriff ‚Wirklichkeit‘. So nennt er alles, was er durch seine Sinne „wahrnimmt und für wahr nimmt“, dazu das Wissen über die kulturelle Vergangenheit, die prägenden Muster. „Als Wirklichkeit gelten ihm alle jene Konstellationen und Einrichtungen, die er sich selbst schuf (Staat, Wirtschaft, Gesellschaftsordnung), um sich die Qual des Lebens zu erleichtern, und die dann Herr über ihn wurden wie sein Gott.“[15] Lapidar wie die Diagnose ist auch die Schlußfolgerung des Autors: Es gebe nur ein radikales Mittel, sich der Determination der Wirklichkeit zu entziehen, nämlich die Beseitigung der Realität. Was darunter zu verstehen sei, erläutert oder – genauer – proklamiert er, wenn er behauptet, der Geist des Menschen müsse der Natur überlegen sein, der Geist müsse durch die Kraft der Idee die Wirklichkeit formen. Dieser Voluntarismus des Intellekts und der künstlerischen Imagination – die eigentliche expressionistische Botschaft im Sinne von Pinthus – gilt als die entscheidende Voraussetzung für die Begründung einer neuen Kunst, die nicht mehr den Determinismus bestätigen würde, wie das der Impressionismus in der Malerei sowie der Realismus in Drama und Roman tat. „Die neue Kunst will weder realistisch sein, denn sie will ja das Zufällige und Determinierte der Wirklichkeit überwinden, noch um Stilisierung sich bemühen, die zum Ornament, nicht aber zum Wesen führt. Der Geist des Menschen erkennt also, daß seine Betätigung antinaturalistisch sein muß!“[16]

Den programmatischen Überschwang, der in der strikten Forderung des letzten Satzes enthalten ist, wird man zwar historisch leicht begreifen können; dem exklusiven Anspruch wird man dagegen heute mit viel Skepsis begegnen. In Bahrs Betrachtungen über die Innovationen der Kunstausstellung von 1894 wird der amimetische Modernismus als eine der großen Möglichkeiten künstlerischer Expression gedeutet, keineswegs aber als die einzige. Bahr hat es auch in seinen späteren Schriften vermieden, eine exklusive Kunstauffassung zu vertreten. Was bei einem Vergleich der hier behandelten Texte über die rein sachliche Problematik hinaus auffällt, ist ein bezeichnender Wandel in der Mentalität, der sich in den Jahren zwischen den Stichjahren 1894 und 1918 ereignet hat und der an den genannten Zeugnissen der Epoche abgelesen werden kann. Je mehr man sich zeitlich der Schreibweise der Autoren nähert, die um 1910 in die Öffentlichkeit getreten sind, desto deutlicher wird ein Zuwachs an Diskursformen erkennbar, die man, allerdings ohne politische Anspielungen, Symptome einer totalitären Ästhetik nennen könnte. Namentlich die futuristischen Manifeste, aber auch zahlreiche expressionistische, tragen diese Signatur. Heute will es erscheinen, als sei das zeitlich Nähere in die Ferne entrückt, das Ältere dagegen, das pluralistische Denkformen duldet, zeitnah und lebendig. Man darf das mit Nachdruck feststellen, auch wenn man sich nicht unbedingt verpflichtet fühlt, die vergangene Jahrhundertwende schon für die Postmoderne in Anspruch zu nehmen.

Anmerkungen

1 Abgedruckt in W. Raschs Aufsatzsammlung *Zur deutschen Literatur seit der Jahrhundertwende,* Stuttgart 1967. Vgl. S. 226.

2 Ebenda, S. 225.

3 Ebenda, S. 226.

4 H. von Hofmannsthal: *Prosa I,* Frankfurt am Main 1956, S. 219.

5 H. Bahr: *Zur Überwindung des Naturalismus,* hg. von G. Wunberg, Stuttgart u. a. 1968, S. 173.

6 Ebenda, S. 175.
7 Ebenda.
8 Vgl. H. Friedrich: Die Struktur der modernen Lyrik, Hamburg 1956.
9 Bahr, a. a. O., S. 175.
10 Vgl. dazu das Buch von D. G. Daviau *Der Mann von Übermorgen. Hermann Bahr 1863–1934,* Wien 1984. Der nicht sehr ergiebige Aufsatz von P. Lenz *Hermann Bahr und die expressionistische Bewegung,* Germanica Wratislaviensia, 1967, geht nur auf das Expressionismus-Buch ein.
11 H. Bahr: *Expressionismus,* München 1920 (11. bis 18. Tausend), S. 111. Die Expressionismus-Textsammlungen der letzten Jahrzehnte nehmen von Bahrs Werk keine Notiz. Die sehr breit angelegte Dokumentation von Th. Anz und M. Stark bildet darin keine Ausnahme. Bahr kommt nur in Anmerkungen vor.
12 W. Worringer: *Abstraktion und Einfühlung. Ein Beitrag zur Stilpsychologie,* Neuausgabe München 1959, S. 35.
13 Ebenda, S. 51 f.
14 Ebenda, S. 62 ff.
15 Die Erhebung, hg. von A. Wolfenstein, Berlin [1919], S. 411.
16 Ebenda, S. 418.

Über Beziehungen zwischen Dramen- und Filmtheorie in der Frühzeit des Kinos

Spätestens seit der Rezeption von Walter Benjamins Abhandlung über das Kunstwerk im Zeitalter seiner technischen Reproduzierbarkeit ist der Kunsttheorie der Gedanke vertraut, daß das Aufkommen eines neuen Mediums Veränderungen in den Beziehungen zwischen den einzelnen Bereichen der Kunst auslösen kann. Seit der Erfindung der Photographie hat sich die Auffassung von den Funktionen und Formen der Malerei gewandelt, Entwicklungen haben stattgefunden, die zuvor kaum vorstellbar waren. Die zweite technische, ursprünglich kunstneutrale Erfindung, die eine ästhetische Umwälzung herbeiführte, ist die Aufnahme filmischer Bilder. Vom Anbruch des filmischen Zeitalters an besteht nach der Meinung Benjamins auch für die allgemeine Kunsttheorie die Notwendigkeit, ihre Grundbegriffe und Gliederungskriterien radikal zu überdenken. Wie sich Benjamin die Beziehungen zwischen auratischen und nichtauratischen Artefakten im einzelnen vorstellte, braucht hier nicht näher dargestellt zu werden. Auf einige Punkte werden wir allerdings eingehen müssen.

Hinzuweisen ist zunächst auf Benjamins historische Exkurse. In seinem Aufsatz *Kleine Geschichte der Photographie* von 1931 zitiert er Baudelaires Kunstkritiken aus den fünfziger Jahren, wo auch von der Bedrohung der Malerei durch die Daguerrotypie die Rede ist – einer Bedrohung, die aus Baudelaires Sicht ihren Ursprung vor allem darin hat, daß das Lichtbild, versteht man es als eine Form von Kunst, die Menschen zusätzlich in der Auffassung bestärkt, in der künstlerischen Tätigkeit komme es in erster Linie auf die getreue Wiedergabe der Realität an. „Ein rächerischer Gott hat die Stimme dieser Menge gehört. Daguerre ward sein Messias", schreibt Baudelaire. „Wird es der Photographie erlaubt, die Kunst in einigen ihrer Funktionen zu ergänzen, so wird diese alsbald völlig von ihr verdrängt und verderbt sein, dank der natürlichen Bundesgenossenschaft, die aus der Menge ihr erwachsen wird."[1]

Benjamin macht darauf aufmerksam, daß Baudelaire und seine Zeitgenossen ein wesentliches Merkmal der Photographie nicht erkannt haben, nämlich das Potential, das in deren Authentizität liegt, in der Fähigkeit, „flüchtige und geheime Bilder festzuhalten" und damit den Schock konservierter Geschichte auszulösen. Unerwähnt bleibt bei Benjamin, daß in Baudelaires Einschätzung der Dinge ein merkwürdiger Irrtum enthalten ist. Er besteht in der Annahme, die Photographie würde die Front einer streng mimetischen Kunstauffassung stärken und damit jene Ästhetik der Naturferne bedrohen, auf die der französische Dichter auch selbst setzte. Für unser Thema erscheint dieser Irrtum jedenfalls höchst aufschlußreich. Baudelaire erfaßte offenbar nicht die Dialektik der Photographie, d. h. die Entlastungsfunktion gleichsam, die der neuen Erfindung innewohnte. Indem die Lichtbilder Wiedergabe der Realität sicherten, wurde der Malerei die Möglichkeit eröffnet, sich der Verpflichtungen sozusagen informatorischer Mimesis zu entledigen. Rund fünfzig Jahre nach Baudelaire wurde es der Kunstkritik zur Gewißheit, daß die moderne Malerei, die sogenannte abstrakte mit inbegriffen, in engem Zusammenhang mit der Entfaltung der Photographie zu sehen ist.

Es ist einigermaßen überraschend, daß auch in Benjamins Schrift über Kunst und technische Reproduzierbarkeit diese Sicht nicht zur Geltung kommt. Betont wird dort lediglich der Unterschied zwischen Bühnenkunst und Film beziehungsweise Malerei und Photographie im Hinblick auf die Fortdauer oder die Beseitigung der ästhetischen Aura. Der Begriff der Aura drückt bei Benjamin unter anderem die Einmaligkeit, das „Hier und Jetzt" des Kunstwerks aus. Die Inszenierung auf der Bühne ist im Gegensatz zum Film eine auratische Handlung, denn sie ist als lebendiges Theater eo ipso einmalig. „Die Aura, die auf der Bühne um Macbeth ist, kann von der nicht abgelöst werden, die für das lebendige Publikum um den Schauspieler ist, welcher ihn spielt. Das Eigentümliche der Aufnahme im Filmatelier aber besteht darin, daß sie an die Stelle des Publikums die Apparatur setzt. So muß die Aura, die um den Darstellenden ist, fortfallen – und damit zugleich die um den Dargestellten."[2]

Der Film ermöglicht, nach Benjamin, mit der kollektiven Rezeptionsform neue Möglichkeiten einer nicht mehr auratischen Kunst, einer Kunst, die auch auf der Ebene der Darstellungsästhetik neue Wege geht: im Gegensatz zur distanzierenden Sicht des Malers dringt die sich bewegende Kamera in das Geschehen ein. Das Bild des Malers ist ein totales, das filmische dagegen ein „zerstückeltes", dessen Elemente sich nach den Gesetzen der Kinooptik zusammenschließen. Das Theater bleibt von solchen Kunstgriffen ausgeschlossen. Daß sich der Bühne freilich andere Möglichkeiten kritischer Wirkung eröffnen, etwa durch die Mittel des epischen Verfremdungstheaters, wird von Benjamin in diesem Zusammenhang nicht erörtert.

Die Frage, die sich hier aufdrängt, lautet: Was für Kräfte können durch Vorgänge dieser Art, d. h. durch Funktionsänderung, Entlastung und Kompensation, freigesetzt werden? Um im Bereich des Dramas und des Films zu bleiben: Was für Akzentveränderungen auf dem Gebiet poetologischer Anschauungen sind durch die Wechselwirkung dieser beiden Kunstformen aktuell geworden? Antworten auf diese Fragen finden wir bei den Zeitgenossen des Geschehens – und um diese Antworten, die in der Forschung nur selten bedacht werden, geht es in der vorliegenden Betrachtung.

Der literatur- und kulturgeschichtliche Rahmen der besagten Situation kann hier freilich nur mit einigen knappen Strichen entworfen werden. Es erscheint sicherlich nicht überflüssig, darauf hinzuweisen, daß der Film als eine ernstzunehmende ästhetische Kategorie zu einer Zeit in Erscheinung trat, als Drama und Theater ohnehin an einem Wendepunkt angelangt waren, so daß die ungemein rasche Verbreitung der Kinoindustrie (mit Ansätzen zu einer eigenständigen Filmkunst) unter diesen Bedingungen als Ferment wirken konnte. Manche in der Dramaturgie ausgeprägten Tendenzen wurden durch die Theorie und Praxis der bewegten Bilder fraglos auf entscheidende Weise beeinflußt und beschleunigt.

Die Jahre nach 1900 – die, wie noch zu zeigen sein wird, auch in der Filmgeschichte einen Markstein darstellen – sind in der Geschichte des Dramas durch die endgültige Ablösung vom Naturalismus gekennzeichnet, wobei die Entscheidungen vorwiegend zugunsten sogenannter neuromantischer poetischer Bühnenspiele oder aggressiver, mit Mitteln der Karikatur und Groteske arbeitenden Zeitstücke fielen, jedenfalls aber zugunsten eines stark stilisierten, mit Erfahrungselementen sehr frei verfahrenden Theaters. Autoren wie Maeterlinck, Wedekind und Strindberg wiesen den Weg, später auch Sternheim und die Vertreter des deutschen Bühnenexpressionismus.

Die Möglichkeiten, die sich im Film ankündigten, bestärkten zweifellos die Dramatiker und Regisseure in der Auffassung, daß infolge der Gegenwart des neuen Mediums das Medium Theater eine radikale Anwendung mancher seiner Mittel wagen dürfe. Eine der Antworten auf den Film bestand darin, daß sich die Autoren und Dramaturgen ermutigt fühlten, die Bühne von den Zeichen illusionserzeugender Abbildungen zu befreien und sich wieder stärker einer Dramaturgie des Wortes zuzuwenden. (Daß manche Autoren dagegen den Film gleichsam als einen Bundesgenossen im Bereich künstlerischer Experimente empfanden, wird ebenfalls festzustellen sein.) Eine Zeitlang nach 1900 herrschte jedenfalls die Überzeugung vor, das Theater müsse sich auf seine rhetorische Tradition besinnen. Man denke nur an Paul Kornfelds Plädoyer für eine opernnahe Bühnenkunst, in der es nicht auf Abbildung der Realität ankommt, sondern auf das expressive Wort und die „Melodie einer großen Geste", auf das dramatische „hohe C", wie der Autor ausdrücklich sagt.[3] Im Hinblick auf den Film erklärte D. W. Griffith im Jahre 1913, er habe es sich zur Aufgabe gemacht, die Menschen sehen zu lehren.[4] Die Absichten der Dramatiker jener Zeit hätte man dagegen in die Worte fassen können, die Menschen hören zu lehren.

Das Jahr 1913 ist im übrigen ein Stichjahr in der Geschichte der Fragen, die wir behandeln. Damals erschien (auf 1914 vordatiert) das von Kurt Pinthus, dem späteren Herausgeber der Lyrikanthologie *Menschheitsdämmerung,* edierte *Kinobuch,* die erste Sammlung von Filmtexten (Drehbuchentwürfen und Szenarien), verfaßt von jungen Literaten. Beteiligt waren vorwiegend Autoren aus den Kreisen der Expressionisten, so Hasenclever, Rubiner, Ehrenstein, Else Lasker-Schüler. (Das Ergebnis ist freilich eher enttäuschend. Die Autoren fühlten sich zwar vom neuen Medium herausgefordert, hatten jedoch mit dem Experiment künstlerisch offenbar nicht sehr viel im Sinn. Erheiternd ist die Häufung von Klischees aus dem Bereich der Unterhaltungskonfektion, wobei allerdings im einzelnen kaum auszumachen ist, wo das Kopieren trivialer Muster aufhört und bestenfalls die Parodie beginnt.)

Wichtiger als die meisten Texte erscheint dem Historiker heute die theoretische Einleitung des Herausgebers, die zu den frühesten Erwägungen über die Autonomie des Lichtspiels gehört. Der Film – so der Leitgedanke – sollte es aufgeben, dem Theater nachzueifern; da er ohnehin ohne Dialoge auskommen müsse, dürfe er nicht dem Drama folgen. „Viel mehr als dem Theaterstück könnte das Kinostück dem Roman ähnlich genannt werden. Während im Drama die Personen auf der Bühne festgehalten sind, kann im Kino wie im Roman der Zuschauer sich mit den Handelnden fortbewegen, und in steter Bewegung, unabhängig von räumlicher Begrenzung, Handlungen ausführen sehen. Er reist von Posemuckel nach Amerika oder besteigt den Eiffelturm."[5] Auch der Phantasie sind keine Grenzen gesetzt: was dem Bühnendrama grundsätzlich verwehrt ist, vermag der Film ins Bild zu bringen, nämlich die Schwerelosigkeit, das blitzschnelle Überwinden von Zeit und Raum. Wenn es darauf ankommt, sorgt der Autor des Exposés dafür, daß ein Eisenbahnzug ohne Führer durch die Landschaft rast oder plötzlich zu fliegen beginnt – wie in des Herausgebers eigenem Beitrag zum *Kinobuch.* Trivialexpressionismus? Pinthus hätte einer solchen Einschätzung vermutlich kaum widersprochen; er verstand das Kino als eine spielerische Befreiung von den Ansprüchen hochrangiger Kunst, als eine Art technisierter Popularkunst.

Im selben Jahr veröffentlichte der junge Lukács, damals als Heidelberger Privatgelehrter nach Georg von Lukács, in der *Frankfurter Zeitung* einen Aufsatz zur Filmtheorie, *Gedanken zu einer Ästhetik des Kinos*. Die theoretische Armatur läßt erkennen, daß der Film als sozusagen abstrakte ästhetische Kategorie, ohne Rücksicht auf die bestehenden Ergebnisse, durchaus ernst genommen wurde – und zwar nicht nur im Sinn eines Kontrastes zum Drama. Als einen bloßen belebenden Gegensatz zum Drama hatte ein Jahr zuvor Frank Wedekind (in einer Umfrage der 1907 gegründeten *Ersten Internationalen Film-Zeitung*) den Film aufgefaßt: „Ich erhoffe vom Kino denselben gewaltigen Einfluß auf die Bühne, den die Photographie seit 75 Jahren auf die Malerei ausübt."[6]

Auch der ungarische Gelehrte beharrt auf dem Vergleich mit dem Drama, hebt aber die Notwendigkeit hervor, das Wesen des Films zu erkunden, sein „principium stilisationis". Er sieht es in der Möglichkeit, phantastische und spielerische Neigungen zu entfalten, wenn auch auf Kosten dessen, was er Seele nennt. Der Film ist für den Ästhetiker, der seine Herkunft von der geschichtsphilosophischen Kunsttheorie Schillers nicht verleugnet, eine neue Zeichensprache der Oberfläche, aber auch der physischen Freiheit, die sich in der Aufhebung der Kausalität bekundet. Noch entschiedener als Wedekind vertritt Lukács den Gedanken, das Kino sei dazu angetan, entlastend auf die Bühnenkunst zu wirken, d. h. gesellschaftliche Vorgänge im Leben der Kunstgattungen in Gang zu bringen. Einen zusätzlichen Akzent gewinnt der Gedanke durch den Wunsch, der Film möge die Unterhaltungsliteratur vollständig von den Bühnen verdrängen und damit Platz machen für eine Dramenkultur autonomer Art: mit der Pflege der großen Tragödie und der großen Komödie. „Und das Amüsement, das auf der Bühne zur Roheit verdammt war, weil seine Inhalte den Formen der Drama-Bühne widersprechen, kann im ‚Kino' eine adäquate Form finden, die innerlich angemessen und so wirklich künstlerisch sein kann, wenn sie es auch im heutigen ‚Kino' recht selten ist."[7] So die Diagnose aus einer Sicht, die formalästhetische mit soziologischen Überlegungen verbindet.

Die Dichte in der Streuung entsprechender Äußerungen zu unserem Problem ist in den beiden letzten Vorkriegsjahren in der Tat erstaunlich. Das Theorem über Drama und Film findet sich keineswegs nur im deutschen Sprachbereich. In Moskau machte sich, ebenfalls 1913, Majakovskij, damals schon lautstarker Angehöriger des Futuristenkreises, Gedanken über die neuentstandene Situation. In einem Aufsatz über das Verhältnis des heutigen Theaters und Kinos zur Kunst[8] urteilt der

Autor vergleichsweise konservativ. Den Anspruch, als eine eigenständige Kunst gelten zu können, spricht er dem Film entschieden ab; dessen Aufgabe sei es allenfalls, bestimmte Informationen und Erkenntnisse in einer leicht verständlichen Bildersprache zu verbreiten. Einer Meinung mit seinen westlichen Zeitgenossen ist Majakovskij freilich im Hinblick auf die Entlastungsthese. Auch er ist überzeugt, der Film könne dank der photographischen Reportage unvergleichlich mehr Realität einfangen als das Theater, und daher sieht er im Kino, vergleicht man es mit der Bühne, eine kaum schlagbare Konkurrenz. Futuristisch ist indes die Ansicht, dem alten Theater (gemeint ist das naturalistische) geschehe es durchaus recht, wenn es nun vom Film bedrängt erscheine. Das Theater, das Abbildungen der erfahrbaren, alltäglichen Wirklichkeit anstrebte, sei ohnehin nicht zu retten. Das moderne Kunstverständnis (im Sinne futuristischer Programmatik) fordere ein experimentierendes Bühnenspiel, einen Schauplatz uneingeschränkter Phantasie, die sich mit greifbaren, dreidimensionalen Mitteln entfaltet. Wie diese neue Bühnenkunst im einzelnen auszusehen habe, erfährt man aus Majakovskijs Aufsatz nicht.

Theoretisch ergiebiger ist Viktor Šklovskijs Schrift über Literatur und Kino *(Literatura i kinematograf),* veröffentlicht 1923 in Berlin. Im Hinblick auf die gedankliche Verwandtschaft zwischen den beiden Autoren können die dramaturgischen Ideen Šklovskijs durchaus als eine Ergänzung des Ansatzes von Majakovskij gelten. Ausgangspunkt ist auch hier die These, daß die Formen der Kunst der Abnutzung ausgesetzt sind: was „verbraucht" ist, wird durch Neues abgelöst oder gewaltsam verdrängt. In den Prozessen der Ablösung muß nach Šklovskijs Meinung auch das Verhältnis zwischen Theater und Film gesehen werden: „Das Kino ist der natürliche Nachfolger des Theaters und womöglich auch der Literatur."[9] Im etablierten Theater sieht der Autor eine letzte Hochburg der Tradition, gekennzeichnet durch einen unverhältnismäßig großen Aufwand an illusionsbildender Ausstattung wie auch durch einen Aufwand an Psychologie, einem Darstellungsmittel, das in der Gegenwart etwa vom Roman schrittweise aufgegeben wird. Was das Theater benötigt, ist eine Art Rebarbarisierung der Bühne, eine Rückkehr zu einem antipsychologischen Schaustück-Theater oder künstlerischem Varieté. Šklovskij beruft sich an dieser Stelle mit Zustimmung auf Marinetti. Statt Psychologie fordert er – im übrigen ganz ähnlich wie Döblin in Deutschland schon in der Zeit vor dem Ersten Weltkrieg – eine Kunst der Bewegung und Überraschung, die mit ihren Nummernfolgen dem Zirkus näherstehen würde als dem konventionellen Theater. Der antibürgerliche oder, genauer, antibildungsbürgerliche Affekt, der darin steckt, läßt auffallende Parallelen mit dem jungen Brecht erkennen – wobei wir heute, aufgrund der Tagebücher aus den frühen zwanziger Jahren, allerdings wissen, daß die antiliterarische Attitüde des Stückeschreibers eher eine Pose war, welcher der Alltag des lesenden und schreibenden Autors keineswegs entsprach.

Die Ausführungen Šklovskijs zeigen ebenfalls, daß eine Erneuerung der Bühne in Richtung Varieté und Zirkus nicht unbedingt als ein Verzicht auf Literatur gedacht war. Der russische Theoretiker beruft sich auf Shakespeare, d. h. auf eine Bühnenkunst mit artistischen Zügen im Doppelsinn des Wortes. Namentlich die Wortspiele bei Shakespeare seien als Exempel einer Sprachbehandlung anzusehen, die sich nicht an der psychologischen Motivierung ausrichtet, sondern eine Art stilistischer Akrobatik demonstriert. Es sei zu hoffen, schließt der Autor, daß ein solches Theater sich neben dem Kino behaupten werde.

Sieht man sich in den Jahren nach dem Ersten Weltkrieg um, so läßt sich nachweisen, daß das hier verfolgte Theorem nachgerade zu einem Topos zeitgenössischer Kunsttheorie geriet. Als locus classicus jener Zeit könnte – wenn sie nicht nahezu unbekannt wäre – eine Äußerung des heute vergessenen Schriftstellers Leo Matthias gelten. Sie findet sich in seinem Dialogessay *Gespräch über das Drama,* einem Beitrag zu Wolfensteins Jahrbuch *Die Erhebung* von 1919. Da der Text in keiner der Expressionismus-Dokumentationen abgedruckt ist, erscheint ein längeres Zitat gerechtfertigt.

„Der Film wird für die Dramatik das sein, was die Photographie für die Malerei war. Für alle Zukunft sind die Wege von jetzt ab geschieden. Im Film ist Handlung eine aus sich rollende Kugel; das Erlebnis von Menschen in einem rasenden Schnellzug: sie wollen zum Ziel, aber verwechseln das Ziel mit der Lokomotive und laufen sinnlos immer nach vorn. Im Drama ist Handlung nicht das Nachlaufen in einer Bewegung, sondern die Bestimmung ihrer Richtung zu einem Ziel. Der Film spielt im Terrarium der Menschen; in der dreidimensionalen Welt; in Häusern und Wäldern; zwischen den Schalen des Lebens; in der fertigen toten Wirklichkeit. Das Drama: in einer dimensionslosen Welt, ohne Zeit, Milieu, in der Vorwelt des Willens. Das Drama hat seine schlechtere Hälfte verloren. Das Filmige hat sich emanzipiert. Der Film wird die Renaissance des Dramas bringen. Die Maler, die abmalten, mußten photographische Ateliers einrichten; die Dramatiker, die Filme schreiben, werden bald Kinobesitzer sein. Nur zwei Ziele für mimische Kunst wird es noch geben: der Film und das platonische Drama.“[10]

Auch hier wird, wie beim jungen Lukács, die geistige Überlegenheit des Dramas betont, einer Kunstgattung, die sich dank der Macht des Wortes über das „Terrarium" des Alltags erhebt. Seltsamerweise sieht Matthias im Film offenbar nur ein Mittel zur Erfassung der Erfahrungsrealität, die phantastisch-spielerischen Möglichkeiten werden nicht erwähnt. Die Opposition Film vs. Drama wird auf den Gegensatz von Bild und Wort reduziert, wobei es immerhin bemerkenswert ist, daß Matthias als Wortführer des expressionistischen Dramas ein im Grunde klassizistisches Dramenmodell empfiehlt, das auf reine Sprache beschränkte „platonische Drama" – und damit eine Idee vom Drama, die durchaus mit den neuklassizistischen Vorstellungen des jungen Lukács (der Paul Ernst nahestand) übereinstimmt.

Was an Prophezeiungen dieser Art heute noch fesselt, ist vor allem der Umstand, daß sie sich als unzutreffend erwiesen haben. Das Drama hat sich vom Film keineswegs in eine bestimmte – positiv oder negativ interpretierbare – Richtung drängen lassen, und auch die These, die Wege der Dramatik und des Films seien für alle Zeiten getrennt, blieb eine bloße Behauptung, ein Theorem, das unter anderem erkennen läßt, daß man es bei avantgardistischen Programmen im Grunde mit einer gesonderten Textklasse zu tun hat, deren Inhalt nicht selten theoretische Phantasien sind.

Widerlegt wurde Matthias bereits in den zwanziger Jahren durch Dramatiker und Regisseure, die sich eine Wirkungskombination von Drama und Film vorstellen konnten. Unter den Autoren ist in erster Linie Iwan Goll zu nennen, etwa mit seinem satirischen Stück *Methusalem oder der ewige Bürger* (1922), aber auch mit theoretischen Äußerungen, in denen er schwärmerisch die unbegrenzten Möglichkeiten des Films begrüßt. „Aller Traum im Film realisierbar. Welch herrliche Sache für den Dichter!"[11] Von den Regisseuren ist an erster Stelle Piscator mit seinen dramaturgischen Experimenten im Berlin der zwanziger Jahre zu erwähnen.

An dieser Stelle ist eine Bemerkung aus einer anderen Sicht angebracht. Golls Meinung ist repräsentativ für alle diejenigen Autoren, die das Problem aus der Perspektive der Produktionspoetik sehen. Welche Erwartungen die im verdunkelten Saal sitzenden Zuschauer hegen, wird nicht erörtert. Gedanken hat sich darüber ein Autor gemacht, den man nur selten mit Filmen oder mit experimenteller Kunst in Verbindung bringt, obwohl er sich zeitweilig auch selbst als Verfasser von Filmszenarien versucht hat.

Gemeint ist Hugo von Hofmannsthal. Sein Essay *Der Ersatz für die*

Träume von 1921 enthält eine ganz erstaunliche kulturkritische Diagnose, die im Zusammenhang der bisher erwähnten Ansichten ein neues Element darstellt. Am wenigsten neu ist noch die einleitende Behauptung, die Leute suchten im Kino Träume, oder vielmehr Ersatz für diese, denn ausgelaugt im Alltag, seien sie nicht einmal zum Träumen fähig. Aus einer ähnlichen Sicht hat Alfred Döblin in seinem Aufsatz *Das Theater der kleinen Leute* (1909) das Kino und sein Publikum gesehen. In Hofmannsthals Verständnis der Dinge kommt im übrigen die soziologische Beurteilung viel deutlicher zur Geltung. Wie ist es nun mit den „Leuten" beschaffen, die sich im Dunkel des Zuschauerraums zusammendrängen?

„Ihre Köpfe sind leer, nicht von Natur aus, eher durch das Leben, das die Gesellschaft sie zu führen zwingt. Da sind diese Anhäufungen von kohlengeschwärzten Industrieorten, mit nichts als einem Streifchen von verdorrtem Wiesengras zwischen ihnen, und den Kindern, die da aufwachsen, von denen unter sechstausend nicht eines im Leben eine Eule gesehen hatte oder ein Eichhörnchen oder eine Quelle, da sind unsere Städte, diese endlosen einander durchkreuzenden Häuserzeilen; die Häuser sehen einander ähnlich, sie haben eine kleine Tür und Streifen von gleichförmigen Fenstern, unten sind die Läden; nichts redet zu dem, der vorüberkommt, oder der ein Haus sucht: das einzige, was spricht, ist die Nummer. So ist die Fabrik, der Arbeitssaal, die Maschine [. . .] Da ist der Werktag: die Routine des Fabriklebens oder des Handwerks; die paar Handgriffe, immer die gleichen; das gleiche Hämmern oder Schwingen oder Feilen oder Drehen; und zu Hause wieder: der Gaskocher, der eiserne Ofen, die paar Geräte und kleinen Maschinen, von denen man abhängt, auch das durch Übung so zu bewältigen, daß schließlich der, der sie immer wieder bewältigt, selber zur Maschine wird, ein Werkzeug unter Werkzeugen. Davor flüchten sie zu unzähligen Hunderttausenden in den finsteren Saal mit den beweglichen Bildern. Daß diese Bilder stumm sind, ist ein Reiz mehr; sie sind stumm wie Träume."[12]

Dieser Text verdient Beachtung unter mehreren Gesichtspunkten. In stofflicher Hinsicht empfindet man Hofmannsthals Prosa hier wie einen Nachklang naturalistischer Schilderungen, und zugleich kann man darin – aus heutiger Sicht – einen Vorgriff auf ökologische Szenarien sehen, zumindest soweit von der Natur die Rede ist. Liest man die Betrachtungen im Hinblick auf den kulturgeschichtlichen Kontext der zwanziger Jahre, so erscheint als eine zufällige Pointe der Umstand, daß Hofmannsthals Einsichten das Publikum der stummen Bilder in eine Perspektive rückt, die in einem der berühmten Filme der dreißiger Jahre vorherrscht, in Chaplins *Modern Times*. Der Hinweis auf die endlos sich wiederholenden mechanischen Handgriffe, die den Menschen in eine Maschine verwandeln, nimmt sich wie ein Konzentrat aus Chaplins Drehbuch aus.

Entscheidend ist in Hofmannsthals Essay jedoch ein Gedanke, der diesen Versuch mit einem zentralen Thema des Dichters verknüpft. Im Anschluß an die angeführte Textstelle äußert der Autor nämlich die Vermutung, daß die Flucht in die (stummen) Filme zutiefst etwas mit der Furcht der Menschen vor der Sprache zu tun habe – einem „Werkzeug", das Hofmannsthal auch hier als ein Instrument der Gesellschaft begreift. Der Vortragssaal und das Versammlungslokal in der Nähe ziehen bei weitem nicht so viele Menschen an, denn im Gegensatz zu den sprachfreien Kinobildern ist das gesprochene Wort ein Medium, das unbewußten Argwohn hervorruft. „Das Wissen, die Bildung, die Erkenntnis der Zusammenhänge, all dies lockert vielleicht die Fessel, die sie um ihre Hände geschlungen fühlen, – lockert sie vielleicht – für den Moment – zum Schein – um sie dann vielleicht noch fester zusammenzuziehen. All dies führt vielleicht zuletzt zu neuer Verkettung, noch tieferer Knechtschaft. (Ich sage nicht, daß sie dies sagen; aber eine Stimme sagt es ihnen ganz leise.) Und ihr Inneres würde bei alledem leer bleiben."[13]

Hofmannsthals eigentümliche Kulturkritik, hier ausgelöst von einer Form der technischen Zivilisation, tritt ganz ähnlich in Erscheinung wie in den frühen sprachkritischen Schriften des Autors, etwa in der Besprechung der Mitterwurzer-Monographie und im Chandos-Brief, oder auch in den Komödien der letzten Schaffensperiode, vor allem im *Schwierigen*. Die kunstkritische – für unser Thema also unmittelbar bedeutsame – Dimension von Hofmannsthals Überlegungen ist am deutlichsten bereits im erwähnten Mitterwurzer-Aufsatz von 1895 zu erkennen. Der Zweifel gegenüber der Sprache, dem Werkzeug der gesellschaftlichen Beeinflussung und Lenkung, habe dazu geführt, daß eine besondere Neigung zu den Künsten spürbar sei, die ohne die Sprache auskommen, d. h. zu den „schweigenden" Künsten: der Musik, dem Tanz, der Pantomime. Da sich die Worte, die auch ein Instrument der Lüge sind, „vor die Dinge gestellt" haben, wie es in Hofmannsthals einprägsamer Metaphorik heißt, wird dem sprachlosen Ausdruck aus dieser Sicht besondere Bedeutung zugemessen: nicht nur ästhetische, sondern auch kulturdiagnostische.

Obwohl wir wissen, daß die Sprachkritik des passionierten *Literaten*

Hofmannsthal cum grano salis zu nehmen ist, bleibt die poetologische Bedeutung der frühen kritischen Ansichten für das gesamte Schaffen unbestritten. Das gleichsam maskenhafte Sprechen als Kennzeichen der Dramatik, die Neigung zur Gebärdensprache im Drama, zur Pantomime, zum Musiktheater, das alles sind Züge, die im genannten Zusammenhang bedeutsam erscheinen. Man muß in diese Deutung auch den Film einbeziehen. Wie anders wäre die kunsttheoretische Aufwertung zu begreifen, die die ästhetisch nicht sehr anspruchsvollen flimmernden Bilder in Hofmannsthals Betrachtung erfahren? Fast mit einem gewissen Neid begegnet der Autor dem Umstand, daß im grob gezimmerten Wirrsal von Literaturresten, aus „Tausenden von Dramen, Romanen, Kriminalgeschichten", auch Gebärden und Blicke enthalten sind, „aus denen die ganze Seele hervorbricht".[14] Jedenfalls ist die poetische Emphase, mit der der Wiener Dichter den Schluß seines Essays ausklingen läßt, eines der bemerkenswerten Zeugnisse der sich ankündigenden kulturellen Integration des neuen Mediums und der neuen Kunstgattung. Zugleich fällt jedoch auf, daß der poetisierende Essay keine Gedanken enthält über die Möglichkeiten eines künstlerisch sinnvollen Gebrauchs filmischer Ausdrucksmittel in der Literatur, etwa in der Art, wie der amerikanische, deutsche und russische Roman der zwanziger und dreißiger Jahre, flankiert von der Reportageprosa, dies mit der Nutzung der Montagetechnik vorgeführt hat, oder auch das Drama um 1930, man denke nur an Döblins Stück *Die Ehe*. Das Verständnis, das Hofmannsthal dem Film entgegenbrachte, blieb im wesentlichen im Rahmen einer emotional gefärbten Kulturphilosophie, ohne innere Verwandtschaft mit den gleichsam technologischen Neuerungen der sogenannten Avantgarde.

Über die spezifisch filmischen Errungenschaften der zwanziger Jahre unterrichtete in der Weimarer Republik u. a. der heute nahezu vergessene ungarische Schriftsteller und Regisseur Béla Balázs in seinen auf Deutsch veröffentlichten Büchern *Der sichtbare Mensch* (1924) und *Der Geist des Films* (1930). Der Autor gehörte politisch zur linken Szene der Zeit, und darüber ließ er die Leser seines zweiten Buches nicht im unklaren. Die oft aufdringlich wirkenden ideologischen Bekenntnisse und Marx-Zitate ändern jedoch nichts an dem Umstand, daß die Schriften dieses Landsmannes von Lukács auf weite Strecken hin diszipliniert formanalytisch sind. Die geistige Nähe zu den Arbeiten der russischen „Formalisten" aus den zwanziger Jahren ist offenkundig.

Das in der Übergangszeit zwischen Stummfilm und Tonfilm entstandene (den Tonfilm allerdings schon berücksichtigende) Buch über den Geist des Films interessiert in unserem Zusammenhang vor allem im Hinblick auf die Ansichten zum Fragenkomplex ‚Film und Drama'. Der Autor vertritt neben dem Gedanken ästhetischer Koppelung (den er an Beispielen aus Piscators Inszenierungen anschaulich macht) die verbreitete Maxime von der Arbeitsteilung zwischen Bühne und Kino. Allein er argumentiert anders als beispielsweise Matthias und trifft mit seiner Begründung spezifische Bestrebungen des Theaters in unserem Jahrhundert. Gerade weil die Bühne in vielen Dingen, namentlich wenn es um sogenannte Naturtreue geht, mit dem Film nicht mithalten kann, liegt ihre Chance darin, den Spieß umzukehren und aus der Not eine Tugend zu machen. Mit anderen Worten: der Trumpf des Theaters und Dramas ist eine Dramaturgie des illusionsaufhebenden Gebrauchs der Kunstmittel.

„Es ist ja bezeichnend", schreibt der Verfasser, „daß erst mit der Entwicklung des Films sich auch das Eigenleben der Bühne wieder entwickelt hat. Die Starrheit des unbewegten, unveränderlichen Bühnenraumes wird aufgelöst. Verwandlungen auf offener Szene: Drehbühne, Schiebebühne, bewegliche Dekorationen, Bühnengerüst ... Nein, nicht dem Film will die Bühne mit solchem lockeren, schnellen Szenenwechsel nachkommen. Im Gegenteil: Damit kam sie vom Film wieder ab, und zu sich selber zurück."[15]

Das Fazit: Die künstlerische Konkurrenz des Films hat den Verzicht der Bühne auf naturalistische Formen bewirkt – und damit eine heilsame Neubesinnung, in der alte Traditionen und moderne Experimente einander ergänzen. Balázs nennt Tairov und deutet gerade das „entfesselte" Theater als eine Antwort auf den Film. Man spielt nicht nur *auf* der Bühne, „sondern die Bühne spielt selber mit als Mechanismus, als Spielinstrument, zeigt ausgelassen ihr Räderwerk, das seine eigenen rhythmischen und symbolischen Ausdrucksmöglichkeiten hat".[16] Er hätte auch Šklovskij zitieren können: nämlich dessen Ausführungen über die Bedeutung eines literarischen Kunstgriffs, den der russische Literaturtheoretiker „die Bloßlegung des Verfahrens" nennt.[17] Denn die von Balázs geschilderte Vorgangsweise, dieser Trumpf des Theaters im Zeitalter des Films entspricht in allen Punkten der von Šklovskij definierten Kategorie.

Im Hinblick auf die Möglichkeiten, Film und Bühne miteinander zu vereinigen, hebt Balázs vor allem die Idee hervor, Filmbilder, und zwar stumme Bilder, als psychologischen Kommentar beziehungsweise als Parallelhandlung zum Bühnengeschehen einzusetzen. Der Film könnte seiner Meinung nach eine Ästhetik jener Vorgänge entfalten, die sich der sprachlichen Artikulation entziehen oder sich im Unterbewußtsein der Dramengestalten abspielen. „Montage, Überblendung und Tricktechnik des absoluten Films geben die Möglichkeit, Gedanken, Symbolvorstellungen zu zeigen. Zwischen zwei Worten, in jagender Montage, die Assoziationsreihe der inneren Vorstellungen. Und wie könnte ein Schweigen ausgefüllt werden, wenn man sehen könnte, was in dem Schweigen vorgeht! Es wäre wie eine lautlose Chorbegleitung zu einem stummen Solo. Hier sehe ich die Zukunft des stummen, absoluten Films. Auf der Bühne!“[18]

An dieser Stelle hat der heutige Leser wiederum Anlaß, sich Gedanken über zutreffende und nicht zutreffende Prognosen zu machen. So plausibel sich manche der dargelegten Gedanken auch ausnehmen, die künstlerische Überzeugungskraft multimedialer Koppelung (oder auch nur die Bereitschaft dazu) hat der Autor offenbar überschätzt. Sieht man in den Auffassungen von Matthias und Balázs zwei grundlegende kunsttheoretische Entwürfe, so gilt es festzustellen, daß die geschichtliche Realität beide partiell widerlegt hat, aber auch beiden recht gegeben hat, jedem auf eine andere Weise. Als völlig widerlegt kann lediglich das Theorem gelten, die Wechselbeziehungen zwischen Drama und Film (beziehungsweise zwischen Theater und Film) würden auf eine mehr oder minder strenge Arbeitsteilung, d. h. auf eine Teilung der Kompetenzen, hinauslaufen; etwa nach dem Schema: hohe Literatur auf der einen, spektakuläre Unterhaltung auf der anderen Seite. Beide Kategorien haben vielmehr, nach der Bestimmung ihrer spezifischen Möglichkeiten, Anteil genommen an den Tendenzen der allgemeinen Kunstentwicklung in unserem Jahrhundert. Die einst beschworene Rivalität ist allenfalls zeitweilig im wirtschaftlichen Bereich erkennbar. Das wesentliche, künstlerische Spannungsverhältnis ist dagegen nach wie vor ein Ergebnis getrennter, vergleichsweise autonomer Entwicklungen.

Bedenkt man noch einmal die Ansichten in Hofmannsthals Essay, so tritt das Historische an den hier behandelten Ansichten besonders deutlich zutage. Keiner der erwähnten Autoren (nimmt man das zuletzt vorgestellte Buch aus) konnte damit rechnen, daß sich der Film vom stummen zum tönenden Medium wandeln würde und daß in die Kinos nicht nur die eigens für den jeweiligen Streifen geschriebene Filmmusik Einzug halten würde, sondern auch das gesprochene Wort, mit allen seinen Konsequenzen. Hofmannsthal deutete die Flucht in die Dunkelheit der Kinosäle auch als eine Flucht vor der Sprache in die Welt der stummen

Bilder. Heute weiß man, daß es eine Flucht von kurzer Dauer war; die Träumenden im Kino wurden von der Sprache eingeholt und, wenn man so will, gestellt. Jedenfalls waren dem gesellschaftlichen Zugriff durch die Sprache, vor dem Hofmannsthals Diagnostik warnte, nun auch im Film alle Türen geöffnet. Sieht man die Fragen der Beziehungen zwischen Theater und Film im Lichte heutiger Erfahrung, so erkennt man eine bemerkenswerte Paradoxie. Während man sich den Film ohne die sprachliche Dimension kaum noch vorstellen kann, ist im angestammten Bereich des Dialogs, im Drama, die Herrschaft der Sprache keine Selbstverständlichkeit mehr. Das Schweigen in den späten Bühnenwerken von Beckett mag ein extremer Einzelfall sein, ein Symptom ist es doch. Namentlich wenn man bedenkt, wie intensiv die Sprachkritik, etwa bei Peter Handke oder Thomas Bernhard, das moderne Drama als Thema beschäftigt. Hofmannsthal hätte für alle diese Bestrebungen, von Beckett bis Bernhard, zumindest unter theoretischen Gesichtspunkten, sicherlich viel Verständnis gehabt.

Anmerkungen

1 W. Benjamin: *Angelus Novus,* Frankfurt am Main 1966, S. 246.

2 W. Benjamin: *Illuminationen,* Frankfurt am Main 1961, S. 162.

3 Vgl. dazu den Expressionismus-Beitrag in: *Deutsche Dramentheorien,* hg. von R. Grimm, Bd. II, Frankfurt am Main 1971, ferner meinen Aufsatz *Exkurs über den Film im Umkreis des Expressionismus,* in: *Sprache im technischen Zeitalter,* Heft 35 (1970).

4 Zit. nach S. Kracauer: *Theorie des Films,* Frankfurt am Main 1973, S. 71.

5 *Das Kinobuch,* hg. von K. Pinthus (Dokumentarische Neuausgabe), Zürich 1963, S. 21.

6 *Hätte ich das Kino! Die Schriftsteller und der Stummfilm,* Ausstellungskatalog des Deutschen Literaturarchivs Marbach am Neckar, 1976, S. 23.

7 G. Lukács: *Schriften zur Literatursoziologie,* hg. von P. Ludz, Neuwied am Rhein/Berlin-Spandau 1963, S. 76.

8 *Otnošenie segodnjašnego teatra i kinematografa k isskustvu,* in der Zeitschrift *Kino-žurnal, 1913, Heft 17.*

9 Übersetzt in: *Formalismus, Strukturalismus und Geschichte,* hg. von A. Flaker und V. Žmegač, Kronberg/Taunus 1974. Zitat auf S. 38.

10 *Die Erhebung. Jahrbuch für neue Dichtung und Wertung,* hg. von A. Wolfenstein, Berlin 1919, S. 359 f.

11 I. Goll: *Das Kinodram,* in: *Die neue Schaubühne,* 1920, S. 142. Zu Döblins Einschätzung des neuen Mediums vgl. V. Žmegač: *Der europäische Roman. Geschichte seiner Poetik,* Tübingen 1990.

12 H. von Hofmannsthal: *Gesammelte Werke. Reden und Aufsätze II,* Frankfurt am Main 1979, S. 142.
13 Ebenda, S. 142 f.
14 Ebenda, S. 144.
15 B. Balázs: *Der Geist des Films,* Halle/Saale 1930, S. 79.
16 Ebenda.
17 Vgl. *Texte der russischen Formalisten,* Bd. I, hg. von J. Striedter, München 1969.
18 a. a. O., S. 81.

Horváths Erzählprosa im europäischen Zusammenhang: Tradition und Innovation

Man verrät sicherlich kein germanistisches Geheimnis, wenn man feststellt, daß Horváths Erzählprosa in der Forschung nur mäßiges Interesse hervorgerufen hat. Gewiß, einzelnen Texten, vor allem dem Roman *Jugend ohne Gott,* aber auch den eigentümlichen *Sportmärchen* gelang es, etwas mehr Aufmerksamkeit auf sich zu lenken, wobei der genannte Roman zu jenen Werken zählt, die nicht nur erforscht, sondern auch gelesen werden, übrigens in mehreren europäischen Sprachen. Das ändert jedoch nichts an der Tatsache, daß Horváth der Öffentlichkeit namentlich als Dramatiker gegenwärtig ist, seit einiger Zeit als international anerkannter Bühnenklassiker der modernen österreichischen Literatur. Die Arbeiten über sein Schaffen haben ihrerseits in entsprechendem Maße dazu beigetragen, dieses Urteil zu festigen.

Die vorherrschende Meinung hat vor mehr als fünfzehn Jahren der Theaterkritiker Hellmuth Karasek formuliert: „Horváth war und ist Dramatiker und wird als Dramatiker, als Verfasser seiner Volksstücke, . . . bedeutend bleiben. Zu seinem dramatischen Werk bildet seine Prosa, bilden seine drei Romane wie seine kurzen Skizzen, Märchen und Erzählungen nur eine Randerscheinung.“[1] Es wäre töricht, nun den Spieß umkehren zu wollen und eine Aufwertung der Erzählwerke auf Kosten der Theaterstücke zu betreiben. Der Auffassung, Horváth sei in erster Linie Bühnenautor gewesen, kann nicht widersprochen werden. Sehr wohl sollte man dagegen für Gerechtigkeit plädieren und dem Erzählwerk größere Chancen einräumen als bisher. Zumindest einige Texte haben die Neugierde der Forschung durchaus verdient. Das gilt, wie ich meine, namentlich für die Prosa der späten zwanziger Jahre, d. h. für die Erzählungen und Skizzen rund um die Figuren des Romans *Der ewige Spießer* (1930) wie auch für den Roman selbst. In der kritischen Literatur, die sich nach wie vor fast ausschließlich von den Dramen fasziniert zeigt, finden diese Werke nur selten Beachtung.

Dabei ist der Zusammenhang mit den Meisterwerken, den Volksstücken aus der Zeit um 1930, keineswegs verborgen geblieben. In Arbeiten über Horváth gibt es zahlreiche Hinweise darauf, allerdings stets mit dem Urteil verknüpft, die Erzählungen seien als Marginalien, gleichsam als Fingerübungen zu den Stücken anzusehen. Verzichtet man darauf, sie im voraus als eine Art Beiwerk abzutun, so darf als Argument zunächst der Umstand gelten, daß der Autor sein Erzählen mit bemerkenswerter stilistischer Folgerichtigkeit ausstattete. Mühelos ist zu erkennen, wie stark die sprachliche und thematische Kongruenz zwischen Bühnenwerken und Erzähltexten der mittleren Schaffensperiode ist, wie auch zwischen gattungsverschiedenen Werken der letzten Jahre. Die *Geschichten aus dem Wiener Wald* haben ihr Gegenstück in den Spießer-Erzählungen aus jener Zeit, ebenso wie die späten Schauspiele vergleichbar sind mit *Jugend ohne Gott.* Die Parallelen führen den Umstand vor Augen, daß die Konzeptionsänderungen in Horváths Schaffen (wie immer man diese begründen und werten mag) in beiden Gattungen gleichermaßen ihre Ausprägung gefunden haben und daß schon von diesem Befund her die Forderung berechtigt erscheint, Erzählwerke und Dramen in einem ausgewogenen gegenseitigen Verhältnis zu betrachten.

Zu den Forderungen einer angemessenen Beurteilung der Erzählprosa sollte ferner der Versuch gehören, Horváths Prosa in den literarischen Kontext seiner Epoche hineinzustellen – ihr also zu jenem Recht zu verhelfen, das den Theaterstücken schon seit Beginn der Horváth-Renaissance zugebilligt worden ist. Betrachtet man den Autor der *Geschichten aus dem Wiener Wald* als den Vertreter eines *neuen* Volksstückes, stilgeschichtlich: einer neusachlichen Konzeption, die ja in der literarischen und dramaturgischen Konstellation der zwanziger Jahre keineswegs isoliert dasteht, so ist kein zwingender Grund erkennbar, die Erzählwerke von einer vergleichenden Betrachtung auszuschließen.

Daß Horváths Prosa aus der Zeit um 1930 in mancherlei Hinsicht sehr eigentümlich, unkonventionell ist, wird wohl niemand bestreiten wollen. Man macht es sich freilich zu leicht, wenn man die scheinbar völlig ungekämmte Diktion dieser Texte kurzerhand als Folge einer undisziplinierten, schlampigen Arbeitsweise hinstellt, sozusagen als Form eines literarischen Sandlertums. In dieser Auffassung wird die Unterstellung erkennbar, Horváth habe seine Geschichten grundsätzlich nur als Nebenprodukte angesehen, deren Flüchtigkeit eben in Kauf genommen werden müsse. Ich zitiere wiederum Karasek, dessen Verdikt wegen seiner meinungsbildenden Wirkung Beachtung verdient. Er geht davon aus, daß „viele Prosaarbeiten Horváths den unabweisbaren Stempel der ersten, bloß flüchtigen Skizzierung tragen“ und daß der Autor, nicht nur aus Unachtsamkeit, sondern wohl auch aus Unvermögen, „keine entsprechende Perspektive der Objektivierung und Distanzierung gefunden hat“, während dem Dramatiker in seinen besten Stücken gerade dieses Verfahren restlos geglückt ist. Die Stilbrüche und kitschigen Entgleisungen, die seine Dramenfiguren so unvergeßlich charakterisieren, diagnostiziert Karasek auch in der Prosa, aber dort sei der Gebrauch dieser Mittel „oft verstörend und undistanziert".[2]

Man sollte zunächst einmal die Attribute „verstörend" und „undistanziert" strikt auseinanderhalten, und zwar als Bestimmungen unterschiedlicher logischer Valenz. Das erstere Wort ist eine rezeptionsästhetische Angabe und drückt eine Reaktion des Lesers aus; das letztere dagegen bezeichnet ein Stilmerkmal, also eine textimmanente Qualität. Daß Horváths Erzählweise verstörend wirken kann, ist im Hinblick auf die Art, wie hier gegen manche althergebrachten Konventionen und damit auch Lesererwartungen verstoßen wird, leicht zu glauben. Von diesen Verstößen wird im folgenden noch die Rede sein. Die Behauptung, der Autor verfahre „undistanziert", ist im Gegensatz dazu ein produktionsästhetisches und hermeneutisches Urteil, das ganz andere Probleme aufwirft. Unterstellt man, daß Horváth als Verfasser von Erzähltexten nicht nur als sorglos verfahrender, sondern auch als gleichsam naiver Autor zu gelten habe (als eine Art Friederike Kempner unter den Erzählern), so mißt man mit zweierlei Maß. Ein und derselbe Autor sollte seine künstlerischen Mittel einmal (als Dramatiker) überlegt, ja raffiniert einsetzen, das andere Mal unüberlegt, ästhetisch naiv, mit unzulänglichen Ergebnissen. Die beiden Produktionsmentalitäten, die da vorausgesetzt werden, müßte man sich völlig durch Gattungsmerkmale determiniert vorstellen. Daß dies schwer plausibel zu machen ist, liegt auf der Hand. Man könnte zwar einen Autor anführen, der einige künstlerische Züge mit Horváth teilt, nämlich Gerhart Hauptmann: einen Dichter, der als Dramatiker oft Großartiges leistete, als Erzähler dagegen zumeist kaum ein Mittelmaß erreichte. Zu bedenken ist freilich, daß es sich bei Hauptmann eben nicht nur um Gattungsunterschiede, sondern auch vorwiegend um wesentliche stilistische und stoffliche Divergenzen handelt, zuweilen in ein und demselben Werk, etwa in *Hanneles Himmelfahrt*. Horváths Stücke und Erzählwerke aus dem angegebenen Zeitraum weisen indes solche Gegensätze nicht auf; sie bilden in stofflicher und stilistischer Hinsicht eher ein Ganzes.

Mehr literarhistorische und psychologische Plausibilität kann eine andere Auffassung beanspruchen, die auf das ganze Schaffen Horváths um 1930 anwendbar ist. Es geht um eine in der Tat sehr ausgeprägte Attitüde des Autors, die eine Beziehung zwischen den Schaffensgewohnheiten und der immanenten Poetik der Texte herstellt. Man kann diese Haltung – cum grano salis – als eine subliterarische bezeichnen. Sie äußert sich in seinem (auch biographisch bezeugtem) Interesse für Formen der Trivialkultur, also jener Sphäre, die heute weitgehend durch den Begriff „Pop“ erfaßt wird. Dem Besuch eines seriösen Theaters zog Horváth allemal eine Varietévorstellung oder einen Abend im Zirkus vor. Anziehung ging vom Rummelplatz, vom Oktoberfest oder vom Prater aus. Es ist sicherlich bezeichnend, daß über seine literarischen Kenntnisse und Neigungen überaus wenig bekannt ist, auch kaum etwas über seine Reaktionen auf literarhistorische Vorlesungen und Seminare in München. Man darf vermuten, daß Literatur, d. h. Werke anderer Autoren, in seinem Leben eine vergleichsweise geringe Rolle gespielt haben. Jedenfalls scheint er von den Dingen, die gewöhnlich zum geistigen Habitus eines ernst zu nehmenden Literaten gezählt werden, nicht allzuviel gehalten zu haben.

Hier bietet sich ein Vergleich mit dem jungen Brecht an. Brechts Vorliebe – in den zwanziger Jahren – für Slapstick-Filme, Schaubuden, Clowns und grotesken Jux aller Art ist bekannt. Kein Biograph versäumt es, darauf hinzuweisen, ebenso wie auf seine demonstrative Verachtung gegenüber allem, was gemeinhin als ein Zeichen gepflegter ästhetischer und literarischer Kultur galt, namentlich aber gegenüber der Aura des Klassischen. Sein Faible für Detektivromane hervorzukehren, bereitete ihm offenbar hämische Freude. In der Betonung des Unliterarischen, im Sinne eines Gegensatzes zur kulturellen Norm, scheinen sich Brecht und Horváth in der Tat sehr nahegekommen zu sein. Jedoch dieser Vergleich lehrt, wie vorsichtig man vorgehen muß. Denn gerade im Falle Brechts haben Publikationen der letzten Jahre erwiesen, daß die Ungekämmtheit des jungen Autors eher eine sorgfältig stilisierte Frisur war. Seit der Veröffentlichung der frühen Tagebücher weiß man, was der junge Brecht, der vorgab, sich für anspruchsvolle Literatur nicht sonderlich zu interessieren, damals alles las und auch schätzte: Flaubert, Strindberg, Karl Kraus, Else Lasker-Schüler, Döblin, um nur einige Namen zu nennen.[3] Später kamen so exponierte Autoren wie Joyce und Kafka hinzu. Die unliterarische Haltung war bei Brecht Bestandteil einer literarischen Taktik.

Hebt man nun Horváth in dieser Hinsicht von Brecht ab, ist man auf Vermutungen angewiesen. Wenn indes nicht alles täuscht, hat man es bei dem österreichischen Autor mit einer Persönlichkeit zu tun, die viel weniger auf intellektuelle Pointen im öffentlichen Verhalten bedacht war und deren Unbekümmertheit, „Wurschtigkeit“ gegenüber manchen Konventionen geistiger Kultur wohl nicht nur gespielt war. Das bedeutet freilich nicht, daß Horváths gleichsam populistische Haltung (die ja, wie man weiß, Kritik nicht ausschließt) von künstlerischen Absichten nichts wissen wollte. Die vermeintliche Planlosigkeit oder Anspruchslosigkeit seiner Prosa läßt – zumal wenn man an die stilistische Koordination mit der Diktion in den Bühnenwerken denkt – zumindest soviel kreative Absicht erkennen wie einer der klassischen Texte der zwanziger Jahre, Hašeks *Abenteuer des braven Soldaten Schwejk,* ein Buch, das Brecht nachhaltig beeinflußt hat und das zu Horváth so gut paßt, daß man es sich gar nicht vorstellen kann, er habe es nicht gekannt.

Sucht man nach Argumenten für die Auffassung, in der ungepflegt wirkenden Prosa der mittleren Periode artikuliere sich eine definierbare künstlerische Idee, eine verquere Poetik, so gewinnt ein Faktum aus Horváths Leben besondere Bedeutung. Warum war es dem Autor später so sehr daran gelegen, jede Spur seiner ersten Veröffentlichung, des *Buches der Tänze* (1922), zu tilgen? Den Rest der Auflage ließ er vernichten, und auch jedes andere Exemplar, dessen er habhaft werden konnte, ging den gleichen Weg. Der Grund muß ausschließlich ein literarischer gewesen sein. Der Autor, der sich anschickte, ein neues erzählerisches Idiom, eine lakonische und decouvrierende Prosa zu entwickeln, mußte der von Literatur geradezu triefende kleine Zyklus nunmehr unterträglich vorkommen. *Das Buch der Tänze* ist ein literarisches Schaufenster, in dem Jugendstil und Expressionismus arrangiert erscheinen: mit einem Aufgebot an exotischen Märchennächten, in denen Prinzessinnen lustwandeln und Perlen träumen, aber auch an Visionen des Wahnsinns, wie man sie aus der Lyrik Heyms und Trakls kennt. Ein Beispiel aus dem Text „Pestballade“: „Ein Matrose steht in Kalkutta. – Und eine fremde Sonne sendet so sengende Blicke auf seinen windschiefen Scheitel herab. – Die rote Sonne das Cyklopenauge der tiefblauen Himmel. Unten im träggrauen Ganges ihr blasses Bild. – Und weit über dem Ganges, weit über dem Meere lebt die Heimat . . .“[4]

Man braucht nur eine beliebige Stelle aus dem Roman *Der ewige Spießer* danebenzuhalten, um zu ermessen, wie weit und auch wie konsequent sich der Autor mit seinem authentischen Erzählstil von den erlesenen und zusammengelesenen Poetismen seiner frühen lyrischen Prosa entfernt hatte.

Als Beispiel aus diesem „erbaulichen Roman in drei Teilen“ (schon dieser ironisierende Untertitel ist ein Signal!) bietet sich eine kurze Episode aus dem 7. Kapitel an. Die Situation: Alfons Kobler, die Hauptfigur des Romans, kommt zu Geld und beschließt, zur Weltausstellung nach Barcelona zu reisen. „Am Abend bevor Kobler zur Weltausstellung fuhr, betrat er nochmals sein Stammlokal in der Schellingstraße, das war ein Café-Restaurant und nannte sich ‚Schellingsalon'. Er betrat es, um zu imponieren und bestellte sich einen Schweinsbraten mit gemischtem Salat. ‚Sonst noch was?' fragte die Kellnerin. ‚Ich fahre nach Barcelona', sagte er. ‚Geh, wer werd denn so blöd sein!' meinte sie und ließ ihn sitzen."[5]

Es wäre ein Irrtum anzunehmen, es reiche aus, diese Prosa schlechtweg als naturalistisch zu qualifizieren. Mit schlichten Zuweisungen durch gängige Orientierungsbegriffe – wie „realistisch", „naturalistisch", „impressionistisch" usw. – kommt man Horváth nicht bei. Während die Dramaturgie seiner wichtigsten Stücke von Anfang an im wesentlichen auf ein angemessenes Verständnis gestoßen ist, hat die Anwendung analoger Verfahrensweisen in Erzähltexten infolge der Besonderheiten narrativer Gestaltung zu einer relativen Komplexität und Mehrdeutigkeit geführt, die sich für eine adäquate Aufnahme immer noch als hinderlich erweist.

Im folgenden soll der Versuch unternommen werden, vermutliche Quellen der Mißverständnisse aufzuzeigen. Die Paradoxie von Horváths Prosa aus der Zeit der Volksstücke, zugleich ein Pendant zu diesen, läßt sich andeutungsweise als komplexe Einfachheit benennen. Eine begriffliche Bestimmung sollte auf jeden Fall zumindest vier Aspekte berücksichtigen: 1. den diffusen Diskurs, 2. den forcierten Lakonismus, 3. die aperspektivische Anlage, die sich als infantilistischer Stil äußert, und schließlich 4. die maskenhafte Rede als nahezu durchgehendes Erzählprinzip. Es versteht sich, daß die Erscheinungsformen dieser Kategorien nicht isoliert auftreten, sondern ineinandergreifen. Die begriffliche Trennung ist lediglich eine heuristische Notwendigkeit.

Der an das weiträumige kausale Erzählen in der Tradition des realistisch-psychologischen Romans gewöhnte Leser stößt sich wohl in erster Linie an jenem Merkmal von Horváths Prosa, das man den diffusen Diskurs nennen kann. Horváths Neigung, fiktionale Lebensläufe und Situationen in extrem gestraffter Form darzubieten, führt zu einem Erzählen, in dem die gleichsam telegrammartigen abgerundeten Geschichten die Großform von innen her auflösen. Horváths Kompositionsweise ist die der Assoziation, die einem flüchtigen Stichwort folgt: die dargestellte Realität zerfällt in eine Reihe mehr oder minder pointierter Begebenheiten, die keinen zwingenden Zusammenhang erkennen lassen. Die Irritation für den Leser ist beträchtlich. Begreift man das Erzählen grundsätzlich, im Sinne geläufiger Traditionen, als Gestaltung sinnhaltiger Erfahrungs- oder Phantasiemodelle, so ist es verständlich, daß sich die Zerstörung oder Ignorierung herkömmlicher literarischer Konventionen als Verstörung reflektiert. Die zufällig, beliebig, zusammenhanglos wirkende Reihung anekdotischer Einfälle empfindet der Leser als künstlerisch unmotiviert, wie gesagt: als literarisch ungepflegt, wobei nicht einmal Kritiker immer auf den Gedanken kommen, daß die vermeintlich ungehobelte Faktur einer durchaus stimmigen literarischen Absicht entsprechen könnte.

In Horváths Geschichten und Geschichterln wird Literatur, d. h. Sinnstrategie, unbekümmert ramponiert, indem Chaotik nicht nur beredet, sondern auch praktiziert wird. Geht es um Beispiele, so kann man im *Ewigen Spießer* und in den Pollinger-Geschichten wahrhaftig aus dem vollen schöpfen. Eine charakteristische Stelle entnehme ich dem 8. Kapitel (aus dem Ersten Teil) des genannten Romans. Kobler fährt nach Barcelona und hat sich mit Wörterbüchern versorgt. „Auch eine Broschüre hat er sich zugelegt mit Redensarten für den Reisegebrauch in Spanien (mit genauer Angabe der Aussprache), herausgegeben von einem Studienrat in Erfurt, dessen Tochter immer noch hoffte, von einem reichen Deutschargentinier geheiratet zu werden, der ihr dies in der Inflation mal versprochen hatte. Nun beklagte der Studienrat in der Einleitung, es sei tief betrüblich, daß man in deutschen Landen so wenig Spanisch lerne, wo doch die spanische Welt arm an Industrie sei, während sie uns Deutschen die mannigfachsten Naturprodukte liefere.“[6]

Der einigermaßen eingeübte Horváth-Leser kann schon bei der ersten Lektüre vermuten, daß weder der Erfurter Studienrat noch seine Tochter auf den weiteren Seiten des Romans auch nur die geringste Rolle spielen würden. Der Erzähler (den man bei Horváth nicht einen allwissenden, sondern eher einen zerstreuten nennen sollte) läßt diese, wie auch viele andere Gestalten, für wenige Sekunden – oder vielmehr Sätze – auftauchen und dann wieder endgültig verschwinden. Es wäre unzutreffend, sie Episodenfiguren zu nennen, wie ja überhaupt das kategoriale Schema epischer Gattungen, das mit Haupt- und Nebenfiguren operiert, auf Horváths Erzählweise kaum anwendbar ist. Denn auch die sogenannten Hauptgestalten, wie hier Kobler oder in den Varianten das Fräulein Pollinger, sind nur flüchtig entworfene Figuren, die vor allem als Verbindungsglieder des diffusen Diskurses fungieren. Wollte man die Reihung von witzartigen Einfällen und in Sekundenschnelle erzählten Lebensläufen als Digressionen begreifen, so müßte man zugeben, daß die meisten Texte der mittleren Periode kaum etwas anderes als Digressionen enthalten und somit auf einem Verfahren beruhen, das den Begriff der Abschweifung ad absurdum führt.

Horváth stand damals mit dem Kunstgriff, durch Flüchtigkeit und Beziehungslosigkeit Kontingenz vor Augen zu führen (und damit die Heldenschemata traditioneller Literatur zu sprengen), übrigens nicht vereinzelt da. Döblins Roman *Berlin Alexanderplatz,* ein Jahr vor dem *Ewigen Spießer* erschienen, verfährt trotz aller wesentlichen Unterschiede in Thema und Struktur ganz ähnlich. Die Fahrgäste der Straßenbahnlinie Nr. 68 (im ersten Kapitel des Zweiten Buches) werden mit ihren Lebensläufen blitzartig vorgestellt, sozusagen angeleuchtet, und der transzendentale (auktoriale) Erzähler wirft sogar ein Schlaglicht auf ihr künftiges Leben – doch dann verlieren sie sich für immer im Großstadtverkehr. Im übrigen finden sich bei Döblin, im Aufsatz über den *Ulysses* von James Joyce, Ansätze zu einer Romanpoetik, die auch für das Verständnis von Horváths Erzählpraxis etwas hergibt. „Das Heroische, überhaupt die Wichtigkeit des Isolierten und der Einzelpersonen ist stark zurückgetreten, überschattet von den Faktoren des Staates, der Parteien, der ökonomischen Gebilde. Manches davon war schon früher, aber jetzt ist wirklich ein Mann nicht größer als die Welle, die ihn trägt. In das Bild von heute gehört die Zusammenhanglosigkeit seines Tuns, des Daseins überhaupt, das Flatternde, Rastlose. Der Fabuliersinn und seine Konstruktionen wirken hier naiv.“[7]

Die skizzenhaften Passagen in den Geschichten vom Fräulein Pollinger lassen noch ein weiteres Merkmal von Horváths Erzählgewohnheiten erkennen. Nicht nur der anonyme Erzähler ist stets bereit, auszuschweifen und das Erfahrungsfeld möglichst diffus zu halten; auch die Personen selbst benutzen beliebige Assoziationen dazu, Geschichten zu erzählen. Agnes Pollingers Bemerkung, sie habe einen Menschen gekannt, der Salat hieß, veranlaßt Herrn Reithofer, über das Schicksal eines Zahlkellners in Linz namens Suppe zu berichten: Der Mann wurde von den Gästen Rindsuppe, Krautsuppe, Erbsensuppe und ähnlich gerufen; am Magistrat, wo er einen Antrag auf Namensänderung stellen wollte, wurde er vom Beamten als Bohnensuppe angesprochen, worauf er die Fassung verlor und sich eine Beamtenbeleidigung leistete. Aus der Haft mit einem Magenleiden entlassen, suchte er einen Arzt auf. Doch als dieser zu ihm sagte, er dürfe nur Suppe essen, verlor er endgültig die Fassung, ging auf den Arzt los und landete wegen schwerer Körperverletzung im Gefängnis. Dort erhängte er sich.[8] Vergleichbar ist die Geschichte, die wenige Seiten weiter erzählt wird: von einem Elektrotechniker, der eine Abtreibung vornahm, worauf das Dienstmädchen an Blutvergiftung starb. „Der Elektrotechniker wurde verhaftet, und nach drei Monaten bekam er einen Tobsuchtsanfall und brüllte: ‚Ich bin Elektrotechniker! Meine liebe Familie hungert! Liebe Leutl, ich bin Elektrotechniker!‘ Aber man schien es ihm nicht zu glauben, denn die lieben Detektive prügelten ihn bloß und die lieben Richter verurteilten ihn ohne einen lieben Verteidiger.“[9]

Herr Reithofer bezeichnete die Geschichte vom Kellner Suppe konventionellerweise als tragisch. Doch es ist wohl nicht daran zu zweifeln, daß die kleinen Binnengeschichten bei Horváth weder komisch noch tragisch sind, sondern grotesk und absurd. Sie erinnern nicht selten frappant an die Anekdotentechnik in dem bereits erwähnten klassischen Werk satirischer Literatur, in Hašeks *Schwejk*. Dieser Roman ist auch sonst mit Horváths angeblich „erbaulicher“ Prosa vergleichbar: beiden Autoren ist die Ignoranz gegenüber den Gepflogenheiten distinguierter Literatur gemeinsam, ein unbekümmertes Bekenntnis zu einem Pop-Stil, zu einem Zeitpunkt, als von Pop programmatisch noch kaum die Rede war. Allerdings zeigen Vergleiche zwischen Kontexten der eingeschobenen Geschichten bei Hašek und Horváth, daß ein wesentlicher Unterschied nicht zu übersehen ist. Auch Hašeks Hauptgestalt, der brave Schwejk, pflegt bei allen möglichen und unmöglichen Gelegenheiten Geschichten zum besten zu geben; doch diese weisen einen eigentümlichen Bezug zur jeweiligen Situation auf, sie fungieren in einem vertrackten dialektischen Sinn als Exempla im Hinblick auf den gegebenen Rahmen. Auch die Ungereimtheit in ihnen tendiert zur Allegorie und Parabel. Horváths Skizzen dagegen sind kaum Bekundungen einer objektiven epischen List; sie sind viel eher Abbreviaturen einer Welt, die von Banalität und Absurdität *zugleich* beherrscht wird, einer Welt, deren Muster die Beziehungslosigkeit ist, so daß die Geschichten ins Leere stoßen und keine übergeordnete Pointierung erfahren. Die von ihm geschilderten Situationen sind in diesem Sinne alle tautologisch: sie bestätigen nur die öden Kreisbewegungen des Lebens. Da in dieser Prosa alles gewissermaßen unscheinbar ist, wie beiläufig gesagt, kann folgender völlig unauffälliger Satz als Paradigma für den Leerlauf in dieser erzählten Welt gelten. Im Romanfragment *Schlamperl* heißt es zu Beginn des zweiten Kapitels: „Ludwig schlief noch und Kowarek trank gerade etwas Schnaps, weil er einen schlechten Magen hatte, eine Magenverstimmung, weil er den Abend vorher zuviel Schnaps getrunken hat . . .“[10] Es versteht sich fast ganz von selbst, daß auch in diesem Fragment eines „Romantischen Romans“ (so die Gattungsbezeichnung) gerade solche Sätze es sind, die zählen. Ob es dem Autor gelungen wäre, aus Versatzstücken des utopischen und des Abenteuerromans – denn mit solchen operiert er hier – eine überzeugende Parodie eines im vulgären Sinne „romantischen" Romantypus zu gestalten, kann nicht gesagt werden.

Als gesichert kann dagegen gelten, daß der beim Horváth jener Jahre dominierende diffuse Diskurs es notwendig macht, die normativen Kriterien zu überdenken, an denen seine Prosa oft gemessen wird. Es mag sein, daß der Roman vom ewigen Spießer ohne besondere Sorgfalt zustande gekommen sei: vom Standpunkt herkömmlicher Forderungen an die Logik literarischer Komposition wirken der zweite und der dritte Teil wie unvermittelte Anhängsel, wie Kapitelfragmente, die alles andere als organisch sind. Allein gerade eine organologische Poetik versagt bei Horváth schon im Ansatz. Die Weltsicht des Autors sperrt sich im voraus gegenüber den Kriterien kompositorischer Ausgewogenheit, und das Beliebige in der Abfolge epischer Splitter kann durchaus als das eigentliche Formethos dieser Prosa angesehen werden (wenn man diesen Begriff akademischer Ästhetik in diesem Zusammenhang nicht scheut). Sieht man sich nach Metaphern um, so wird es vermutlich verlockend erscheinen, von Patchwork oder gar von architektonischem Brutalismus zu sprechen.

Der nächste Schritt führt zu Punkt zwei. Wer anekdotisch oder panoramaartig erzählt, wird geneigt sein, die Sätze lakonisch zu fassen. Etwa so: „Die Steinstraße hatte 75 Häuser und rund 800 Wohnungen, in denen etwa 4 000 Menschen wohnten. In den letzten zwei Jahren waren 27 geboren worden und 45 gestorben. Drei davon auf gewaltsame Art. Ein Dienstmädchen hatte ihr neugeborenes Kind erwürgt und in einer Pappschachtel über den Bretterzaun in den Park geworfen, ein junger Mann wurde von der Straßenbahn erfaßt und geschleift und eine alte Frau wurde von einem Auto, dessen Chauffeur betrunken war, überfahren. Der junge Mann war eben aus dem großen Kino gekommen, und wollte rasch über die Straße, weil er dort ein hübsches Mädchen erblickte. Die alte Frau wollte eine Freundin besuchen, ein altes Fräulein, das sich vom Sprachenlehren ernährte, die aber bessere Tage gesehen hat. Von ihrem Fenster aus konnte sie auf den Park sehen."[11]

Was diese und zahllose analoge Stellen zum Symptom erhebt, ist der Verzicht auf identifikatorische Psychologie in der Darstellung der Personen und ihrer Schicksale. Der Lakonismus, der auf Aussagen ohne motivierenden Kontext beruht, dient einer Visur, die man die Technik eines umgedrehten Fernrohrs nennen könnte. Die Vorgänge werden nicht durch psychologische Vertiefung an den Leser herangeholt, sondern sie werden in eine distanzierende Sicht gerückt, wobei vor allem der eigentümliche Protokollstil die Figuren und Geschehnisse trotz aller Alltäglichkeit als etwas Fremdes und Gleichgültiges erscheinen läßt.

In der forciert lapidaren Sprachführung berührt sich Horváth – das sollte man nicht vergessen – mit entsprechenden Tendenzen junger Autoren um 1930, die von der Kritik als Vertreter der Neuen Sachlichkeit rubriziert wurden. Kommt man von der Lektüre Horváths zu Autoren wie Joseph Roth, Hermann Kesten, Ernst Glaeser oder Erich Kästner, fällt die stilistische Verwandtschaft sofort ins Auge. Ein Beispiel, das für viele stehen mag: der Anfang des Romans *Ein ausschweifender Mensch* von Kesten, erschienen 1929 im exponiert neusachlichen Kiepenheuer-Verlag in Berlin. „Lilli hieß mit dem Nachnamen Passage, Lilli Passage hieß das ganze Mädchen. Sie war 22 Jahre alt, als sie sich erschoß. Sie tat das nicht aus Übermut. Ihr Großvater, Jean Passage, war als Kriegsgefangener in Deutschland geblieben. [. . .] Er kam in die Kämpfe bei Mars-la-Tour, zeichnete sich aus, ward dekoriert und gefangengenommen. Man brachte ihn in die bayerische Festung Ingolstadt. Der Volksschlag in Bayern gefiel ihm sowohl wegen der Biederkeit des Volkscharakters als auch wegen der ledernen Hosen. – Als der Krieg zu Ende war, blieb Jean Passage als Hausknecht im Hotel ‚Zum roten Ochsen' in Ingolstadt, ward vermöge seiner Sprachkenntnisse Portier im ‚Hotel Adler' in Nürnberg, heiratete die Tochter eines Klavierlehrers, eines Oberpfälzer Lehrersohns namens Alois Gschwandner, und empfing von der schwindsüchtigen Frau im Laufe von sieben Jahren sechs Kinder. [. . .] Das letzte Kind, ein Sohn, durchlief ein Gymnasium, machte das Abitur, ward Hauslehrer, schrieb Gedichte, ein Münchner Verlag brachte vier Gedichtbände von ihm heraus, die unter einem Pseudonym erschienen, einige Gedichte daraus wurden von Benzmann oder Bethge oder einem anderen Anthologisten jener Zeit in eine Blütenlese aufgenommen. – Dieser Sohn, namens Peter Xaver Antonius Passage, lebte in wilder Ehe mit einem Schwabinger Malweib, der entlaufenen und talentlosen Tochter eines polnischen Tuchfabrikanten, Moses Sloczewer aus Lodz. Das Malweib hieß Fanny Sloczewer. Dieser wilden Ehe entsprang eine Tochter. Das Kind wurde getauft und ward nach dem Vater katholisch. Es bekam den Namen Lilli."[12]

Obwohl das Stilideal Kestens oder Roths, ein Lakonismus aus klassischer Tradition, andere Wurzeln hat als der drastische und maskenhafte Pop-Stil Horváths, sind die Gemeinsamkeiten offenkundig. Sachlich bedeutet bei diesen Autoren eine unsentimentale, verfremdende Optik, deren Berichtstil von einem gleichsam behavioristischen Grundsatz getragen wird: der narrative Vorgang entfernt sich von der psychologischen Sicht und stützt sich auf die Formen der Chronik und des Sachberichtes.

Die Besonderheit Horváths besteht darin, daß er offenbar nicht daran interessiert war, die neusachliche Diktion als alleiniges literarisches Muster zu praktizieren. Dem fingierten Objektivismus, der seine Neigung zur Reportage nicht verbarg, zog er ein Erzählen vor, das komplexer verfährt und mit stilistischen Spannungen arbeitet.

Ein bestimmtes Verfahren – wir kommen damit zu Punkt drei – erweist sich dabei als besonders einprägsam. Als Bezeichnung dafür bietet sich der Begriff „aperspektivische Sicht" an. In dieser Sicht, die zu den verfremdenden Kunstgriffen in der Literatur seit dem 18. Jahrhundert gehört, verzichtet der Erzählakt auf eine wesentliche Voraussetzung des Umgangs mit den Dingen der realen Erfahrungswelt: nämlich auf perspektivische, moralisch und logisch ordnende Gliederung des Wirklichkeitsrepertoires.[13] Die konventionellen Staffelungen und sonstigen Beziehungen erscheinen eingeebnet, gleichgestellt – und damit für die normale, gesellschaftlich sanktionierte Anschauung in ein besonderes Spannungsverhältnis zueinander gebracht. Beurteilte man diesen Aperspektivismus psychologisch, so könnte von einer naiven Sicht oder einer infantilen Rede gesprochen werden. In der von Horváth gebrauchten Diktion (die wiederum einen Vergleich mit Hašek nahelegt, aber auch mit Mark Twain) bildet die Grundlage eine erzählerische Haltung, in der sich eine eigentümliche Standpunktslosigkeit ausspricht, oder vielmehr das Ergebnis eines diffusen Wechsels verschiedener Gesichtspunkte.[14]

Im *Ewigen Spießer* wird die Kontrolle an der italienischen Grenze am Brenner folgendermaßen beschrieben: „Keiner der Reisenden durfte den Schnellzug verlassen, denn hier gings viel strenger zu als zwischen Bayern und Österreich in Mittenwald. Und dies nicht nur deshalb, weil die Italiener zur romanischen Rasse gehören, sondern weil sie obendrein noch den Mussolini haben, der in permanenter Wut ist, daß es bloß vierzig Millionen Italiener gibt. – Neunundzwanzig von den dreißig Uniformierten waren mit den Grenzübertrittsangelegenheiten schon sehr beschäftigt. Der dreißigste schien der Anführer zu sein, er tat nämlich nichts. Er stand auf dem Bahnsteig etwas im Hintergrunde, unter einer kolorierten Photographie des Duce, und hatte sehr elegante Schuhe."[15]

In den Pollinger-Geschichten ist an einer Stelle von zwei Freundinnen die Rede, die in einem Antiquariat in alten Büchern und Zeitschriften zu blättern pflegen. Diese beiden Mädchen „waren sehr neugierig und ziemlich abergläubig, verurteilten die Mädchen, die sich nackt fotografieren ließen, beschimpften und verfluchten die Polizei, die sich um etwas anderes kümmern sollte als um solche harmlose Aktaufnahmen, erinnerten sich der guten alten Militärmusik, verehrten den heiligen Antonius von Padua und interessierten sich für Fürstenstammbäume und alles Lebendige, besonders für Sexualprobleme, Darmtätigkeit und Kommunalpolitik.“[16]

An manchen Stellen steigert sich die aperspektivische Erzählart zu einer ausgesprochen infantilen Rede – so etwa, wenn das Fräulein Pollinger erklärt, sie habe gehört, die Zugspitze sei ein hoher Berg mit eisernen Nägeln in der Wand, „an denen die Touristen hinaufkletterten und viele Sachsen abstürzten“. Im selben Gespräch teilt sie mit, „daß sie nur zwei Städte auf der ganzen Erde kennt, nämlich München und Regensburg, wo sie geboren sei. Regensburg liege an der Donau und in der Nähe sei die Walhalla, wo die berühmten Männer als Marmorbüsten herumständen, während München an der Isar liege. Die Donau sei zwar größer als die Isar, dafür könne die Isar nichts. Hinwiederum sei die Isar zwar grüner als die Donau, dafür sei aber wieder München die Hauptstadt Bayerns“.[17]

Die Anwendung des Konjunktivs weist die Ungereimtheiten der Agnes Pollinger als eine vermittelte Rede aus, in der der Erzähler lediglich eine referierende, keine redigierende Funktion ausübt. Träfe das auf alle erzählenden Texte Horváths zu, könnte man von einem traditionell, wenn auch nicht immer folgerichtig organisierten Erzählen sprechen. Unkonventionell – und manchmal auch verwirrend – ist das Verfahren freilich dort, wo die Grenze zwischen Figurenrede und transzendentaler Rede[18] nicht scharf gezogen erscheint, wo vielmehr ein irisierendes Ineinander verbalisierter Ansichten zustande kommt, eine Polyphonie der Stimmen, um eine Bezeichnung aus Michail Bachtins Buch *Probleme der Poetik Dostojevskijs* zu gebrauchen, eine Verknüpfung, die allerdings von anderer Beschaffenheit ist als bei dem genannten russischen Erzähler.

Die klischeehafte, unpersönliche Ausdrucksweise der Dramenfiguren Horváths ist von der Kritik von Anfang an als maskenhaft empfunden worden. Doch die maskenhafte, unpersönliche Rede ist dort deutlich einzelnen Figuren zugeordnet, die, obwohl ohne eigene Gesinnung, zumindest physisch klar voneinander unterscheidbar sind. In den narrativen Texten – und das ist unser Punkt vier – wird dagegen die maskenhafte Rede in die Aktivität des personell nicht faßbaren Erzählers verlegt. Der von der Kritik vorgebrachte Einwand, Horváths Erzählungen, oder gar der Autor selbst, identifiziere sich in den volksstückartigen Erzählungen häufig naiv mit den Ansichten seiner Figuren, wie auch der Einwand, diese Prosa sei durch einen gewissen Kompetenzmangel in der Beherrschung der deutschen Sprachnorm belastet, verkennt denn doch wohl die Besonderheit dieser literarischen Leistung.

Ein entscheidendes Hindernis für ein angemessenes Verständnis ist sicherlich die Vorstellung vom traditionellen, mental genau lozierbaren Erzähler, der etwa als transzendentaler „Geist der Erzählung", wie bei Thomas Mann, in Erscheinung tritt. Im Gegensatz dazu fungiert der Erzähler bei Horváth als eine anonyme Stimme, die frei verfügbar ist für die wechselnde Simulierung verschiedener Meinungen, Stereotype und rhetorischer Ebenen. Diese Stimme ist, wenn man so will, ein „Erzähler ohne Eigenschaften", dessen einzige Absicht es ist, jene bösartige oder absurde Folklore der Volksstücke zu präsentieren. Für den Leser, der in die Techniken des modernen Romans aus dem Bereich der poetischen und intellektuellen Höhenkamm-Literatur eingeübt ist, geht die Irritation von dem Umstand aus, daß Horváth es oft – nicht immer, wie oben zu sehen war – vermeidet, den Figurenstandpunkt durch die Erlebte Rede oder den Inneren Monolog zu kennzeichnen. Das Ergebnis ist dann jene Einebnung der Rede, die ein primäres Merkmal dieses kritisch-provozierenden Pop- oder Vulgärstils ist.

Das Wesentliche steckt auch hier im Detail. Der Studienrat Niemeyer ist glücklich über die Ermordung Eisners, Landauers, Erzbergers; in einem Lokal hört er, wie sich ein Komiker über Attentate lustig macht, und die Sequenz schließt mit der lakonischen Bemerkung „Es war sehr komisch".[19] Diese Aussage gehört formal der Erzählerstimme an, nicht einer Figurenstimme. Dennoch handelt es sich nicht um Ironie im Sinne des herkömmlichen Gebrauchs. Der Erzähler benutzt vielmehr eine verbale Maske (oder eine akustische Maske, wie man es mit Elias Canetti sagen könnte): scheinbar undistanziert äußert er, was andere Menschen denken oder empfinden, in diesem Falle, was die herrschende Meinung der Menge im Bierlokal war. Indem sich der Erzähler eine Maske anlegt und vordergründig die herrschende Ansicht bestätigt, provoziert er die Abwehrreaktion des Lesers gewiß viel bestimmter als durch Anwendung der Mittel konventioneller moralischer Distanz.

Auf analoge Weise ist zum Beispiel folgende Stelle aus dem Roman *Der ewige Spießer* zu lesen: Ferdinand Perzl, ein ehemaliger Offizier, findet nach dem Zusammenbruch der Donaumonarchie Arbeit bei einer Firma. Der Erzähler referiert nun kurz seinen weiteren Lebenslauf. Da er kommentarlos die Anschauungsmuster aus Perzls Milieu übernimmt, benötigt er dazu nur einen Satz: „Er ist in ein Kontor gekommen und hatte seine liederliche Haltung während des großen Völkerringens in seinen Augen ausradiert, ist Antisemit geworden und hat die Kontoristin Frieda Klovac geheiratet, eine Blondine mit zwei linke Füß."[20]

Das Erzählverfahren kann auch durch harmlosere Beispiele belegt werden. Gleich im ersten Kapitel des Romans findet sich eine Stelle, wo Herr Kobler eine Schachtel Zigaretten kauft, und zwar, wie der Erzähler uns mitteilt, bei der „guten alten Frau Stanzinger"; die Zigaretten kommen aus Mazedonien und sind „so überaus mild und aromatisch". Was ist das? Sentimentaler Kitsch und zugleich Schleichwerbung? Vergegenwärtigt man sich die Gesamtheit von Horváths Erzählstil, so kann kein Zweifel sein, daß auch hier kein naives Erzählen vorliegt, sondern eine Rede, die naive oder sentimentale Anschauungen maskenhaft ausdrückt. Man kann Horváths Pop-Stil demnach auch ein vermittelndes Erzählen nennen. Wer immer noch skeptisch ist, mag die Bedeutung einer Einzelheit in einer Episode der Pollinger-Geschichten bedenken. Unter den Männerbekanntschaften und Liebhabern des Fräuleins befindet sich auch ein „melancholischer Caféhausmusiker . . . mit häuslichen Sorgen". Nach einem Streit will es von ihm nichts mehr wissen, er jedoch stellt ihn weiter nach und versucht es mit Selbstmorddrohungen zu erpressen. „Aber er vergiftete sich nicht, sondern lauerte ihr auf der Straße auf und hätte sie geohrfeigt, hätte sie nicht der Brunner Karl aus der Schellingstraße beschützt, indem, daß er dem Virtuosen das Cello in den Bauch rammte."[21] Man wird doch nicht im Ernst annehmen wollen, daß die windschiefe Syntax („indem, daß . . .") oder gar die Wortfolge „Brunner Karl" als gültige Elemente auktorialer Rede im überlieferten Sinne anzusehen seien. Die Maske ist hier scheinbar zum Gesicht geworden, ebenso wie in den Regieanmerkungen zu den Geschichten aus dem Wiener Wald, wo es gleich im Text zur ersten Szene heißt „Und in der Nähe fließt die schöne blaue Donau" – eine im Hinblick auf die Funktion von Didaskalien logisch völlig widersinnige Aussage, künstlerisch jedoch durchaus legitim als eigenwilliges Signal einer bestimmten Stilabsicht.

Zu dem stilsymbiotischen Verfahren Horváths gehört schließlich auch das stellenweise praktizierte Einschwenken in den Modus des alten transzendentalen, kommentierenden Erzählens, so, wenn ein Kapitel im *Ewigen Spießer* mit einer überdeutlichen narrativen Floskel beginnt („Doch lassen wir nun diese historisch-soziologischen Skizzen und kehren wir zurück in die Gegenwart, und zwar in die Schellingstraße") oder wenn der ironisch geraffte Lebenslauf der Agnes Pollinger durch die aktoriale Frage „Kennt ihr das Märchen von Fräulein Pollinger?" eingeleitet wird.[22] Freilich sind auch diese Stellen Zeichen einer Pseudomorphose: der Erzähler bedient sich sozusagen einer geborgten Stimme, in der heruntergekommene literarische Klischees mit entsprechenden rhetorischen Schablonen aus der Sphäre der Presse, der Wahlredner und der Stammtische zur Deckung gelangen.

Die literarhistorische Erschließung der zwanziger Jahre, und namentlich der unter „Neue Sachlichkeit" rubrizierten Erzählprosa ist längst noch nicht abgeschlossen. Auch die zögernde kritische Behandlung von Horváths Erzählwerken aus dieser Zeit ist ein Beweis dafür. Geht man von der Erfahrung mit seiner Prosa aus, so gilt es zu betonen, daß die Schlagwörter, die damals im Umlauf waren (Neue Sachlichkeit, Neuer Realismus, Montage, Berichtstil, Reportage), eine sehr breite Skala literarischer Möglichkeiten zu bezeichnen versuchten, eine Skala, der man sich heute mit einem neugierigen Blick auf unorthodoxe Schreibweisen und Zwischentöne nähern sollte. Die Beschäftigung mit repräsentativen Autoren jener Zeit, wie Döblin, Heinrich Mann, Joseph Roth und Feuchtwanger hat gezeigt, wie nuanciert sich manche Tendenzen der Epoche darbieten.

Eine Entdeckung oder zumindest eine größere Beachtung von Horváths eigentümlichem Beitrag zur erzählenden Prosa läßt offenbar länger auf sich warten als bei manchen anderen Schriftstellern. Der Grund dafür ist wohl in erster Linie darin zu suchen, daß diese Prosa keinem der herkömmlichen Erwartungsmuster völlig entspricht. Die in einem besonderen Sinne vulgär, subliterarisch sich gebärdende Diktion verstört den vom psychologischen oder poetisch exponierten Roman herkommenden Leser; jedoch der unter dieser Ebene sich bewegende Konsument von Literatur, der sogenannte Unterhaltungsleser, wird sich mit Horváth ebensowenig anfreunden können: er wird nicht nur eine handfeste Story vermissen, er wird auch sehr bald durch die maskenhaften Züge verunsichert werden und die Wertungsgewißheit verlieren, die ihm sonst die gewohnten literarischen Vorgangsweisen in den Werken seiner Autoren garantieren. Kurzum, Horváth ist ein Autor, der sich – drückt man es auf seine Weise aus – zwischen die Stühle gesetzt hat. Es ist zu hoffen, daß künftige Leser ihm einen angemessenen Platz verschaffen werden.

Anmerkungen

1 H. Karasek: Das Prosawerk Ödön von Horváths. In: *Über Ödön von Horváth,* Hrsg. von D. Hildebrandt und T. Krischke, Frankfurt 1972, S. 79.
2 Ebenda, S. 81.
3 Vgl. meine Besprechung der frühen Tagebücher, Brecht-Jahrgang 1977, Frankfurt 1977, S. 211 ff.
4 von Horváth: *Gesammelte Werke,* Frankfurt 1972, Band V, S. 15. Zur Biographie vgl. die Darstellung von D. Hildebrandt: *Ödön von Horváth in Selbstzeugnissen und Bilddokumenten* (Rowohlts Monographien), Reinbek bei Hamburg 1975.
5 Band V, S. 167.
6 Ebenda, S. 171.
7 A. Döblin: *Aufsätze zur Literatur,* Olten/Freiburg im Breisgau 1963, S. 288.
8 Band VIII, S. 486.
9 Ebenda, S. 501.
10 Ebenda, S. 423.
11 Band V, S. 105.
12 H. Kesten: *Ein ausschweifender Mensch. Das Leben eines Tölpels,* Berlin 1929, S. 7–10.
13 Vgl. dazu den Sammelband *Erzählung und Erzählforschung im 20. Jahrhundert,* hrsg. von R. Kloepfer und G. Janetzke-Dillner, Stuttgart 1981.
14 Vgl. den Artikel „Verfremdung" in: *Moderne Literatur in Grundbegriffen,* hrsg. von D. Borchmeyer und V. Žmegač, Frankfurt 1987.
15 Ebenda, S. 181 f.
16 Band VIII, S. 511.
17 Ebenda, S. 489.
18 „Transzendental" bezeichnet den logischen Ort im Diskurs des kommentierenden, mit dem Leser kommunizierenden Erzählers. In Stanzels Terminologie (*Theorie des Erzählens,* Göttingen 1979) wäre hier von einer Interferenz des Erzählermodus und des Reflektormodus zu reden. – Wichtige Beobachtungen zu einzelnen Aspekten von Horváths Erzählwerken enthalten die Studien von A. Steets: *Die Prosawerke Ödön von Horváths, Versuch einer Bedeutungsanalyse,* Stuttgart 1975, und A. Fritz: *Zeitthematik und Stilisierung in der erzählenden Prosa Ödön von Horváths,* Aalborg Universitetsforlag 1981. – Zur Sprache in Horváths Dramen vgl. K. Bartsch, U. Baur , D. Goltschnigg (Hrsg.): *Horváth-Diskussion,* Kronberg/Ts. 1976.
19 Band VIII, S. 514.
20 Band V, S. 155 f.
21 Band VIII, S. 500.
22 Band V, S. 157 und 168.

Zur Wirkungsgeschichte der Wiener Moderne: Karl Kraus und Adorno

In der bereits sehr umfangreichen Literatur über Adorno gibt es nur ganz wenige Arbeiten, die sich in der Argumentation auf lebensgeschichtliche Daten einlassen; zu stark ist die Befürchtung, der Ruch des Anekdotischen könnte die gedankliche Leistung kompromittieren. In der Beurteilung dieser Frage sollte freilich als alleiniges Kriterium die Funktionalität von Daten innerhalb eines Begründungszusammenhanges gelten. Der folgende Versuch über Adornos Kunstauffassung und bestimmte ästhetische Theoreme der Wiener Jahrhundertwende dürfte jedenfalls an der Legitimität biographischer Momente keinen Zweifel lassen. Die einleitenden Erkundungen zu unserem Thema können sich zudem auf den Autor selbst berufen, auf authentische Äußerungen, die seinen persönlichen Beziehungen zu Wien und dessen künstlerischer Moderne besonderes Gewicht verleihen.

An einer bisher kaum beachteten Stelle, in der Vorrede zu dem 1968 veröffentlichten Buch über Alban Berg, bezeichnet Adorno sich selbst als einen „Musiker der zweiten Wiener Schule".[1] Diese Zuordnung mag auch manchen Kenner seines Werkes überraschen. Sie ist verständlich, wenn man bedenkt, daß die zeitweilig dominierende Beschäftigung mit Musik nicht nur wissenschaftlichen und kulturphilosophischen Interessen entsprach, sondern auch kreativen Neigungen: Adorno war auch Musiker im engeren Sinne des Wortes, Komponist und geschulter Pianist. Im Gegensatz zum Musiktheoretiker hielt allerdings der praktizierende Musiker seine Neigungen von öffentlicher oder gar berufsmäßiger Ausübung fern. Allenfalls können die Anleitungen im Buch *Der getreue Korrepetitor* sowie in der gemeinsam mit Hanns Eisler verfaßten Studie *Komposition für den Film* als Eingriffe in die musikalische Praxis angesehen werden. Entscheidend ist der Umstand, daß gerade die Bindung an die Sphäre der Musik eine enge Beziehung zur österreichischen Kultur begründet hat. Bleibende Erkenntnisse und Erfahrungen gewann er, nachdem er in Frankfurt über ein Problem in Husserls Philosophie promoviert hatte, um die Mitte der zwanziger Jahre in Wien. Als Komponist und Musikanalytiker war er Schüler von Alban Berg, Klavierunterricht auf fortgeschrittener Stufe nahm er bei Eduard Steuermann. Das ganze Jahr 1925 verbrachte er in Wien. Längere Aufenthalte hat es nach dieser Zeit nicht mehr gegeben, so daß Martin Jay in seiner Geschichte der Frankfurter Schule etwas zu großzügig rechnet, wenn er von drei österreichischen Jahren Adornos spricht.[2] Unter den wenigen – schriftstellerisch durchgearbeiteten – Lebenszeugnissen ist sicherlich nicht zufällig eines der eindringlichsten und umfangreichsten das private Kapitel der schon erwähnten Berg-Monographie; es trägt den Titel *Erinnerung* und entwirft ein erzählendes Porträt des Wiener Komponisten, à la recherche du temps perdu. Die Atmosphäre und kulturelle Bedeutung Wiens gehören indes, als ein Teil persönlicher Erfahrung, zur Grundierung auch mehrerer anderer Essays, etwa in den Versuchen über Mahler, Schreker und Webern aus den Bänden *Klangfiguren* und *Quasi una fantasia,* vor allem aber im Essay *Wien* (der erstmals 1960 in der Wiener Zeitschrift *Forum* erschien), einem Versuch über die Kulturgeschichte der Stadt und deren Musik seit der Jahrhundertwende.

Auch das Porträt Wiens könnte man gleich der Strawinsky-Studie aus *Quasi una fantasia* ein „dialektisches" Bild nennen. In Adornos Skizze treten die widersprüchlichen Züge der Stadt hervor, in der er selbst seine stärksten musikalischen Eindrücke empfing und fraglos auch bleibende literarische. Neben Schönberg und den anderen Meistern der zweiten Wiener Schule wird am häufigsten Karl Kraus genannt. Die künstlerische und intellektuelle Strenge, welche die Wiener Musik von Mahler bis Webern ebenso kennzeichnet wie etwa die Bestrebungen von Adolf Loos in der Architektur und Karl Kraus in der Publizistik, wird von Adorno als eine Form des Widerstands gegen den ästhetischen Kulinarismus des Wiener Milieus vor dem Ersten Weltkrieg gedeutet, eines Widerstands, der freilich ohne die Traditionen dieses Milieus kaum vorstellbar gewesen wäre.

In das Bildnis Alban Bergs aus dem Kapitel *Erinnerung* fließen eigene Züge des Verfassers allerdings nur sparsam ein. So erfährt man über die literarischen Erfahrungen Adornos lediglich im Zusammenhang mit dem Unterricht bei Berg. Erwartungsgemäß spielen Kraus und Hofmannsthal dabei eine Rolle. Beide Autoren haben ihn auch später noch beschäftigt, beiden ist je ein Essay gewidmet: von Hofmannsthal handelt der 1942 im Exil entstandene essayistische Kommentar zum Briefwechsel zwischen George und dem Wiener Dichter, von Karl Kraus die 1965 veröffentlichte kleine Studie über das Buch *Sittlichkeit und Kriminalität.* Das im Gegensatz zur Haltung des Lehrers offenbar schon damals differenziertere Urteil des Schülers ist folgender Passage der *Erinnerung* zu entnehmen:

„Bergs Stellung zu Kraus war die uneingeschränkter Verehrung; wann immer ich in Wien war, haben wir gemeinsam jede erreichbare Kraus-Vorlesung besucht. Doch glaube ich nicht, daß er damals mit ihm, den er gut kannte, selbst zusammenkam, abgeneigt der Sphäre zudringlicher Bewunderung. [. . .] Die Beziehung zu Kraus war die zur Autorität; für Berg, ähnlich wie für den Georgekreis, war das Wort Meister auf einen Künstler noch unerschüttert anwendbar. Einmal redete ich von Hofmannsthal und dem Turm und von der Möglichkeit, das Trauerspiel, in der Fassung der Neuen Deutschen Beiträge, zu komponieren. Heute noch meine ich, ihm wäre kein Stoff so sehr auf den Leib geschrieben gewesen wie dieser oder der verwandte des Kaspar Hauser. Aber als getreuer Leser der Fackel wollte er mit Hofmannsthal nichts zu schaffen haben und hätte nicht um die Burg zugegeben, daß jener eine andere Seite hatte als die der Salzburger Festspiele."[3] Welche andere Seite des Wiener Autors Adorno im Sinn gehabt haben mag, wird noch später zu erörtern sein.

Beachtung fordert ferner die Tatsache, daß Adornos literarische Präferenzen – und erst recht seine musikalischen – bis zuletzt die prägende Wirkung Wiens erkennen ließen. Sein Kanon war weitgehend derjenige der radikalen künstlerischen Kreise in Österreich, so daß im Hinblick auf die ästhetische Erfahrungsgrundlage die Frankfurter Schule, wenn man so will, eine Fortsetzung der zweiten Wiener Schule ist. Auffallend, wenn auch weniger bekannt, ist der Umstand, daß Adorno sein Leben lang in seiner literarischen Orientierung gerade jene Autoren bevorzugte, die vom Schönberg-Kreis oder von Karl Kraus besonders geschätzt wurden. Das herausragende Beispiel ist Stefan George, ein Dichter, der trotz mancher gerade aus Adornos Sicht höchst problematischer Züge sowohl als Lyriker wie auch als sozialgeschichtliches Phänomen den Theoretiker ungemein faszinierte. Es gibt bei Adorno kaum eine Erörterung über Lyrik, in der nicht auch von George die Rede wäre. Zu bedenken ist dabei die Rolle, die Georges Dichtung im musikalischen Schaffen Schönbergs und Weberns spielte, man denke nur an Schönbergs Lieder op. 15, nach Georges *Buch der hängenden Gärten,* oder an die Gesangssätze des II. Streichquartetts. Von George führt der Weg zurück zum französischen Symbolismus, zu Baudelaire vor allem, den Alban Berg in der Übertragung Georges vertonte (*Der Wein, Konzertarie mit Orchester*) und der für Adorno, wie auch für Benjamin, zu den Schlüsselgestalten der europäischen Moderne zählte. Auch das sehr ausgeprägte Interesse für Paul Valéry ist in Zusammenhang mit der von Baudelaire und Mallarmé herkommenden Traditionslinie zu sehen. Die Aufmerksamkeit, die Adorno einem weiteren deutschen Autor der Jahrhundertwende, dem Lyriker und Essayisten Rudolf Borchardt, entgegenbrachte, wäre vollends ohne die Bindung dieses Dichters an George und später an Hofmannsthal kaum zu erklären.

Das Interesse für die kritische Substanz der Wiener literarischen Moderne, das Adorno so nachhaltig bekundete, hängt nicht zuletzt mit dem gesamten Habitus seines Denkens zusammen, dessen Verankerung in einer bestimmten philosophisch-essayistischen Tradition evident ist. Die Denk- und Darbietungsform, der ein großer Teil seines Gesamtwerks angehört, ist bedingt als unakademisch zu bezeichnen. Mit Recht nennt Habermas[4] den neben Herbert Marcuse bekanntesten Vertreter der Frankfurter Schule einen Schriftsteller unter den Philosophen. Nach Hegels Tod, erläutert Habermas, seien Schriftsteller an die Plätze der großen Philosophen getreten: Kierkegaard (dem gewiß nicht zufällig Adornos erstes Buch gilt) habe sich selbst als einen religiösen Schriftsteller bezeichnet, Nietzsche als einen philosophischen. Und in dieser Überlieferungslinie sei auch Walter Benjamin zu sehen, der mit seiner bewußt unakademischen bzw. unsystematischen Schreibweise Adorno sichtlich beeinflußt habe. Daher sei es keineswegs verfehlt oder ungerecht, in der Sammlung von Aphorismen und Kurzessays *Minima Moralia* Adornos eigentliches Hauptwerk zu erblicken.

Diesen denkerischen Kontext hat auch Adorno selbst betont. In der Einleitung zur ersten Ausgabe von Benjamins Schriften, 1955, entwirft er eine Charakteristik seines Freundes, welche die „induktive“, vom einprägsamen Detail ausgehende Reflexionsform der *Einbahnstraße* und anderer Arbeiten in Zusammenhang mit der Überlieferung des aphoristischen Denkens in Deutschland bringt. „War Benjamins Dissertation einem zentralen theoretischen Aspekt der frühen deutschen Romantik gewidmet, so ist er in einem Friedrich Schlegel und Novalis sein Leben lang verpflichtet geblieben, in der Konzeption des Fragments als philosophischer Form, die gerade als brüchige und unvollständige etwas von jener Kraft des Universalen festhält, welche im umfassenden Entwurf sich verflüchtigt.“[5]

Im Hinblick auf unser Thema ist vor allem der Umstand maßgeblich, daß hier Philosophiegeschichte und Literarhistorie konvergieren. Die von Adorno und Habermas angedeutete deutsche Tradition läßt sich indes noch umfassender benennen. Sie setzt noch vor dem frühromantischen Athenäum-Kreis mit dem aufklärerischen Skeptizismus in den aphoristischen Aufzeichnungen Lichtenbergs ein. Theoreme der Aufklärung sind – in einer sich immer mehr differenzierenden Überlieferung – auch dem romantischen Fragment eigen, ebenso der zeitlich folgenden jungdeutschen Essayistik, etwa bei Heine und Börne. Entscheidend für die Entwicklung im ausgehenden 19. und im 20. Jahrhundert sind allerdings erst die Wirkungen, die von Schopenhauer und vor allem von Nietzsche ausgingen. Ohne Nietzsches Praxis einer philosophischen Schriftstellerei kann man sich die Hinwendung zu einer unakademischen, wenn nicht gar antiakademischen Denkweise kaum vorstellen. Außer Zweifel ist dabei, daß namentlich die literarische Rhetorik Nietzsches ausschlaggebend war, nicht so sehr der einzelne Gedanke.

Daher überrascht es nicht, daß sehr unterschiedliche Autoren unter diesem Gesichtspunkt versammelt werden können. In der deutschsprachigen Literatur sind es so unterschiedliche wie z. B. Simmel, Kraus, Polgar, Hofmannsthal, Benjamin, Bloch und aus der Frankfurter Schule Adorno und Horkheimer. Die Tradition des herkömmliche Systematik vermeidenden, gleichsam punktuellen Denkens hat besonders die Schreibweise (und das heißt stets auch die Denkweise) Benjamins und Adornos geprägt. Die Abneigung gegenüber dem systematisch angelegten Denkgebäude, hinter dem immer auch schon Gewalt vermutet wird, sowie der Glaube an das analytische Vermögen, das am anschaulich erfahrenen Detail die Erkenntnis gesellschaftlicher Zusammenhänge entfaltet, sind von den Autoren selbst dargelegt worden. Ernst Bloch sprach 1928 aus Anlaß des Erscheinens von Benjamins *Einbahnstraße* von einer „Revueform in der Philosophie". Kleine Formen wie Sinnspruch, Unterweisung, Dialog, Traktat seien immer schon, betont Bloch, Ausdruck legitimen Philosophierens gewesen, lange vor der Zeit der großen Systeme. In der Gegenwart habe jedoch die Zersplitterung der Systeme besondere Bedeutung. „Nun zieht, mit dem bürgerlichen Vernunftprinzip a priori, auch das System ab, das seinen idealistischen Zusammenhang einzig aus diesem Vernunftprinzip bestritten und entwickelt hatte. Das geschlossene Lehrgebäude vergeht im selben Akt wie der abstrakt-geschlossene Kalkül des Bürgertums; dergestalt, daß Nietzsche das System sogar ‚Wille zur Unehrlichkeit' taufen konnte."[6] In diesem Kontext sieht Bloch Benjamins Annäherung an die Form des philosophischen Notats, die als „überlegte Improvisation" erscheint, „als Abfall des gesprungenen Zusammenhangs, als Folge von Träumen, Aphorismen, Losungen, zwischen denen höchstens quere Wahlverwandtschaft wünscht, da zu sein".[7] Blochs Diagnose trifft ohne Einschränkung auch auf Adornos kurze Prosa zu – wobei weniger die Abhängigkeit oder Unabhängigkeit der Zeitgenossen voneinander von Interesse ist als vielmehr die gemeinsame literarisch-philosophische Herkunft.

Die Wiener Komponente – die durch das Interesse für Kraus und Hofmannsthal auch bei Benjamin vertreten ist – hat bisher erstaunlich wenig Beachtung gefunden. Der italienische Adorno-Kenner Carlo Pettazzi hat offenbar als erster auf die Beziehungen zu Wien und das Verhältnis zu Karl Kraus hingewiesen. Die Ergebnisse seiner Mailänder Dissertation *Ricerche sulla formazione del pensiero filosofico di Th. W. Adorno* von 1973 faßt sein Beitrag zum Adorno-Sonderband von *Text + Kritik* zusammen. Pettazzi beschränkt sich jedoch im wesentlichen darauf, den Frankfurter Autor als Bewunderer und wohl auch stilistischen Schüler des Sprachmeisters Kraus zu interpretieren. Die Stadt der Sozialdemokratie, die Stadt Otto Bauers, Karl Renners und Max Adlers sei Adorno offensichtlich fremd geblieben; gegolten habe fast nur die ästhetische Kultur. In literarischer Hinsicht sei Kraus maßgebend geworden. „Der Haß gegen die Phrase, die bis zur Artistik gesteigerte syntaktische Komposition, die Vorliebe für den Aphorismus und den prägnanten Ausdruck, all das verbindet die Sprache der ‚Minima Moralia' mit der Prosa jenes Autors, der die Nächte damit zubrachte, die *dreiste Dirne Sprache* wieder zur *Jungfrau* zu machen."[8] Pettazzi zitiert auch Adornos mit seltener Emphase vorgebrachtes Lob des Schriftstellers, „der in der sprachlichen Kraft der Einzelformulierung, der Prägnanz der Details, auch dem Reichtum an syntaktischen Formen von keinem seiner deutschen und österreichischen Zeitgenossen übertroffen ward". Hinzuzufügen wäre allerdings, daß Adorno an dieser Stelle seines Essays über *Sittlichkeit und Kriminalität* auf den eigentümlichen Umstand aufmerksam macht, daß Kraus sich in seiner Prosa den großen Formen gegenüber gleichgültig verhielt. Zu erklären sei das aus der Methode der immanenten Kritik, deren sich Kraus zumeist bediente.[9] Wichtig ist diese Feststellung schon deshalb, weil sie zugleich eine versteckte Selbstdeutung enthält: denn auch Adornos Essayistik und Aphoristik entzündet sich vorwiegend an der Einzelerfahrung, am bezeichnenden Detail, am Zitat. Auch darin, daß die begriffliche Formulierung oft jäh in ein prägnantes Bild umschlägt, die Metapher den Gedanken abschließt und gleichsam versiegelt, ist er sowohl Kraus als auch Benjamin verwandt.

Feststellungen dieser Art bleiben jedoch vage, solange sie nicht durch den Nachweis konkreter Übereinstimmungen gestützt erscheinen, vor allem im Bereich der gedanklichen Substanz. Pettazzi beschränkt sich hier freilich auf die Vermutung, die Themen der verstümmelten Natur und der Regression gesellschaftlicher Formen, die zu den leitenden Motiven der *Dialektik der Aufklärung* gehören, seien eine eigentümliche Version der Kulturkritik von Kraus. Es überrascht, daß Pettazzi das Thema der Kunst, vorrangig für Kraus und erst recht für Adorno, außer acht läßt. Dabei tritt gerade in den von ihm zitierten *Minima Moralia* eine Kunstauffassung zutage, die auf frappante Weise die Nähe zu Karl Kraus vor Augen führt.

Der erste und im doppelten Sinne führende aphoristische Satz in der 143. Aufzeichnung der *Minima Moralia* lautet lapidar: „Aufgabe von Kunst heute ist es, Chaos in die Ordnung zu bringen." Die vermutlich formal gemeinte Überschrift „In nuce" kann man ruhig auf die Bedeutung dieses Gedankens für die gesamte Ästhetik Adornos beziehen: Im weitesten Sinne des Wortes ist Kunst, moderne autonome Kunst, für Adorno bekanntlich eine Form des Widerstandes gegen den Zwang der Gesellschaft in allen Erscheinungsarten der Herrschaft und damit eine Verkörperung ersehnter Freiheit. Der Begriff „Chaos" ist bewußt paradox, denn die „Unordnung" beruht zugleich auf höchster Ordnung, nämlich auf der durchdachten künstlerischen Stimmigkeit des Werkes. „Chaotisch" kann die ästhetische Ordnung somit nur im Gegensatz zu den scheinbaren Ordnungen sozialer Gebilde sein – eine andere Bedeutung ist von der Sache her ausgeschlossen. Daß das Kunstwerk unter den Gesichtspunkten seiner Immanenz, d. h. der Organisation seiner Elemente, eine Ordnung darstellt, erhellt aus dem zweiten Aphorismus des 143. Stückes: „Künstlerische Produktivität ist das Vermögen der Willkür im Unwillkürlichen."

Willkür ist hier das alte Wort für die Verfügungsgewalt des kreativen Subjekts über das Material, und es ist keine belanglose Koinzidenz, daß Adorno hier einen Ausdruck gebraucht, der in einer entscheidenden Formulierung Friedrich Schlegels vorkommt: im 116. Athenäums-Fragment, wo die Ausdrucksfreiheit des emanzipierten Künstlers (Dichters) mit den Worten beschworen wird, es gäbe für ihn nur ein Gesetz, nämlich daß seine „Willkür" kein „Gesetz über sich leide".[10] Auch die von Adorno hier angedeutete dialektische Spannung zwischen der „Willkür" und dem „Unwillkürlichen" ist romantischen Ursprungs; man findet sie abermals in einer Maxime des jungen Friedrich Schlegel: „In jedem guten Gedicht muß alles Absicht, und alles Instinkt sein. Dadurch wird es idealisch."[11] Die Terminologie sollte nicht daran hindern, zu erkennen, daß die erwähnten Postulate des ausgehenden 18. Jahrhunderts bereits die Anfänge jener Moderne signalisieren, die als Makroepoche in Adornos Geschichtstheorie eine maßgebliche Rolle spielt.

Erst auf dem Hintergrund einer so angelegten modernistischen Ästhetik ist der oben artikulierte Gegensatz begreifbar, die Opposition von Ordnung und Chaos, die nicht rein poetologisch, sondern vielmehr geschichtsphilosophisch begründet ist. Im Grunde handelt es sich bei diesem Gedanken um eine Ergänzung zu der wohl am häufigsten zitierten Maxime der *Minima Moralia,* die lautet „Das Ganze ist das Unwahre" (Schlußsatz des 29. Stücks). Der ein Theorem Hegels weiterführende und korrigierende Satz[12] zielt nicht auf eine metaphysisch gedachte Totalität, sondern auf das jeweils ideologisch gefügte Ganze der Gesellschaft – eben die in dieser Totalität enthaltene scheinhafte Ordnung. Das „Chaos", das von der Kunst, vor allem aber von der Kunst der Moderne ausgeht, hat seine Wahrheit darin, daß es die Ordnung des unwahren Ganzen sprengt und widerlegt. Am lapidarsten hat Adorno diese Auffassung in einem Satz der *Ästhetischen Theorie* ausgedrückt: „Dissonanz ist die Wahrheit über Harmonie."[13] Chaos in die Ordnung zu bringen bedeutet nichts anderes, als die Wahrheit über die Harmonie durch die Dissonanz auszusagen.

Eine systematische Lektüre der Aphorismenbände von Kraus läßt erkennen, wo der Ursprung mancher Maximen dieser Ästhetik vermutlich zu suchen ist: im Wien der Zeit nach der Jahrhundertwende. Der 1912 erschienene Band *Pro domo et mundo* enthält an exponierter Stelle folgenden Gedanken: „Kunst bringt das Leben in Unordnung. Die Dichter der Menschheit stellen immer wieder das Chaos her."[14] Die Übereinstimmung zwischen den Aufzeichnungen von Kraus und von Adorno ist nahezu wörtlich. Daß es sich keineswegs um eine beiläufige Ähnlichkeit handelt, wird aus den verwandten Denkkontexten deutlich. Auch Kraus vertrat – in seiner poetischen Praxis allerdings nur teilweise – eine spezifisch modernistische Poetik der Verfremdung und Verunsicherung, eine Kunstkonzeption, die nicht idealistische Überhöhung und harmonische Sublimierung anstrebt, sondern Irritation, Störung von Wahrnehmungs- und Denkklischees. Daß die Dissonanz die Wahrheit über die Harmonie sei, könnte ebensogut bei Kraus stehen. Und in der Tat, der Gedanke findet sich in einer analogen Formulierung ebenfalls unter den Aphorismen von *Pro domo et mundo*: „Die Verzerrung der Realität im Bericht ist der wahrheitsgetreue Bericht über die Realität."[15] Die Begründung für diese Sicht der Dinge ist in dem vorausgehenden aphoristischen Satz enthalten, in einem Notat, das ebenfalls zentralen Gedankengängen entspricht. Gemeint ist der Satz: „Die Phrase und die Sache sind eins." In einer Welt, in der die Phrasen, d. h. gelenkte Sprache, die Dinge beherrschen und förmlich verdecken, ist vermeintliche Objektivität, die Rede davon, „was der Fall ist", bereits Teilnahme am ideologischen Trug. Auszubrechen ist aus diesem Kreis nur mit Hilfe der von Kraus formulierten Paradoxie, wonach nur die Verzerrung der Realität, d. h. die bewußte Abweichung vom Faktischen und von der Phrase, einen Ausblick auf die Wahrheit garantiert. Die gleiche dialektische Denkfigur liegt einem Aperçu der *Minima Moralia* über die Psychoanalyse zugrunde: „An der Psychoanalyse ist nichts wahr als ihre Übertreibungen" (29. Stück).

Übertragen auf die Kunst, heißt das, die Kunst könne der heutigen Welt nur beikommen, indem sie auf herkömmliche Wiedergabe der Realität oder auf vorgegebene Ordnungsmuster verzichtet und es mit dem „Chaos" der Störung hält. Darin, daß es auf eine „Ästhetik der Opposition" ankommt (um es mit einem Begriff aus der Literaturtheorie Lotmans[16] zu benennen), decken sich die Thesen von Kraus und Adorno. Dennoch ist der Unterschied zwischen den beiden Aussagen zu beachten. In Adornos Aphorismus über Kunst und Chaos ist ausdrücklich von der Kunst *heute* die Rede, es kann also kein Zweifel daran sein, daß die Stelle im Zusammenhang von Adornos Auffassungen von Modernität gesehen werden muß. Der Text des Wiener Autors erweckt dagegen den Eindruck, es handle sich um einen Wesenszug der Kunst aller Zeiten: es heißt ja, die Dichter der Menschheit stellten *immer wieder* das Chaos her. Trotzdem darf man annehmen, daß auch bei Kraus eine relativierende, historische Sicht den Hintergrund bildet. Unmittelbar vor dem zitierten Gedanken „Kunst bringt das Leben in Unordnung . . ." findet sich nämlich folgendes Notat: „Weh der Zeit, in welcher Kunst die Erde nicht unsicher macht und vor dem Abgrund, der den Künstler vom Menschen trennt, dem Künstler schwindlig wird und nicht dem Menschen!"[17] Die Ästhetik der verunsichernden Schocks ist folglich nicht allen Zeitaltern eigen, aber sie wird aus der Sicht des Autors als ein Imperativ an die Kunst überhaupt empfunden. Die Auffassung von Kraus ist insofern generalisierend, als sie die eigentümlichen, „destruktiven" Folgen der Kunst zu einer Forderung an *große* Kunst macht, zu einem Postulat, ohne daß die besonderen Bedingungen gesellschaftlicher Natur bedacht würden, die ein solches modernes Verständnis von Kunst erst begründen.

Anderseits ist in diesem Kontext daran zu erinnern, daß auch bei Adorno die Grenze zwischen den Kunstwerken der Moderne und der Kunst vormoderner Zeiten nicht immer deutlich gezogen erscheint. Namentlich Hans Robert Jauß hat auf die daraus entspringenden theoretischen Antinomien hingewiesen.[18] So ist etwa in der These der *Ästhetischen Theorie*, alle Kunstwerke, auch die affirmativen, seien „a priori polemisch"[19], sicherlich eine Grenzüberschreitung zu der Vergangenheit hin zu erblicken, zu den Zeitaltern vorautonomer, naiv affirmativer Kunst.

Außer allem Zweifel ist dagegen ein anderer Unterschied zwischen Adorno und Kraus. Ungebrochen behauptet sich bei dem älteren Autor die Verherrlichung des Künstlers, vor allem in dem oben angeführten Wort von dem „Abgrund, der den Künstler vom Menschen trennt" und der den Künstler nicht schwindlig machen dürfe. Zu erkennen ist darin fraglos die seit dem 18. Jahrhundert und vollends seit der Romantik sich steigernde Selbstgewißheit des autonomen Künstlers, jenes idolatrische Verständnis, das seinen prägnantesten Ausdruck wohl im Urteil Friedrich Schlegels fand, die Künstler seien der Gipfel der Menschheit: Was die Menschen unter den anderen Bildungen der Erde, das seien die Künstler unter den Menschen.[20] Adorno ist hingegen weit davon entfernt, den modernen Künstlermythos zu überliefern. Im Lichte der Kritischen Theorie tritt vielmehr die widerspruchsvolle Position des Künstlers in Erscheinung, das Wechselspiel seiner Rollen in der Gesellschaft, sein Sozialcharakter, der keine blinde Affirmation erlaubt. Wenn es – nach einem Gedanken der *Minima Moralia* – kein richtiges Leben gibt im falschen, dann kann auch die Existenz des Künstlers nicht als etwas Absolutes gelten, das frei wäre von den Antinomien der Gesellschaft.

Kein Wunder, daß sich im Umkreis dieser Gedankengänge Adornos Kritik an Kraus entzündet. Eine der ganz wenigen kritischen Stellen unter den zahlreichen Kraus-Nennungen in Adornos Schriften findet sich in den *Minima Moralia* (134. Stück), in den Reflexionen über „Juvenals Irrtum", d. h. über die Schwierigkeit, eine Satire zu schreiben. Die Satire setzt ein gesichertes Feindbild voraus, ungetrübte Gewißheit darüber, was gut und was verwerflich sei, kurz: einen Horizont, der das Selbstverständliche kennt. Heute, meint Adorno, müssen solche Voraussetzungen als eine Form von Blindheit gelten. Die Kraft, die Kraus aus einem ungebrochenen Dualismus für seine Satiren zieht, ist zugleich auch seine Schwäche. „. . . kein Witz von Karl Kraus zaudert in der Entscheidung darüber, wer anständig und wer ein Schurke, was Geist und was Dummheit, was Sprache und was Zeitung sei."[21] Die Satire des Wiener Autors, die ihren Humanismus als invariant setzt, nimmt gerade dadurch restaurative Züge an.

Es ist kennzeichnend, daß Adornos Solidarität mit Kraus dort ihre Grenzen hat, wo Kraus einer unreflektierten Positivität das Wort redet und daher der Urteilsbildung einer negativen Dialektik nichts mehr zu sagen hat. Höchste Anerkennung fand dagegen bei Adorno bis zuletzt

Kraus' Gesellschaftskritik im Bereich der Sexualmoral, vor allem in *Sittlichkeit und Kriminalität*, wie auch seine Kritik der Sprachpraxis, eine kritische Leistung, angesichts deren Adorno nicht zögerte, von einem Modell für die Wissenschaft zu sprechen. In seiner Einleitung zum Sammelband *Der Positivismusstreit in der deutschen Soziologie* heißt es im Hinblick auf die Methoden soziologischer Forschung: „Sein Werk mag keine Wissenschaft sein, aber ihm müßte eine gleichen, die auf den Namen Anspruch hätte.“[22]

Es gilt hier darzustellen, was Adorno der geistigen Kultur der Wiener Jahrhundertwende verdankt, freilich ohne kleinliches Interesse an dem Nachweis sogenannter Einflüsse. Im übrigen hat er selbst die in Wien empfangenen Impulse – von der Musik bis zur Psychoanalyse, auf die gesondert einzugehen wäre – stets dankbar vermerkt.[23] Sollte an der Authentizität der Beziehungen Adornos zu Kraus noch Zweifel sein, so kann dieser durch eine Bemerkung aus der *Ästhetischen Theorie* beseitigt werden. Es wird dort dargelegt, der Gedanke, Kunst habe Chaos in die Ordnung zu bringen, sei wohl zuerst von Kraus ausgesprochen worden. Auf die Kenntnisse, die Adorno von Kraus gehabt haben muß, fällt hier ein klares Licht. Von Interesse ist aber namentlich der Umstand, daß Adorno an dieser Stelle – ohne sein eigenes Notat aus den *Minima Moralia* zu erwähnen – geradezu von einem modernen ästhetischen Topos spricht: „Mehrfach ist, zuerst wohl von Karl Kraus, ausgesprochen worden, daß, in der totalen Gesellschaft, Kunst eher Chaos in die Ordnung zu bringen habe als das Gegenteil.“[24] Einen Hinweis auf andere Autoren enthält die Stelle allerdings nicht, so daß man hier auf Vermutungen angewiesen ist. Es dürfte sich indes, entgegen den Andeutungen Adornos, durchaus um eine Prägung Wiener bzw. Frankfurter Provenienz handeln. Überblickt man nämlich die Kunsttheorie und Programmatik vom Naturalismus bis zum Expressionismus, so erscheint diese Auffassung eher isoliert. (Die dadaistischen Proklamationen, wenige Jahre nach Kraus' Maximen veröffentlicht, scheiden in diesem Zusammenhang aus, denn in ihnen sind Kunst und Realität gleichermaßen abgewertet, und gerade der emphatische Kunstbegriff, der ja noch die Sicht von Karl Kraus beherrscht, wird hier zur Zielscheibe des Spottes.) Ihren Inhalt verdankt die Chaos-Maxime bei Adorno, und zum Teil sicherlich auch bei Kraus, der Praxis unkonventioneller Expressivität in den Jahren um 1910: in den Partituren Schönbergs, den Gedichten Trakls, der Malerei der „Brücke“ und des „Blauen Reiters“.

Hier gilt es wohl, zwischen der Substanz der Werke und dem Wortlaut der Programme zu unterscheiden. Adorno selbst spielt auf diesen

Unterschied an, wenn er in einem rückblickenden Aufsatz aus dem Jahre 1950 erklärt, „daß der Expressionismus große, bleibende Kunstwerke hervorbrachte, deren Begriff vielleicht mit seinem eigenen unvereinbar ist".[25] Eine Sichtung der expositorischen Schriften der Bewegung zeigt jedenfalls, daß die – an zahlreichen Stellen vorkommende – entsprechende Denkfigur an der herkömmlichen Gegenüberstellung von chaotischer Realität und strukturierender, formschaffender Kunst festhält. In einer der bedeutendsten Thesenschriften des Expressionismus, in der *Rede für die Zukunft* von Kurt Pinthus, geschrieben im Sommer 1918, wird die Natur, die empirische Realität als Umwelt des Menschen, ausdrücklich als das „Chaotische, Unbekannte" gedeutet, im Gegensatz zum Geist und dessen „ordnende[r] . . . Kraft". Die Kunst aber gilt als der sinnfälligste Ausdruck der kreativen, wesentlich amimetischen Macht des Geistes.[26]

Viel eher wäre es möglich, die ästhetischen Maximen Kraus' und Adornos mit der Kunsttheorie einiger Zeitgenossen in Verbindung zu bringen, von denen sicherlich weder der ältere noch der jüngere Autor Kenntnis gehabt haben. Gemeint sind die Vertreter des sogenannten Formalismus in der russischen Literaturtheorie in den Jahren vor und nach 1917. Die Kunst, und namentlich die moderne Kunst, ist nach dem rezeptionsästhetischen Verständnis der „Formalen Schule" ein Umgang mit Zeichensystemen, der zum Ziel hat, die eingefahrenen, automatisierten Wahrnehmungsformen zu stören und eine neue, spontane Perzeption der Dinge zu ermöglichen. Semiotisch gesprochen: durch einen Entropie-Effekt wird der Informationswert der Zeichen erhöht, durch Irritation der Erwartung Bedeutung geschaffen. In Viktor Šklovskijs grundlegendem Aufsatz *Kunst als Verfahren* heißt es: „Ziel der Kunst ist es, ein Empfinden des Gegenstandes zu vermitteln, als Sehen, und nicht als Wiedererkennen; das Verfahren der Kunst ist das Verfahren der ‚Verfremdung' der Dinge und das Verfahren der erschwerten Form, ein Verfahren, das die Schwierigkeit und Länge der Wahrnehmung steigert . . ."[27] Nichts anderes ist im Grunde in der Ästhetik des Chaos intendiert. Ordnung ist in beiden Fällen die Bezeichnung für den Stand der Dinge, der nicht in Frage gestellt erscheint, einen Stand kommunikativer Selbstverständlichkeit, ob es sich nun um Stumpfheit der Sinne handelt oder um das Unvermögen, in den zur zweiten Natur gewordenen gesellschaftlichen Verhältnissen die keineswegs natürliche Konvention zu erkennen. Das von den Künstlern erzeugte Chaos, das komponierte Chaos sozusagen, empfängt dagegen seinen Sinn aus dem Widerstand gegen Regularitäten, die Monotonie und Stumpfheit erzeugen.

In einem weiteren sehr gewichtigen Fragenkomplex ist die Verwandtschaft zwischen der Kritischen Theorie und dem gedanklichen Potential der Wiener Jahrhundertwende nicht weniger offenbar. Es geht hier vor allem um die Besinnung darüber, in welchem Maße auch die Kunst selbst als etwas Selbstverständliches, immer und überall Gültiges anzusehen sei. Der geschichtsphilosophischen, von Hegel ausgehenden Frage nach dem „Ende der Kunst“ tritt eine andere, aktuell moralisch akzentuierte zur Seite: die Frage, ob der „schöne Schein“ der Kunst sich mit ruhigem Gewissen behaupten dürfe angesichts des realen Leides und Elends in der Welt. Eine extreme Position im Rahmen dieser Problematik hatte in den Nachkriegsjahren Adorno bezogen. In seinem 1949 geschriebenen Aufsatz *Kulturkritik und Gesellschaft* finden sich die oft, aber nicht immer genau zitierten Sätze: „Noch das äußerste Bewußtsein vom Verhängnis droht zum Geschwätz zu entarten. Kulturkritik findet sich der letzten Stufe der Dialektik von Kultur und Barbarei gegenüber: nach Auschwitz ein Gedicht zu schreiben, ist barbarisch, und das frißt auch die Erkenntnis an, die ausspricht, warum es unmöglich ward, heute Gedichte zu schreiben.“[28] Eingeschränkt hat Adorno diese Auffassung erst anderthalb Jahrzehnte später, in der *Negativen Dialektik*, und zwar auf eine für ihn bezeichnende Weise: Der Dialektik der kulturellen Konventionen setzt er die Dialektik des nackten subjektiven Ausdrucks entgegen. Das Leid in der Welt habe ebensoviel Recht auf Ausdruck wie der Gemarterte zu brüllen; daher mag es falsch gewesen sein zu behaupten, nach Auschwitz ließen sich keine Gedichte mehr schreiben.[29]

Weniger beachtet wurde eines der in diesen Zusammenhang gehörenden Denkmotive der *Minima Moralia*. Die folgende Stelle, viel weniger provokant formuliert als die obengenannte, macht die verborgene Beziehung zu Goethes Zweifel erkennbar. „Was an Schönem unterm Grauen noch gedeiht, ist Hohn und häßlich bei sich selber. Dennoch steht seine ephemere Gestalt für die Vermeidbarkeit des Grauens ein. Etwas von dieser Paradoxie liegt auf dem Grunde aller Kunst; heute kommt sie daran zutage, daß Kunst überhaupt noch existiert. Die festgehaltene Idee des Schönen verlangt, Glück zu verwerfen und zugleich zu behaupten“ (77. Stück).

Die Frage, ob Adorno die Tradition seiner Thesen gekannt hat, ist belanglos. Im Hinblick auf sein Moderneverständnis, das weitgehend von den Konstellationen in der zweiten Hälfte des 19. Jahrhunderts bestimmt ist, verdient jedoch der Umstand Aufmerksamkeit, daß die moralische Dialektik von Kunst und Realität zum Gedankenhorizont dieser Moderne gehört und daß der Anteil der Wiener Moderne abermals sehr ausgeprägt ist. Der wichtigste Autor ist diesmal Hugo von Hofmannsthal, der in Dichtungen und Briefen am eindringlichsten die Zweifel an einer rein ästhetischen Lebenshaltung ausgedrückt hat und stellenweise sogar zu radikalen Fragestellungen vorgestoßen ist. Tagebuchaufzeichnungen wie auch Briefe aus der Zeit um die Jahrhundertwende, vor allem die Korrespondenz mit Beer-Hofmann und dem Grafen Kessler, enthalten zahlreiche Zeugnisse dieser Art. Komprimiert findet sich die gesamte Problematik in einer Eintragung aus dem Jahre 1893, die den erstaunlichen Weitblick des jungen Autors bekundet: „Lebensangst. Zweifel an der Existenzberechtigung der Kunst gegenüber dem Elend der Welt."[30] Daß es sich nicht um einen flüchtigen Einfall einer impressionistischen Sensibilität handelt, sondern um eine leitmotivische Antinomie, zeigt ein Notat aus dem Jahre 1905. Es hält einen Augenblick des Bewußtseins fest, den quälenden Gedanken, daß die gerade verflossenen friedlichen Augenblicke, der Kunst gewidmet, für viele Menschen in aller Welt gleichzeitig unsägliches Leid bedeuten. Der impressionistische Augenblick wird hier zum geschichtsphilosophischen Motiv. Die Eintragung trägt die lapidare Überschrift *Weltzustand.* „Während ich hier in Lueg am Rande des Waldes über dem leuchtenden See sitze und schreibe, ereignet sich in der Welt dieses: In Venezuela läßt der Diktator Castro in den überfüllten Gefängnissen erwürgen und zu Tode martern: die Leiche eines Verbrechers bleibt an den lebenden jungen Obersten X. so lange angekettet, bis der Oberst wahnsinnig wird. In Baku schießen seit acht Tagen die Armenier und Tartaren aufeinander, werfen Frauen und Kinder in die Flammen der Häuser, das Ganze erleuchten auf Meilen die roten Riesenflammen der brennenden Petroleumlager. [. . .] Und die Gefängnisse! die unschuldig Verurteilten! und die sogenannten Schuldigen! und die Armenviertel von London und New York . . ."[31] Die eigentümliche Simultaneitätserfahrung nicht weniger als die an Adorno erinnernde gesellschaftshistorische Substanz machen diese Aufzeichnung zu einem der unbekannten Schlüsseltexte der Moderne.

Der geschichtliche Abstand, der Adorno von den Wiener Autoren trennt, ist wohl am genauesten an den Gedanken über die Zukunft der Kunst zu ermessen. In Hofmannsthals Gedanken erscheint die Kunst gleichsam einer Zerreißprobe ausgesetzt, doch Wert und Weiterleben ästhetischer Kreativität stehen außer Frage. Von einem Ende der Kunst, einer gesellschaftlichen Aufhebung dieser Tätigkeit ist nirgendwo die Rede. Auch bei Karl Kraus nicht: Die Würde, ja die Selbstverständlichkeit der Kunst galten ihm als unantastbar. Ein Epigramm, das ein Xenion Goethes auf sehr bezeichnende Weise abwandelt, begreift die Kunst stolz, aber keineswegs aufklärerisch als eine mythische Instanz, der Wissenschaft – anders als bei Goethe – weit überlegen. „Wer Kunst und Religion besitzt, der hat auch Wissenschaft. / Wer diese beiden nicht besitzt, der habe Wissenschaft.“[32] Ein Ende der Kunst hätte sich Kraus nur zugleich mit dem Untergang der Menschheit vorstellen können, einem realen Untergang. Einen metaphorischen könne, ja müsse die Kunst überleben, heißt es in einer für unser Thema besonders wichtigen Aufzeichnung: denn ihr Sinn ist, Negation zu sein, Absage an die Machenschaften der Zeit. „Kunst kann nur von der Absage kommen. Nur vom Aufschrei, nicht von der Beruhigung. Die Kunst, zum Troste gerufen, verläßt mit einem Fluch das Sterbezimmer der Menschheit. Sie geht durch Hoffnungsloses zur Erfüllung.“[33] Knapper und einprägsamer läßt sich der Kerngedanke von Adornos Ästhetik der Negativität nicht formulieren.

Wohin Kraus dem Vertreter der Kritischen Theorie nicht gefolgt wäre, ist leicht zu erschließen. Die „Erfüllung“, von der Kraus spricht, ist der Sieg der Kunst über das schlechte Heute, gewiß nicht deren Auflösung. Adorno, der die Kunst sozialgeschichtlich konkreter begreift und sie zu den Erscheinungsformen des objektiven Geistes zählt, entwirft dagegen in einer utopischen Projektion ihr Ende. Im Gegensatz zu Hegel, der nur einen Bedeutungsverlust diagnostizierte, ist bei Adorno von einem qualitativen Endpunkt die Rede. Solange die Menschheit in einem unbefriedeten Zustand verharrt, ist die Kunst notwendig als Gegenentwurf. „Erst einer befriedeten Menschheit würde die Kunst absterben“, heißt es in der *Philosophie der neuen Musik*.[34] Ihr Tod heute wäre bloß ein Sieg des „bloßen Daseins“ über das Bewußtsein, das ihm Widerstand leistet. Der Sinn dieses Widerstandes offenbare sich heute am deutlichsten in der Dialektik der Funktionalität. „Das Pseudos des von Intellektuellen proklamierten Endes der Kunst liegt in der Frage nach ihrem Wozu, ihrer Legitimation vor der Praxis jetzt und hier. Aber die Funktion der Kunst in der gänzlich funktionalen Welt ist ihre Funktionslosigkeit . . .“ – so die Formulierung der *Ästhetischen Theorie*.[35]

Der entscheidende Unterschied zwischen der Kulturkritik der Wiener und dem geschichtsphilosophischen Entwurf Adornos ist durch die historische und damit relativierende Sicht der Kritischen Theorie gegeben. Während für die älteren Autoren die Kunst offenbar ein anthropologisches Apriori ist, erscheint sie bei Adorno als etwas Befristetes, etwas, worauf der Mensch paradoxerweise gerade in einem utopischen

Zustand der Humanität verzichten könnte. Der Mensch würde damit das aufgeben, was etwa Schiller als Kern der humanen Anlage betrachtet hat. Es bleibt allerdings offen, wie radikal der vermutlich vom jungen Marx inspirierte Gedanke Adornos zu verstehen ist: Meint er ein völliges Absterben der Kunst oder lediglich die Aufhebung des modernen, autonomen Kunstbegriffes? Allein die Beantwortung dieser Frage würde die Suspension jenes Bilderverbots voraussetzen, das bei Adorno über die utopische Rede verhängt ist.

Nur an ganz wenigen Stellen in Adornos Schriften wird die kritische Negation modifiziert durch Andeutungen positiver utopischer Inhalte. Zu nennen ist namentlich der Essay *Fortschritt* von 1962, ein geschichtsphilosophischer Versuch, der Fortschrittsvorstellungen, „imagines" entwirft, die sich nur demjenigen seltsam ausnehmen mögen, der nicht den Anteil der Wiener Moderne an der geistigen Bildung Adornos berücksichtigt. Bilder humanen Fortschritts sind nach Adorno in manchen keineswegs obsoleten Vorstellungen der Jahrhundertwende zu erkennen, so in der jugendstilhaften imago von „Dekadenz", das heißt von „extremer Individuation". Der Irrationalismus dieser Dekadenz widerlegte die Unvernunft der herrschenden Vernunft.[36] Als Kronzeugen einer Sensibilität, die die Stumpfheit der Menschen einst ablösen könnte, zitiert Adorno abermals einen Wiener Autor – den in den ersten Jahrzehnten nach 1945 nahezu vergessenen Peter Altenberg. Der Wiener Bohemien – zitiert aus einer von Karl Kraus edierten Auswahl – erscheint, keinesfalls überraschend, als einer der kulturkritischen Aszendenten der Kritischen Theorie. Man darf vermuten, daß er für Adorno auch selbst eine imago darstellte, ein Bild von jenem Wien, dem er einen Teil seiner Identität verdankte.

Anmerkungen

1 Th. W. Adorno: Berg. Der Meister des kleinsten Übergangs, Wien 1968, S. 3.
2 M. Jay: Dialektische Phantasie. Die Geschichte der Frankfurter Schule und des Instituts für Sozialforschung 1923–1950, Frankfurt am Main 1976, S. 42. Vgl. den Briefwechsel Adornos mit Krenek, hrsg. von W. Rogge, Frankfurt am Main 1974, u. a. S. 236.
3 Adorno: Berg, S. 32 f.
4 Über Theodor W. Adorno. Mit Beiträgen von K. Oppens u. a., Frankfurt am Main 1968, S. 36.
5 Th. W. Adorno: Über Walter Benjamin, hrsg. von R. Tiedemann, Frankfurt am Main 1970, S. 37.

6 E. Bloch: Erbschaft dieser Zeit, Frankfurt am Main 1973, S. 369.

7 Ebenda.

8 C. Pettazzi: Studien zu Leben und Werk Adornos bis 1938, in: Theodor W. Adorno. Sonderband der Reihe Text + Kritik, hrsg. von H. L. Arnold, München 1977, S. 25.

9 Th. W. Adorno: Noten zur Literatur III, Frankfurt am Main 1965, S. 75 f.

10 F. Schlegel: Kritische Schriften, hrsg. von W. Rasch, München 1964, S. 39.

11 Ebenda, S. 7.

12 Zur Interpretation vgl. F. Grenz: Adornos Philosophie in Grundbegriffen, Frankfurt am Main 1974, S. 133. Auch in der *Ästhetischen Theorie* kehrt der Gedanke wieder: „Die ästhetische Ganzheit ist die Antithesis des unwahren Ganzen" (S. 429 der Erstausgabe).

13 Th. W. Adorno: Ästhetische Theorie, Frankfurt am Main 1970, S. 168.

14 K. Kraus: Beim Wort genommen (Dritter Band der Werke, hrsg. von H. Fischer), München 1955, S. 279. – Vgl. J. Quack: Bemerkungen zum Sprachverständnis von Karl Kraus, Bonn 1976. Das Buch enthält einen Exkurs über Kraus und Adorno, geht aber auf die ästhetische Problematik kaum ein.

15 Ebenda, S. 229.

16 J. M. Lotman: Die Struktur des künstlerischen Textes, hrsg. von R. Grübel, Frankfurt am Main, S. 436 ff.

17 Beim Wort genommen, S. 279.

18 H. R. Jauß: Negativität und ästhetische Erfahrung. Adornos ästhetische Theorie in der Retrospektive. In: Materialien zur ästhetischen Theorie. Th. W. Adornos Konstruktion der Moderne, hrsg. von B. Lindner und W. M. Lüdke, Frankfurt am Main 1980.

19 Ästhetische Theorie, S. 264.

20 Kritische Schriften, S. 93.

21 Vgl. dazu auch Benjamins Versuch über Kraus.

22 Th. W. Adorno u. a.: Der Positivismusstreit in der deutschen Soziologie, Neuwied und Berlin 1969, S. 58.

23 Es ist evident, daß namentlich die sprachspielerischen Neigungen Adornos sowie seine Art, Kritik mit metaphorischer Phantasie zu verbinden, Anregungen von Kraus empfangen haben. Zu vergleichen wären etwa Adornos Einfälle im Essay *Satzzeichen (Noten zur Literatur I)* mit Kraus' Aufsätzen zur Sprachkritik (*Die Sprache. – Zweiter Band der Werke,* München 1954).

24 Ästhetische Theorie, S. 144.

25 Th. W. Adorno: Kritik. Kleine Schriften zur Gesellschaft, Frankfurt am Main 1971, S. 26.

26 K. Pinthus: Rede für die Zukunft, in: Die Erhebung. Jahrbuch für neue Dichtung und Wertung, hrsg. von A. Wolfenstein, Berlin (1919), namentlich S. 410 ff.

27 Texte der russischen Formalisten, Bd. I, hrsg. von J. Striedter, München 1969, S. 15.

28 Aufgenommen in den Essayband *Prismen*, Frankfurt am Main 1955 (Taschenbuchausgabe DTV, München 1963, S. 26).

29 Th. W. Adorno: Negative Dialektik, in: Gesammelte Schriften, Bd. 6, Frankfurt am Main 1973, S. 355.

30 H. v. Hofmannsthal: Gesammelte Werke in zehn Einzelbänden. Reden und Aufsätze III, Frankfurt am Main 1980, S. 363.
31 Ebenda, S. 462.
32 K. Kraus: Worte in Versen I, Leipzig 1916, S. 21.
33 K. Kraus: Auswahl aus dem Werk, Auswahl von H. Fischer, München 1957, S. 149.
34 Th. W. Adorno: Philosophie der neuen Musik, Tübingen 1949, S. 9.
35 Ästhetische Theorie, S. 475.
36 Th. W. Adorno: Stichworte. Kritische Modelle 2, Frankfurt am Main 1969, S. 38. – Die Beziehungen zwischen künstlerischer Originalität (bzw. Innovation) und ökonomischer Struktur in der Warengesellschaft werden von Adorno nur relativ flüchtig behandelt. Vgl. vor allem die *Ästhetische Theorie*, S. 39 ff. und 257 ff. Die entsprechenden Passagen aus Benjamins *Zentralpark* gehören in diesen Zusammenhang und mögen anregend gewirkt haben. Adorno, der sonst mit Hinweisen auf Wiener Autoren nicht geizte, hatte offenbar keine Kenntnis davon, daß ein weiterer Österreicher, Hermann Bahr, in seinem Essayband *Inventur* (Berlin 1912) eine höchst erwägenswerte Theorie der Beziehungen zwischen Ökonomik und ästhetischer Innovation (und damit eine Theorie künstlerischer Entwicklung in der Moderne) entworfen hatte. Die Analogien der Ansätze von Bahr und von Adorno wären gesondert zu untersuchen. Vgl. zu Bahrs Studien V. Žmegač (Hrsg.): *Deutsche Literatur der Jahrhundertwende* (Neue Wissenschaftliche Bibliothek, 113), Königstein/Ts. 1981, S. XVIII ff.

Dramenform und Geschichtsphilosophie

Überlegungen zu Dramen des 20. Jahrhunderts

Dem Zuschauer bietet sich folgendes Bühnenbild dar: Man erkennt das Modell „Bühne auf der Bühne“, d. h. auf der eigentlichen Bühne befindet sich eine Spielbühne. Auf dieser ist eine improvisierte Feldherrnkanzlei zu sehen, ein Feldbett, Landkarten, Akten, ein Telefon, ein Videogerät, an der Wand Poster mit Filmschauspielern in Napoleon-Rollen. Die Fotos signalisieren gleichsam Spiel im Spiel, denn auf der Bühne befindet sich auch leibhaftig Napoleon, wobei es offen bleibt, ob man von Napoleon oder vielmehr von *einem* Napoleon sprechen soll. Im Raum jener Fiktion, mit der wir es hier zu tun haben, ist jedenfalls alles möglich. Denn Napoleon „in klassischer Uniform und Pose“, laut Regieanmerkung, sieht sich eine tonlose Videoaufzeichnung der „Gräfin Waleska“ an und sagt: „Ich schau mir die ‚Gräfin Waleska‘ an mit Greta Garbo und Charles Boyer. Der Film kam gestern im Fernsehen, und ich ließ ihn aufzeichnen.“ Er setzt sich die Sonnenbrille auf. „Die Garbo nannte man ‚die Göttliche‘, und Goethe sah in mir einen Dämon. Warum ist schleierhaft. Den Ton hab ich abgeschaltet, der Dialog ist mir zu stupid.“[1]

Es handelt sich um den Anfang des ersten Aktes in Friedrich Dürrenmatts letztem Bühnenwerk, in *Achterloo*, einer „Komödie in zwei Akten“. Daß es kein Geschichtsdrama im herkömmlichen Sinn ist, braucht nicht weiter erläutert zu werden. Bereits die Gattungsbezeichnung, von allem anderen abgesehen, würde ausreichen, den kundigen Leser stutzig zu machen. Weiß man doch, daß die Komödie aus mancherlei Gründen ein gebrochenes Verhältnis zu historischen Stoffen hat: im Privaten oder aber im Bereich des Mythischen und Metahistorischen beheimatet, tut sich das Lustspiel schwer damit, geschichtliche Figuren in eine für die Komödie taugliche Perspektive zu rücken, ohne in die Banalitäten der Sicht durch das Schlüsselloch abzugleiten.

Bei Dürrenmatt geht es freilich nicht so sehr um Probleme klassischer Poetik, etwa um das von Schiller behandelte Problem der dramaturgischen Integration geschichtlicher Figuren, sondern vielmehr um die Frage, ob historische Gestalten überhaupt noch einen Sinn ergeben. Vergleiche mit anderen Stücken von Dürrenmatt sowie mit Bühnenwerken anderer zeitgenössischer Autoren lassen erkennen, daß die Anwesenheit historischer Figuren und Daten ein prägendes Element ist, daß aber zugleich der Anspruch auf Authentizität im Sinn des herkömmlichen Geschichtsdramas völlig aufgegeben erscheint. In *Achterloo* wird Napoleon mit seinem filmischen Nachruhm, mit Marx und mit Kardinal Richelieu konfrontiert, in der *Chinesischen Mauer* von Max Frisch muß der französische Imperator es sich gefallen lassen, in ein Gespräch über das Atom und die moderne Demokratie verwickelt zu werden, in Dürrenmatts frühem Stück *Romulus der Große* unterhält sich der letzte römische Kaiser mit einem Hosenfabrikanten über die wirtschaftliche Zukunft im Wortschatz der modernen Soziologie, im übrigen in einem Tonfall, als habe er Bernard Shaw gelesen.

Es ist offensichtlich, daß in allen diesen Bühnentexten das gleiche Verfahren bestimmend ist: die historische Authentizität weicht dem Grundsatz des Anachronismus. Auch über den literarischen Sinn dieses Prinzips besteht kein Zweifel. Man kann ihn im Versuch erblicken, die Historie als Ganzes in das dramatische Modell einzubeziehen und nicht nur bezeichnende Episoden zu wählen, etwa aus dem Mittelalter, der Renaissance, den Napoleonischen Kriegen. Mit anderen Worten (und das ist zugleich die Grundthese der folgenden Ausführungen): das Geschichtsdrama weicht in unserer Zeit dem *geschichtsphilosophischen* Drama. Das augenfälligste Zeichen dieses Wandels ist gerade der sehr bewußt durchgeführte Verzicht auf alle jene Mittel musealer Illusion, auf die das herkömmliche historische Drama angewiesen war.

Sieht man von einigen dokumentarischen Dramen ab (in denen das Interesse freilich fast ausnahmslos zeitgeschichtlichen Stoffen gilt), so scheint es evident, daß das Historiendrama in den letzten Jahrzehnten in eine ästhetische Vertrauenskrise geraten ist und fast schon obsolet wirkt. Die letzten kräftigen Impulse gingen vor einem halben Jahrhundert von der Verfremdungsästhetik aus. Als eines der letzten repräsentativen Bühnenwerke dieser Art darf Brechts *Leben des Galilei* gelten. Aus literarhistorischer Sicht nehmen sich heute die Innovationen Brechts paradoxerweise eher als ein Nachhutgefecht aus. Einige Äußerungen des Autors, in denen von mangelnder Konsequenz die Rede ist, lassen erkennen, daß er sich dessen durchaus bewußt war. Die Historie erscheint im *Galilei* zwar anders gewendet, materialistisch, nach dem Verständnis Brechts, doch die Voraussetzung dafür war offenbar das Festhalten an den traditionellen Kategorien der historischen Gestalt, des überlieferten Geschehens, des authentischen Kostüms gleichsam. Gebraucht man die Begriffe aus Nietzsches Essay *Vom Nutzen und Nachteil der Historie für das Leben*, so ist der Umgang des „Stückeschreibers" mit der Geschichte als kritisch zu bezeichnen, nicht dagegen als antiquarisch oder affirmativ. Dennoch ist Brechts Problemstück traditionell, ja konservativ im Beharren auf dem Gedanken geschichtlicher Repräsentanz. Wie im überlieferten Geschichtsdrama gibt es darin das Nebeneinander historisch authentischer und frei erfundener Gestalten, wobei die letzteren nicht selten als Zulieferer von Stichworten für die Entfaltung der historischen Mittelpunktsfigur dienen. Der Umstand, daß diese als widerspruchsvoll gezeigt wird, ändert nichts am bevorzugten Status der Figur, vor allem aber nichts an der Tatsache, daß im dramatischen Bilderbogen sozusagen Anschauungsunterricht über die Rolle der Persönlichkeit in der Geschichte erteilt wird – durchaus mit der Betonung auf individuellen Zügen.

Eine Theorie der heute vorherrschenden Auffassung wird man daher nicht in den Schriften über dialektische und nichtaristotelische Dramaturgie finden, sondern viel eher in der Essayistik eines Zeitgenossen, dessen Anschauungen bei Brecht bezeichnenderweise Mißtrauen hervorriefen. Das Mißtrauen beruhte übrigens auf Gegenseitigkeit. Gemeint ist Theodor W. Adorno. Seine Schriften haben zwar mit literarischer Programmatik nichts zu tun, können jedoch in manchen Punkten als Kommentare zu den Voraussetzungen moderner Literatur gelesen werden.

Besondere Aufmerksamkeit verdient im Hinblick auf unser Thema der *Offene Brief an Rolf Hochhuth*, geschrieben im Juni 1967. Der Brief, der zu Recht seinen Platz unter Adornos Essays gefunden hat, ist vordergründig eine Antwort des Autors auf eine polemische, im übrigen nicht sehr durchdachte Äußerung Hochhuths über die Wirkung der Frankfurter Schule. Der Anlaß mag heute nichtig erscheinen; bedenkenswert sind dagegen die Bemerkungen, die den Text zu einem Versuch über geschichtliche Stoffe im modernen Drama machen. Es geht dabei vor allem um die Frage, ob historische Persönlichkeiten heute als Protagonisten des Dramas noch möglich, d. h. künstlerisch überzeugend sein können. Im Grunde handelt es sich dabei um die ästhetische Legitimität des Geschichtsdramas überhaupt – bedenkt man nämlich, daß mit der dramaturgischen Existenzfähigkeit der mehr oder minder authentischen Persönlichkeit das Geschichtsdrama im überlieferten Verständnis steht oder fällt.

Adorno berührt, allerdings mit anderen Begriffen, das Problem der historischen Repräsentation. Die Logik der Historiendramatik, von Schiller bis zu den Neoklassizisten des zwanzigsten Jahrhunderts, beruhte auf der Idee repräsentativer Geltung. Die realen Erfahrungen eben dieses Jahrhunderts verbieten nun aber nach Adornos Meinung die dramatische Darstellung personaler Repräsentanz. Wenn auch im

Offenen Brief namentlich von der Gegenwart die Rede ist, erweist sich die Ausdehnung der Fragestellung auf den gesamten Bereich der Historiendramatik aus heutiger Sicht fast als zwingend.

Das Drama der Persönlichkeiten – und damit ist ja in besonderem Maße gerade das Geschichtsdrama gemeint – hat weitgehend seine Glaubwürdigkeit eingebüßt. In einer Zeit, in der die Individualität von Werbung und Propaganda mißbraucht und zugleich von Diktatoren mit Füßen getreten wird, empfindet man den Schein der großen Namen als besonders obsolet, meint Adorno. Ästhetisch legitim ist heute nur noch das namenlose Leid, nicht mehr die große historische Gebärde.

„Dem Künstler, der weder dem Äußersten sich entziehen noch es gestalten kann, bleibt wohl nichts übrig, als bei den Opfern anzusetzen, ihre Darstellung jedoch den gewohnten Wirkungszusammenhängen des mittleren Lebens so fern zu rücken, daß an ihnen das Äußerste aufginge, ohne daß es thematisch würde; fast wagt Scham kaum es zu nennen." Das Zusammengehen von sogenannter realistischer Abbildlichkeit und Schockerfahrung ist nach Adorno kaum noch möglich. „Keine traditionalistische Dramaturgie von Hauptakteuren leistet es mehr. Die Absurdität des Realen drängt auf eine Form, welche die realistische Fassade zerschlägt."[2] Daher vermögen „die Beckettschen Menschenstümpfe", folgert der Autor, realistischer zu sein als „die Abbilder einer Realität, welche diese durch ihre Abbildlichkeit bereits sänftigen".[3]

Obwohl Adorno diesen Begriff nicht gebraucht, könnte man in seinem Sinn von einem eigentümlichen Bilderverbot oder Persönlichkeitsverbot der modernen Literatur sprechen. Die von den Medien in Beschlag genommenen Persönlichkeiten aus Gegenwart und Vergangenheit entziehen sich gerade wegen der Theatralik, mit der sie in der Öffentlichkeit versehen werden, der ernst zu nehmenden ästhetischen Formung.

Die Sichtung theoretischer Äußerungen über das zeitgenössische Drama zeigt, daß Adornos Brief an Hochhuth sich auf eine merkwürdige Weise mit einer zehn Jahre früher entstandenen literarästhetischen und geschichtsphilosophischen Schrift berührt – mit Dürrenmatts *Theaterproblemen* von 1955, die man mit einem Blick auf Lessing eine Züricher Dramaturgie unserer Tage nennen könnte. Die Hauptgedanken dieses Versuchs werden oft zitiert; es genügt daher, wenn hier kurz an einige Thesen erinnert wird. Im wesentlichen geht es um die Unmöglichkeit, in der Gegenwart noch historische Dramen, insbesondere historische Tragödien, von traditioneller Machart zu schreiben. Die Welt Schillers und die Welt seiner Stoffe aus der Vergangenheit wurde noch von Transparenz beherrscht, von einem einsichtigen Zusammenhang zwischen Ursache und Wirkung, von persönlicher Entscheidung und historischer Folge, von individueller Verantwortung und gesellschaftlicher Norm. Das Geschichtsdrama setzt die erkennbare moralische Rolle des exponierten Einzelmenschen voraus.[4] Verschwindet die persönliche Verantwortung in den Irrgängen der Bürokratie, so verliert auch die Dramaturgie historischer Gestalten ihre eigentliche Grundlage.

„Die Macht Wallensteins ist eine noch sichtbare Macht, die heutige Macht ist nur zum kleinsten Teil sichtbar, wie bei einem Eisberg ist der größte Teil im Gesichtslosen, Abstrakten versunken. Das Drama Schillers setzt eine sichtbare Welt voraus, die echte Staatsaktion, wie ja auch die griechische Tragödie. Sichtbar in der Kunst ist das Überschaubare. Der heutige Staat ist jedoch unüberschaubar, anonym, bürokratisch geworden [. . .] Die echten Repräsentanten fehlen, und die tragischen Helden sind ohne Namen. Mit einem kleinen Schieber, mit einem Kanzlisten, mit einem Polizisten läßt sich die heutige Welt besser wiedergeben als mit einem Bundesrat, als mit einem Bundeskanzler. Die Kunst dringt nur noch bis zu den Opfern vor, dringt sie überhaupt zu den Menschen, die Mächtigen erreicht sie nicht mehr. Kreons Sekretäre erledigen den Fall Antigone.“[5]

Die Schlußfolgerung Dürrenmatts ist bekannt: Wo die Tragödie nicht mehr greift, gehört das Feld der Komödie, vor allem der Komödie von groteskem Zuschnitt. Die Diagnose des Autors entsprach schon damals einer dramaturgischen Praxis. *Romulus der Große* ist eine „ungeschichtliche Komödie“, Max Frischs *Chinesische Mauer* eine „Farce“, um nur zwei bezeichnende Werke aus der Zeit unmittelbar nach 1945 zu nennen. Beide Stücke haben mit Geschichte sehr viel zu tun, und beide bestätigen zugleich die erwähnte These der *Theaterprobleme*. Es überrascht freilich, daß Dürrenmatt, zumindest in seiner Rolle als essayistischer Betrachter, sich und seinen Lesern nicht die Frage gestellt hat, was denn eigentlich übrig bleibt, wenn man aus der Historie das Moment geschichtlicher Authentizität entfernt und dennoch am Thema Geschichte festhält. Die Antwort wurde bereits angedeutet: Ungeschichtliche historische Dramen sind in ihrer Paradoxie legitimiert, wenn man ihre geschichtsphilosophische Substanz herausschält.

Man gelangt damit zu einem weiteren entscheidenden Punkt. Dürrenmatt spricht von Abstraktheit und von einer gesichtslosen Welt. Historiendramatik war in der Vergangenheit undenkbar ohne die Konkretheit des jeweiligen Hier und Jetzt. Die geschichtsphilosophischen Verallgemeinerungen und parabelhaften Anachronismen entsprechen dagegen einer Welt oder vielmehr einem Weltzustand, der mehr und mehr durch den Verlust konkreter Anschaulichkeit gekennzeichnet ist. Günther Anders hat dieses Phänomen in seinem Buch über die „Antiquiertheit des Menschen“ die Antiquiertheit des „Aussehens“ genannt. Mit der von Dürrenmatt diagnostizierten Wesenlosigkeit der vermeintlichen Persönlichkeiten, die eine Folge des Repräsentanzverlustes ist, stimmt die von Anders beschriebene Erscheinung überein, wonach die Dinge, und gerade die für die Zukunft der Menschheit entscheidenden, ihre eigentliche Beschaffenheit nicht mehr durch ihr Aussehen zu erkennen geben. Zum ersten Mal in der Geschichte kommt es in globalem Ausmaß zu einem Auseinanderfallen von Wesen und Erscheinung. Während einfache Geräte und Gebrauchsgegenstände nach wie vor zeigen, was sie sind, also die Einheit von Aussehen und Sinn erkennen lassen, ist ein Erzeugnis der Kernspaltung davon ausgenommen. Gerade die entscheidenden Hervorbringungen der Gegenwart, und darunter besonders die gefährlichsten, sehen „nach nichts“ aus, relativ harmlos. In ihrem Aussehen ist gleichsam Untertreibung enthalten, oder wie Anders sich ausdrückt, „negative Protzerei“.[6] Letztlich hat man es mit einer weitreichenden Krise der Erfahrung und des empirischen Prinzips im allgemeinen zu tun; darin berühren sich die Thesen des Dramatikers und des Philosophen.

Beurteilt man die literaturgeschichtliche Dimension von Dürrenmatts Ansicht, so drängt sich ein Vergleich mit einer grundlegenden Anschauung im Bereich der neuzeitlichen Dramatik auf: mit der in Lessings *Hamburgischer Dramaturgie* (vgl. das 24. Stück) vertretenen Maxime, derzufolge beim Umgang mit historischen Stoffen die Freiheit des Dichters den Vorrang hat vor den Verpflichtungen gegenüber der authentischen Überlieferung. Das gilt erst recht von den Versuchen, die Bühne der Geschichtsphilosophie und Kulturkritik zur Verfügung zu stellen, einer Sicht also, in der die Gegebenheiten von Zeit und Milieu nicht beachtet werden müssen. Das Betrachtungsfeld des frei verfahrenden Autors kann in einem einzigen Bogen von der Keule bis zur Atombombe reichen, denn der Gegenstand der Dramatik sind nicht mehr Figurenschicksale und beispielhafte geschichtliche Konstellationen, sondern Anschauungen über Sinn oder Unsinn in der Historie im allgemeinen. Sein Blick muß notwendigerweise vergleichend und damit viel eher relativistisch als exklusiv sein.

Von hier aus erscheint namentlich Dürrenmatts Zweifel an der Überzeugungskraft der Tragödie in der heutigen Welt als begründet. Der

Autor des *Romulus* hätte auch den deutschen Neuklassizisten der Jahrhundertwende Paul Ernst ex negativo zitieren können – nämlich dessen Diktum aus dem Essay *Das Drama und die moderne Weltanschauung* (1898), wonach der „schlimmste Feind alles Tragischen" die „Ansicht von der Relativität aller Sittlichkeit" sei.[7] Überträgt man Paul Ernsts poetologischen Grundsatz auf die Geschichte, erkennt man den Standort, den das geschichtsphilosophische Drama hinter sich gelassen hat. Der Kaiser Romulus, für den der Autor um Sympathien wirbt, erklärt seinen Dialogpartnern ausdrücklich, die Verabsolutierung eines bestimmten historischen Standpunktes sei verschlissene Ideologie.

Dürrenmatts Dramenpoetik und Zeitkritik ist unschwer mit den geschichtlichen Erfahrungen der dreißiger und vierziger Jahre in Verbindung zu bringen. Schon die zynische Verkettung von ideologischem Anspruch und gemeinem Terror in Osteuropa in den Jahrzehnten nach 1945 bot ausreichenden Anlaß zu relativistischen Einsichten und insbesondere zu skeptischer Beurteilung ideologischer Rhetorik. Es sei allerdings an dieser Stelle daran erinnert, daß poetologische Erschütterungen ähnlicher Art wie in Dürrenmatts *Theaterproblemen*, ausgelöst ebenfalls von zeitkritischen Diagnosen, bereits in den Jahren nach dem Ersten Weltkrieg erkennbar waren, und zwar bei einem Autor, den der streitbare Schweizer nicht sonderlich schätzte: bei Hofmannsthal.

Der als einseitig konservativ geltende Dichter veröffentlichte 1921 einen Aufsatz, *Die Ironie der Dinge*, in dem manche kulturkritischen Schlußfolgerungen späterer Zeiten vorweggenommen erscheinen. Es geht zwar nicht um das Problem des Geschichtsdramas, sondern um die Frage der Legitimität der Komödie in einer ernsten Zeit, allein die Begründung des Autors ist den Gedanken Dürrenmatts eng verwandt. Auch in seiner Argumentation ist die Legitimität einer besonders zeitgemäßen Dramengattung, nämlich der Komödie, kulturkritisch und letztlich geschichtsphilosophisch verändert. Der Krieg und die ihn begleitenden gesellschaftlichen Umwälzungen, schreibt Hofmannsthal, haben alle Dinge und Verhältnisse relativiert: das Heroische wird vom Mechanischen relativiert, das Pathetische vom Finanziellen. Unter diesen Umständen schlägt die Stunde der Komödie, nicht die Stunde der Tragödie, denn diese entfaltet sich nur im Raum des „Unbedingten", oberhalb der Schwelle gesellschaftlicher Determination. In einer Welt vielfältiger sozialer Verflochtenheit kann dagegen die Absolutheit eines Wertes und einer moralischen Norm keine unangefochtene Geltung mehr beanspruchen – und sie kann auch nicht mehr sinnfällig gemacht werden. Die gesamten Lebensverhältnisse – so pointiert der Autor –

werden von der Ironie, d. h. vom Grundsatz ironischer Relativierung erfaßt. Das eine Wirklichkeitselement „ironisiert" das andere, und die überlieferten Ordnungen und Wertehierarchien geraten ins Wanken.

Die Kette von Beispielen in Hofmannsthals Argumentation zeigt übrigens, daß das – von Dürrenmatt als entscheidend erachtete – Problem personaler geschichtlicher Repräsentation auch von Hofmannsthal notgedrungen in seine Überlegungen einbezogen werden mußte. *Die Ironie der Dinge* ist in diesem Sinn eben nicht nur mittelbar ein Beitrag zur Deutung der Krise im Geschichtsdrama. Der Krieg habe gezeigt, wie die Bedeutung des Einzelmenschen von den Bewegungen der ungeheuren Menschenmasse „ironisiert" werden kann, die Bedeutung der „Masse" jedoch wiederum von der Macht „einzelner Individuen, welche irgendwie die Hand an den Zügen und Schrauben hatten, mit denen dieses ungefüge Ganze für den Augenblick regiert werden konnte". Doch im gleichen Augenblick, gibt der Autor zu bedenken, geraten auch die führenden Persönlichkeiten in den Sog der stärksten Ironie: derjenigen, die durch den Widerspruch zwischen der vorschnellen Synthese der Wörter und der hartnäckigen Wirklichkeit der Dinge zustande kommt.[8]

Daß Geschichtsdramatik von herkömmlicher Art unter diesen Bedingungen nicht mehr möglich ist, daran konnte auch für Hofmannsthal kein Zweifel sein. Der Realitätserfahrung war nur mit der Komödie beizukommen, allenfalls mit der Gleichnisrede der Parabel und des Mythos. In seiner Einschätzung der „ironisierenden" Sicht unterscheidet er sich von Dürrenmatt allerdings darin, daß er im Gegensatz zum theologischen schwarzen Humor des Schweizers eine Rettung des ironischen Prinzips im Geiste romantischer Tradition vertritt. Die relativierende Kette der Ironie findet letztlich einen ruhenden Pol in der Allmacht des Dichters, dessen „Ironisierung" der Realität ein freies Spiel des Geistes ist, und damit ein Zeichen von Freiheit.

Wir sind in unserer Betrachtung an einem Punkt angelangt, wo es sich als notwendig erweist, einen Blick auf die Denkmuster der Geschichtsphilosophie zu werfen. Wenn moderne Dramen gleichsam vom Ganzen der Geschichte ausgehen, so ist die Frage erlaubt, wie dieses Ganze in der Vergangenheit gedacht worden ist. Ich verzichte darauf, Löwith oder Collingwood zu zitieren (Autoren, die in ihren Studien über die Geschichte der Geschichtsphilosophie ohnehin andere Akzente setzen), und verweise lieber unmittelbar auf Quellenschriften des achtzehnten und neunzehnten Jahrhunderts. Die beiden hier gewählten Verfasser zählen nicht zu den eigentlichen Klassikern der Geschichtsphilosophie, deren Reihe gewöhnlich durch Voltaire, Rousseau, Herder, Hegel und Nietzsche markiert erscheint. Die Rede ist von Kant und Heine.

Im Jahre 1798 versuchte Kant in seiner Schrift über den Streit der Fakultäten die Frage zu beantworten, *ob das menschliche Geschlecht im beständigen Fortschreiten zum Besseren* sei. Er unterscheidet darin drei Möglichkeiten, die Gesamtheit historischer Abläufe zu begreifen. Die Konstruktion der geschichtlichen Idee, d. h. einer Geschichte a priori, kann erstens davon ausgehen, daß sich die Menschheit stetig von ihrem vorausgesetzten glücklichen Ursprung entfernt. Diese Vorstellung eines fortlaufenden Rückschrittes nennt Kant eine „terroristische“ Idee. Die entgegengesetzte Vorstellung, getragen vom Optimismus eines unaufhaltsamen Fortschritts, wird „eudämonistisch“ genannt. Doch am meisten verbreitet ist nach Kants Meinung die dritte Anschauung, die er, übrigens wenig schmeichelhaft, mit Wielands Abderiten-Roman in Verbindung bringt. Gemeint ist mit dem Vergleich der Umstand, daß das Verhalten der Bürger von Abdera letztlich ins Absurde führt. Diese dritte Auffassung der Historie sieht darin ein Auf und Ab, ein Treiben, in dem Fortschritt und Rückschritt einander aufheben, so daß die Geschäftigkeit der Menschen, etwa im Pendeln zwischen Humanität und Barbarei, zwischen Vernunft und hemmungsloser Irrationalität, schließlich ohne jeden klar erkennbaren Sinn bleibt. Es ist nicht zu übersehen, daß sich Kant, wenn auch mit Vorbehalten, für die Hypothese sinnvoller Entwicklung ausspricht, und zwar mit Berufung auf den Grundsatz einer beschränkten Immanenz, auf die Annahme also, daß die geschichtlichen Abläufe auch ihre eigene Logik zu entfalten vermögen. Voraussagen seien sinnvoll unter der Bedingung, daß man auch selbst etwas unternimmt, um die Prognose der Verwirklichung entgegenzuführen.

Heines Aufsatz *Verschiedenartige Geschichtsauffassung* aus den frühen dreißiger Jahren reduziert die historische Diagnostik auf zwei Muster. Man erkennt darin unschwer den „abderitischen“ und den „eudämonistischen“ Typus Kants. Neu ist allerdings Heines Beurteilung der beiden Ansichten, vor allem aber eine Schlußfolgerung, in der die eigene Position sichtbar ist. Der ersten Auffassung zufolge ist das Leben der Völker ein „trostloser Kreislauf“, also ein Geschehen, das naturgeschichtliche Vergleiche aufkommen läßt. Das Auf und Nieder der Historie erinnert an den Wechsel der Jahreszeiten. Die Vertreter dieser Sicht „zucken die Achsel über unsere Zivilisation, die doch endlich wieder der Barbarei weichen werde . . .“[9] Heine nennt die Adepten des

Historismus sowie die Dichter der Goethezeit, der „Kunstperiode“, die auch die Romantik mit einschließt. Den Gipfel romantischer Geschichtsphilosophie konnte er damals freilich noch nicht nennen; der zweite Band von Schopenhauers Hauptwerk, *Die Welt als Wille und Vorstellung*, erschien erst 1844.

Der fatalistischen Ansicht, die überall stets nur den Kreislauf erkennt, steht eine idealistische mit optimistischer Ausrichtung gegenüber. Dieser zufolge ist das Goldene Zeitalter nicht hinter uns, sondern vor uns, und es gilt, alles zu unternehmen, um diese denkbare und mögliche Zukunft herbeizuführen. Dafür sind allerdings Opfer zu erbringen, und jede Generation hat ihren Beitrag zu leisten. Der idealistische Perfektionsentwurf ist gleichsam ein ständiges Projekt, das von Zeitalter zu Zeitalter weitervererbt wird. Heine verhehlt nicht, daß ihm keine von diesen beiden Ansichten völlig zusagt. Die fatalistische ist entmutigend, denn es erscheint sinnlos, etwas zu unternehmen, wenn ohnehin alles von einer mehr oder minder tristen Wiederholung beherrscht wird. Die optimistische dagegen ist bedenklich, weil die Gefahr besteht, daß vor lauter Zukunft einem die Gegenwart abhanden kommt, zumal die Opfer stets konkret sind, das Ziel jedoch abstrakt bleibt.

Mustert man nun die geschichtsphilosophisch intendierten Bühnenwerke der letzten fünf Jahrzehnte, von Thornton Wilder, Frisch und Dürrenmatt bis Thomas Bernhard, Heiner Müller und Tom Stoppard, so ist darunter kein einziges zu erkennen, das bereit wäre, den Lauf der Dinge mit einem eudämonistischen Stempel zu versehen. Der Gedanke, es gehe in der Historie trotz allem vorwärts, im Sinn eines stetigen Fortschritts, taugt heute allenfalls für parodistische Einfälle. (Nebenbei gesagt: Die Autoren, denen ein ungetrübter Optimismus noch zuzutrauen ist, enthalten sich in ihren Werken – sicherlich nicht ganz zufällig – geschichtsphilosophischer Rundblicke größeren Ausmaßes.)

Die letzte große theatralische Turmschau der Geschichte mit optimistischem Schwung ist, soweit ich sehe, vor fünfzig Jahren vorgenommen worden: von Thornton Wilder im Schauspiel *The Skin of Our Teeth*, in der deutschen Übersetzung unter dem Titel *Wir sind noch einmal davongekommen*. Es ist nicht unwichtig, zu bedenken, daß das Werk 1942 erschien, mitten im Krieg zwar, doch drei Jahre vor dem Abwurf der ersten Atombombe. Es hatte nach dem Krieg gerade in Deutschland einen starken Erfolg, der nicht zuletzt schon im Titel der deutschen Übersetzung vorgezeichnet war.

Die geschichtsphilosophische Perspektive wird vom Autor durch eine Kunstgriff aufgerissen, auf den kaum einer von den historiosophisch ausgerichteten Dramatikern oder Erzählern bisher verzichtet hat: nämlich auf das Verfahren der anachronistischen Koppelung beziehungsweise der Geschichtsmontage. *The Skin of Our Teeth* spielt zwar vordergründig in einem amerikanischen Bundesstaat in der Gegenwart, doch der Schauplatz ist buchstäblich ein Spiel-Raum der allgegenwärtigen Geschichte, von der Steinzeit bis zu Radio und Flugzeug. Die Anschaulichkeit der Anachronismen auf der Bühne feiert Triumphe: das archaische Herdfeuer gehört ebenso zum Lebensraum wie die Kinovorstellung. Mister Antrobus, der mit einem klassischen sprechenden Namen versehene Dramenheld, ist folgerichtig gleichsam eine phylogenetische Dramenfigur, ein Repräsentant der Menschheit, allerdings kein pathetischer, sondern eher ein leutselig-durchschnittlicher. Der im Sinn des Epischen Theaters agierende Ansager stellt ihn folgendermaßen vor: „Das Haus von Mr. George Antrobus, dem Erfinder des Rades. Die Entdeckung des Rades, die der Entdeckung des Hebels auf dem Fuße folgte, hat die Aufmerksamkeit des ganzen Landes auf die Person von Mr. Antrobus gelenkt, der in diesem reizvollen Villenvorort lebt. [. . .] Er kommt aus einer der ältesten Familien und hat sich sozusagen aus dem Nichts emporgearbeitet. Es heißt, daß er einmal Gärtner war, aber diese Stellung aus Gründen aufgab, über die verschiedene Berichte vorliegen. Mr. Antrobus ist mehrfacher Kriegsteilnehmer und verfügt über eine Anzahl von Narben, vorn sowohl wie hinten.“[10] Da Herr Antrobus, um – zumindest nach den ortsüblichen Vorstellungen – repräsentativ zu sein, eine Familie haben muß, wird gleich auch seine Frau vorgestellt: sie ist Präsidentin eines Mutter-Klubs und ausgezeichnete Näherin, sogar „die Erfinderin der Schürze, die seitdem so viele interessante Abwandlungen erfahren hat“. Rad und Schürze – die geschlechtsspezifischen Zuweisungen sind in diesem Drama geschichtlicher Universalien mehr als deutlich, ohne jenen Anflug von Ambivalenz, der etwa in der Anspielung auf die Gärtnerstelle (im Paradies) und die Gründe der Kündigung erkennbar ist.

Als Bahnbrecher des technischen und allgemeinen zivilisatorischen Fortschritts ist Antrobus eine „eudämonistische“ Figur wie sie wahrhaftig im Buche steht. Seine Erfindungen setzen den Menschen in Bewegung, sie bringen die Menschheit buchstäblich vorwärts, und seine Ausdauer ist lesebuchreif: er hat Naturkatastrophen und Kriege zu bestehen, kommt immer wieder davon, auch diesmal, und ist überzeugt davon, daß er es auch künftig schaffen werde. Dieser Ansicht muß auch eine andere Gestalt des Stückes sein, die ebenfalls im Stil des erzählenden Theaters zum Schluß die Zuschauer nach Hause entläßt: „Sie können jetzt ruhig nach Hause gehen. Das Ende dieses Stückes ist noch nicht geschrieben. Mr. und Mrs. Antrobus! Sie haben viele neue Pläne im Kopf und sind so zuversichtlich wie am ersten Tage, als sie begannen. – Und sie haben mir aufgetragen, Ihnen Gute Nacht zu sagen: Gute Nacht!"[11]

So lakonisch schließt das Bühnenwerk, in dem es dem Autor darum zu tun war, einen Menschheitsmythos mit Understatement darzustellen. Das Stück mobilisiert Zuversicht, ist jedoch keineswegs von schlichter Machart. Auch der Optimismus, den es ausstrahlt, bedarf einer Einschränkung. Die Zähigkeit des Menschen hätte nämlich kaum Chancen, wenn es nur menschliche, historische Immanenz gäbe. Das Welttheater um Mr. Antrobus ist metaphysisch verankert, und so offenbart sich in der Dramaturgie der Historie doch noch höchster Ratschluß und Sinn. „Wer immer strebend sich bemüht . . ." Wilder übersetzt gleichsam die Goethe-Sentenz ins Amerikanische.

Vermutlich muß man, auch in der Geschichte des historisch thematisierenden Dramas, die eigentliche geschichtliche Zäsur in der Erfindung der Kernenergie erblicken. Wie wäre sonst der Umstand zu erklären, daß in den panoramaartigen Bühnenwerken der Nachkriegsepoche Wilders metaphysische Durchhaltedichtung keine gedankliche Nachfolge fand? Sehr wohl gab es dagegen eine dramaturgische Nachfolge. Die Form von *Our Town* und *The Skin of Our Teeth* hat offenbar besonders nachhaltig gewirkt, neben anderen, zum Teil verwandten Impulsen: etwa den persiflierenden Elementen bei Shaw, der offenen Stationenstruktur der Expressionisten.

Das eindrucksvollste Beispiel für beides – die Botschaft von Hiroschima wie auch die Wirkung einer phantastisch-spielerischen Dramaturgie – ist das erste entsprechende Werk von Max Frisch, *Die Chinesische Mauer*, ein Stück, das auch durch sein Entstehungsdatum (1946) literarhistorisch bedeutsam ist. Es ist jedenfalls ein Werk, das im Hinblick auf die Epoche nach 1945 Modellcharakter hat. Geschichtsphilosophie ist Interpretation, nicht Quellenstudium. Und so ist auch das neue Drama mit geschichtlicher Problematik keine wie auch immer geartete Simulation historischer Handlungen, sondern theatralische Veranschaulichung möglicher Deutungsmuster der Geschichte. Die historiosophische Dramatik spielt, um es noch einmal zu sagen, nicht an bestimmten historischen Orten, sie gewinnt ihre Formen und Konstellationen im Bewußtsein eines Intellekts: kurz, sie spielt im Kopf. Das theatralische Analogon dazu ist der Phantasieraum der Bühne. Das Vorspiel der *Chinesischen Mauer* schließt daher konsequenterweise mit den Worten: „Ort der Handlung: diese Bühne. Zeit der Handlung: heute abend." Nur die Bühne und der jeweilige Abend können ein Geschehen glaubhaft machen, das an keine Zeit und keinen Raum gebunden ist – so daß ein Intellektueller unserer Tage sich im alten China, in der Zeit des Mauerbaues, befinden kann, aber zugleich mit Napoleon, Columbus, Pontius Pilatus und vielen anderen historischen und literarischen Gestalten den Bühnenraum teilt.

Eine der Thesen des Stückes verkündet der Heutige (wie der Intellektuelle genannt wird) ebenfalls am Schluß des Vorspiels: die These nämlich, daß „heute", wann immer das auch sein mag, Mauern dieser Art eine Farce seien. Es gehört zu den unfreiwilligen Pointen des Werkes (und veranschaulicht zugleich die Risiken einer diagnostischen *und* prognostischen Dramatik), daß diese These von Fassung zu Fassung, von der ersten bis zur letzten, der Pariser, 1972, an den jeweiligen Theaterabenden weniger glaubhaft erschien. Die diversen Mauern und Eisernen Vorhänge in der Realität besaßen ja leider Anschaulichkeit in ausreichendem Maße. Die Hoffnungen und Beschwörungen des Heutigen wirkten daher in all den Jahren der Bearbeitungen objektiv ironisch. Im Sinne Hofmannsthals könnte man behaupten, die Wirklichkeit „ironisiere" den literarischen Text.

Die philosophische Reflexion hindert Frisch freilich nicht daran, handfestes Theater zu demonstrieren. Für dramatische Turbulenz sorgt die Binnenhandlung, eine mit modernen poetischen Mitteln dargestellte Haupt- und Staatsaktion, innerhalb deren im alten China Formen der Diktatur, der politischen Intrige und der Propaganda vorgeführt werden. Der Rahmen ist so allgemein gehalten, daß zahllose Erfahrungsbilder hineinpassen, alte und neue. Auch die Machtlosigkeit des Intellektuellen gehört dazu. Das Stück beginnt und endet mit einem Maskenzug, der im Hinblick auf die Handlung in China (die Binnenhandlung also) sozusagen exterritorial ist. Die in den Figuren einer Polonaise sich bewegenden Masken liefern gleichsam einen Einblick in den Stoff, aus dem die Weltgeschichte ist, übrigens nicht nur die im engeren Sinn politische. Das geschichtsphilosophische Panoptikum bevölkern Gestalten aus der Geschichte, von Cleopatra und Brutus bis Napoleon und Emile Zola, sowie Figuren aus der Welt der Literatur: Don Juan, Romeo und Julia. Auf der Bühne wird historische Simultaneität anschaulich gemacht: Altertum, Renaissance, geschichtliche Moderne, alles ist gleichzeitig, alles mit allem vergleichbar – so etwa die Diktatoren der Vergangenheit mit Stalin und Hitler. Die vergleichende, kritische Perspektive ist die dramaturgische Aufgabe des Heutigen, der sowohl an der chinesischen Handlung teilhat wie auch am Maskenzug. Er bewegt sich zwischen den Masken und führt mit einzelnen Gestalten imaginäre Gespräche über die Jahrhunderte hinweg. Als Beispiel ein Dialogfragment aus einem Gespräch mit Napoleon:

„DER HEUTIGE: Exzellenz – das Atom ist teilbar. – NAPOLEON: Was heißt das? – DER HEUTIGE: Die Sintflut ist herstellbar. Sie brauchen nur noch den Befehl zu geben, Exzellenz. Das heißt: Wir stehen vor der Wahl, ob es eine Menschheit geben soll oder nicht. Wer aber, Exzellenz, hat diese Wahl zu treffen? Die Menschheit selbst oder – Sie? – NAPOLEON: Ihr seid Demokrat? – DER HEUTIGE: Ich bin besorgt, ja. Wir können uns das Abenteuer der Alleinherrschaft nicht mehr leisten, Exzellenz, und zwar nirgends auf dieser Erde; das Risiko ist zu groß.“[12]

So gespenstisch und wesenlos auch der Zug der Masken ist, aus den Überlegungen des Heutigen wird deutlich, daß auch die Dramatik eines bis zum Absurden reichenden Relativismus an der Vorstellung von der besonderen Gewichtigkeit historischer Rollenträger festhält. Zu betonen ist freilich, daß es sich hier eben um Rollenträger handelt, um Funktionäre im weitesten Sinn des Wortes, nicht um komplexe Persönlichkeiten, wie im herkömmlichen Geschichtsdrama. „Eine einzige Laune von Ihm, der heutzutag auf einem Thron sitzt“, gibt der Heutige zu bedenken, „ein Nervenzusammenbruch, eine Neurose, eine Stichflamme seines Größenwahns, eine Ungeduld wegen schlechter Verdauung: Und alles ist hin.“[13] Nicht die Aura der Persönlichkeit fällt ins Gewicht, sondern die mehr oder minder zufällig in eine Hand geratene Konzentration von Macht. Das sogenannte Allzumenschliche der Machtträger wäre lediglich armselig und lächerlich, bestünde nicht die Gefahr, daß Banalitäten Folgen von unermeßlicher Bedeutung haben könnten. In den technischen Katastrophen durch Zufall oder Laune ist die Krise der historischen Persönlichkeit am deutlichsten erkennbar. Und zugleich bestätigt diese Vorstellung den Abschied von der alten Geschichtsdramatik. Max Frischs Heutiger deutet ihn an, doch die Worte dieser Figur könnten in den meisten zeitgenössischen Dramen über Geschichte stehen, und zuallererst in den Bühnenwerken Dürrenmatts.

Die Binnenhandlung in der *Chinesischen Mauer* schließt mit Gewehrsalven; wieder einmal wird Politik mit Waffen gemacht. Die Masken können das Stichwort „Gewalt“ aufgreifen, Brutus tritt auf, zitiert Shakespeare und greift nach dem Dolch. Doch bevor die Handlung in Shakespeares Cäsar-Drama einmündet, gebietet der Heutige, hier in der Rolle des Moderators, Einhalt. Er verkündet, die ganze Farce beginne von vorn. Damit schließt sich der dramatische Kreis, und es wird offenbar, daß die Polonaise, ein Reigentanz, ein geschichtsphilosophisches Signum ist. Die Weltgeschichte ist eine Farce, die mit neuen Figuren und alten Konflikten immer wieder von vorn beginnen kann – es sei denn, eine totale Katastrophe mache dem Treiben ein Ende.

Das Theater und die weltgeschichtliche Realität berühren sich im Begriff der Illusion. Die geschichtsphilosophische Sicht, einst um eine Erklärung der Totalität bemüht, ist illusionslos geworden, und die dramaturgische Antwort darauf ist die Aufhebung der herkömmlichen ästhetischen Illusion auf der Bühne und durch die Bühne. Im Verwirrspiel mit den Konventionen, die Bühne und Zuschauerraum miteinander verbinden, spiegelt sich jene Unsicherheit und Ambivalenz wider, die auch der geschichtlichen Erfahrung eignet. Die Worte des Brutus sind allerdings nicht das einzige Shakespeare-Zitat in diesem Stück. Es gibt eine weitere Kreisfigur, und diese hebt sich auf eine eigentümliche Weise von den farcenhaften Elementen ab. Das erste und das letzte Wort im Stück haben Figuren der Dichtung, nicht Protagonisten der Geschichte. Der Kreis des Spiels schließt sich im Zeichen der Opfer und der Liebenden. Im Reigen sinnloser Gewalt ruht der Sinn der geschichtlichen Dauer in den Dingen, die, konventionell gesehen, nicht Geschichte sind – im privaten Weltgeschehen der Erotik. Diese Botschaft mag sentimental erscheinen, doch der Kunstverstand des Autors hat die Sentimentalität aufgefangen durch das Zitat. Unter dem geschichtsphilosophischen Schlußstrich ist der Rest nicht Schweigen, sondern Literatur.

Die Sicht geschichtsphilosophischer Dramatik ist phylogenetisch, nicht ontogenetisch. Im Grunde agiert sie der Aristotelischen Poetik gemäß, in der es (Kapitel 9) heißt, die poetische, auf das Allgemeine und Bleibende zielende Sicht sei dem historischen Interesse für das einzelne und Besondere überlegen. Den höchsten Grad von Allgemeinheit erreichte das Drama in unserer Zeit zweifellos mit Dürrenmatts Schauspiel *Porträt eines Planeten* (1970). Der literarische Rang dieses Werkes steht hier nicht zur Debatte. Was alleinig interessiert, ist der Versuch, mit den Mitteln der Bühne und des Dialogs Geschichte in ihrer Totalität zu überblicken, indem – scheinbar paradoxerweise – die Zeit aufgehoben wird. Im Augenblick der endgültigen Katastrophe unseres Planeten erscheint wie in einem Blitzlicht die gesamte Menschheit, von Urzeiten bis zur Gegenwart, in einer Revue archetypischer Situationen. Man denkt bei dieser Revue universaler, moderne und uralte Erfahrungen verbindender Situationen sowohl an Frisch wie auch an Wilder.

Mit noch viel drastischeren Mitteln als der Autor der *Chinesischen Mauer* versucht Dürrenmatt das zu Zynismen Anlaß bietende Nebeneinander von Kultur und Barbarei anschaulich zu machen. Angesichts des Untergangs des Planeten wird ebenfalls Shakespeare zitiert, und zwar die gleiche Stelle aus *Romeo und Julia* (die bei Frisch am Anfang des Maskenzuges steht): „Willst du schon gehn, der Tag ist ja noch fern. / Es war die Nachtigall und nicht die Lerche, / Die eben jetzt dein banges Ohr durchdrang, / Sie singt des Nachts auf dem Granatbaum dort."[14] Nebenbei gesagt: wer Erfahrung mit Intertextualität hat, etwa mit der Herstellung innerliterarischer Beziehungen durch Zitate, wird kaum bereit sein, bei dieser Übereinstimmung von Shakespeare-Zitaten an einen Zufall zu glauben. Man muß vielmehr annehmen, daß die bei Frisch enthaltene Beschwörung der Poesie gemessen an absurden Katastrophen ebenfalls zu einer Nichtigkeit wird. Das verhaltene Pathos der Dichtung, das dem Liebespaar im Maskenzug Sinn und Würde verleiht, wird angesichts des endgültigen Nichts ebenso bedeutungslos wie alle anderen Dinge auch. Und damit ist zugleich das Stichwort für den Vergleich mit Wilder gegeben.

Beide Werke sind Hypothesenstücke, beide lassen einen Horizont erkennen, der über konkrete geschichtliche Erfahrung hinausreicht. Wilder und Dürrenmatt greifen daher zu einem dramaturgischen Modell, das jedem Einzelvorgang den Stempel allgemeiner exemplarischer Bedeutung aufdrückt. Und vor allem: sub specie aeternitatis erscheint jede geschlossene Handlung im herkömmlichen Sinn als verfehlt. Dürrenmatt erklärt das in seinem ausführlichen – boshafterweise könnte man sagen: das Stück fast überflüssig machenden – Vorwort sehr eingehend.

„Die Erde porträtiert, weist keine dramatische Handlung auf, und die Bühne scheint ohne dramatische Handlung nicht auszukommen. Als Porträt im Lichte ihres plötzlichen Unterganges zeigt die Erde ein Durcheinander von Handlungsmomenten, ein Unmaß von banalen, schrecklichen, gewöhnlichen, außergewöhnlichen, absurden, monotonen, grotesken, unglücklichen, aber auch glücklichen Szenen. Hier haßt, dort liebt man sich, hier wird gehungert, dort ausgebeutet, hier getötet, dort geschwelgt, hier gehofft, dort sind andere verzweifelt. Gegensätzliches häuft sich auf Gegensätzliches. Dem gigantischen Stoff scheinen nur gigantische Mittel gewachsen zu sein, Filmmontagen, die sich jagen, Drehbühnen, Simultanszenen, Stereophonien, Lichteffekte, elektronische Zaubereien; und dennoch scheint jedes Kunstmittel zu versagen: auch die bis ins Enorme aufgeschwollene Tragödie von Karl Kraus ‚Die letzten Tage der Menschheit' war schließlich ihrem Gegenstande doch nicht gewachsen, obgleich sie für ein ‚Mars-Theater' geschrieben wurde. Der Erste Weltkrieg rollte über die kunstreiche und wortgewaltige Parodie hinweg, die einmal Wirklichkeit war; und was sich nachträglich die Gerippe erzählen, interessiert uns nicht mehr; die Bezüge zwischen den Personen, die einmal geschichtlich waren und nun vergessen sind, bleiben unverständlich. Doch gibt es eine dramatische List, einen gigantischen Stoff darzustellen: mit den kärglichsten Mitteln. Sind bei einem Stoff unermeßlich viele Szenen möglich, kann er auch mit wenigen dargestellt werden: um so wichtiger werden dann diese wenigen Szenen, mögen sie auch an sich banal erscheinen."[15]

Es stellt sich bei einem Vergleich allerdings die Frage, worin jeweils der Sinn der Szenenfolgen zu sehen ist. Angenommen, daß Dürrenmatts Bühnenwerk eine Antwort auf Wilders Stück darstellt (das wäre eine literarhistorische, intertextuelle Hypothese), so wäre die Schreckensbotschaft des Porträts die Widerlegung der Zuversicht, daß man immer wieder davonkommen könne und werde. Im Geist von Dürrenmatts Zukunftstheorie ist konsequentes Denken gerade dadurch gekennzeichnet, daß es die schlimmste Wendung ins Auge faßt. Im Hinblick auf die Terminologie in Dürrenmatts Überlegungen könnte man annehmen, einem metaphysisch-theologischen Weltbild bei Wilder stehe hier ein naturwissenschaftliches gegenüber: die biblische Genesis (die bei Wilder im übrigen zitiert wird) und eine entsprechende Glaubensgewißheit auf der einen, die Nüchternheit moderner Astronomie auf der anderen Seite. Allein die mit Zahlen, Himmelskörpern und Begriffen der Wahrscheinlichkeitsrechnung operierenden Überlegungen des Schweizers täuschen insofern, als es sich hier nicht um Naturwissenschaft versus Theologie handelt, sondern, wenn man so will, um zwei verschiedene metaphysische Positionen, zwei Theologien. Der ehemalige Theologiestudent Dürrenmatt macht es ernst mit einem Weltbild, das sich wie eine negative Theodizee ausnimmt, im Grunde jedoch eine andere Art von Fundamentalverständnis darstellt.

Im Rahmen des Themas „Geschichte und Drama" stellt das *Porträt eines Planeten* ohne Zweifel einen extremen Sonderfall dar. Im Gegensatz zu Frisch, der die Immanenz der Geschichte bewahrt, drängt der Text des *Porträts* weit über die Erfahrungszonen hinaus: Geschichtsphilosophie wird zur kosmischen Sicht. Einen kosmisch-metaphysischen Ausklang weisen auch die von Dürrenmatt erwähnten *Letzten*

Tage der Menschheit auf, doch der Epilog ist dort eine Art Kontrafaktur zu *Faust II*. Es ist bezeichnend für Dürrenmatts Katastrophenpanorama, daß es ganz ohne mystische Gebärden auskommt; der Stil dieses Bildnisses des allerletzten Tages ist durch einen unüberbietbaren Lakonismus gekennzeichnet. Die Wanderer, die aus dem Weltall einen Blick auf die Katastrophe des Erdballs werfen, stellen sachlich fest: „Hops ging sie ohnehin",[16] die Erde – mit Pflanzen, Tieren, Menschen.

Wir kehren zum Schluß zu unserem Ausgangspunkt zurück. Der weltgeschichtliche schwarze Humor in *Achterloo* entpuppt sich in der letzten Szene als ein intertextuelles Spektakel. „Achterloo in Acherloo irgendwo bei Waterloo", wie es in der Regieanmerkung heißt, ist ein Irrenhaus; und damit ist die zentrale Metapher dieser Geschichtsbetrachtung genannt. Die Weltgeschichte ist eine elende Schmiere, absurdes Theater, das von Dilettanten gespielt wird, die dazu noch irrsinnig sind. Daß die Leitung der Klinik auch nicht anders ist, bleibt nicht verborgen. Das groteske Theater der Welt ist damit zugleich ein Theater des Theaters. Das Schauspiel über Jean Paul Marat und den Marquis de Sade von Peter Weiss geistert durch *Achterloo:* die Patienten spielen Theater. Ein fiktiver Mord erweist sich plötzlich als ein echter: Schnitzlers *Grüner Kakadu* läßt grüßen. Nicht zuletzt aber erinnert der Text an ein Stück aus Dürrenmatts eigener Werkstatt: an die *Physiker,* in denen der Schauplatz ebenfalls eine psychiatrische Klinik ist, mit einem Geschehen, das Verbrechen, Politik und Irrsinn miteinander verbindet. Schnitzler, Weiss, Dürrenmatt, übrigens auch Büchner, und so manches andere an Anspielungen: intertextueller geht es nicht mehr. Die Literatur ist ein Vexierbild – und gerade darin ein Analogon der geschichtlichen Wirklichkeit.

Versucht man zusammenzufassen, so kommt es vor allem auf die Feststellung an, daß für unsere Zeit offenbar nichts so bezeichnend ist wie die Konvergenz von Geschichtsphilosophie und Schockdramatik: etwa in den Formen der grotesken Dramatik und des Theaters der Grausamkeit. Man denke an Theodor Lessings Definition, wonach die Geschichtsphilosophie eine „Sinngebung des Sinnlosen" sei. Das Drama der vergangenen Jahrzehnte ist bei manchen Autoren ebenfalls eine Darstellung des Sinnlosen, sofern reine Historie gemeint ist. Es sieht so aus, als zeichne sich Sinn nur noch dort ab, wo Kräfte sind, die sich der historischen Festlegung entziehen.

Anmerkungen

1. F. Dürrenmatt: Achterloo, Zürich 1983, S. 13.
2. Th. W. Adorno: Noten zur Literatur IV, Frankfurt am Main 1974, S. 143.
3. Ebenda, S. 142.
4. In der umfangreichen Literatur zu diesem Thema vgl. besonders D. Borchmeyer: Tragödie und Öffentlichkeit. Schillers Dramaturgie im Zusammenhang seiner ästhetisch-politischen Theorie und die rhetorische Tradition, München 1973.
5. F. Dürrenmatt: Theater-Schriften und Reden, Zürich 1966, S. 119 f.
6. G. Anders: Die Antiquiertheit des Menschen, Bd. II, München 1980, S. 35.
7. P. Ernst: Der Weg zur Form. 2. Aufl., Berlin 1915, S. 28.
8. H. von Hofmannsthal: Gesammelte Werke. Reden und Aufsätze II, Frankfurt am Main 1979, S. 138 f.
9. H. Heine: Sämtliche Werke, hg. von E. Elster, Leipzig und Wien o. J., Bd. VII, S. 294.
10. Th. Wilder: Theater, Frankfurt am Main 1955, S. 87 f.
11. Ebenda, S. 178.
12. M. Frisch: Stücke I, Frankfurt am Main 1972, S. 143.
13. Ebenda.
14. F. Dürrenmatt: Porträt eines Planeten, Zürich 1971, S. 56.
15. Ebenda, S. 9.
16. Ebenda, S. 85.

Textnachweise

Kategorien der literarischen Epochenbildung. Die Jahrhundertwenden 1800 und 1900.
In: Dialog der Epochen. Walter Weiss zum 60. Geburtstag, Österreichischer Bundesverlag, Wien 1987.

Zur Geschichte der ästhetischen Künstlichkeit.
Unveröffentlicht. – Eine knappe Skizze zu diesem Aufsatz erscheint in: Connections. Deutsche Literatur und Kultur im europäischen Kontext. Festschrift für Eda Sagarra, Newcastle upon Tyne 1993.

Die Realität ahmt die Kunst nach. Zu einer Denkfigur der Jahrhundertwende.
In: Die Modernisierung des Ich, hg. von Manfred Pfister, Wissenschaftsverlag Richard Rothe, Passau 1989.

Ritterrüstungen, Kirschkerne und Dachziegel. Literarische Theorien des Zufalls von Schiller bis Schnitzler.
Unveröffentlicht. Als Vortrag gehalten an den Universitäten Basel, Klagenfurt, Mainz und Heidelberg.

Kunst und Ideologie in der Gattungspoetik der Jahrhundertwende.
In: Germanisch-Romanische Monatsschrift, 1980, Heft 3.

Sprachliche Tabus und literarische Normen.
In: Akten des Internationalen Germanisten-Kongresses, Basel 1980. Jahrbuch für Internationale Germanistik, Reihe A, Band 8/1.

Die Geburt der Gesundheit aus dem Geist der Dekadenz. Somatische Utopien bei Peter Altenberg.
Unveröffentlicht.

Polemische Idyllen. Utopische Vorstellungen von Müßiggang in der deutschen Literatur.
In: Etudes Allemandes et Autrichiennes: Hommage à Richard Thieberger, Publications de la Faculté des lettres et sciences humaines de Nice, 1989.

Kulissenwelt. Zu einer Szene bei Thomas Mann.
In: Monatshefte. A Journal Devoted to the Study of German Language and Literature, University of Wisconsin, 1972, Nr. 2.

Zu einem Thema Goethes und Thomas Manns. Wege der Erotik in der modernen Gesellschaft.
In: Goethe-Jahrbuch, Band 103, Weimar 1986.

Goethe-Kontroversen zu Beginn unseres Jahrhunderts.
In: Jahrbuch der Deutschen Schillergesellschaft, Band 27, Stuttgart 1983.

Zur Vorgeschichte des Expressionismus. Hermann Bahr und Wilhelm Worringer.
Unveröffentlicht.

Über Beziehungen zwischen Dramen- und Filmtheorie in der Frühzeit des Kinos.
Unveröffentlicht. Als Vortrag gehalten an den Universitäten Siegen und Bochum.

Horváths Erzählprosa im europäischen Zusammenhang: Tradition und Innovation.
In: Literatur und Kritik, 237/238, 1989.

Zur Wirkungsgeschichte der Wiener Moderne: Karl Kraus und Adorno.
In: Die Frankfurter Schule und die Folgen, hg. von Axel Honneth und Albrecht Wellmer, Walter de Gruyter & Co., Berlin 1986.

Dramenform und Geschichtsphilosophie. Überlegungen zu Dramen des 20. Jahrhunderts.
Unveröffentlicht. Als Vortrag gehalten an der Universität Graz.

Personenregister

Jürgen Nautz / Richard Vahrenkamp (Hg.)

Die Wiener Jahrhundertwende

Studien zu Politik und Verwaltung, Bd. 46,
hg. v. Ch. Brünner, W. Mantl u. M. Welan

1993. 992 S., 20 S. SW-Abb. Geb.
ISBN 3-205-98038-7

Aufbruch aus ökonomischer Rückständigkeit sowie der geistige Austausch zwischen den Submetropolen der Kronländer des Kaiserreiches und die kulturellen Verflechtungen und Einflüsse von Paris, St. Petersburg, Rom, Madrid, Oslo und Kopenhagen haben das Kreativitätspotential Wiens dieser Zeit bewegt.

Die Autoren der Beiträge untersuchen die Verbreitung der Wiener Moderne, u.a. auch durch die erzwungene Emigration in den 30er Jahren, vor allem in die angelsächsischen Länder; die inhaltliche Problematisierung des Geschlechterverhältnisses, der Sexualität und der neuen Rolle der Frau als ein zentrales künstlerisches und wissenschaftliches Thema und zeichnen die Geschichte der Rezeption der Moderne und des Wiener Beitrages an der frühen modernen Kunst aus den letzten zwanzig Jahren nach, die mit der Wiederentdeckung des Art deco und der postmodernen Architektur eingesetzt hatte.